Customer Relationship Management

工业和信息化普通高等教育"十三五"规划教材立项项目

21世纪高等院校经济管理类规划教材

客户关系管理

□ 伍京华 主编
□ 杨洋 副主编

人民邮电出版社

北京

图书在版编目（CIP）数据

客户关系管理 / 伍京华主编. -- 北京 : 人民邮电
出版社, 2017.2（2020.2重印）
21世纪高等院校经济管理类规划教材
ISBN 978-7-115-44624-4

Ⅰ. ①客… Ⅱ. ①伍… Ⅲ. ①企业管理－供销管理－
高等学校－教材 Ⅳ. ①F274

中国版本图书馆CIP数据核字(2017)第005232号

内 容 提 要

本书从基础理论、理念建设、方法模型、最新应用和项目实施五个层面构建了客户关系管理的教学体系，并辅以丰富的教学材料，如补充阅读和习题等，供读者学习。本书在注重客户关系管理理念建设的基础上，重点关注客户关系管理的应用和实施，案例新颖，结构合理，内容全面。

本书提供电子课件等教学资源，资料索取方式请参考书末的"配套资料索取示意图"，或通过编辑 QQ（602983359）以及微信（15652315123）获取。本书可作为企业管理、市场营销、工商管理等经济管理类专业的教材，还可供政府企事业单位等从事与客户关系管理有关的工作人员参考。

◆ 主　编　伍京华
　　副主编　杨　洋
　　责任编辑　万国清　刘天飞
　　责任印制　沈　蓉　彭志环

◆ 人民邮电出版社出版发行　　北京市丰台区成寿寺路 11 号
　　邮编　100164　　电子邮件　315@ptpress.com.cn
　　网址　http://www.ptpress.com.cn
　　三河市中晟雅豪印务有限公司印刷

◆ 开本：787×1092　1/16
　　印张：17.25　　　　　　　　2017 年 2 月第 1 版
　　字数：416 千字　　　　　　2020 年 2 月河北第 10 次印刷

定价：45.00 元

读者服务热线：(010)81055256　印装质量热线：(010)81055316
反盗版热线：(010)81055315
广告经营许可证：京东工商广登字 20170147 号

前　言

随着全球经济的飞速发展，越来越多的企业已经意识到客户是企业的利润源泉，是保证企业稳定发展的基础。以往的企业竞争，是以产品为中心，现在的企业竞争，则更多的是以客户为中心。客户关系管理作为培养新客户、提高客户管理水平、改善和保持客户关系的重要管理目标和手段，已经成为各大企业增强其核心竞争力的重要途径之一。

从现在我国企业对客户关系管理的关注和应用实施来看，虽然很多企业已经意识到了客户关系管理的重要性，并且已经展开了行动，但由于这些先进理念从国外引入时间不长，因此大多数还只是停留在简单的喊口号和照办照抄上，既缺乏将以客户为中心的理念植根于管理层和员工心中的指导，又缺乏客户关系管理相关重要理论知识和实践操作的指导，更缺乏能将这些先进理念、理论和实践知识与企业实际结合在一起的优秀的客户关系管理人才。

本书的编写目的，正是为了解决以上问题。编写本书的作者，从事客户关系管理的教学工作近 10 年，并有在企业从事相关工作的实际经验和工作积累。通过本书的学习，读者既能树立良好的以客户为中心的理念，又可以掌握实际的客户关系管理工具。因此，本书可作为企业管理、市场营销、工商管理等经济管理类专业的教材，也可供企业从事与客户关系管理有关工作的人员参考。

本书提供电子课件等教学资源，资料索取请参考书末的"配套资料索取示意图"，或通过编辑 QQ（602983359）以及微信（15652315123）获取。

本书由中国矿业大学（北京）的伍京华副教授负责全书的整体策划、部分章节编写和最终的统稿及修改工作，参与本书编写工作的还有中国矿业大学（北京）的杨洋副教授、王文慧、王竞陶、王佳莹和许陈颖。具体分工如下：第一章由伍京华、杨洋编写，第二章、第六章、第七章由伍京华编写，第三章、第九章由杨洋编写，第四章、第十一章由伍京华、许陈颖编写，第五章由伍京华、王佳莹编写，第八章由王文慧、王竞陶编写，第十章由杨洋、王佳莹编写，第十二章、第十三章由伍京华、王竞陶编写。

在此，对参与本书编写及提出宝贵意见但无法一一列举的各位专家和读者表示深深的谢意。

另外，在本书的编写过程中，参考了大量国内外教材、专著、论文和相应的出版物，以及网上的相应资料，虽然参考文献中列出了这些参考的主要资料和网站来源，但仍可能存在遗漏和标注不完整的地方，在此深表歉意和谢意。尽管本书的编写团队参阅了大量资料，付出了艰辛劳动，但由于水平有限，书中难免存在疏漏甚至不妥之处，敬请广大学者和读者批评指正。读者如需与作者沟通交流，请发邮件至：uwhua@163.com。

编　者

2016 年 11 月

目　　录

第一章

客户关系管理概述

【学习目标】

理解并掌握客户关系管理的定义；熟悉客户关系管理的内涵；了解建设客户关系管理理念的重要性；掌握客户关系管理的核心理念及相应的建设方法。

案例 1.1

东方时尚驾驶学校的客户关系管理

东方时尚驾驶学校股份有限公司目前的主营业务是驾驶员培训。公司占地面积 2000 余亩，拥有世界一流的训练场及配套设施，总资产达数亿元。公司坐落于北京市大兴区金星西路，拥有花园般的环境、酒店式的服务，年培训学员数量和考试合格率均居驾校行业之首。

多年来，东方时尚在行业内树立了良好口碑，取得了巨大成功，这些都与它一直以来围绕"以学员为中心"的客户关系管理理念紧密相连。公司始终坚持把向社会输送合格的驾驶人作为己任，把学员是否满意作为工作的唯一标准，独树一帜地创立了"朋友式的教学关系""我们的服务与您的需求同步""三级服务链"等全新理念，形成了"服务、遵章、团结、自律、创新"促进公司建设与发展的十字方针。特别是围绕"让每位学员都满意"的工作追求，率先在行业内提出了杜绝行业不正之风、维护学员利益的"五项承诺"，以自己独特的经营理念和管理模式成为"开创全新理念的先锋，引领驾校行业的脚步"之先驱，为提升整个驾驶人培训行业的从业者素质和管理水平积累了宝贵的经验，为建设和谐交通作出了应有的贡献。

基于以上客户关系管理理念，2015 年 1 月，公司荣获中国保护消费者基金会颁发的"维护消费者权益诚信服务满意单位""保护消费者权益 3·15 放心消费单位"称号；2015 年 2 月，公司荣获中国合作贸易企业协会、商务部国际贸易经济合作研究院信用评级与认证中心联合颁发的"中国 AAA 级信用企业"称号；2014 年 6 月，公司荣获世界纪录协会颁发的《世界纪录证书》，创世界上规模最大的驾驶员培训机构世界纪录成功；2014 年 7 月，公司荣获中国汽车文化促进会颁发的"2014 中国汽车行业企业社会责任优秀履责企业"称号等。

公司把"提升中国驾驶人培训行业的整体水平，使更多的交通参与者树立严格遵守交通法规和文明行车的意识，掌握过硬的驾驶技术，从而最大限度地减少道路交通事故，缓解道路交通拥堵"作为每位东方时尚人的神圣使命。在内部管理方面，坚持"以人为本"的管理理念，建立了党总支部、团委和工会组织及上下沟通机制。在事业发展的同时，不断提高员工的福利待遇，增强了公司的凝聚力和向心力。

成就铸就了品牌，辉煌积淀为历史。正是因为东方时尚驾驶学校一切从人出发，为人着想，才造就了今天的成功和辉煌。

启发思考：基于上述东方时尚驾驶学校的客户关系管理理念，你还能提出其他的具体措施和方案吗？

第一节　客户关系管理的概念及内涵

一、客户关系管理的概念

客户关系管理，英文译为"Customer Relationship Management"，简写为 CRM。其中，"Customer"译作"客户"，它包括过去购买或正在购买的现实客户，以及还没有购买但今后可能产生购买行为的潜在客户。

客户关系管理属于管理范畴，但管理重点是如何处理好企业和客户之间的关系。它通过在企业的销售、服务、技术支持等与客户相关的范围内，为企业的市场营销人员和相关技术人员提供全面、个性化的客户资料，强化跟踪服务及信息服务的能力，更有效地建立和维护好企业与客户及生意伙伴之间的关系，从而提高客户满意度和忠诚度，吸引和保持更多的客户，增加销售额。

客户关系管理的概念很多，表 1.1 列举了其中最有代表性的几项。

表 1.1　客户关系管理概念

公司名称	概　念
Gartnet Group	客户关系管理就是为企业提供全方位的管理视角，赋予企业更完善的客户交流能力，将客户的收益率最大化
Carlson Marketing Group	客户关系管理是一种营销策略，它通过培养公司的每一位员工、经销商或客户对该公司更积极的偏爱或偏好，留住他们并以此提高公司业绩
Hurwitz group	客户关系管理既是一套原则制度，也是一套软件和技术。它的焦点是实现自动化并改善与销售、市场营销、客户服务和支持等与客户关系有关的商业流程
IBM	客户关系管理包括企业识别、挑选、获取、发展和保持客户的整个商业过程。IBM 把客户关系管理分为三类：关系管理、流程管理和接入管理
SAP 公司	客户关系管理系统的核心是对客户数据的管理。客户数据库是企业最重要的数据中心，记录着企业在整个市场营销及销售的过程中和客户发生的各种交互行为，以及各类有关活动的状态，并提供各类数据的统计模型，为后期的分析和决策提供支持。SAP 公司的客户关系管理系统主要具备了市场管理、销售管理、销售支持与服务及竞争对象的记录与分析等功能

本书从理念、机制、技术三个层面出发，综合以上观点，认为客户关系管理是以树立客户为中心的理念为重点，并将这种理念集成在软件上，将现代管理思想与信息技术相结合，围绕"以客户为中心"设计及管理企业的战略、流程、组织和技术系统，通过提供更快速和更加周到的优质服务吸引和保持更多客户，以及通过对业务流程的全面管理降低企业成本，从而提高客户满意度和忠诚度，最终实现企业效益提高和利润增长。

二、客户关系管理的内涵

综合上面众多国外研究机构和跨国公司对客户关系管理的理解，可以从以下三个层面理解客户关系管理的内涵：首先，理念是客户关系管理成功的关键，是客户关系管理实施应用的根基和土壤；其次，信息系统、IT 技术是客户关系管理成功的手段和方法；最后，模式是决定客户关系管理成功与否、效果如何的直接因素。

1. 客户关系管理是一种管理理念

客户关系管理首先体现的是一种管理理念，其核心思想是以客户为中心，将企业的客户，包括最终客户、分销商和合作伙伴视为最重要的企业资产，通过不断完善的客户服务和愈加深入的客户分析来满足客户的个性化需求，提高客户的满意度和忠诚度，从而保证客户的终身价值和企业利润增长的实现。

2. 客户关系管理是一种技术系统

客户关系管理是信息技术、软硬件系统集成的管理办法和应用解决方案的总和。它既是帮助企业组织管理客户关系的方法和手段，又是一系列实现销售、营销、客户服务流程自动化的软件乃至硬件系统。客户关系管理将最佳的商业实践与数据挖掘、工作流程、呼叫中心、企业应用集成等信息技术紧密结合在一起，为企业的营销、销售、客户服务和决策支持等领域提供了一个智能化的解决方案。

3. 客户关系管理是一种管理模式

客户关系管理也是一种新型管理模式，目的在于改善企业与客户之间的关系。这种管理模式通过向企业的销售、市场营销和客户服务的专业人员提供全面的、个性化的客户资料，强化其跟踪服务与信息分析的能力，帮助他们与客户和生意伙伴之间建立和维护一种亲密信任的关系，从而为客户提供更便捷和周到的优质服务。在提高服务质量的同时，还通过信息共享和优化商业流程来有效降低企业经营成本。

综上所述，客户关系管理是一种以信息技术为手段，对客户资源进行集中管理的经营策略，可从战略和战术两个角度来看待它：从战略角度看，客户关系管理将客户看成是一项重要的企业资源，通过完善的客户服务和深入的客户分析来提高客户的满意度和忠诚度，从而吸引和保留更多有价值的客户，最终提升企业利润；从战术角度来看，客户关系管理将最佳的商业实践与数据挖掘、数据仓库、网络技术等信息技术紧密结合在一起，为企业的销售、客户服务和决策支持等领域提供业务自动化解决方案。

第二节　客户关系管理理念及建设

案例 1.2

站在客户角度看问题的 Facebook 最终赢得网站服务博弈胜利

网站是网络同世界建立联系的主要途径。但在互联网成立之初，建立网站是个极其艰难的大工程，要想建立个人网站，客户不仅需要熟练掌握专业技术，还要寻找服务器空间。尽管如此，许多人对这一新鲜事物仍跃跃欲试。为满足这一需求，各种相关指南和网站开发资源服务如雨后春笋般纷纷涌现。

在形形色色的网站资源中，最热门的当属 GeoCities。它提供的是基本网络设计工具、简易网站模板、服务器空间、网站托管、统一资源定位符等建立个人网站所必需的全部资源。有了这些资源，客户便可以方便地设计网站，随心所欲地装扮页面；可以选择一个喜欢的背景图，在背景里添入闪光；还可以给文档添加炫目的色彩、闪光的笑脸或者跳动的心形图片，再配以闪烁的文本。到 GeoCities 停业时，通过它的服务而成立的网站多达 3800 万个。

聚友网（MySpace）的面世同 GeoCities 一样给客户提供工具和资源，让他们自己选择色彩方案、背景图案和页面结构，自由添加图片、音乐播放器、闪动剪贴画和链接。不过，聚友网的与众不同之处在于：人们可以通过它结交朋友，在他人的空间里留言，还可以发布各种信息。这样一来，客户便会经常访问他人的网站，了解他人在做什么，即使闪烁的鲜红或者蓝黑字体读起来是那么费力。聚友网由此获得了一个优势，即网站内容能够得到时时更新。到聚友网将近两岁时，它已经拥有了 2200 万名客户。而与此同时，GeoCities 却从巅峰直线坠落。

后来，Facebook 诞生了，Facebook 的操作方式和聚友网大相径庭。其创始人马克·扎克伯格强调，Facebook 应被视为一种交友的实用工具。在 Facebook，创造力是受约束的，客户只能在一个严格设定的框架下来操作，包括信息资料表、分享新鲜事、写文章，以及粘贴链接、图片和视频等选项全部设置在一个标准化的窗口中，网站有着统一的背景、布局和色彩。这样，有史以来第一次，每个人都能创建一个可以方便更新内容的个人网站，通过它同朋友保持联系。

Facebook 为市场提供了如此规范且雅致的使用体验，使得聚友网这个一度主宰个人网络空间的王者输掉了这场博弈。在聚友网上，创意自由凌驾于易用性之上，要想分享新闻和图片，或和朋友联系，就不得不改变自己的页面设置，在朋友布下的"迷阵"中穿梭。2011 年夏，Facebook 的客户高达 7.5 亿，而聚友网则以 3500 万美元被廉价收购。

企业在网络上的表现，以及同客户的互动，对企业的生存至关重要。要想在数字化环境中生存，就必须寻找合适的数字化途径同客户互动，而且，所运用的数字技术必须让不懂技术的客户也能够运用自如。站在客户的角度来看，易用性非常重要，而 Facebook 正是觉察到了这一点，才取得了最终的胜利。

根据调查，2014 年，Facebook 的客户总数达 22 亿。截止到 2016 年 8 月，Facebook 的月活跃客户数已达 17.1 亿。该公司 CEO 马克·扎克伯格（Mark Zuckerberg）预计，到 2030 年时 Facebook 的客户总数将达 50 亿人。

通过互联网了解详细的 GeoCities、MySpace 及 Facebook 网络公司的发展历程。

启发思考：从客户关系管理的角度来看，Facebook 的胜利对你有什么启示？

一、客户关系管理核心理念

Internet 和电子商务正使传统经营模式发生改变，尤其是彻底改变了企业与客户之间的关系。在愈发激烈的市场竞争中，企业的核心经营理念从"以产品为中心"转向"以客户为中心"显得至关重要。谁能把握住客户需求并以最快速度作出响应，谁就能吸引更多的新客户并维持老客户，从而赢得意想不到的利润。

1. 以客户为中心

商业经验告诉我们，"客户就是上帝"。客户类型很多，他们都有各自的利益和目的。客户希望那些包括数据库管理程序在内的数字工具可以帮他们选出最值得选择的主意。

世界顶级数字营销公司 HUGE 的首席执行官亚伦·夏皮罗在对《财富》500 强"中企业的组织架构、管理模式、方法策略等研究的基础上发现，在当今的商业环境中，"客户"是企业最强大的增长引擎。比如 Facebook 和谷歌，它们在开始赚钱之前，就在实施客户战略，并注重拓展客户基础，从而取得了巨大成功。

企业必须足够重视客户，利用有效的决策方式去吸引客户，与之不断沟通、互动并保持长期合作关系。保留住客户，才称得上得到了客户。"以客户为中心"的精髓，就是告诫企业，在处理一切业务时，都要把广大而极具影响力的客户群体作为第一考量因素。

补充阅读

知名企业"以客户为中心"理念的体现

菲利普·科特勒在《营销管理》一书中指出："企业的整个经营活动要以客户满意为指针，要从客户的角度，用客户的观点而非企业自身利益的观点来分析、考虑客户的需求。"这些言论确立了"以客户为中心"的营销主旨。自此以后，无论是营销理论还是营销实践都是围绕客户而展开的，"以客户为中心"的新经营方式得到理论广泛的认同。以下是几家企业"以客户为中心"理念的体现。

（1）美国所罗门兄弟公司作为世界上最大的投资银行之一，其宗旨是"为客户创造价值"。

（2）美国联合航空公司的理念是"客户就是主人"。

（3）美国快餐业汉堡王公司的理念是"任客户诚心享用"。

（4）世界最大的手机制造商诺基亚公司的理念是"用户至上"。

（5）零售业巨头沃尔玛公司的理念是"不仅为客户提供最好的服务，而且具有传奇色彩"。

（6）克莱斯勒公司："公司中每一个人所拥有的唯一的保证来自于质量、生产率和满意的顾客"。

（7）斯堪的维纳亚航空公司"在资产方面，我们应该填的内容是：去年我们的班机共有多少愉悦的乘客，因为这才是我们的资产——对我们的服务感到高兴，并会再来买票的乘客"。

（8）联邦快递公司："想称霸市场，首先要让客户的心跟着你走，然后让客户的腰包跟着你走"。

（9）施乐公司创办人约瑟夫·威尔森认为："我们究竟有没有饭吃，最后还是由客户来决定。"

（10）思科公司的企业文化是"客户永远第一"。

（11）摩托罗拉公司的企业文化是"我们的目标——使顾客完全满意"。

2. 提高客户满意度

激烈的市场竞争大大缩小了许多商品或服务在品质方面的区别，这种同质化使客户消费选择的重要标准从商品品质转移到了企业能否满足其个性化需求和能否为其提供及时高效的服务。当企业越来越重视客户这一市场竞争的至关重要的资源时，客户满意度和客户忠诚度就显得越来越重要。

客户满意度是指客户通过对一个产品或服务的可感知效果与他自己的期望值相比较后，所形成的愉悦或失望的感觉状态。较高的客户满意度能使客户在心理上对产品品牌产生稳定的依赖和喜爱，从而加大客户对该产品品牌高度忠诚的可能性。对于企业来说，不仅要了解客户是否对企业的产品和服务满意，更要通过研究客户满意度，掌握客户对企业产品的信任和满意程度，全面提高有价值客户的满意度，这样才有利于企业发掘客户潜在的需求，扩大未来销售市场。

3. 增加客户忠诚度

企业追求客户满意的目的在于增加客户忠诚度，因为忠诚客户的重复消费和口碑推介效应能给企业带来无法估量的收益。企业首先要完整认识客户生命周期，提供统一的与客户沟通的技术平台，提高员工与客户的接触效率和客户的反馈率，建立多样化的沟通渠道和灵活高效的激励机制，形成一个完整的反馈流，从而既能将高品质的服务提供给客户，又可以使企业掌握实时的市场动态，方便企业迅速抓住客户需求，开发出新的市场。其次，提供个性化产品和服务或根据客户的不同需求提供不同的产品或服务也可有效提高客户忠诚度，这样可以使客户再次光顾的可能性大大增加。此外，在保证客户服务，让客户满意并建立良好信誉的基础上，通过适当的方法实施客户忠诚度计划将为企业带来意想不到的利益。

4. 开拓新客户，保持老客户

在企业经营过程中，无论企业付出多少努力，客户仍然是不断流失的，只是在不同阶段有着不同的速度而已，所以不断开发新客户以扩大客户群来补充流失的客户，是企业终身要做的工作。而保持老客户的意义在于其再次营造成本会明显降低，而且老客户也能通过示范和推荐给企业带来新客户。因此，客户关系管理的核心思想包括不断地开拓新客户和保持老客户。

一方面，企业通过客户关系管理来整合客户信息资源，从而帮助企业捕捉、跟踪、利用所有的客户信息。在企业内部实现资源共享，从而使企业更好地进行销售、服务和客户资源管理，为客户提供快速周到的优质服务；另一方面，客户可以选择自己满意的方式与企业进行相关的信息交流，这样更方便客户获取信息和得到更好的服务。客户满意度得到提高的结果是能帮助企业保留更多的老客户，并有效地吸引更多的新客户。

5. 鉴别把握关键客户

无数市场实践表明，不同客户价值观不同。最常见的是"二八效应"，客户也是如此。经常是20%甚至更少的客户可以带给企业80%的利润，而绝大多数客户只带来很少的利润，甚至是负利润。但是公司对他们的服务却没有太大的差别。这就需要企业合理区分客户并作出科学的判断。

客户关系管理能将企业与客户在市场、销售和服务各个环节中的每一次接触准确地记录下来，并能提供科学分析和遴选的工具和方法，从接触的历史记录中帮助企业鉴别出关键客户。同时，由于客户关系管理贯穿企业整个销售服务，因此它可以为关键客户提供定制化的个性服务，自然可以有效把握住关键客户。

6. 客户关系管理始终贯穿企业市场营销的全过程

最初，客户关系管理主要出现在服务业，这是由于服务具有无形的特点，企业注重客户关系管理可以明显增强对客户服务的效果，从而为其带来更多的利益。随后，觉察到这一特点的企业不断将客户关系管理向实物产品的销售等其他领域扩展。企业将向客户提供售后服务作为对其特定产品的一种支持，认为产品如果有了售后服务就会增值，事实也确实如此。那些在售后服务方面做得好的公司的市场销售确实处于上升趋势；反之，那些不注重售后服务的公司的市场销售情况则不可观。到目前为止，客户关系管理已经贯穿企业市场营销的所有环节，即从客户购买前到购买后的全过程之中。

二、客户关系管理理念建设

（一）客户关系管理理念建设的重要性

客户关系管理理念是一种企业理念，建设客户关系管理理念对企业发展有重要影响，主要表现在以下几个方面。

1. 企业外部市场竞争的需要

过去由于市场供小于求，企业主要以产品为导向，主要精力放在扩大生产和满足社会需求上。随着我国改革开放步伐的加大、生产力的快速发展，市场上的产品已经是供大于求。因此，企业要生存，就要从客户需求出发，生产客户想要的产品，这就是以"客户为中心"。

当不同企业产品在质量、售后服务、品牌、价格四大领域的竞争达到同一水平时，企业要想在国内外竞争中占据优势地位，只有通过自身的创新努力把服务做得比其他企业更有特色、更尽善尽美，才能吸引更多客户。由此可见，建设客户关系管理理念在当今社会发展潮流中已经非常重要。

2. 企业内部创新发展的需要

在自动销售服务系统还没有普及的情况下，核心销售人员的出走可以使企业收入预测大大改变，诸如此类现象表现了企业内部管理的随意性。很多企业虽然离开了计划经济，走入了市场并接受了"市场营销""公共关系"等新概念，但仍然对如何在客户数据中分析客户购买习惯，如何针对不同客户采取不同营销策略等问题手足无措。另外，真正把呼叫中心应用得得心应手的企业也还为数不多。这些都对我国企业建设客户关系管理提出了难题。

因此，为解决以上难题，企业必须通过内部创新，为客户提供满意服务，进一步培养客户对企业的忠诚，从而开发和提升客户的价值。企业要想从传统的竞争领域中站于领先位置，就要将客户服务确定为企业在新型市场竞争中的战略重点。这就首先需要企业中的每一位员工树立正确的客户关系管理理念，使客户关系管理理念深入人心，才能保证企业为客户提供更优质服务，从而帮助企业不断提升知名度和美誉度，为企业不断发展提供强有力保障。

总之，在客户关系管理理念的影响下，通过有预见性、高效性的客户关系管理系统，企业可以全面调节与客户的关系。从企业主体角度来看，客户关系管理能够从营销智能化、销售自动化、客户管理高效性这三个方面来提高企业实力；从客户角度来看，客户方可以从客户关系管理理念建设中获益，例如客户关系管理可以为客户节约采购成本，满足客户的潜在需求，甚至为客户提供无微不至的服务。

综上来看，客户关系管理理念建设可以为企业带来在同行业中的竞争优势，即客户关系管理的竞争壁垒优势，其建设重要性可见一斑。

补充阅读

以客户为中心的三大误区

以客户为中心的理念本身没错，正所谓将心比心，换位思考，替他人着想的人才能得到别人的认同。然而，光有理念是解决不了问题的。从操作层面考虑，以客户为中心并不是客户要什么就给什么，而应该是基于自身产品和服务能力的客户价值最大化。以客户为中心请不要走入以下三大误区。

误区一：光"说"不做。走入这种误区的企业不是为了客户去改善产品，而是围绕客户和产品去找说法，最后美其名曰以客户为中心。很多企业往往是在已经有了产品后，才开始"以客户为中心"的。其操作方式经常是这样的，首先通过消费者分析，再结合产品的功能点，两者结合得出所谓的诉求点。这样的说法既容易打动客户，又在产品上有支撑。所以，原本不知道是否以客户为中心的产品通过这么一"说"，就真的以客户为中心了。这样的做法在短期内可以获得客户的认同感，推动客户对产品价值的理解，但也容易诱导企业走捷径。因为开展这种工作之前，本身就带着取巧、迎合的目的。

误区二：重"外"轻内。走入这种误区的企业不基于自身团队可持续服务能力出发，不考虑整个系统的健康运行，而是一味迎合客户，满足需求。这样一来，本企业员工特别是一线员工压力很大，这样的努力可能在短期内能获得客户认同，但长期这样，却有可能会让自己失去持续提供服务、创造价值的能力，最终将不利于客户稳定。从理论上来说，产品和服务的缺陷是永远存在的。所以，企业在发展过程中追求的是各方面利益的平衡，追求的是企业价值链的健康运行。在这方面有些企业已做得很好。例如，作为一家在中国拥有60 000多名员工的企业，麦当劳人才管理的特点是"只有员工感到快乐，才能向顾客传递快乐"，而"员工第一，客户第二，股东第三"的观点已被江南春、马云等商业翘楚所认同。

误区三：迷"失"自我。走入这种误区的企业仅仅为了客户一时之需频繁改变自己，从而忽视企业的产品优化，失去品牌个性。品牌需要迎合还是坚持，这个问题至今仍没有定论。在现在这个强调自主和自我意愿的社会，迎合已经变得非常之难，迎合的成本也变得越来越高。再加上现在企业的危机问题层出不穷，很多都是因为夸大宣传、重"客户诉求"而轻"产品技术"造成的，迎合的风险也越来越大。在消费者需求已经变得游离和多变的时候，无法迎合就需要更多的坚持，就像万宝路公司坚持使用牛仔形象、可口可乐公司坚持其配方一样。而坚持，会让企业的目标更清晰、底气更足。

（二）客户关系管理理念建设方法

1. 理念渗透

在客户关系管理理念建设初始阶段，企业应先对员工进行理念渗透，使员工认识到客户关系管理理念的重要性和深刻内涵，从而使其后的理念宣传收到显著效果。

（1）广泛宣传，营造氛围。在客户关系管理理念建设开始阶段，企业应先从上到下广泛宣传客户关系管理理念，让所有员工对客户关系管理理念有初步认识，方便员工后期深化了解。

（2）阶层传递，征集感言。各领导阶层依次发表对客户关系管理理念的理解，可以适当组织学习会、讲座、座谈等形式多样的小型活动，促使员工深入理解客户关系管理理念。还可以要求员工结合自己的岗位特点，用简短语言把自己对理念的认识和体会写出来，开展"理念感言征集"活动。这些感言把客户关系管理理念与员工岗位要求紧紧联系起来，更能行之有效、深层次地发挥作用，推动员工在岗位上进一步践行客户关系管理理念。

（3）适当抽查，认真总结。公司及时到各部门检查员工的理念学习情况，抽查员工对理念的实践程度。对不用心实践的部门给予相应处罚，对优秀的部门及个人给予一定奖励，并对抽查结果进行认真的总结和反省。

2. 理念考核

实践表明，要检验和考核员工对企业理念学习的效果，操作起来有一定困难，但是考核对理念的学习非常关键。

（1）确定考核标准

针对客户关系管理理念，结合本企业自身发展实际，按"深刻理解"等要求，制订一个理念考核标准，明确"合格与不合格"、"理解与不理解"的界限和要求。各部门按照考核标准，对员工理念实践情况进行严格考察，督促员工对客户关系管理理念的深入理解和具体实践。

（2）进行日常抽查

企业可以将日常考核与集中考核相结合，每月或者每季度组织一次抽查，抽查人数不少于员工总数的10%，而且每次抽查都要明确记录下员工对理念的理解和实践程度。抽查的员工一般不重复，但是要对上次抽查不合格的员工进行再次抽查。年底组织集中抽查，抽查人数不低于员工总数的30%。这样，每年抽查员工人数达到全体员工的60%以上，从而较好促进员工学习和实践客户关系管理理念，保证客户关系管理理念在企业内宣传的渗透效果。

（3）严格达标考核

每年年底，根据日常抽查结果情况确定优秀、不合格员工。然后根据考核情况，评出年度优秀员工或部门予以表彰奖励，对不合格的员工及部门进行重新培训和考核。

3. 实践转化

客户关系管理理念只有融入员工实践，转化为员工和企业的实践标准和价值取向，才能推进公司改革发展的步伐。因此，企业要努力促使员工将理念内化为他们的自身要求，外化为员工的岗位行为，这对企业进行客户关系管理理念建设意义重大。

（1）学习提高

企业可以开展多种形式的宣传活动，促使员工进一步学习和深刻理解客户关系管理理念，让员工在不断学习理念的同时提高自身素质。

（2）开展讨论

以部门为单位广泛开展讨论活动，要求每个部门对照理念结合实际，查找本部门存在的突出问题；各部门要对照客户关系管理理念，结合管理职能，查找管理中存在的薄弱环节，查找与客户关系管理理念不匹配的管理制度；员工要立足本职岗位，对照客户关系管理理念，查找思想上、行为上的差距。

（3）落实行动

各部门和员工，针对企业中存在的与理念不符的差距和问题，进一步明确整改方向并制订落实行动方案，将理念体现到企业经营管理的各个环节中。各级管理人员把理念落实到履行岗位职责中，确保公司各项目标的实现。广大员工把理念落实到岗位上，真正做到以理念保证工作实践，以理念促进企业发展。

（4）考核总结

各部门按照员工制订的实践方案，对员工的讨论和整改情况进行检查考核，督促员工提高认识，学好理念，保证实践，并举办相关主题汇报会，挖掘和培育践行理念体系的典型人物和典型案例，提供员工学习交流平台，促使员工在实际工作中努力践行客户关系管理理念。

企业最终要做到将客户关系管理理念与员工的岗位行为、企业制度建设紧密结合，使企业理念逐步转化为员工的自觉意识，成为员工的行为指南，实现理念入脑、入心、入行的目的，推动员工与企业的共同发展，这样也能促使客户关系管理理念成功建设好。

案例 1.3

客户至上的设计模式

客户至上的两种设计模式可归纳为迎合需求和创造需求，具体通过下面两个例子进行阐述和说明。

一、谷歌——迎合需求

谷歌的数字产品设计方法是研究客户行为，从点滴做起，逐步完善产品。

谷歌的管理部门每次改版网站首页或者升级产品时都会安排严格的用户测试。谷歌网站上写道："我们对谷歌的每一样内容都会进行测试，相比直觉和猜测，企业更加注重实际数据信息。"谷歌比大多数公司（或者说其他所有公司）都更加重视寻求确凿的资料，来证明新的功能是否有助于改进用户体验。许多产品都被送往谷歌实验室进行测试，以期尽早获得客户反馈，尽快调整设计任务。对亿万用户进行大量产品测试极具价值。谷歌的用户测试为谷歌带来了极大利益，有了它，管理者可及时对设计方案做出取舍。"我们有信心，而且也有数据可以证明，我们采纳的方案的确可以改进用户的使用体验。"

这样做是为了尽可能地完善产品。谷歌的创始人拉里·佩奇说："最完美的搜索引擎应该能够正确理解用户目的，切实满足用户所需。"不过，要做到如此，需要时时对产品进行点滴修改。大量用户几乎察觉不到谷歌的微小改动。比如某天，谷歌某项搜索结果不再仅仅显示网页内容，而是增添了相关视频内容；又或者某一天，谷歌神奇的搜索算法系统为某类问题提供的搜索结果比以前稍好了一点儿。这些变化如此微小，用户通常难以察觉。就这样，谷歌一点一滴地改进自己，永不停歇。

谷歌的这种用户测试和解析模式对网站的发展起到了极大的促进作用。对自己设计的许多东西进行测试，从而选出并放大最佳选项，有了这一模式，无须寻找设计高手，只需做大量的测试和分析就能找到优化用户体验的方法。但是，这种策略也是有瑕疵的，那就是，网站的架构无法得到跳跃式的变动。

二、苹果——创造需求

"数字技术应用领军团"中的苹果公司可谓轰动了整个世界。苹果公司发展的动力源主要是灵感创意而非数据分析。众所周知，史蒂夫·乔布斯是个完美主义者，他的设计团队具有卓越的才华和能力。因此，人们相信苹果公司创意无限，无所不能。乔布斯说："我们的任务就是打造完美的用户体验，如果做不到这点就只能怪自己。"虽然苹果公司并没有完全抛开用户测试这一环节，但是所有重大创意的提出和实现所依靠的都是核心团队的本能和直觉。他们有想法，有眼光。一旦创意开花结果，不仅会影响数百万用户的日常生活，更会使全球商务发生变革。

如果说谷歌的解析设计方式能够达到"局部高点"，那么苹果的灵感设计方式则能攀上"全球顶峰"。前者只允许在现有的设计框架内进行小修小补，让产品的易用性和效益慢慢达到峰顶，即"局部高点"。然而，小修小补永远也无法到达"全球顶峰"。

不过，苹果采取的策略存在巨大的风险。只要赢了一次，用户的期待就会直线飙升。要想获得成功，就必须拥有超凡卓越的人才（如此才俊实难获得）。由于这种策略强调的是给世间带来爆炸性的变化，而不是对产品进行循序渐进的改进，由此可见，随着时间的推移，相比其优雅、简洁且极富创意的设计初衷，苹果产品会变得越来越复杂、越来越笨重。把伟大的灵感同点滴的改进相结合，恐怕才是最受称道的模式。

启发思考：你更青睐哪种设计模式？对于产品要不断实现更高的客户满意度，你有什么好的建议？

本 章 小 结

本章主要介绍了客户关系管理的相关概念及内涵，以及客户关系管理理念的建设，主要包括客户关系管理的核心理念（以客户为中心；提高客户满意度；增加客户忠诚度；开拓新客户，保持老客户；鉴别把握关键客户；客户关系始终贯穿市场营销的全过程）和客户关系管理理念的建设（建设的重要性和方法）。通过本章的学习，读者应该熟悉客户关系管理的概念和内涵，能够充分认识到客户关系管理理念建设的重要性，并能掌握相应的核心理念和理念建设方法。

复习与思考题

1．什么是客户关系管理？如何全面地理解其真正内涵？

2．客户关系管理的核心理念有哪些？

3．客户关系管理理念建设的重要性是什么？

4．结合实际谈谈企业应如何建设客户关系管理理念？

第二章

客户关系营销

【学习目标】

掌握客户关系营销的基本概念，熟悉客户关系营销的特征；了解客户关系营销的作用及其与传统交易营销的区别；了解客户关系营销的实施原则、对象和主要途径。

案例 2.1

金可儿床垫与五星级酒店间的客户关系营销

金可儿（KINGKOIL）是全球著名的床具制造商，创始于美国明尼苏达州圣保罗市，是健康、舒适、高品质床具的代名词。自其进入中国市场，一路高歌猛进，势头不减，这其中很大一部分要归功于与五星级酒店间维持着的良好关系。五星级酒店一向是高端床具品牌争夺的重要领域。不过，即使地位斐然，大部分床具品牌也仅仅跟它们维持着适度有限的联系，而金可儿出奇制胜地将五星级酒店的地位上升到战略合作伙伴的关系，通过配合开业、定期培训、互助活动等创造更亲密的工作关系和相互依赖的伙伴关系，建立和发展双方的连续性效益，提高品牌忠诚度和巩固市场。这也就是所谓的客户关系营销。

仅在 2015 年，金可儿就帮助其合作的酒店进行了如下活动。

与携程联手推出周末游体验，让参与者赏美景、泡温泉，以及还有最重要的畅享希尔顿逸林酒店带来的五星级睡眠。

赞助 225 张甜梦之床，与廊坊潮白河喜来登酒店携手打破最多人在床上用早餐的世界纪录。

赞助 10 000 元人民币、1 套洲际款床垫、4 个金可儿国产乳胶枕，助力由洲际酒店集团旗下的智选假日酒店和中国青少年发展基金会共同举办的第五届慈善健康跑活动。

在 2015 洲际酒店集团四川区域酒店"希望杯"慈善高尔夫精英赛中捐出洲际酒店同款床垫。

以上只是比较著名的事件，还有很多常规性服务就不一一列举了。通过鼎力支持合作酒店的系列活动，金可儿成功地将其与五星级酒店间原本微弱的联系变紧变强，成为不可替代的合作伙伴。

客户关系营销的回报：互惠互利

客户关系营销的实质乃是共存共荣，即并非其中一方一味地付出。金可儿长久坚持的客户关系营销，不仅赢得了客户，更加长期拥有了客户。赢得靠的是品质，长期拥有靠的是服务和营销。而五星级酒店对金可儿的回报同样丰厚。

五星级酒店选择合作品牌最重声誉，金可儿的客户关系营销和始终保持着超高水准的床垫品质让其在酒店界拥有了很高的名望，当质量、服务和营销环环相扣取得的结果毫无疑问就是更多五星级酒店对于金可儿床垫的青睐。海棠湾康拉德、静安希尔顿、利顺德豪华精选、佘山艾美、明天广场 JW 万豪、阳江华邑、北京瑞吉、青城山第六感、西安盛美利亚、松花湖西武王子这些在华成立的首家酒店都无一例外地选择了金可儿床垫，这就是客户关系营销的独到之处。

不仅如此，客户关系营销的运用还让金可儿床垫的盛名从酒店界传到了普通客户之中，在2014 年金可儿的销量增长就已突破 100%。这是个令人咂舌的数字，它的实现与五星级酒店的宣传推广密不可分，当然也归功于金可儿对普通客户同样重视的客户关系营销，专门的售后团队让客户的诉求能快速通达地实现，而考虑周到的除螨服务、全国开展的护脊行动等，也让客户交口称赞。

启发思考：金可儿床垫是如何实施客户关系营销的？

客户关系营销是客户关系管理的雏形，其核心就是保持客户。企业通过加强与客户联系，与客户保持联系，并在此基础上开展营销活动，为客户提供满意的产品和服务，实现企业的营销目标。因而，客户关系营销在客户关系管理中显得尤为重要。

第一节　客户关系营销概述

一、客户关系营销的定义

"客户关系营销"的概念是在 1985 年由美国营销学者芭芭拉·杰克逊（Barbra Jackson）首先提出的。客户关系营销是一种买卖之间依赖关系的营销方式；客户关系营销是识别、建立、维护和巩固企业与客户及其他利益相关者的关系的活动，最终通过企业的努力，以成熟的交换及履行承诺的方式，使活动涉及各方面的目标在客户关系营销活动中实现；客户关系营销是在个人和群体交换产品和价值的同时，创造双方更加亲密的相互依赖关系，用以满足社会需要和客户欲望的管理过程。

二、客户关系营销的特征

客户关系营销是一种旨在建立和管理企业与客户关系的营销理论。客户关系营销的本质特征有如下几点。

1. 以双向为原则的信息沟通

在客户关系营销中，沟通是双向的而非单向的。社会学对关系的研究认为，关系是信息和情感交流的有机渠道，良好的关系即指渠道的畅通，恶化的关系意味着渠道的阻滞，中断的关系即指渠道堵塞。在这一过程中，不仅简单地传递了信息和感情，而且能有机地影响、改变信息和感情的发展。关系并不因为交流的间歇或停止而消失，它表现出一种稳定性，因为人们在交往过程中形成的认识、了解和态度是持久的、不易改变的。

2. 以协作为基础的战略过程

客户关系营销强调企业与各类客户建立的长期的、相互信任的、互利互惠的关系。企业与客户方协同合作的关系状态，实质上是彼此相互信任、相互适应，力求达到最佳的互惠共赢。此外，企业与客户之间建立的长期合作关系也有助于保持公司的稳定发展。

3. 以互惠互利为目标

客户关系营销产生的最主要原因是买卖双方之间有利益上的互补。例如，企业与客户交易得到利润，客户通过交易得到自身需要的满足，各自利益的实现和满足是双方建立良好关系的基础。真正的客户关系营销，是达到关系双方互利互惠的境界。因此，关系协调的关键就是了解双方的利益需求，寻找双方的利益共同点，并努力使共同的利益得以实现。

4. 以反馈为职能的管理系统

反馈循环对客户关系营销来说是必须具备的，用以连接关系双方，使公司了解到环境的动态变化。企业根据收集到的反馈信息，进行产品改善和技术创新，挖掘新的市场机会，使企业占据更大的市场份额。一些公司会为现有和潜在的客户提供各种机会，包括产品的展示和提前使用，并收集反馈信息。一些公司还会定期向随机抽取的客户寄送调查表，请他们对公司职员的态度、服务质量等作出评价。

三、客户关系营销与传统交易营销的区别

交易营销是传统的营销观念，客户关系营销与传统营销观念相比最根本的区别在于：传统营销观念的核心主要是商品交换，是一种短期概念；而客户关系营销的核心是"关系"，是一个长期概念，旨在双方之间建立一种长期的联系。

客户关系营销是对传统营销方式的重新看待，其实质就是通过建立与维持现有客户及利益相关者的关系而获得利益。交易营销注重的是与客户的单次交易，销售完成后互动关系即告终止，而客户关系营销则认为销售只是长期商务关系的开始。客户关系营销与传统的交易营销的具体区别如下。

1. 价值依赖机制

交易营销理论认为，市场是由同质的、无关紧要的个体客户组成的，交易营销完全依靠市场价值机制发挥作用；客户关系营销主要是以"关系"作为研究的核心，客户关系营销认为市场中每个客户的需求、愿望和购买能力存在很大差异，每个客户对企业的价值也是不同的，交易过程中不仅要得到经济价值，还要考虑客户在心理及情感上的满足。

2. 产品价值

交易营销的产品主要是指产品的实体价值；而客户关系营销认为产品的价值不但包括实体价值，还包括附加在实体产品之上的服务，比如说，与供应商交易过程中愉悦的心情、与产品相关的咨询以及技术服务的支持等。

3. 价值来源

交易营销的价值源于产品交易活动完成后价值在供应商、客户、分销商等价值链上的分配；

客户关系营销则认为，价值是供应商和客户在交易的沟通过程中共同创造的，是一种值得重视的新的价值。

4. 交易的互动性

交易营销认为市场中存在着各自独立的双方，卖方用产品、价格、促销等营销组合手段刺激客户购买，这是一种"积极的卖方"和"消极的买方"的单方行为；客户关系营销则认为市场并不都是单方行为，也存在着互动的关系，比如说，某些情况下，具有特定需求的买方也在努力寻找合适的供应商。

5. 交易的相关性

交易营销活动是由具体的单个事件组成的，并且每个交易活动之间没有任何的影响；客户关系营销则认为，供求双方的交易是一个连续不间断的过程，前一次的交易往往对以后的交易活动产生影响。

6. 对待客户

客户关系营销与交易营销的不同，还表现在对待客户的不同上，如表 2.1 所示。

表 2.1　交易营销与客户关系营销对待客户的不同

交易营销	客户关系营销
关注一次性交易	关注客户保持
较少强调客户服务	高度重视客户服务
有限的客户承诺	高度的客户承诺
适度的客户联系	高度的客户联系
质量是生产部门关心的	质量是所有部门关心的

根据交易营销与客户关系营销的不同，这两种营销方式的适用行业也不同。第一，产品交易中服务的作用越来越突出的时候，客户关系营销优于交易营销；第二，在大众产品、设备、专业服务等领域，客户关系营销要比交易营销更加适用；第三，在消费品行业，客户关系营销更多适用于与经销商的合作，而与终端客户的合作更多的是交易营销。

四、客户关系营销的作用

客户关系营销在适应经济潮流的发展之下，对于提升企业与客户之间的关系，提高企业核心竞争力的作用愈发明显。客户关系营销理论认为，客户关系营销具有如下几方面的作用。

1. 降低企业营销成本

首先，客户关系营销能在企业内营造一种全民参与、全员营销的氛围，提高企业和员工以及相关方的积极性，这将极大减少企业营销费用；其次，客户关系营销强调以客户为中心，最大限度满足客户需求，有助于建立良好的客户关系，提高客户忠诚度；最后，客户关系营销通过加强与相关方的联系与交流，减少收集信息、谈判、协调、行为控制和检查等经营活动所需时间，降低交易成本，而且还能通过企业间的协调降低单位成本，从而降低价格。

2. 建立并维持与客户的良好关系

如今，竞争环境日趋激烈，大量忠实客户是企业发展壮大必不可少的。企业获得和维持忠实客户的基础就是和客户建立良好的关系。只有客户与企业建立了良好关系，增加信任，客户才能够重复购买企业产品，并且能够帮助企业将产品和服务传播出去，从而稳定企业市场份额，稳固其市场地位。客户关系营销能够使企业更加深入地研究客户、了解客户需求、满足客户需求，从而与客户建立并维持良好的关系。

3. 优化企业资源配置

企业资源是有限的，怎样让企业有限的资源发挥最大的优势是每个企业密切关注的问题。客户关系营销能够使企业充分利用现有的人力、物力、财力及信息资源，优化资源配置，有助于新产品研发费用的降低和研发周期的缩短。此外，客户关系营销还能使每个企业发挥自身优势，共享资源，分摊费用，快速将产品推向市场，赢得客户。

> **案例 2.2**

马狮百货集团的客户关系营销

马狮百货（Marks&Spencer）是英国最大且盈利能力最强的跨国零售集团，在世界各地有200多家连锁店，出口货品数量在英国零售商中居首位。马狮集团在全英服装市场的占有率为15%，采购的服装约占全英国产量的1/5。在近百年的连锁经营中马狮公司形成了一套独特的做法——客户关系营销。

马狮的客户关系营销是以"满足客户真正的需要"为宗旨，建立与客户的稳定关系。公司成立之初，销售商之间的竞争是如何提高采办货物的能力，以提供不同种类的产品供客户挑选来达到服务客户的目的。而马狮公司则认为，销售商要比生产商更了解客户，更清楚客户需要的是什么，因此产品的设计与开发应该是销售商，而不是生产商。销售商应该去寻找能够按照自己的设计生产产品和满足自己成本要求的生产商，而不是去寻找采办满足客户需求的产品。这正是马狮公司客户关系营销思想的基础。

可见，马狮百货重视的并不只是"服务"，而是着眼于客户所需要的到底是什么。他们在20世纪30年代就提出了宗旨：为目标客户提供他们有能力购买的高品质产品。

启发思考：马狮集团是如何实施客户关系营销的？

第二节　实施客户关系营销

一、实施客户关系营销的原则

客户关系营销对于企业核心竞争力的建设、市场份额的占有、规模的扩大起着十分重要的作用，因而，企业实施客户关系营销也是一项重点工程。客户关系营销是将企业置身于社会经济的大环境中来考察企业的市场营销活动。企业在实施客户关系营销的过程中应遵循以下三点原则。

1. 主动沟通

营销活动中企业应与各关系方客户相互沟通，保持密切联系，形成制度或以合同形式定期或不定期地碰头。良好的沟通是解决问题的关键，通过主动沟通，了解各关系方客户的需求和困难，并主动提供帮助，增强合作关系。

2. 承诺信任

相互信任是长期合作的基础。在客户关系营销中，各关系方客户相互之间都应作出一系列书面或口头承诺，并且付出实践，履行诺言，赢得关系方的信任。只有双方相互信任才能更好地进行下一步合作。

3. 互利互惠

客户关系营销中的相关方关系是建立在互利基础上的，如果没有各自利益的实现和满足，那么交易双方就不会建立良好的关系。因而这就要求交易双方互相了解对方的利益，寻找双方利益的共同点，并努力使双方利益共同实现，做到互惠共赢。

二、实施客户关系营销的对象

客户关系营销扩大了企业经营活动范围，从原本单纯的交易行为转变为与客户、供应商、竞争者及政府机构等各方面编制的关系网络，经营活动也延伸到更广泛、更深远的领域。企业营销功能也以谋求相关方互惠互利取代了过去单纯的自身利益最大化。例如，许多公司就是由国有资产投资公司及相关企业共同出资筹建，形成具有政府支持，上下游企业共同受益，共谋发展的利益共同体，通过利益并存实现多方共赢的目的，以保持永久生存发展。

三、实施客户关系营销的途径

客户关系营销的实质是对客户及其他利益群体关系的管理，宗旨是从客户利益出发，努力维持和发展良好的客户关系。因此，客户关系营销的重心就是建立和发展客户关系营销网络、培养客户忠诚、降低客户转移率。从营销理论和实践来看，实施客户关系营销的主要途径包括以下几个方面。

1. 提高客户忠诚度

客户忠诚度是指客户对于某一特定产品或服务产生好感，形成偏好而重复购买的一种趋向。传统交易营销重视短期利益，典型做法就是"货物售出，概不负责"，根本不注重客户的消费体验。而且，传统交易营销一味追求发展新客户，忽视老客户，根本谈不上培养客户忠诚。客户关系营销则在关注一次性交易的同时，更重视老客户。它的优势包括：第一，维持老客户，能带来大量销售额；第二，维持老客户的成本大大低于吸引新客户的成本；第三，忠诚客户对其他客户有很强的示范效应，是统一消费群体的意见领袖。实践证明，一个满意的客户会引发 8 笔潜在的生意；一个不满意的客户会影响 25 个人的购买意愿。因此，怎样提高客户忠诚度，防止客户流失是客户关系营销的一项重要内容。

2. 适当增加客户让渡价值

客户让渡价值是客户总价值与客户总成本之间的差额。客户总价值是指客户购买某一产品所获取的总价值或利益，由产品价值、服务价值、人员价值和形象价值构成。客户总成本是指购买产品过程中花费的货币成本以及时间成本、精神成本和体力成本等非货币成本。客户在选购产品或服务时，往往从价值和成本两个方面进行比较后作出抉择，选出价值最高、成本最低，即"客户让渡价值"最大的产品作为优先选择对象。企业要想在市场经济中维持原有客户群，就需要提供给客户尽可能多的"客户让渡价值"。

3. 提升企业和客户之间的关系层次

企业与客户之间的关系可分为财务层次、社会层次和结构层次，这三个层次是依次递进的。一般来说，企业选择的客户关系营销层次越高，其获得的潜在利益和提高竞争力的可能性越大。

（1）财务层次

财务层次是指企业与客户之间，建立以商品为媒介的财务利益层次上的关系。在企业与客户的交往中，财务利益是最基本的行为动因，在利益之外，人们之间的关系就显得比较冷漠。传统交易营销中的"银货两讫"就体现了这种财务关系。而建立在这一层次上的客户关系营销，通常采用有奖销售、价格优惠、折扣等手段，刺激客户购买本企业的产品或服务。

（2）社会层次

社会层次也称关系层次，指交易双方在财务层次基础上，建立起相互了解、相互信任的社会联系，并形成友好的合作关系。在社会层次上，企业在传统营销工作基础上更加重视交往营销。企业主动与客户联系，了解客户需求与期望，并想方设法满足客户需要，以此加强企业与客户的联系，形成良好的合作伙伴关系。这一层次上的营销，体现了相互了解、信任和默契，但各企业的做法不尽相同，不易被竞争对手所模仿，相比财务层次的营销前进了一步。

（3）结构层次

结构层次是客户关系营销的最高层次。结构层次是指企业有效利用资本、资源、技术等要素组合设计企业的生产、销售、服务体系，并为客户提供个性化产品和服务，最大限度满足客户需要，使客户得到更多消费利益和"客户让渡价值"，提高客户满意程度。同时，企业的技术壁垒在这一层次结构上有所提高，客户转移的成本和难度提高，客户要想改变供应商将导致总成本提高，原有的优质服务停止，因而客户不得不继续维持与企业的关系。

上述的三个层次都是企业必不可少的。企业客户关系营销人员要树立层次结构的思想，在使用某一层次时，最大限度地提升层次结构。

4. 建立柔性生产体系

柔性生产体系也就是企业根据不同客户的不同需求，设计并生产具有差异化、个性化的产品。传统营销通常被称为"大众营销"，生产厂商所生产的产品要能够满足成千上万客户的需要，生产的重点是大规模生产。而随着人民生活水平的提高，客户的消费差异化、个性化显著增强，此时，市场细分的规模也越来越小。为了适应这种经济形势，企业需要建立柔性生产体系，以满足不同客户的需求。柔性生产体系既保持大批量流水作业的先进生产体系，又满足了"多品种、小批量"的订货需求，形成了大规模个性化生产体系。海尔公司曾针对农民想要清洗土豆，而一般的洗衣机排水系统又老是堵塞这一问题，专门研发了一种"土豆清洗机"，这一举措就是海尔公司柔性生产体系的表现。

5. 建立客户关系管理系统，防止客户流失

建立客户关系管理系统，就是通过对企业和客户的有关信息进行搜集、储存、传输，以便企业主管人员对客户关系情况能全面准确了解，及时采取相应的关系营销措施，有针对性地制订出客户关系营销计划或沟通策略，维持老客户，开发新客户，防止客户流失，使企业从客户那里获得最大利益。客户关系管理系统的建立是客户关系营销取得成效的基础，可以使客户关系营销更好地发挥作用。

本 章 小 结

本章主要介绍了客户关系营销的概念及其实施。首先介绍了客户关系营销的定义，客户关系营销是企业为了实现其自身目标和增进社会福利而与相关客户建立和维持互利合作关系的过程；其次介绍了客户关系营销的特征，分别是以双向为原则的信息沟通、以协作为基础的战略过程、以互惠互利为目标、以反馈为职能的管理系统；最后具体介绍了如何实施客户关系营销。通过本章的学习，读者应该掌握客户关系营销的基本定义和特征，了解客户关系营销的作用和实施原则、对象、途径，能制订具体的客户关系营销策略，实现客户关系管理目标。

复习与思考题

1. 简述客户关系营销的含义。
2. 简述客户关系营销的特征。
3. 简述客户关系营销的作用。
4. 简述客户关系营销与传统的交易营销的区别。
5. 简述企业与客户的关系层次。

第三章

客户生命周期及价值

【学习目标】

了解客户生命周期的概念；掌握客户生命周期的阶段模型及其主要模式；掌握客户价值的概念；掌握如何管理客户生命周期及客户价值的评价方法。

案例 3.1

客户生命周期理论与客户关系营销在电信企业中的运用

一、客户生命周期阶段的划分与客户关系营销"五要素"

（一）电信客户生命周期阶段的划分

电信客户生命周期是指电信客户从开始进入电信运营网络、享受电信通信服务到退出该网络所经历的时间过程。在该过程中，客户通信的消费量和给电信企业带来的利润都会发生一定的规律性变化。

阶段 A：客户获取。发现和获取潜在客户，并通过有效渠道提供合适的价值定位以获取客户。

阶段 B：客户提升。通过刺激需求的产品组合或服务组合把客户培养成高价值客户。

阶段 C：客户成熟。使客户使用电信新产品，培养客户的忠诚度。

阶段 D：客户衰退。建立高危客户预警机制，延长客户的生命周期。

阶段 E：客户离网。该阶段主要是赢回客户。

（二）客户关系营销"五要素"

（1）市场细分和分析。即通过日常信息收集和针对性调研，了解电信客户市场信息，进行有效客户群细分，针对不同客户群制订相应的客户关系营销组合措施。

（2）产品组合和定价。明确产品组合与定价原则，不对价值或目标不明确的产品定价，系统化、计划性地进行产品组合和定价。

（3）渠道组合。优化渠道结构，发挥渠道组合优势。

（4）针对性广告和促销。针对一定客户群进行产品和资费宣传，应用针对性渠道进行产品和资费宣传。

（5）忠诚度管理。通过高危预警、忠诚度计划等方法延长客户在网生命周期；通过离网客户跟踪与离网赢回方法赢回已离网客户。

二、电信客户生命周期各阶段的客户关系营销

（一）获取阶段的客户关系营销

客户获取阶段的客户关系营销主要是针对潜在客户群体的细分及识别。

（1）市场细分与分析。这里既要有宏观层面（潜在市场的规模和变化等）的分析，又要有微观层面（客户的构成和关键购买因素等）的分析。通过宏观和微观的市场细分和分析，从而发现目标客户源。

（2）产品组合与定价。一般采取单业务的产品设计和定价，可用的方法为入网优惠、终端赠送或设计资费套餐等。

（3）渠道组合。最有效和成本最低的渠道是呼叫中心，客户足不出户即可通过呼叫中心申请业务，方便快捷。在客户获取阶段，不提倡搞诸如全员营销或劳动竞赛之类的方式。

（4）针对性广告。广告主要采取媒体广告、营业厅广告和销售人员促销。

（5）忠诚度管理。在客户获取阶段，虽然对获取的客户还谈不上忠诚度管理，但是在获取新客户的同时，要高度重视存量客户的忠诚度。

（二）提升阶段的客户关系营销

提升阶段的客户关系营销的目的在于完成从客户获取到提升的平滑过渡。

（1）市场细分与分析。客户提升阶段的市场细分与分析主要是分析客户获取后对基础业务的使用情况，包括本地电话、长途电话、拨号上网时长的分析。

（2）产品组合与定价。一般采取产品捆绑、套餐优惠以及增值业务的营销。多地电信公司将电话、宽带、手机等多种通信产品组合捆绑成为"全家福"套餐。

（3）渠道组合。渠道组合应以呼叫中心为主，原因是呼叫中心不仅是主动呼出进行客户调研的主渠道，同时也是面向目标客户群进行针对性呼出营销的主力军。

（4）针对性广告。在这一阶段，通过针对性广告，如直呼、直邮或短信宣传等手段，在大型媒体上可辅以形象广告来提升企业的品牌效应。

（5）忠诚度管理。由于客户提升阶段是新增客户的不稳定阶段，因此在这一阶段要特别重视对客户的服务。首先要保证客户基础产品的质量；其次是通过针对性的关系营销来让客户感觉到电信运营企业对客户的关怀；第三是通过产品捆绑和优惠增加客户的"心理份额"。

（三）成熟阶段的客户关系营销

客户成熟阶段的关系营销的目的就是要维持好客户忠诚度，因为这个时期是客户对电信企业价值贡献最大和最平稳的时期。

（1）市场细分与分析。提升阶段的细分与分析主要是分析客户的深层次需求，了解并掌握延长客户在网时间的关键点。

（2）产品组合与定价。应以回报和反馈成熟客户为出发点。一般可采取积分回报、在网优惠、充值赠送、合同约定等手段，要让成熟客户感觉到电信企业对其的关注和关怀，使客户从行为忠诚发展为态度忠诚。

（3）渠道组合。该阶段的渠道主要还是以呼叫中心为主，营业窗口为辅。

（4）针对性广告。针对性广告以媒体广告和针对性广告相结合的方式进行。

（5）忠诚度管理。该阶段的总体营销策划就是围绕提高客户忠诚度展开，忠诚度管理是该阶段客户管理的核心。

（四）衰退阶段的客户关系营销

电信客户关系的衰退期属于电信客户生命周期管理的第四个阶段，该阶段不像前几个阶段那样能明显看到客户数的增多、收入的增加，常成为被忽视的阶段。

（1）市场细分与分析。衰退阶段的市场细分与分析主要是分析客户衰退的原因。分析监控话务量变化，辅以电话调研等手段，了解客户行为规律和关键驱动因素。

（2）产品组合与定价。该阶段的产品组合与定价主要采取针对高危客户的特殊套餐和资费，或向高危客户赠送附加设备（如话机）等。

（3）渠道组合。采用多种方式进行，视挽救不同类型衰退客户而不同。

（4）针对性广告。该阶段的针对性广告和促销可采取针对竞争对手的方案和针对高危客户的挽留方案。

（5）忠诚度管理。该阶段的忠诚度管理主要是要建立高危客户的预警机制，对客户的消费情况进行阈值设定，对客户的话务量情况进行环比分析，及时发现客户消费异常情况，努力改善客户忠诚度，将客户从衰退状况恢复到稳定状态。

（五）离网阶段的客户关系营销

当电信客户离网时，大多数会受到相应的诱导因素驱动。即使该客户对原运营商提供的服务100%满意，他仍然存在离网的可能，问题的根源在于目前绝大多数电信业务面临的市场是个充满竞争的市场。

（1）市场细分与分析。该阶段的市场细分与分析主要是分析客户离网的诱导因素，同时要建立离网客户的数据库，开展针对性的保留和赢回计划。

（2）产品组合与定价。设立与竞争对手可比的营销方案和优惠套餐，开发与竞争对手相仿的产品，但要注意对在网客户的影响。

（3）渠道组合。该阶段的渠道组合主要是在营业窗口开展离网客户的挽留计划，在客户准备离网的第一时间了解客户情况，推荐适合的产品，进行现场挽留，同时通过呼叫中心和营业窗口的模式调查客户离网原因，为避免更大范围的客户离网准备数据，为推出适合产品提供依据。

（4）针对性广告。针对性广告在这一阶段的作用较弱，其广告和营销大都是客户离网时的一对一接触。

（5）忠诚度管理。当客户准备离网时，其忠诚度已经较低或没有，但在这一阶段仍然要以优质的服务对待客户，为赢回离网客户做好准备。

启发思考：电信企业客户生命周期阶段该如何划分？如何根据客户生命周期阶段划分进行客户关系营销？

第一节　客户生命周期

一、客户生命周期概述

作为企业的重要资源，客户具有价值和生命周期。客户生命周期理论也称客户关系生命周期理论，是指从企业与客户建立业务关系到完全终止关系的全过程，是客户关系水平随时间变化的发展轨迹。它动态地描述了客户关系在不同阶段的总体特征。

对于客户生命周期阶段的划分，不同的研究人员从不同的角度进行了大量的研究。客户关系生命周期一般分为吸引、获得、管理和保留四个阶段，或者按照陈明亮博士的客户关系生命周期阶段模型，将客户关系的发展分为考察期、形成期、稳定期和退化期 4 个阶段。每个阶段描述不同的客户关系。

二、客户生命周期的四阶段模型

客户与企业的关系，与产品生命周期和企业生命周期一样，也有一个从建立到消亡的变化过程。阶段划分是客户生命周期研究的基础，目前这方面已有较多的研究。本文将客户关系的发展划分为考察期、形成期、稳定期和退化期 4 个阶段。下面就以四阶段模型为依据，介绍各阶段的关系特征，如图 3.1 所示。

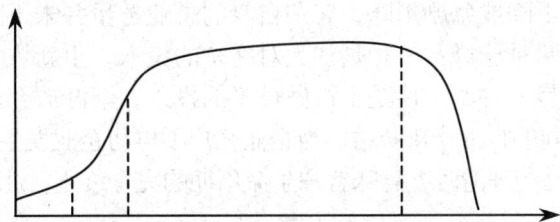

图 3.1　客户生命周期的四阶段模型

1. 考察期——探索和试验阶段

考察期，关系的探索和试验阶段。在这一阶段，双方考察和测试目标的相容性、对方的诚意、对方的绩效，考虑如果建立长期关系双方潜在的职责、权利和义务。双方相互了解不足、不确定性大是考察期的基本特征，评估对方的潜在价值和降低不确定性是这一阶段的中心目标。在这一阶段客户会下一些尝试性的订单，企业与客户开始交流并建立联系。因客户对企业的业务进行了解，企业要对其进行相应的解答。某一特定区域内的所有客户均是潜在客户，企业投入是对所有客户进行调研，以便确定出可开发的目标客户。此时企业有客户关系投入成本，只能获得基本的利益，而客户尚未对企业作出大的贡献。

2. 形成期——快速发展阶段

形成期，关系的快速发展阶段。双方关系能进入这一阶段，表明在考察期双方相互满意，并建立了一定的相互信任和相互依赖。在这一阶段，双方从关系中获得的回报日趋增多，相互依赖的范围和深度也日益增加，逐渐认识到对方有能力提供令自己满意的价值（或利益）和履行其在关系中担负的职责，因此愿意承诺一种长期关系。在这一阶段，随着双方了解和信任的不断加深，关系日趋成熟，双方的风险承受意愿增加，因此双方交易不断增加。当企业对目标客户开发成功后，客户已经与企业发生业务往来，且业务在逐步扩大，此时已进入客户成长期。企业的投入和开发期相比要小得多，主要是发展投入，目的是进一步融洽与客户的关系，提高客户的满意度、忠诚度，进一步扩大交易量。此时客户已经开始为企业作贡献，企业从客户交易中获得的收入已经大于投入，开始盈利。

3. 稳定期——最高阶段

稳定期，关系发展的最高阶段。在这一阶段，双方或含蓄或明确地对持续长期关系做了保证。这一阶段有如下明显特征：双方对对方提供的价值高度满意；为能长期维持稳定的关系，双方都做了大量有形和无形投入；大量的交易。因此，在这一时期双方的相互依赖水平达到整个关系发展过程中的最高点，双方关系处于一种相对稳定的状态。此时企业的投入较少，客户为企业作出较大的贡献，企业与客户交易量处于较高的盈利时期。

4. 退化期——逆转阶段

退化期，关系发展过程中关系水平逆转的阶段。关系的退化并不总是发生在稳定期后的第四阶段，实际上，在任何一阶段关系都可能退化。引起关系退化的原因很多，如一方或双方经历了一些不满意、需求发生变化等。退化期的主要特征有：交易量下降；一方或双方正在考虑结束关系甚至物色候选关系伙伴（供应商或客户）；开始交流结束关系的意图等。当客户与企业的业务交易量逐渐下降或急剧下降，客户自身的总业务量并未下降时，说明客户已进入衰退期。此时，企业有两种选择：一种是加大对客户的投入，重新恢复与客户的关系，进行客户关系的二次开发；另一种做法便是不再做过多的投入，渐渐放弃这些客户。企业两种不同的做法自然就会有不同的投入产出效益。当企业客户不再与企业发生业务关系，且企业与客户之间的债权债务关系已经理清时，意味客户生命周期的完全终止。此时企业有少许成本支出而无收益。

根据上面对客户生命周期各阶段的描述可以看出，从考察期、形成期直到稳定期的客户关系水平依次有所提高，企业所希望达到的理想阶段是稳定期。因为客户关系的发展是循序渐进的过程，不可能跳跃式发展，所以企业要想尽快达到理想状态，最大限度地延长稳定期，以使企业获得更多客户价值，就需要尽量缩短考察期和形成期。

三、客户生命周期的主要模式

客户关系并不总是按照理想的生命周期轨迹发展，客户关系生命周期模式存在多种类型，不同类型带给供应商不同利润，代表不同客户关系质量。

客户关系的退化可以发生在考察期、形成期和稳定期这三个阶段的任一时间。因此，根据客户关系退出所处阶段不同，可将客户关系生命周期模式划分成四种类型。下面用客户终身价值曲线来表示这四种客户关系生命周期模式，如图 3.2 所示。模式 I（早期流产型）、模式 II（中途夭折型）、模式 III（提前退出型）和模式 IV（长久保持型）分别表示客户关系在考察期、形成期、稳定期前期、稳定期后期 4 个阶段退出。下面分析四种客户生命周期模式的成因。

1. 模式 I（早期流产型）

客户关系没能越过考察期就流产了。造成客户关系早期流产的原因可能有两种：一是供应商提供的价值达不到客户预期，客户认为供应商没有能力提供令其满意的价值。也许客户只是对有限次购买中的一次购买不满意，但这时客户对供应商的基本信任尚未建立起来，也没有转移成本，客户关系非常脆弱，一旦不满意，客户很可能直接退出关系。二是供应商认为客户没有多大价值，不愿与其建立长期关系。模式 I 代表的是一种非常多见的客户关系形态，因为在巨大的供应商与客户之间的多元关系网络中，经过双向价值评估和选择，能够进入二元关系的毕竟是少数。

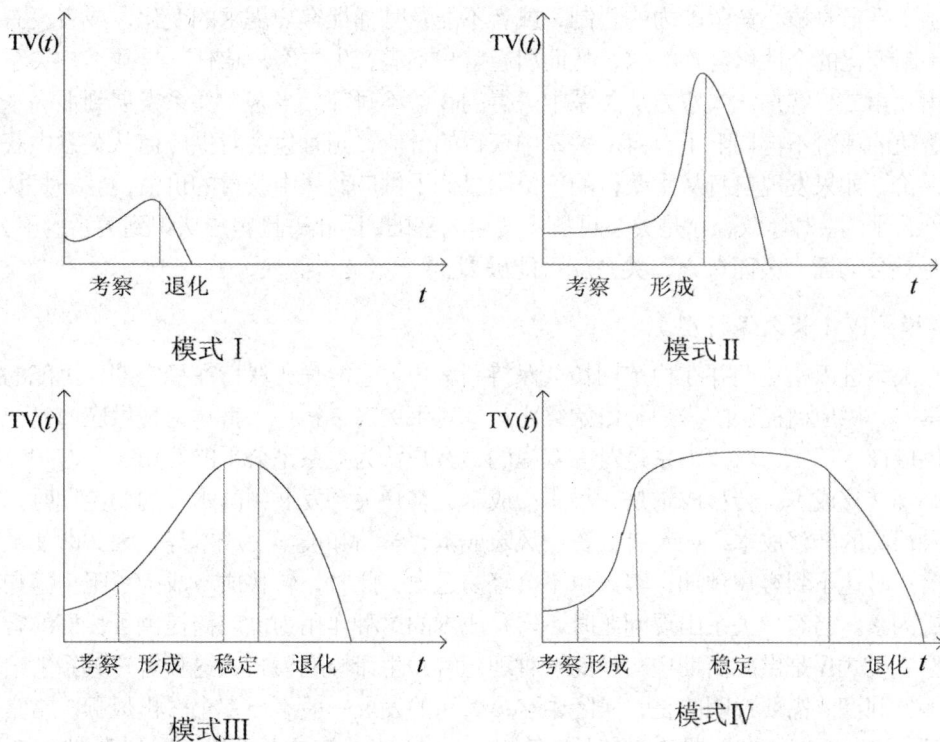

图 3.2　客户生命周期模式

2. 模式Ⅱ（中途夭折型）

客户关系越过了考察期，但没能进入标志着关系成熟的稳定期而在形成期中途夭折。客户关系能进入形成期表明双方对此前关系的价值是满意的，曾经建立了一定的相互信任，客户关系中途夭折最可能的原因是供应商不能满足客户不断提升的价值预期。生命周期不同阶段客户保持机理的研究表明，客户价值是客户保持的核心决定因素，而客户对价值的预期又是不断提升的，供应商提供的价值必须不断满足客户的预期，并达到或超过最好可替代供应商的水平，客户关系才可能进入稳定期。客户关系中途夭折，说明供应商虽然在前期能提供比较好的公共价值，如较高的产品质量、适中的价格、较及时的交货、较好的售后服务和技术支持等，但由于不了解客户的真正需求或受自身核心竞争能力的限制，无法给客户提供个性化增值。个性化增值是客户关系发展到一定程度时客户的必然要求，一个供应商如果不能满足客户的这种要求，将始终无法成为客户心目中最好的供应商，从而客户会积极寻找更合适的供应商。一旦发现更好的可替代供应商，客户便从现有关系中退出，转向新的供应商。

3. 模式Ⅲ（提前退出型）

客户关系进入了稳定期，但没能持久保持而在稳定期前期退出。造成客户关系没能持久保持的可能原因主要有两种：第一，供应商持续增值创新能力不够。客户关系要长久保持在高水平的稳定期，供应商必须始终提供比竞争对手（最好可替代供应商）更高的客户价值。个性化增值是提高客户价值的有效途径，它建立在与客户充分沟通、对客户需求深刻理解和客户自身高度参与的基础上，具有高度的不可模仿性，增值创新能力实际就是供应商个性化增值的能力。供应商由于受自身核心竞争能力的限制，或者不能及时捕捉客户需求的变化，或者没有能力持续满足不断变化的个性化客户需求，从而引起客户不满，失去客户信任，导致客户关系退化并最终退出。第二，客户认为双方从关系中获得的收益不对等。当客户关系发展到很高水平时，客户对价值的评价不再局限于自身从关系中获得的价值，同时也会对供应商从关系中获得的价值作出评价，如果发现自身从中获得的价值明显低于供应商从中获得的价值，客户将认为双方关系是不公平的。对等双赢才是关系可持续发展的基础，因此一旦客户认识到关系的不公平性，客户关系就会动摇，久而久之，关系就可能破裂。

4. 模式Ⅳ（长久保持型）

客户关系进入稳定期并在稳定期长久保持。客户关系能长久保持在稳定期，可能的原因有三个：第一，供应商提供的客户价值始终比竞争对手更高，客户一直认为现供应商是他们最有价值的供应商。第二，双方关系是对等双赢的，客户认为关系是公平的。第三，客户有很高的经济和心理转移成本。转移成本是一种累积成本，客户关系发展到高水平的稳定期时，客户面临着种种很高的转移成本，如专有投资、风险成本、学习和被学习成本等，因此即使供应商提供的价值一时达不到客户预期，客户也不会轻易退出，此时，转移成本成为了阻止客户退出关系的关键因素。当客户关系出现问题时，转移成本的这种作用为供应商提供了良好的客户关系修复机会。模式Ⅳ是供应商期望实现的一种理想客户生命周期模式，这种客户关系能给供应商带来更多的利润。需要说明的是，实际中客户关系的发展一般不会完全一帆风顺，常常有一些波折，但只要供应商能有效调整客户保持策略，及时化险，客户关系仍会回到正常的发展轨道。

客户是企业最重要的资产，谁拥有了高质量的客户谁就掌握了主动。所以，客户群的质量决定了企业的竞争能力。而客户群的生命周期结构（全体客户生命周期模式类型的构成）决定了客户群的质量，企业客户群中如果大部分有价值的客户的生命周期模式属于"长久保持型"，那么该企业在市场竞争中必然处于优势地位；反之则否。客户生命周期模式分类为企业诊断客户群质量提供了一个很好的分析工具，进而，根据诊断的结果，企业可以更有针对性地制订客户关系管理的战略目标和实施方案。

四、管理客户生命周期

客户在生命周期中的不同阶段表现出不同特征。企业要想能够争取到更多客户，增加经济效益，就要在了解客户生命周期阶段特征的基础上，对客户生命周期进行管理。客户生命周期管理是一种全新的营销理念，本文按照客户生命周期的四个阶段，即考察期、形成期、稳定期和衰退期的特征，有针对性地对其实行动态管理。

1. 考察期管理策略——新客户发展策略

这一阶段的中心任务是说服和刺激潜在客户与其建立客户关系。

（1）说服客户购买。当潜在客户对某种产品或服务产生需要时，就会设法收集有关该产品或服务的信息，尽可能多地了解相关产品和企业，力求以最低成本满足自己需要。但是，由于信息泛滥和不对称，潜在客户要想找到适合自己并且有用的信息十分困难。因此，企业应该想方设法向潜在客户传递本企业有价值的信息，使其尽快将注意力集中到本企业，并且相信本企业的产品或服务是满足其需要的最佳选择。企业可以向潜在客户承诺本企业产品或服务的质量来获得潜在客户的信任，并通过有针对性的沟通渠道传达承诺。

"美的"变频空调在 2010 年率先推出"无条件十年保修"服务承诺，为变频空调附上了一份"终身保险"，切实保障消费者权益，并且推动行业树立新的服务标准。2010 年 5 月 7 日《南国早报》报道：4 月 30 日至 5 月 3 日，广西曲美的一级节能空调销售量创历史新高，同比增长160%，变频空调占整体空调销售的比例达到 45%。各家电卖场销售排行榜显示，"美的"空调销售量和销售额全面领跑，多款机型占据畅销机型排行榜前三名。2011 年"美的"变频空调再度承诺：自 2011 年 1 月 1 日起，凡在国内购买"美的"变频空调的消费者，均可享受"一年免费包换"服务，而"无条件十年保修"服务继续有效。"美的"变频空调成为全行业首家推出"一年包换+十年保修"服务标准的企业，引领行业服务水平迈上了新台阶。"美的"的这一创举引发了各类媒体的广泛关注和持续报道。

（2）刺激客户购买。刺激购买就是采取一定措施促使潜在客户与本企业达成某项交易，并刺激其重复购买和交叉购买本企业的产品和服务。这类措施主要有产品组合销售、价格折扣、购物积分等。如淘宝商家经常会有搭配套餐，当客户购买组合产品时，可获得一定的现金折扣；一些品牌服装店在新品上市时，也会推出上衣搭配下装有一定价格的折扣；中国移动推出消费1 元获得 1M，最终获得的累积 M 值可以兑换话费、流量等。

考察期的企业和客户都会寻求双方的目标交集，尽可能地去了解对方，评价对方的意向、对方的绩效，考虑如果建立长期关系，双方潜在的职责、权利和义务是怎样的。这个阶段的营销目标是：发掘可能建立关系的潜在客户。

2. 形成期管理策略——客户关系提升策略

这一阶段可以称为"试用期"。在这一阶段，企业要考察新客户价值、消费模式等指标，同时将接受新客户多方面的检验。形成期是一个双向考察、相互认知的磨合阶段。客户与企业交易次数或者交易额快速上升，企业的经济效益快速提高，客户关系快速提升，客户和企业的满意交集区间增大，双方相互信赖增强。但同时由于双方业务关系刚刚建立，企业与客户之间只有初步了解，因此双方关系比较脆弱，存在一定的不稳定性。为了增强客户对企业的信赖，企业要尽可能多地帮助新客户熟悉本企业的产品或服务，帮助他们处理使用产品或服务过程中出现的问题，增加客户满意。企业也可通过有针对性的客户培训、保持客户联系部门员工队伍的稳定性、建立高效率的客户服务热线或呼叫中心等来提高客户适应效率。

所以形成期的营销目标是：通过提升客户价值，加强与客户间的纽带关系，将"试用"客户转换为稳定的忠诚客户。同时，还应甄别客户关系类别——短期或长期关系，以便向稳定期输送合格的客户，并对客户进行筛选和过滤，发掘有价值的客户。

3. 稳定期管理策略——客户关系保持策略

这一阶段，客户关系已趋于稳定，企业应致力于稳定和巩固已经形成的良好关系。通过采取可行的客户关系保持策略，提高客户满意度，提高客户忠诚度，尽量延长稳定期长度。

现有客户群中，尤其是具备一定忠诚度的稳定型客户，是企业最为关键和最有价值的客户。

企业在实施客户保持策略时，首先对客户价值进行判定，将客户价值进行细分，然后有针对性地采取客户保持策略。

企业可以向客户提供符合客户特殊要求的个性化产品或服务，增强客户的满足感，以增强企业对客户的吸引力。另外，为了使企业产品能更好地符合客户要求，增强客户对企业的信任基础，企业可以将客户纳入产品的研发、规划和生产过程。此外，企业还可以通过提高客户退出壁垒，维持客户关系。企业可以从经济、技术、契约三个方面提高客户退出壁垒。经济壁垒方面，主要就是提高转移成本，客户转移成本越高，客户终止关系损失就越大，客户关系就越稳定；技术壁垒方面，企业可以使客户在使用产品或服务时对企业产生一定的依赖性，使其没有能力去转移企业品牌；契约壁垒是一种法律手段，企业设法与客户签订契约或结成战略联盟，建立结构性纽带关系。

4. 衰退期管理策略——关系恢复策略

这一阶段客户关系处于衰退阶段，但是这种情况，在前三个阶段也可能出现。因此，企业要随时根据客户流失预警模型来进行客户关系衰退察觉判断，即识别出有流失倾向的客户，对进入该阶段的客户采取相应策略。若客户关系已无存在必要，则可以终止客户关系，流失客户自动进入潜在客户库，开始新的客户关怀循环；若客户关系仍存在一定价值，则采取关系恢复策略，重新定位客户类型，采取相应策略。同时，对于流失客户，企业要分析流失原因，找出企业不足，以便更好地保持客户，延长客户生命周期。

企业这一阶段的营销目标是：发现衰退迹象，判断客户关系是否值得保持，采取终止策略或者恢复策略。

案例 3.2

天猫化妆品店铺利用客户生命周期成功开展客户关系营销

化妆品类目有利润空间高、广告成本大、新客户引流成本高等行业原因，天猫的大部分店铺都会把客户关系库营销作为重要营销手段，甚至专门成立部门。以往大家都会拿出爆款通过赠送小样或折扣作为引流产品，吸引客户首次购买。在这种高昂成本下，新客户引流成本可能会超过店铺获得的收益。在付出了高昂的引流成本后，卖家自然不会善罢甘休，他们会继续向买家推荐其他相关产品，以促成二次购买。

由于客户容易流失，所以购买时间是卖家在客户关系管理当中重点管理的指标，客户关系营销也大多围绕客户生命周期开展。接下来，我们看化妆品店铺如何根据客户购买时间，持续进行二次购买营销。

1. 购买后 7 天

这时客户基本已经收到并使用过第一次购买的产品，是客户最有可能产生补充性购买的时间。由于新产品更具有吸引力，更能抓住客户眼球，吸引客户进店，客户关系管理专员设计了"新品尝鲜"活动。如果首次通过新品策略无法让客户回购，则在购买后的 15 天继续开展营销。

2. 购买后 15 天

客户关系管理专员策划了"精品推荐"活动，选择店铺人气高、转化高、评价好的明星单品进行推荐，这些热门产品相对于新品的吸引力而言，具有更强的转化和成单能力。

3. 购买后 30 天

按照之前提到的思路，店铺进行了"满月礼"营销，赠送 5 元无门槛优惠券，通过优惠手段刺激客户。

4. 购买后 45 天

购买 45 天，客户已经快要进入沉默状态，这时候的营销活动不能够再不痛不痒。客户关系管理专员拿出了手上的王牌：选取了好几个细分的拳头产品参加"会员专享周"活动。整个会员活动通过定向优惠（会员享受优惠价格，但是成交记录仍显示原价，不影响产品的正常销售）落地，优惠时间长达一周，在这一周的时间里先通过邮件预热，再通过短信进行主动通知，并在活动快要结束的时候对还没有响应的客户进行再次提醒。

5. 购买后 60 天

化妆品和时装一样具有季节性，季节产品注重防过敏，春转夏开始突出防晒和晒后修复，夏入秋开始推保湿。基本上每换一个季节化妆品就好像换衣服一样要换掉一批。换季期间客户回购的需求会比较旺盛，店铺客户关系管理专员因此策划了"换季肌肤保卫战"的换季营销活动。

启发思考：化妆品店铺如何根据客户购买时间，持续进行二次购买营销？

第二节　客 户 价 值

一、界定客户价值

（一）客户价值的界定

20 世纪 90 年代以来，"客户导向"的竞争观念已在全球企业中得到广泛普及，越来越多的企业开始重视以客户价值创造为核心的战略导向。企业界普遍认为，增加客户价值是实现利润增长和提高企业总体价值的关键，但是对客户价值的理解存在分歧，体现在对客户价值流向、方向性和所有者认定等方面存在差异。

罗杰·卡特怀特（Cartwright R）认为客户价值的方向是"客户→企业"，即客户为企业创造价值，其受益者和所有者是企业，称为客户终身价值。客户终身价值是企业从与其具有长期稳定关系的并愿意为企业提供产品和服务承担合适价格的客户中获得的利润，也即顾客为企业的利润贡献。"长期稳定关系"表现为客户时间性，即客户生命周期（CLV）。一个偶尔与企业接触的客户和一个经常与企业保持接触的客户对于企业来说具有不同的客户价值。这一价值是根据客户消费行为和消费特征等变量所测度出的客户能够为企业创造出的价值。

伍德罗夫（Woodruff）认为客户价值的方向是"企业→客户"，即企业为客户创造价值，其受益者和所有者是客户，称为客户让渡价值。肖恩·米汉教授认为，客户价值是客户从某种产品或服务中所能获得的总利益与在购买和拥有时所付出的总代价的比较，也即顾客从企业为其提供的产品和服务中所得到的满足。即 $V_C = F_C - C_C$（ V_C 为客户价值， F_C 为客户感知利得， C_C 为客户感知成本）。

无论是强调客户价值的方向是"客户→企业"还是"企业→客户"，都单纯强调了"客户导向"条件下，企业为追求市场份额而不得不一味地想方设法讨好客户，追求客户满意。但是，如果一味追求"所有客户 100% 满意"，企业需要增加太多成本，效果可能会适得其反，这是两个方向的价值存在矛盾的地方。而从另外一个角度看，它们存在统一性，即为客户创造的价值越多，客户满意度就越高，客户忠诚度也会提高，客户就可以为企业提供更长久的价值。因而，企业为客户创造价值也有利于增加客户为企业增加的价值。

为了统一这两个方向的价值衡量，本书使用客户让渡价值（Customer Delivered Value，CDV）来衡量企业为客户创造的价值，用客户终身价值（Customer Lifetime Value，CLV）来衡量客户为企业所创造的价值。

（二）客户让渡价值与终身价值的区别与联系

客户让渡价值与客户终身价值既相互区别又相互联系，具体分析如下所述。

1. 客户让渡价值与客户终身价值的区别

客户让渡价值与客户终身价值的区别可以从价值发生方向、提供者与受益者等三个方面来反映。客户让渡价值是客户从企业提供给客户的产品与服务中获得的，价值大小由客户对价值的认知程度、客户对该类产品和服务与竞争对手进行比较后决定的，价值的感受主体是客户，受益者也是客户。而客户终身价值则是企业通过在为客户提供让渡价值的基础上，努力实现该客户与企业保持足够稳定的关系，在关系中不只是实现一次性交易，而是实现多次交易所能给企业带来的价值。

2. 客户让渡价值与客户终身价值的联系

虽然客户让渡价值与客户终身价值存在区别，但两者关系密切。客户让渡价值与客户终身价值是一个价值创造过程中的两种活动结果。在这个价值创造过程中，企业与客户同时既是创造者又是受益者，缺少任何一方，这个价值创造过程都不存在；客户让渡价值的提供是客户终身价值收益的前提，客户终身价值的获得则是客户让渡价值创造的结果；客户是客户终身价值的源泉，企业为客户让渡价值的创造提供了支持和帮助。良好关系的维持是所有价值实现的媒介，因此，客户让渡价值是在关系互动过程中由双方创造出来并交付对方的。

3. 客户让渡价值与客户终身价值的互动性

客户让渡价值与客户终身价值之间存在着互动，这种互动关系反映了客户让渡价值最大化和客户终身价值最大化之间的平衡与互动。对客户终身价值的管理，能够使企业将资源和能力集中在客户终身价值最高的客户身上，为其提供高质量的产品和服务，满足其需要，进而实现客户让渡价值的最大化。从客户角度讲，客户让渡价值是客户满意的根源，能够促进客户对企业的忠诚，使关系质量得到全面提高，增加该客户的客户终身价值。

二、客户让渡价值

（一）客户让渡价值的概念

客户让渡价值即客户获取的总价值或利益（Total Customer Value，TCV）与其所花费的总成本（Total Customer Cost，TCC）之间的差额。企业要想在竞争中具有优势，就需要向客户提供比竞争对手具有更多"客户让渡价值"的产品。而使客户获得更大"让渡价值"的途径就是提高总收益和降低总成本，图 3.3 所示为客户让渡价值模型。

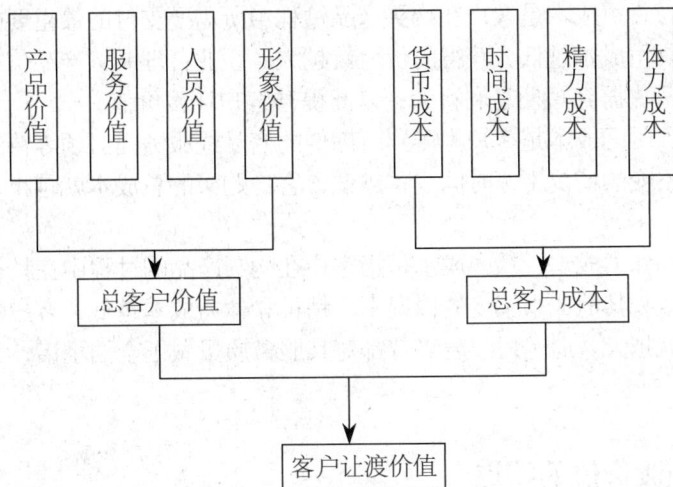

图 3.3　客户让渡价值模型

1. 总客户价值

总客户价值是指客户购买某一产品所获取的总价值或利益，由产品价值、服务价值、人员价值和形象价值构成，要想提高总价值，需要改进产品、服务、人员与形象。

（1）产品价值。产品价值是客户在购买和使用产品过程中由产品的功能、特性、品质、价格等所能够给客户带来的价值。这是由客户对产品的需要所决定的。要想提升客户产品价值，企业需要做到：第一，要不断创新。企业需要顺着客户需求来研发和设计产品，不断满足客户需要。第二，提供定制产品或服务。通过特色产品和服务来提升客户价值。第三，树立"质量是企业生命线"的意识。高质量是提升客户感知价值的基础，只有保证产品质量才能有效维系客户。第四，塑造品牌。品牌可以帮助客户节省时间成本、精力成本和体力成本，可以提升客户满意水平，进而提升总客户价值。

（2）服务价值。服务价值是企业向客户提供各种服务所能给客户带来的价值。服务价值一方面来自于有形产品的实体销售和物流过程，另一方面可能从提供无形产品和服务过程中获得。因而，企业要站在客户的角度，想客户所想，在服务内容、服务水平、服务质量以及物流配送等方面提高档次，提供全方位、全过程服务，提高客户满意度，进而提升客户总价值。

（3）人员价值。人员价值是在企业与客户的交往或者接触中，企业员工的业务能力、知识水平、管理思想、工作效率等因素给客户带来的价值。员工素质直接决定了其为客户提供产品和服务的质量以及效率，从而也影响了客户购买整体价值的大小。20 世纪 70 年代，日本企业能够崛起，原因之一就是采用了人性化的管理，提高了员工的满意度，以此激励员工为客户提供优质产品和服务，从而提高客户总价值。

（4）形象价值。形象价值是指企业及其产品品牌在社会公众面前的形象对客户所产生的影响和价值。良好形象是客户重复购买产品的巨大力量，它能为企业经营发展创造良好氛围。

2. 总客户成本

总客户成本是指购买产品过程中花费的货币成本，以及时间成本、精力成本和体力成本等非货币成本。

（1）货币成本。货币成本是客户在购买产品过程中所需要支付的最重要的成本。客户在购买过程中所付出的货币成本越低，获得的价值就越大。企业合理制订产品价格，并尽可能降低客户的货币成本，坚决摒弃短期暴利行为，以此提升客户让渡价值。

（2）时间成本。时间成本是客户为得到所期望的商品或服务而必须等待的时间或代价。在总价值及其他成本不变的情况下，时间成本越低，客户购买的总成本就越小，客户让渡价值就越大。

（3）精力成本和体力成本。精力成本是指客户在购买产品的过程中在精神和体力方面的消耗和支出。在总价值和其他成本不变的情况下，精神和体力成本越低，客户购买的总成本就越小，客户让渡价值就越大。迪士尼、麦当劳都对其服务质量做了全面承诺，为的就是降低客户的精力成本。

（二）客户让渡价值的特点

客户让渡价值具有以下五个特点。

1. 潜在性

在不同环境因素下，客户追求不同层次需要的满足，其性质与程度都会随着时间与环境而变化，企业必须通过营销策划来争取将客户潜在的市场价值转化为企业的现实收益。

2. 独立于企业

客户价值实质上是客户为满足其需求而进行消费所体现出的市场价值，而满足客户需求的方式与具体的产品形态是多种多样的。也就是说，客户价值的市场存在尽管对企业具有重要意义，但与具体企业却没有必然联系。

3. 受多种因素影响

客户价值受到客户收入水平、客户对自身需求的认知程度和客户的个人素质等因素影响，这些都是企业进行营销策划时需要考虑的因素。

4. 决定客户的购买行为

理性的客户能够判断哪些产品将提供最高价值，并做出对自己有利的选择。在一定的搜寻成本、有限的知识、灵活性和收入等因素限定下，客户是价值最大化的追求者，他们形成一种价值期望，并根据它做出行动反应。他们会了解产品是否符合他们的价值期望，这种价值期望将影响客户的满意程度和再购买的可能性。总之，客户将从那些他们认为能够提供最高让渡价值的企业中购买产品。

5. 需要企业与客户共同创造

尽管企业在客户让渡价值的创造过程中处于主导地位，但企业为客户所带来的让渡价值并不一定完全由企业单独决定。在客户以特定方式参与到企业生产经营过程中之后，客户利益的大小除了取决于企业所提供的产品/服务之外，还取决于企业与客户之间的协作程度。在当今的互联网时代，企业与客户的沟通与协作会更加方便和有效。

（三）客户让渡价值的测量

菲利普·科特勒指出，客户能够判断哪些供应品将提供最高价值，在搜寻成本和有限知识、灵活性和收入等条件的约束之下，客户是价值最大化的追求者。基于上述分析，客户让渡价值可视为客户总价值与客户总成本之间的差额部分。

设产品价值为 P，服务价值为 S，人员价值为 P，形象价值为 I，整体客户价值为 TVC，则存在如下函数关系式：

$$TCV = f(P,S,P,I) \tag{3.1}$$

设货币成本为 M，时间成本为 T，体力和精力成本为 C，整体顾客成本为 TCC，则存在如下函数关系式：

$$TCC = f(M,T,C) \tag{3.2}$$

设顾客让渡价值为 TCDV，由以上两式可得

$$TCDV = f(P,S,P,I) - f(M,T,C) \text{ 绝对数表示} \tag{3.3}$$

或

$$TCDV = f(P,S,P,I) / f(M,T,C) \text{ 相对数表示} \tag{3.4}$$

它明确了顾客价值形成的基本等式，而且进一步指出了企业增加客户价值的途径。

（四）影响客户让渡价值的因素

1. 外部环境因素

由于处在市场经济条件下，因而任何经济实体都生存于相互联结的社会网络中。企业为客户创造价值的努力必须得到相应的环境支撑，包括：

（1）原材料、零部件环境。例如，没有高质量的零部件供应商，计算机厂商就难为客户提供高质量的个人计算机。

（2）产品使用环境。例如，如果缺乏网络环境，客户在购买计算机之后便没法获得应有的利益。

（3）竞争环境。竞争会增加企业为客户提供价值的压力，不断驱使企业提供给客户更多价值。

2. 客户因素

在营销过程中，决定客户的满意度及忠诚度不仅是企业创造客户价值的能力，还有客户如何知觉这些利益。客户的价值观、需求、偏好，客户的消费经历、消费经验、消费阅历，都会影响客户对所获得利益的评价。

3. 企业因素

企业影响客户价值创造的内部因素包括：企业是否具有较强的为客户提供利益的意愿，这种意愿表现为企业是否将客户利益放在首位，是否整合企业全部资源为客户服务，是否了解客户的实际利益需求；企业是否能够充分理解客户的利益诉求，将直接关系到客户价值创造的结果；企业的技术水平直接关系到客户价值创造的能力；企业的成本控制能力，关系到企业的让利空间以及企业的品牌形象、人员价值等。

4. 企业与客户的互动

企业对客户需求的熟悉程度，特别是关于客户对不同利益和不同成本的敏感程度的了解，影响其创造和提供客户价值努力的结果。通过与客户的充分交流，了解客户需求，提供客户需要的产品和服务。

三、客户终身价值

（一）客户终身价值的含义

客户终身价值又称客户生命周期价值。客户对企业的价值不单是客户直接购买而为企业带来的利润贡献，而应该是客户在其整个生命周期内为企业创造的所有价值总和。所以，对于客户价值，不单是挖掘客户的单次价值，更重要的是挖掘客户的终身价值。

考虑到资金的时间价值，本书主要用企业的所有客户在其生命周期内能够给企业创造收益的期望净现值的总和来表示客户终身价值。可以用以下公式表示：

$$CLV = \sum_{i=1}^{N} \sum_{t=0}^{T_i} \frac{(\pi_{it} - c_{it})}{(1+\gamma_t)t} \tag{3.5}$$

式中：N 为企业拥有的总客户数量；T_i 为第 i 个客户的生命周期长度；γ_t 为第 t 个时间阶段的贴现率；π_{it} 为第 i 个客户在第 t 个时间段为企业所创造的价值；c_{it} 为在第 t 阶段获取和维持客户 i 的关系成本。当 $t=0$ 时，代表客户 i 已经累积给客户创造的历史价值，c_{i0} 表示企业建立并维持与客户 i 的关系中企业已经付出的沉没成本。

（二）影响客户终身价值的因素

根据式（3.5）可以看出，影响客户终身价值的因素主要有客户生命周期长度、企业所拥有的总客户数量、企业与客户关系的质量、贴现率和维系成本。

1. 客户生命周期长度

客户生命周期长度 T_i，即客户从对企业进行了解或企业欲对客户进行开发开始，直到客户与企业的关系完全终止的这段时间。一般而言，客户终身价值与客户生命周期为正相关关系。

2. 企业所拥有的总客户数量

企业所拥有的总客户数量 N，包括新获取的客户、保留的老客户以及重新获得的已流失客户数量。在其他因素不变的情况下，客户终身价值与企业所拥有的总客户数量为正相关关系。

3. 企业与客户关系的质量

企业与客户关系的质量体现在客户为企业所创造的价值，包括购买价值、口碑价值、信息价值、知识价值和交易价值。

（1）客户购买价值

客户购买价值（Customer Purchasing Value，CPV）是客户直接购买企业产品，为企业提供的利益总和。客户购买价值受到客户消费能力、客户份额、单位边际利润的影响。其计算公式为

$$CPV=客户消费能力 \times 客户份额 \times 单位边际利润$$

（2）客户口碑价值

客户口碑价值（Public Praise Value，PPV）是客户向他人推荐和宣传本企业产品而创造的价值。客户口碑价值的大小与其自身影响力、影响范围、影响人群有关。客户影响力越大，客户口碑价值也就越大。当然，客户影响力有正负之分，正影响力有助于树立好的企业形象，增加企业新客户；而坏影响力往往来源于客户的抱怨，它会把企业的潜在客户推向竞争对手。另外，客户口碑传播范围越广，受影响人群购买价值越高，客户口碑价值也就越大。客户口碑价值的计算公式为

$$PPV=影响力 \times 影响范围 \times 影响人群的平均购买价值$$

（3）客户信息价值

客户信息价值（Customer Information Value，CIV）是客户为企业提供的基本信息价值，包括企业在建档时客户无偿提供的信息，以及企业与客户双向交流过程中，客户以各种方式（如抱怨、建议、要求等）提供给企业的信息。这些信息节省了企业的信息搜集成本。企业对信息的处理没有选择性，每个客户提供的信息可视为相同，客户信息价值基本上可视为一个常量。

（4）客户知识价值

客户知识价值（Customer Knowledge Value，CKV）可以说是客户信息价值的升华。客户知识有三个方面的含义：一是客户知识，如谁是企业的客户，什么是他们的需求；二是关于客户的知识，如客户特征、喜好、交易历史、再次交易的可能性；三是关于客户环境的知识与观点以及客户关系网。对于大多数企业，客户知识都是其开拓市场和进行创新所需要的最基本也是最重要的知识，能不能充分搜集和利用客户知识，是其区别于其他企业一个关键的潜在因素，客户知识也最有可能给企业带来直接经济回报。此时，企业对客户知识的处理是有选择的，它取决于客户知识的可转化程度、转化成本、知识贡献率以及企业对客户知识的挖掘能力。我们可以通过专项管理来计算客户知识价值。

（5）客户交易价值

客户交易价值（Customer Transaction Value，CTV）是企业在获得客户品牌信赖与忠诚的前提下，通过与其他市场合作获得的间接或直接收益。客户交易价值受到品牌联想度、客户忠诚度、产品关联度等因素影响。可以将企业通过交易获取的收益平均分摊到有交易价值的客户上

来计算交易价值。

客户的口碑、信息、知识和交易体现出了客户的潜在价值。上述五种客户价值是衡量企业与客户关系质量的重要指标。

4. 贴现率

根据式（3.5）我们可以看出，客户的终身价值与贴现率成反相关关系，企业贴现率越高，客户的终身价值越小。在高通货膨胀的经济条件下，贴现率很高，企业未来收入对企业贡献率很小，只有当前收入纳入计算，当前销售就是客户终身价值。在这种经济环境下，企业没有动力去提高服务或者加强客户维系，客户终身价值几乎都是由当前销售决定。而在通货膨胀率较低的情况下，贴现率很低，未来销售会形成很大的净现值，这会激励企业通过提高服务等策略来维系与客户的关系，以提高销售。可以看得出来，未来销售对客户终身价值影响很大，贴现率是影响客户终身价值的重要因素。

5. 客户维系成本

客户维系成本是指为了维护客户关系所发生的成本。客户维系成本与客户终身价值之间的关系比较复杂。如果单纯从公式上来看，客户维系成本与客户终身价值是反相关关系，当客户维系成本越高时，客户终身价值越低。但是客户维系成本适当增加，会提高客户维持率，增加客户重复购买次数，增加客户对企业产品的购买种类和金额，而且客户也会更加乐意向他人推荐，而这些都会增加客户终身价值。

通过对客户终身价值影响因素的分析，企业通过培养客户忠诚度，延长关系生命周期来最大化客户为企业带来的价值。

（三）分析客户终身价值的主要步骤

客户终身价值的具体分析包括以下几个步骤。

1. 收集客户资料和数据

企业需要收集的基本数据包括：个人信息（如年龄、婚姻、性别、收入、职业等）、住址信息（如区号、房屋类型、拥有者等）、生活方式（如爱好、产品使用情况等）、态度（如对风险、产品/服务的态度，将来购买或推荐的可能）、地区（如经济、气候、风俗、历史等）、客户行为方式（如购买渠道、更新、交易等）、需求（如未来产品/服务需求等）、关系（如家庭、朋友等）。这些数据以及数据随着时间推移的变化都将直接影响客户终身价值的测算。

2. 定义和计算终身价值

正如上述所说，影响客户终身价值的因素主要包括客户关系的长度、深度和广度。具体体现在客户生命周期长度、客户可能给企业创造的价值、企业建立和维持客户关系的成本等，另外还包括贴现率的选择。可以重点考虑以下几个因素。

（1）客户已经为企业创造的价值及未来可能的价值收益流。

（2）建立并维持已经发生的客户关系及未来可能的成本。

（3）客户购买企业产品/服务及维持购买关系的时间长度。

（4）客户购买产品/服务的频率及购买偏好。

（5）客户的影响力及向其他人推荐的可能性。

（6）客户信息和客户知识的利用价值。

（7）与其他方进行客户资源合作所获取的直接或间接收益。

（8）选择适当的贴现率。

3. 客户投资与利润分析

根据上一步骤的计算结果，通过对客户关系的投资和利润分析，发现最有价值的客户。可以直接基于交易成本或资金投入进行计算，或者根据过去类似客户的行为模式，利用成熟的统计技术预测客户将来的利润。国外汽车业这样计算顾客终身价值：他们把每位上门客户一生所可能购买的汽车数，乘上汽车的平均售价，再加上顾客可能需要的零件和维修服务而得出这个数字。他们甚至更精确地计算出加上购车贷款所带给公司的利息收入。

4. 客户细分

从第三个步骤中，企业可以看出如何在客户终身价值中赢得最大利润，进而可以根据这些数据，将客户细分。通过细分清楚了解客户类型之后，找到最有价值的客户并有针对性地实施客户保持策略，提高客户特别是最有价值客户的满意度和忠诚度。

5. 制订相应的营销策略

衡量客户终身价值的目的不仅在于识别客户和确定目标市场，而且要制订出相应的营销策略，提升销售，尽可能将客户潜力开发出来。

（四）分析客户终身价值的意义

1. 客户贡献率

维系客户时间长度与客户贡献率是成正比的，缩短时间长度会减少客户的终身价值。从长期观点来看，客户的优点是他们对企业的贡献会随时间而增加。例如，旅行社的客户随着年龄的增长可能会有更多次的旅行，这就提高了客户对旅行社的贡献率。对于家电行业，也会随着客户年龄的增加，客户收入相应提高，对企业的贡献率进而会增加。

2. 收入增加

在考虑客户终身价值的时候，要考虑客户购买周期，客户终身价值就等于客户在整个生命周期内的价值。随着计算时间长度内周期数量的增加，更多未来收入被考虑在内，因此，客户终身价值会随之增大。

3. 成本减少

长期客户知道如何购买，他们成为企业客户后便成了专家，因此，这些客户无需太多关心，错误也较少，购买更快，也就减少了成本。尽管很难确切估计这种效应，但它也是客户终身价值的一部分。

4. 口碑效应

长期客户的另一个优点是口碑宣传效应。满意客户会影响到其他客户购买，间接地也会为企业创造更多的收入和利润。虽然这种效应很难测量，但其影响一般是比较大的，尤其在广大农村市场，其口碑作用更大。

5. 交叉销售

长期客户常常能附带购买其他产品。在多元化经营的家电企业中，有眼光的企业已经开始向这些客户提供"解决方案"了。他们可以把所有与客户的交易都记录下来，根据他们对销售总收入、总成本和利润的贡献率来进行汇总，从而建立起企业客户数据库，因为这些客户可能会带来附带销售。

（五）客户终身价值评价方法

客户价值的多变性、复杂性、不确定性，使得采用何种方法准确评估和计算客户价值仍是企业面临的最大难点之一。目前，运用比较普遍的客户终身价值预测方法主要有以下几种。

1. Dwyer方法

1985年，本·杰克逊（Jackson）依据客户差异化的购买行为把工业客户分为两类：一类是暂时流失型，另一类是永久流失型。杜瓦尔（Dwyer）通过研究，将Jackson的客户分类运用到直销营销中，根据客户流失性质和历史流失率来计算客户终身价值，具体方法如下。

1）计算客户生命周期

对单个客户而言，其客户生命周期就是从潜在获取期一直到终止期。但随着企业的发展壮大，业务不断开拓，会形成相应的客户群体支撑。而群体企业客户生命周期的计算是建立在单个客户生命周期基础上的，通过引入客户流失率，来计算企业整个客户群体的平均生命周期。所以即使两家同类企业也许总体客户数量相同，但由于客户生命周期不同，企业效益也会大相径庭。

2）计算客户为企业带来的总体利润

客户终身利润是指在生命周期内，客户为企业带来的现金流量的净增加值。它由以下几个部分构成。

（1）基本利润：客户给企业带来的某笔业务收入大于其成本支出部分，称为基本利润。

（2）关联销售贡献：当客户成为企业忠诚客户后，在企业推出新产品或服务时，这些客户几乎不需要任何投入便可接受。同时在客户与企业发生交易时，客户随时可能对企业其他商品或服务产生兴趣而发生"额外"交易购买行为，这些使得企业收入增加，这一部分收入我们称之为关联销售贡献。

（3）成本节约：当客户发展成为企业忠诚客户后，企业就无需花费过多推荐、维护等成本开支在这部分客户身上，这些成本节约就可看成长期忠诚客户对企业的利润贡献。

（4）推荐价值：企业忠诚客户是对企业提供价值服务满意的那一部分客户，在实际生活中他们会将自己的价值感受推荐给与之相联系的人。忠诚满意客户的推荐一方面可以增加企业的利润收入，另一方面也变相降低企业销售成本。

3）计算企业为客户支付的成本

由客户生命周期可知，在不同生命周期阶段，客户给企业带来的利润贡献和成本支出也不相同，具体包括以下几个方面。

（1）获取成本。对企业来说，任意一个客户的获取都要花费成本，尤其是在由潜在客户转化为稳定客户期间。不仅如此，甚至在客户生命周期的终止期都会给企业带来成本支出。

（2）价格优惠。企业通过价格优惠或年终返利等方式，为忠诚客户提供不同于普通客户的额外附加价值，这些对于企业来说都是成本开支。

（3）推荐破坏成本。在企业整体客户资源中，可能会存在部分不满意的客户，他们往往会将自己不顺心的购买经历告诉他人。由此给企业带来的不良影响和损失，称之为推荐破坏成本。

4）计算客户终身利润

将客户为企业带来的总利润贡献减去企业为开发、促进、维持、解除等方面的成本投入，即是客户终身利润。

5）计算客户终身价值

由于客户在整个生命周期内的各个阶段对企业所产生的利润贡献不同，货币又存在时间价值，所以要对不同时期的客户利润贡献进行贴现，进而计算出客户终身价值的总现值。

从上述计算过程可见，Dwyer 提出的计算模型考虑了客户的流失率、客户为企业创造的利润贡献、企业为客户支付的总成本以及货币贴现率，能够较为准确、全面地反映客户终身价值。但是，Dwyer 法也存在不足，正如计算过程中所显示的，该方法只能用于计算某一个客户或者某一组客户的终身价值，适用范围窄。

2. 客户事件预测法

客户事件预测法是在营销领域，利用"客户事件"这个概念来预测客户终身价值的一种方法，一些咨询公司甚至推出了基于这种方法的客户终身价值预测软件。这种方法的基本要点是：针对每个特定客户，预测一系列与客户相关事件发生的时间，并向每个事件分摊成本和收益，从而为每个客户建立详细的利润贡献和成本预测表。每个客户终身价值预测的精度取决于"客户事件"被预测的精度以及分摊事件成本与收益的准确度。客户事件预测法可认为是为每个特定客户建立一个盈亏账号，在这个账号内核算该客户的各项业务。该种方法的主要不足在于预测依据的基础数据不确定性大、可控性低，预测者在预测过程中需要根据实际情况进行大量主观分析和判断，因而预测结果和预测精度取决于预测者的知识、经验等水平，客观实用性差。

3. 拟合法

拟合法是一种基于客户利润曲线变化规律的客户终身利润预测方法。拟合法的基本原理是：通过观察分析客户历史利润曲线，找出与之相拟合匹配的典型客户利润曲线，根据其发展趋势，预测客户未来利润随时间变化的模式，然后根据描述客户未来盈利模式的函数模型预测客户终身利润。拟合法可以预测每一位具体客户的终身利润，而且预测过程不需要预测者太多的主观分析判断，主要依据客观历史交易数据，较好地克服了前两种方法的缺陷。

4. 指标综合评价法

指标综合评价法就是将客户终身价值分为两个部分：一部分是当前价值，另一部分是未来潜在价值。客户当前价值反映企业当前盈利水平，是企业获得客户终身价值的一个重要方面；而客户潜在价值影响企业长远利润，是企业是否投资于该客户关系的重要决定因素。

客户当前价值可以从直接和间接两个角度进行考虑。从直接角度就是计算客户在评价期间给企业带来的净利润大小；从间接角度就是运用具体指标来描述客户当前价值，包括毛利润、购买量、服务成本。其中毛利润指标是指客户实际支付的价格减去企业平均生产成本，该指标反映了客户实际支付价格的高低；购买量是客户在评价期间购买产品的累计数量，该指标间接反映了不同客户分摊生产成本的不同，购买数量多的要多分摊，反之，购买少的少分摊；服务成本是指企业在评价期内服务该客户所花费的成本投入，这个指标直观地反映了企业对不同客户服务投入上的差异。

对客户的未来潜在价值也可以从直接和间接两个角度考虑。从直接角度就是计算客户在剩余生命周期中所产生的净现金流；从间接角度衡量就是提出忠诚度、信任度、满意度等描述变量进行分析计算。经过研究发现，客户潜在价值常常会与客户忠诚度和信任度的变化成同方向变动。也就是说，如果该客户当前的忠诚度、信任度较高，那么在未来一段时期内，其货币潜在价值就会有上升趋势；反之，如果该客户当前忠诚度、信任度较低，那么将来其货币潜在价值就会有下降趋势。

为了阐述得更形象，将指标评价法进行图示分析，如图 3.4 所示。

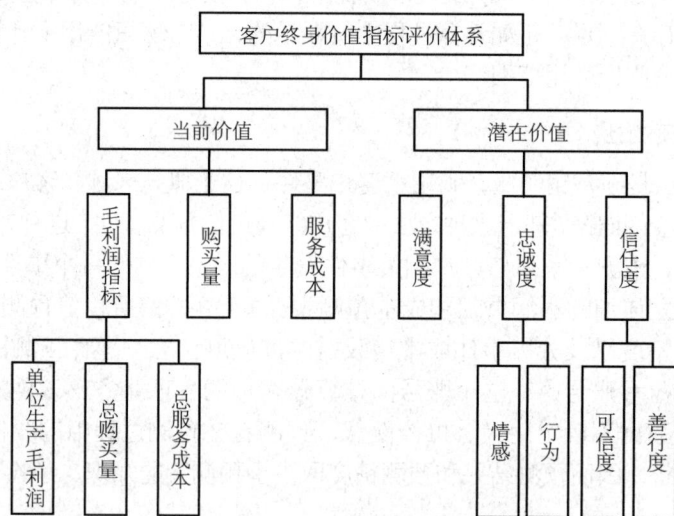

图 3.4　客户终身价值指标评价体系

案例 3.3

爱普生"创造客户价值"

在爱普生，每个员工都应该把客户放在心里，从客户的角度出发从事工作，不仅提供产品服务，而且还要不断为客户创造价值，在业务活动的所有领域内实现客户的需求和期望。

在爱普生的整体服务理念中，服务其实是一种能"创造客户价值"的产品。那么，在业务范围不断扩大，客户要求也变得多样化的今天，爱普生究竟是如何"创造客户价值"的呢？

简单来说，要想提供有价值的服务，首先就要善于了解用户的需求。而在这方面，爱普生"客户呼叫中心"可谓是功不可没。据了解，爱普生在世界各地的销售公司均设有呼叫中心，通过这种直接和用户沟通的方式，同时借助可以共享的企业内部网，客户意见会以最快速度反映到企业服务、生产甚至是最高领导者那里。同时，为了消除客户的"挂不通"等不满，呼叫中心在每个区域都会根据客户的咨询人次，调整呼叫中心的人员配置，致力于向最佳状态改善。

爱普生客户呼叫中心在互联网上开发了互动服务，开通了网络呼叫中心 Web Call Center，借助音频和视频为客户提供服务。在这种服务模式下，呼叫中心把很多复杂的服务操作制作成Flash 动画和视频影像，放在爱普生网站，用户一看就知道该如何去做。而对于复杂服务，用户可以进入爱普生用户俱乐部，这时爱普生提供的是以互动形式为主、为用户量身定制的服务。如果用户有摄像头，工程师可以看着用户操作，并做出正确指导。从某种程度而言，爱普生呼叫中心已经成为企业服务体系的核心所在，通过这条"绿色通道"，爱普生能够更为全面地了解客户需求，从而制订符合用户需求的服务措施。

了解需求之后，爱普生并不是仅仅改善自己的服务条款就完事，而是会进一步更加积极地提供相关"行业主动服务"。爱普生针对银行、教育等大型行业客户推出了一种保修期内免费预防性上门巡检服务。爱普生通过大客户专业系统，了解行业大客户用户、机器以及维修信息，热线支持信息以及客户维系信息，针对大客户的特点和状况，向符合标准的大客户提供免费乡镇级别网点上门清洁、保养、维修和培训等一条龙服务，并不断完善大客户服务档案，充分了解大客户的需求和使用状况，不断推出大客户期望的特色服务。

针对高端行业客户，爱普生还提供了"心加心"的特色服务。考虑到高端客户对于保修期后的设备维修的担心，爱普生在标准保修服务基础上提供了所谓的"心加心"升级服务。用户可根据需求选择超值维修服务，通过事先购买此服务，将保修期延长至 2～3 年。这期间，用户的任何服务无须再支付维修费用。同时，针对不同高端客户的个性化需求，爱普生的"心加心"服务还会提供"一小时快修服务"，保证 1 小时内修理完毕用户保内送修的产品，这种高响应速度极大地满足了终端客户的服务需求。另外，"心加心"服务还提供独特的以旧换新的"Trade-in服务"。用户以旧机器按照市场价以旧换新购买新机器的同时可以得到不同程度的免费服务或者礼品赠送。从更为直观的角度来理解，"心加心"服务计划实际就是在预售一种"保险"，而客户为购买这一"保险"所需支付的费用则是相对低廉的。从某种程度而言，爱普生用"心"为客户制订的特色服务，为爱普生赢得了更多新老用户的"心"，"心加心"让爱普生的服务品牌更加家喻户晓。

服务就是竞争力。爱普生不断增加服务内容，提高服务专业性和主动性，满足客户对服务品质无止境的需求。纵观爱普生整个服务体系，它使得爱普生在产品之外又多了一种核心竞争力。用爱普生自己的话来说："只有产品+服务才能形成真正意义上的商品价值。"在爱普生，服务已经成为产品的核心内容。

启发思考：爱普生究竟是如何"创造客户价值"的？

第三节 客户价值分析方法

根据客户让渡价值理论，客户价值意味着客户为企业带来的利润以及客户在其生命周期内为企业的生存和发展所作出的贡献。传统上，人们信奉"客户是上帝，所有的客户都是同等重要的"。然而，根据"二八法则"，在企业管理中，企业 80% 的利润源于 20% 的客户。这一结果表明，客户天生并不是相同的。因而知道哪些客户可以为企业带来更多的价值，有利于企业合理安排其有限资源。企业要重点培养能给其带来高利润和销售额的客户，增强客户忠诚度，更大限度地为企业带来更多价值。典型的客户价值分析方法有如下几种。

一、ABC 分析法

ABC 分析法是基于"二八法则"，根据客户为企业创造的价值，将客户区分为关键客户（A 类客户）、主要客户（B 类客户）和普通客户（C 类客户）三个类别，即 ABC 客户分类法。对不同类别的客户采取不同的管理方法，并建立科学动态的分类管理机制。

关键客户是企业的优质关键客户群，数量仅占客户总数的 5%，他们对企业的贡献最大，能给企业带来长期稳定的收入，值得企业花费大量时间和精力来提高该类客户的满意度。

主要客户，一般来说是企业的大客户，占客户总数的 15%，但不属于优质客户，他们对企业经济指标完成情况构成直接影响。因此，企业应倾注相当的时间和精力提供针对性服务。

普通客户，是除了前述两类之外剩余的客户。由于数量众多，具有成长潜力，企业应一方面提供方便、及时的大众化服务，另一方面发掘具有潜力的客户，使其发展成为 B 类或 A 类客户。

~~~ 案例 3.4 ~~~

基于 ABC 分析法的外贸客户分类和管理

在外贸行业中，销售和服务大都通过电子邮件来完成与客户的沟通，一个员工对应一个 E-mail 地址。因此，外贸企业的客户管理更多的时候是通过对客户电子邮件的管理来实现的。电子邮件作为沟通的重要工具也就成了外贸公司的双刃剑。当员工离职时，他与客户的沟通情况，包括报价、订单和工作进展等情况都会随之变得不可控制，甚至客户会随着离职的员工一起走掉。于是，一些外贸公司为了应对这种情况而被迫全公司统一使用一个 E-mail 地址，但随之而来的是邮件管理上的混乱。在此情况下，如何针对不同客户的邮件有重点有针对性地管理，就显得异常重要了。

利用 ABC 分类法可以把错综复杂的各种邮件进行分类，从中找出关键的少数（A 类）和次要的多数（B、C 类），处理好他们之间的相互关系，集中主要精力于关键的少数，从而收到事半功倍的效果。用此方法管理客户邮件，可以很好地抓住重点，兼顾一般，有效地提高客户管理的效率，更好地服务于国际市场的开拓。

A 类客户的管理方法。由于 A 类客户邮件的使用频率和订单综合价值比率比较高，因此必须予以重点管理。这类客户订单价值往往占较大比重，客户数量少，同时与企业打交道时间长、业务量稳定。对于这类客户，企业高层领导应高度重视，可定期拜访或通过展销会等形式至少每年会面一次，与客户共同分析销售工作中取得的成绩和不足的原因，听取对企业产品质量、售前售后服务等方面的意见和要求等。稳定这类客户是企业必须做好的工作。

B 类客户的管理，应该具体问题具体分析。对于客户邮件使用频率相对较高的或者数量较少但是比较重要的客户邮件，可以参照对 A 类客户的管理策略认真对待；而对于使用较少或者数量较多却不重要的客户邮件，可以一般性的对待。但由于其销售量占有一定比重，因此，销售部门经理可以经常进行电话访问和沟通，及时听取他们的意见，帮助他们解决困难。

C 类客户的管理方法。C 类客户虽然所占数量较大，但是邮件使用频率以及订单价值较小，只需进行一般管理即可。

启发思考：外贸行业如何运用 ABC 分析法对客户价值进行分析和分类管理？

二、RFM 分析法

RFM 分析法是根据客户最近购买日（recency）、购买频率（frequency）和购买金额（monetary amount）计算客户价值的一种方法。美国数据库营销研究所 Arthur Hughes 研究发现，上述要素构成了分析和预测客户未来购买行为的最重要的指标。

1. 最近购买日

最近购买日是指客户最近一次购买距离分析时的时间。一般而言，当客户最后一次购买时间距离现在很近时，企业认为该客户是比较好的客户，再次购买机会较高，其在最近购买日的得分较高。那么，企业可以将相关营销信息（比如优惠服务、促销海报、邮购目录等）有针对性地寄给这些客户，从而提高这些营销策略的有效性。而且，最近一次购买时间还有利于营销人员监督事业的健全度。如果月报告分析显示上一次购买很近的客户（最近一次消费为一个月）人数增加，则表明企业正在稳健成长；反之，企业可能走上了不健全之路。另外，企业在用最近购买日分数高低衡量客户重要与好坏时，还需要考虑客户购买产品的特性（耐用品与消耗品），不能单纯以购买时间日的分数高低来决定客户好坏。

2. 购买频率

购买频率是指客户在一定时间内购买该企业产品的次数，一般而言，客户购买次数较多，企业会认为该客户的忠诚度和价值较高。

3. 购买金额

购买金额是指在一段时间内，客户购买该企业产品的总金额。一般而言，当客户购买金额较高时，企业会认为该客户价值较高。然而，为了避免新客户购买次数较少、购买金额过低而被忽略其重要性，在处理购买金额时，通常以平均购买金额来取代。

某航空公司运用 RFM 分析法来区分客户。该公司采用 5 点计分法，最近一次购买时间距现在最短、购买频率最高、购买金额最高的计为 5 分；相应的，最近一次购买时间距现在最远、购买频率最低、购买金额最低的计为 1 分；其他的根据具体情况，分数分散在 2~4 分。根据最后得分情况，企业就可以根据不同客户价值，将客户划分为不同客户群体，具体如表 3.1 所示。

表 3.1　某航空公司的 RFM 分析法

	1 分	2 分	3 分	4 分	5 分
最近一次购买	12 个月之前	6 个月之前	3 个月之前	1 个月之前	不超过 1 个月
购买频率	在过去 24 个月中购买次数少于 2 次	在过去 24 个月中购买次数为 2～5 次	在过去 24 个月中购买次数为 6～10 次	在过去 24 个月中购买次数为 11～23 次	在过去 24 个月中购买次数多于 24 次
购买金额	平均消费金额少于 500 元	平均消费金额为 501～1000 元	平均消费金额为 1001～3000 元	平均消费金额为 3001～5000 元	平均消费金额为 5000 元以上

RFM 模型较为动态地展示了客户的全部轮廓，有助于企业判断客户的长期价值，也为企业制订个性化的沟通和服务提供了依据。

补充阅读

联邦快递利用 RFM 分析法成功分类和管理客户

联邦快递利用 RFM 的变化来评断客户的贡献额，计分方法是：将单一客户过去 3 个月内的消费金额乘以 2，再加上过去 3～6 个月间该客户的消费金额。接下来联邦快递利用 DataMining 中的 Cluster 分析，将所有客户分为 7 大族群，每个族群再依贡献额细分为 10 等份，这 7 大族群分别如下。

（1）贡献额最高的 10%稳定客群。

（2）过去 6 个月流失的中贡献额客群。

（3）低贡献额的季节性客群。

（4）高贡献额的成长客群。

（5）中贡献额的稳定客群。

（6）低贡献额且在过去 6 个月内的流失客群。

（7）低贡献额但刚恢复交易的客群。

联邦快递观察在过去的 2 年内，客户如何在 7 个族群中移动，以及客户如何在 10 等份内上下移动，一旦有任何行为模式被分析出来，联邦快递便针对每一个族群发展一套客户策略。举例来说：最顶尖的 10%稳定客群，是最佳而且是最有价值的客户，联邦快递的策略就是想尽办法留住他们，为他们提供最好的服务，以避免这群客户流失。

高贡献额的成长客群是指消费金额成长超过 15 倍的客户们。联邦快递投入营销预算找出导致他们成长的原因，以协助其他客户提高贡献额。

过去 6 个月流失的中贡献额客群，是指在过去 6 个月贡献额降低 90%的客户。这群转身而去的客户，让联邦快递损失许多应得的利润，因此必须找出什么地方出错。联邦快递透过电话营销与客户沟通来调查原因，以挽回客户的心。

找出季节性的低贡献额客群是非常有用的，因为这些客户只在一年的某些季节交易，花费营销预算去刺激他们在其他时期交易将是十足的浪费。

三、CLV 分析法

广义上的 CLV 是指企业在与客户保持买卖关系的全过程中从客户处获得的全部利润现值。广义上的 CLV 由历史利润和潜在利润两部分组成。历史利润是指到目前为止客户为企业创造的利润总现值；潜在利润是指客户在将来可能为企业带来的利润流总现值。狭义上的 CLV 仅指客户未来利润。

我们从广义 CLV 角度，将客户当前价值和潜在价值各分成两档，由此可将客户群分为 4 组，细分结果用矩阵表示，称为客户价值矩阵，如图 3.5 所示。

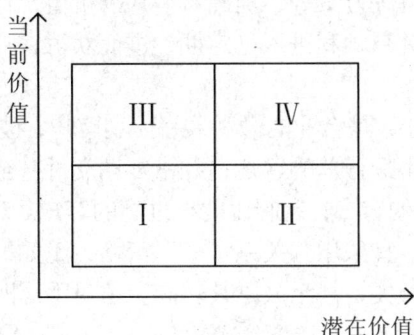

图 3.5 客户价值矩阵

Ⅳ类客户对企业最有价值，是指那些既有很高当前价值，又有很高潜在价值的客户，他们为企业创造利润最多，未来在增量销售、交叉销售等方面尚有巨大潜力可挖。因而这类客户也被称为"白金客户"。这种客户数量一般较少。

这类客户是企业利润的基石，如果失去此类客户，企业将大伤元气。因此，企业需要将主要资源投入到保持和发展与这类客户的关系上，对每个客户实施一对一的客户保持策略，不留余力地采取各种沟通手段，不断主动地与这类客户进行有效沟通，真正了解他们的需求，甚至他们的客户的需求，进而不仅为他们优先安排生产、定制产品和服务、提供灵活的支付条件、安排最好的服务人员，而且为他们提供能为其带来最大增益的整体解决方案。总而言之，企业必须持续不断地向他们提供超期望的价值，而且要让他们认识到双方的关系是一种建立在公平基础上的双赢关系。

Ⅲ类客户对企业的价值次之，是指那些具有很高当前价值，但潜在价值并不太高的客户。从客户生命周期角度看，这类客户可能是客户关系进入稳定期的高度忠诚客户。他们几乎已将其 100%的业务给了企业，并一直真诚、积极地为企业推荐新客户，因此未来在增量销售、交叉销售和新客户推荐等方面已经没有多少潜力可进一步挖掘。但是这类客户是企业的重要客户，也是企业利润大户，被称为"黄金客户"。

这些客户具有很高当前价值，是企业花了很大代价才实现的。但是这类客户易于被竞争对手引诱，所以潜在价值具有较大的不确定性。因而，企业应该在保证企业利益的情况下投入足够资源，千方百计保持这类客户，绝不能让他们转向竞争对手。当然要保持这类客户并非轻而易举，企业必须持续不断地向他们提供超期望价值，让他们始终坚信公司是他们最好的供应商。在一定情况下，Ⅲ类客户可能会向Ⅳ类客户转变。

Ⅱ类客户属于最有潜力的客户，虽然当前价值较低，但是具有最高的潜在价值，未来有可能转化为Ⅲ类或Ⅳ类客户。就当前来说，他们能够带给企业的利润很少，被称为"铁质客户"。这类客户占据企业客户数量最大比例，单个客户价值不大，但从客户整体上看，是企业作为经济实体存在的基础。

从客户生命周期的角度看，这类客户与企业的关系可能一直徘徊在考察期和发展期，双方没有建立足够的信任和交互依赖关系。如果改善与这些客户的关系的话，未来这些客户将有潜力为企业创造可观利润。对这类客户，企业应该继续保持与这类客户的关系，投入较多的资源来发掘该类客户的购买潜力再造双方关系。比如，通过不断向客户提供高质量的产品、有价值的信息、优质服务甚至个性化解决方案等，提高对客户的价值，让客户持续满意，并形成对企业的高度信任，从而促进客户关系顺利进入稳定期，进而获得客户的增量购买、交叉购买和新客户推荐。

Ⅰ类客户对企业的价值最小，是企业的微利或者无利客户，被称为"铅质客户"。如下客户可能属于这一类：偶尔下一些小额订单的客户；经常延期支付甚至不付款的客户（高信用风险客户）；提出苛刻客户服务要求的客户；定制化要求过高的客户。对这类客户，在有限的资源条件下，企业不必投入太多资源，宜采用"关系禁止"策略，比如，采用高于市场价格的定价策略、拒绝不正当要求等，任其流失，甚至鼓励其转向竞争对手。四类客户的资源配置和保持策略如表3.2所示。

表 3.2　四类客户的资源配置和保持策略

客户类型	客户对公司的价值	资源配置策略	客户保持策略
Ⅳ（白金客户）	高当前价值，高增值潜力	重中之重投入	不遗余力保持、增强客户关系
Ⅲ（黄金客户）	高当前价值，低增值潜力	重点投入	全力维持高水平的客户关系
Ⅱ（铁质客户）	低当前价值，高增值潜力	适当投入	关系再造
Ⅰ（铅质客户）	低当前价值，低增值潜力	不投入	关系解除

CLV 分析法从客户生命周期的角度提出了客户价值区分，并且针对不同的客户给出了不同的措施。

四、三种分析方法的比较

以上论述的三种客户价值分析方法各有优劣。

对于 ABC 分析法，其着重强调的是对客户以往贡献度的分析，简单明了。其缺陷在于只考虑了客户以往为企业带来的销售额和利润，而没有考虑到客户未来为企业创造的价值。此外，对于好多制造商而言，其面临的客户不仅包括经销商等组织客户，还包括许多个人客户。例如，可口可乐公司的客户既包括沃尔玛、家乐福等零售企业，也包括许多个人客户。显然，可口可乐公司可以了解一些组织客户的销售额或者利润，但是难以估算个人为企业创造的销售额和利润。

RFM 分析法强调的是以客户行为来区分客户，易于操作，但是忽略了企业为客户投入的资源和成本。例如，对于相同的两个客户 A 和 B，虽然在最近一次购买时间、购买频率、购买金额都相同，但是公司在维持 A 与 B 两个客户的关系上却花费了不同的费用，显然，在这种情况下，花费金额较少的客户对于企业来说价值更高。

CLV 分析法关注从客户生命周期角度分析客户与企业的整个生命周期内为企业创造的价值，不仅考虑了客户当前价值，还考虑了客户潜在价值。显然，CLV 分析法相对来说比较精确，但是 CLV 分析法对于客户未来为企业创造的价值非常依赖主观判断，具有一定的主观性。此外，对于既具有组织客户又具有个人客户的企业来说，要想弄清不同客户的价值非常困难，这一点与 ABC 分析法一样。

对于上述三种方法的比较总结如表 3.3 所示。

表 3.3 三种区分客户价值方法的比较

分析方法	应用的难易程度	操作成本	判断客户价值的准确性
ABC 分析法	中等	中等	中等
RFM 分析法	容易	低	低
CLV 分析法	难	高	高

案例 3.5

北京柏星行利用客户价值分析成功中标深圳华为奔驰车采购

深圳华为技术有限公司采购部，由于海外事业的高速发展，决定采购 10 台奔驰车 S350，采购部汪主任向三家代理行发了标书，要求一周内必须投标，并且标书上必须标明价格。

3 日后首先接到了"上海达星行浦东旗舰店"的标书，标书中陈述了以下内容。

1. S350 的主要技术规格、详细特点、保养常识。

2. 10 台车可以在需要的时候提前 3 小时准备好，并协助办理一切相关手续。

3. 可以协助办理在北京、深圳注册牌照，上海地区的牌照费用也可以通过有关申请得到减免。

4. 一次性采购 10 台车可以提供最有竞争力的价格，请在得到最低报价后联系我们，我们自信会提供不让您失望的价格。

在接到以上标书后，华为采购部给了对方电话，在电话中确认了一台车的价格是 105 万元。

随后又收到了"广州蓝星行"的标书，内容如下。

1. 贵公司总部在深圳，我们可以直接为贵公司提供一流的零距离服务，可以保证企业主管在用车时无后顾之忧。

2. 分享 S350 在配备、性能、技术、数据、驾驶体验等细致入微的介绍。

3. 我们非常愿意上门向您详细解释我们优秀的售后服务。

4. 只要您提前一天通知，我们就可以为您落实。价格，我们愿意在您方便的时候面谈购车的价格。

在接到以上标书后，华为采购部同样给了对方电话，同样对方报价 105 万元一台。

在临近一周的标书最后期限之时，收到了"北京柏星行"的标书，内容如下。

1. 柏星行不仅为您提供 S350 豪华用车，还决定为您提供一种特殊的服务，那就是在需要的情况下，协助您为将来这 10 台 S350 的司机进行符合豪华车标准的驾车训练，以及接待重要客户时的基本礼仪培训。

2. 我们还可以协助招聘这样的司机，不仅有优良的安全驾驶技术，还有好的英语水平，以及周到的豪华礼仪服务。

3. 我们曾经为联想集团、海尔集团提供过类似的服务，客户对我们提供专业的、符合豪华车水准的司机这样的服务都感到满意，对日后接待重要客户中，起到了出乎意料的效果，让来访的外国客户赞叹司机都说这么好的英语，企业的实力一定了不起。

4. 我们要强调的是车是德国奔驰提供的高规格、高标准、高质量的车，所以我们特意创新地将国外为劳斯莱斯、宾利车才提供的豪华司机的服务率先应用到大客户、采用5台车以上的客户合作中，当然，有关S350车的其他保养、维护的服务我们提供的也是国内最标准、最规范的。

5. 我们愿诚恳地报一个最有竞争力的价格，10台的采购量，一台是106万元，我们会在签订合同之后3天内提供10台现车，10天后可以提供符合奔驰水准的司机。或者为您招聘的司机提供基本沟通用英语、基本贵宾礼仪、基本驾驶安全事项以及车辆维护的基本规则等的培训。

标底揭晓，结果是报了106万的"北京柏星行"获得了这1000万元的大单，因为他们不但真正地满足了客户需求，还超越了客户需求。

启发思考：为什么采购部最终选择了"北京柏星行"？怎样理解这里的客户价值？

本 章 小 结

本章主要介绍了客户生命周期和客户价值。首先介绍了客户生命周期的概念、四阶段模型（考察期、形成期、稳定期、退化期）、主要模式（早期流产型、中途夭折型、提前退出型、长久保持型）以及如何管理客户生命周期。然后介绍了客户价值的界定，对于客户价值可以从客户让渡价值和客户终身价值两个方面来描述。对于客户让渡价值，介绍了它的概念、特点、测量、影响因素；对于客户终身价值，介绍了它的含义、影响因素、主要分析步骤。最后介绍了客户价值的三种分析方法：ABC分析法、RFM分析法、CLV分析法。通过本章的学习，读者应该掌握客户生命周期的概念以及四阶段模型特征，并且要能够在了解客户生命周期阶段特征的基础上，对客户生命周期进行管理。对于客户价值，要能够了解客户让渡价值和客户终身价值的区别和联系，掌握客户价值的三种分析方法以及它们之间的区别。

复习与思考题

1. 简述客户生命周期的主要模式及其特征。
2. 客户价值分析方法有哪些？
3. 简述总客户价值构成。
4. 简述客户生命周期四阶段模型。
5. 简述三种客户价值分析方法的异同。

第四章

客户满意度与忠诚度

【学习目标】

掌握客户满意度和客户忠诚度的概念；了解客户满意度和客户忠诚度的影响因素；掌握提高客户满意度和客户忠诚度的方法；了解客户满意度与客户忠诚度的指数模型和关系。

案例 4.1

BMW 通过高品质售后服务极大提高客户满意度

宝马在中国市场推出一系列售后服务新举措，旨在降低客户的整体用车成本，让消费者享受高品质服务的同时，体会到宝马售后"便捷、信赖、关爱"的品牌承诺。

1. 4 500 种零件的建议零售价下调

自 2016 年 4 月 1 日起，BMW 下调 4 500 种零件的建议零售价，降幅最高达 30%。零件包括机滤、空调滤芯、燃油滤芯、前翼子板、尾灯、后保险杠等。其中，经常会遭受不良损坏的电动后视镜价格下调 25%，维修率相对较高的后保险杠降价 15%。价格调整后的 BMW 零部件仍保持其一贯的高品质，授权经销商处销售的所有原厂零部件，均经过精心选择和严格质量控制，以保证车辆的良好状态和较高价值。

BMW 自 2014 年以来多次下调零件的建议零售价格，并推出多种客户优惠政策。BMW 坚持在优化零部件价格和服务体系方面不懈努力，以提升客户满意度。

2. "长悦计划"更多超值

在降低客户用车成本方面，2016 年初，BMW 已将"长悦专属服务计划"扩展到全系车型，惠及超过 100 万车主。该计划针对 4~6 年车龄段的车辆在"悦享"保养项目上提供不低于 8 折的优惠；7 年以上车龄段的车主更能享受不低于 7 折的超值优惠。以 2012 年的 BMW 3 系四门轿车 316i 为例，机油机滤保养的建议零售价为人民币 851 元，享受"长悦计划"后大约只需花费 681 元；而 2008 年的 BMW 5 系四门轿车 523Li，常规机油机滤保养的建议零售价为 1145 元，"长悦计划"优惠政策下客户则只需支付约 801 元。

BMW "悦享"保养套餐包括 12 项常规保养项目，如机油机滤、燃油滤清器、微尘滤清器、空气滤清器、火花塞、制动液、前后制动片、前后制动片及制动盘以及车辆检查等内容。BMW 更提供预约服务，让客户享受 2 小时内完成任意服务单项，减少客户的时间成本。

3. 宝马百周年，多重回馈

2016 年恰逢宝马集团 100 周年，为了回馈广大车主的支持与厚爱，BMW 还于 4 月 1 日至

5月31日在全国授权经销商推出多种优惠。在此期间，客户参与手机端"宝马集团100周年售后服务客户回馈"游戏，则有机会获得BMW送出的100万份大礼，包括维修保养、机油保养、四轮定位等代金券，最高奖品为人民币4 999元。同时，活动期间到店客户还可享受免费导航升级（适用于大部分车型）、免费检测及免费油液添加，轮胎及纪念款车模促销等多重回馈。BMW还面向全国寻找最长里程或最老车龄车主，优胜者将受邀参加5月在北京举办的"划时代的推动力——宝马集团未来体验"活动。

宝马推出的一系列举措，凸显了其对中国市场的重视。秉承"为悦常伴"售后服务品牌战略，宝马始终坚持完善服务质量、提升经销商服务水平，提供更加贴近消费者需求的优质服务。

启发思考：

宝马如何通过售后服务提升客户满意度？

企业通过实施客户关系管理的战略和策略，为客户提供价值，增加客户满意度，提高其忠诚度，保留忠实客户，从而实现客户为企业提供价值、企业利润达到最大化的目的。在激烈的市场竞争中，客户满意度和忠诚度已成为各个企业追求的目标。谁能最大限度让客户满意，实现客户忠诚，谁就拥有市场。满意、忠诚的客户已经是企业的一项无形资产。

第一节　客户满意度

一、客户满意度概述

（一）客户满意度的定义

客户满意抓住了以人为本的本质，被誉为20世纪90年代管理科学的最新发展之一。许多企业界和著名的学者都将客户视为企业的重要资源，他们非常重视客户对产品或者服务的满意程度。

满意是一种感觉状态水平，它来源于人们对一件产品的可感知效果（或结果）与人们的期望进行比较后，所形成的愉悦或者失望的水平。

满意度是一种影响态度的情感反应，是客户满足情况的反馈，它是对产品或者服务性能以及产品或者服务本身的评价。

总的来说，客户满意是需求被满足后的愉悦感或状态，是一种心理状态。当客户感知没有达到最初期望时，就会产生不满、失望；当感知与期望一致时，感到满意；当感知超出预期时，就会觉得"物超所值"，非常满意。

这里我们可以用一个简单的函数式来描述客户满意状况的评价指标——客户满意度，即

$$c = b / a$$

(4.1)

式中：c为客户满意度；b为客户的感知值；a为客户的期望值。

当 c 等于 1 或接近 1 时，表示客户的感受为"比较满意"或者"一般"；当 c 小于 1 时，表示客户的感受为"不满意"；当 c 等于 0 时，则表明客户的期望完全没有实现。一般情况下，客户满意度多在 $0 \sim 1$ 之间。但在某些情况下，客户满意度也可大于 1，这意味着客户获得了超过期望的满足感受。例如，在旅客奔波一天回到酒店后，惊喜地发现酒店送的生日蛋糕和鲜花，这完全出乎他的意料，显然客户的满意是不言而喻的。自然而然，客户获得了超过期望的满足感。

（二）客户满意度的衡量

客户满意度是指客户满意程度的高低，可以通过美誉度、回头率、指名度、投诉率、购买额、对价格的敏感度来衡量。

1. 美誉度

美誉度是客户对企业或品牌的褒扬程度，通过褒扬程度可以获知客户对企业或者品牌的满意状况。一般来说，持褒扬态度，愿意将企业产品或服务提供给他人的客户，对企业的产品或者服务是非常满意的。

2. 回头率

回头率是客户消费了某企业或品牌的产品或服务之后，愿意再次消费的次数。在一定时间内，客户对产品或服务的重复购买次数越多，说明客户满意度越高。回头率是衡量客户满意度的主要指标。

3. 指名度

指名度是客户指名消费或者购买某企业或品牌的产品或服务的程度。如果客户在消费或者购买过程中指名某企业或品牌，对于其他企业或品牌的产品或服务具有抵抗力，放弃选择，表明客户对这个企业或品牌的产品或服务是非常满意的。

4. 投诉率

客户的投诉是不满意的具体体现。投诉率是指客户在购买或者消费了某企业或品牌的产品或服务之后所产生投诉的比例。一般来说，客户投诉率越高，表明客户越不满意。

5. 购买额

购买额是指客户购买某企业或品牌的产品或服务的金额多少。客户购买额越高，表明客户对该企业或品牌的产品或服务越满意。

6. 对价格的敏感度

当某企业或品牌的产品或服务价格上调时，客户如果能够表现出比较强的承受能力，则客户对价格的敏感度较低。当客户敏感度越低时，客户就对该企业或品牌的产品或服务越满意。

二、客户满意度的影响因素

基于客户满意的重要作用，企业若想创造或者提高客户对本企业或者产品的满意，首先必须要做的就是了解影响客户满意的因素，以便有针对性地采取措施，提高客户对该消费经历的整体满意程度。

影响客户满意的因素是多方面的，我们从客户期望和客户感知两方面来分析。对于同一产品或者服务，有的客户感到满意，而有的人感到不满意，这就是因为客户对产品或者服务的期望不同。如若达到期望，客户满意；否则，客户会感到不满意。客户感知受到企业因素、产品因素、营销与服务体系、沟通因素和情感因素等影响。

1. 企业因素

企业是产品和服务的提供者，企业规模、形象、效益、品牌等都会影响客户判断。一个规模大、效益高、形象佳、知名度广的企业会更加受到客户的欢迎。

"海底捞"以提供优质服务的企业形象而受到大众欢迎。在奔波劳累了一天之后，顾客想要享受一顿美味的晚餐，会想到"海底捞"人性化的服务，并且在消费之后，其优质服务达到了顾客心中预期，也会使顾客更加满意。

2. 产品因素

产品是企业提供给客户最基本的东西。在当前激烈竞争的市场上，企业必须把产品和服务做好，这有利于客户使用并体现其地位，从而使客户满意。

产品因素包含两方面的内容：一方面是核心产品的质量、功能和价格。如果产品质量好，功能齐全，价格优惠，具有明显的个性化优势，则容易受到客户满意。另一方面是产品服务。如果企业能够提供更多支持性和辅助性的服务，并通过这些服务逐渐将其竞争对手区别开来并为客户增加价值，则客户更加满意。

3. 营销与服务体系

客户任何时候都期望交易进展顺利并且快捷便利。企业的营销和服务体系是否有效、简洁，是否能为客户带来方便，投诉与咨询是否便利，售后服务的响应时间和态度等都会影响客户满意度。

海尔有一个强大的售后服务系统，能够为海尔家电提供优质的售后服务。在客户报修之后，海尔通过系统登记客户信息并为其分配维修网点，使得客户可以得到及时有效的售后处理，因而提高了客户满意度，也让海尔在家电市场上占有很高的市场份额。

4. 沟通因素

企业与客户的良好沟通是提高客户满意度的重要因素。很多情况下，客户对产品性能的不了解造成使用不当，需要企业提供咨询服务。客户因为质量、服务中存在问题要向企业投诉，与企业联系，如果缺乏必要的沟通渠道或者渠道不畅，容易造成客户不满意。

5. 情感因素

企业不仅要考虑与客户沟通中的基本因素，还要考虑企业有时候传递给客户的微妙信息。

比如说一位员工的不当行为或其他一些小事情没有做好而使客户产生了负面情绪，最后导致失去了这个客户，而这些问题这个员工甚至并没有注意到。

~~**补充阅读**~~

注重小细节的客户满意带来意想不到的结果

日本有一家企业看中了一块土地，想要购买用作建立厂房，同时，其他几家企业也看中了这块地。但这块土地的所有者是一位老太太，她说什么也不同意卖。一个下雪天，老太太进城购物，顺便来到日本这家企业，准备告诉负责人死了这份心，此时，老太太的木屐已经沾满雪水，肮脏不堪。正当老太太欲进又退的时候，一位年轻的服务人员出现在老太太面前，说："欢迎光临！"这位小姐看到老人的窘态，马上回屋想给她找一双拖鞋，不巧拖鞋没了，小姐立马把自己的拖鞋脱下来，整齐地摆放在老人脚下，让老人穿上。等老人换好拖鞋，小姐才问："我能为你做点什么？"老太太表示要找企业的负责人木村先生，于是小姐将老太太扶到负责人办公室。在老太太踏进办公室的一霎那，老太太决定把土地卖给这家企业。

后来，老太太对木村先生说："我已经去了其他几家企业，唯有你们家的服务人员这么善良体贴，善解人意，很让我感动，这也让我改变了主意。"

三、提高客户满意度的方法

（一）把握客户期望

企业若要提高客户满意度，必须采取措施正确引导客户，使其在消费前对企业产品和服务有合理期望值，这样既可以吸引客户，又不至于让客户因期望落空而失望，从而产生不满。

（1）不过度承诺。企业承诺一定要保持在一个合理的程度。过度承诺会抬高客户期望，从而加大客户感知与客户期望的差距。所以，企业只能谈自己能够做到的事，而不能夸大其词，避免因过度承诺带来的不满意。当然，恰如其分的承诺如果得以实现，将为企业在客户中建立良好信誉。正如 IBM 所说："所做的超过所说的且做得很好，是构成稳固事业的基础。"

（2）宣传留有余地。企业在宣传时应恰到好处并且留有余地。适度宣传会让客户预期保持在一个合理状态，那么客户在真正体验时，其感知就很可能超过客户期望，达到非常满意。日本美津浓公司就大方地承认自己销售的某运动服虽然采用的是最优染料、最优技术制造，但是还做不到完全不褪色，会有稍微褪色。这种诚实的态度赢得了客户的信赖，又使客户容易达到满意——因为客户期望值不高。假如运动服褪色不明显，客户还是会满意。

（3）适时超越客户期望。企业需要努力适时超过客户期望。企业如果善于把握客户期望，然后根据具体情况来调整自己，适时超过客户期望，就能够使客户产生惊喜，这对提高客户满意将起到事半功倍的作用。

某饭店有一位来自日本的长住客人，他平时表情严肃，心情总是很沉重的样子，只是每天按时到饭店的餐厅里吃自助餐。一天，当他正在吃饭时，忽然餐厅的灯光略微暗了一些，客人听到了一曲熟悉的本国音乐声。同时，餐厅里出现了几位身着日本和服的女孩子在翩翩起舞，一位女主持人用甜美的声音说，今天是这位日本客人的生日，向他表示祝贺，接着又向他送上了一束鲜花。这位日本客人十分感动，他的思乡情绪得到了缓解。

（二）提高客户感知价值

客户期望受到以往消费经历、消费经验、消费阅历，客户价值观、需求、偏好，他人介绍等因素的影响，这些因素对企业来说都是不可控的，因而把握住客户期望是有一定难度的。所以我们可以通过企业自身的产品或服务来提高客户的感知价值，以此尽可能地超越客户期望。提高客户感知价值也就是提高客户的让渡价值，既要增加客户总价值，包括产品价值、服务价值、人员价值、形象价值，又要降低总客户成本，包括货币成本、时间成本、精神成本和体力成本（具体分析可以参考第四章客户让渡价值理论）。

一对入住北京某饭店的外国夫妻，其中妻子是全身瘫痪的残疾人。由于旅途疲劳，不肯吃饭，这使得丈夫十分发愁。中餐厅的一位服务员知道后，主动走来，接过饭碗，一边用英语鼓励着客人，一边耐心地给她喂饭。终于，客人张开了嘴巴，一点点地把饭吃了下去。这情景让这位外国友人十分感动。

（三）以客户为中心，实现客户满意

企业可以利用客户关系管理中"以客户为中心"的先进思想，结合企业实际，制订一系列策略，开展必要活动来提高客户满意度。

（1）树立以客户为中心的思想。企业要想客户所想，关怀客户，站在客户角度来设计和研发产品，树立以客户为中心的思想。

（2）把提高客户满意度纳入企业战略范畴。由于客户满意度影响产品销售，并最终影响企业获利能力，所以应该把客户满意度作为企业的一项长期工作，体现在企业的一切经营活动中，从组织、制度和程度上给予保证，作为企业的一项战略来实施。

（3）客户数据建立。建立客户数据库是客户关怀、客户调查的基本要求，因而我们需要努力实现客户数据库从无到有的建立并且逐步完善直至全面。否则，客户关怀、客户调查将无从谈起，客户满意度也无法提高。

（4）加强客户沟通与客户关怀。对于客户沟通，企业要完善沟通组织、人员和制度，保证渠道畅通无阻、能够及时反应，使客户沟通达到最好效果。另外，客户关怀是保证客户满意的一项关键任务，企业要定期开展客户关怀。如当客户刚购买完产品，厂家能够及时感谢，客户会感受到企业的用心，对于以后的售后服务也会放心许多。当产品到了使用年限，或使用环境发生变化时，客户对于产品的使用效用就会发生变化。这时，如果厂家能够及时提醒、咨询和征求意见，客户会感到关怀备至，也会非常满意。

（5）经常性客户的满意度调查。企业处于动态市场环境中，技术进步、竞争对手等情况都是时时变化的。企业要想在动态环境中稳步成长，就要注重调查，以便及时发现问题、处理问题。客户满意度调查有助于企业对产品或服务出现的问题进行及时了解，采取相应措施，避免客户满意度大幅度下滑。企业可以把全面调查与有重点、分主题调查交叉进行，调查周期一般可以选择 3～6 个月开展一次，当然，具体措施还得视企业的实际情况来定。

上述工作对于提高客户满意度具有很大作用。要想上述工作有条不紊地进行，而不是流于形式，企业需要将提高客户满意度的职能落实到某一部门，通常是营销部门或战略管理部门。

第二节　客户忠诚度

一、客户忠诚度概述

（一）客户忠诚度的定义

客户忠诚是指客户对企业产品或服务一种长久的忠心，并且一再指向性地重复购买该企业的产品或服务。客户忠诚度是消费者对产品感情的量度，反映出一个消费者转向另一品牌的可能程度。尤其是当该产品在价格上和产品特性上有变动时，随着对企业产品忠诚程度的增加，基础消费者受到竞争行为的影响程度降低。所以客户忠诚度是反映消费者的忠诚行为与未来利润相联系的产品财富组合的指示器，因为对企业产品的忠诚能直接转变成未来的销售。

（二）客户忠诚的分类

客户忠诚形成的类型多种多样，所以其划分标准也多种多样。目前，得到广泛认可的客户忠诚的分类方法主要有以下四种。

1. 狄克和巴苏的客户忠诚分类矩阵

狄克（Dick）和巴苏（Basu）基于态度忠诚和行为忠诚对客户忠诚进行分类。他们认为，客户忠诚要在态度和行为上共同表现。忠诚客户对特定企业的产品和服务的购买频率要高，与其他企业相比，忠诚客户加更喜欢该企业。根据客户对企业的态度和购买行为，他们提出如图 4.1 所示的客户忠诚分类矩阵。

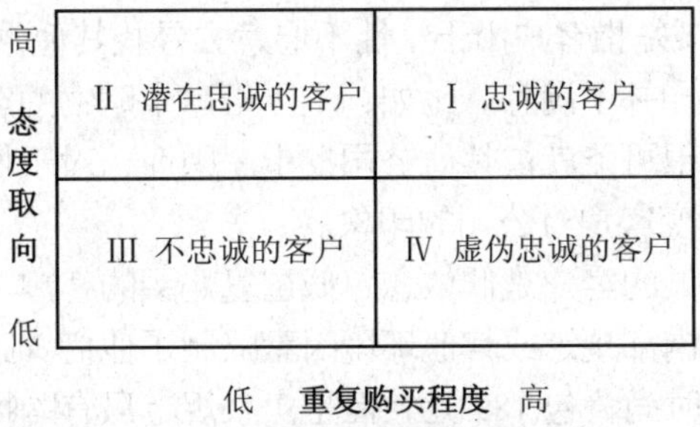

	低　重复购买程度　高
高　态度取向　低	II 潜在忠诚的客户 ／ I 忠诚的客户 III 不忠诚的客户 ／ IV 虚伪忠诚的客户

图 4.1　客户忠诚分类矩阵

（1）忠诚的客户。图中的 I 类客户，具有高的重复购买行为和高的态度取向。这类客户在需要产品或服务时，首先想到的就是该企业，也不会刻意去搜集其他企业的信息，而是只购买且会重复购买该企业产品，并且非常乐意向其他人推荐该企业，并给予极高评价。该类客户对企业来说是态度取向与重复购买行为之间的最佳匹配，对企业也最有价值。

（2）潜在忠诚的客户。图中的Ⅱ类客户，具有低的重复购买行为和高的态度取向。这类客户在需要产品或服务时，首先想到的依旧是该企业，并且认为该企业的产品或者服务要比其他企业好，但是购买该企业产品或者服务的频率并不高。对于这种现象，可能因素是多方面的，如收入限制、转移成本等。在收入水平较低的情况下，即便喜欢但还是会选择价格相对低廉的企业。如果客户原本已有往来的供应商，由于转移成本太大，客户会放弃购买该企业的产品或者服务。但是这种客户，有可能是企业未来的收入来源，是潜在忠诚的客户。

（3）不忠诚客户。图中的Ⅲ类客户，具有低的重复购买行为和低的态度取向。对客户来说，该企业没有特殊之处，对企业没有偏爱，客户几乎不购买该企业的产品或服务，表明客户对该企业缺乏忠诚。我们称该类客户为"不忠诚客户"，这类客户对企业几乎没有价值。

（4）虚伪忠诚客户。图中的Ⅳ类客户，具有高的重复购买行为和低的态度取向。这种客户会经常购买该企业的产品或服务，但他们并不觉得此企业提供的产品或服务有特别之处。如像自来水这种垄断公司，虽然客户会重复购买并使用该公司的自来水，但是对其并没有偏爱，甚至可能是不满意。至于重复购买仅仅是因为垄断市场中选择范围有限。如若市场竞争结构发生变化，这种态度低度忠诚的客户很可能会转向其他提供者。这种客户称为虚伪忠诚客户。

根据上述分析我们可以看出，真正的忠诚客户不单单是内在积极态度或者情感偏爱，抑或是重复购买行为，而是三者的统一。高度重复的购买行为可能并非基于某种偏好，而是一种虚假忠诚；低度重复的购买也可能是由于情感因素、社会规范或随机因素的作用，是一种潜在忠诚。当外部条件发生变化时，虚假忠诚很容易受到影响而转变为不忠诚；随着约束条件的解除，潜在忠诚则会转变为忠诚。因此，对于客户忠诚的衡量，应该同时考虑态度和行为两个维度。

2. 凯瑟琳的客户忠诚分类

凯瑟琳（Kathleen）基于客户满意度与客户忠诚度之间的关系进行分类，综合了市场特征、消费者个性以及消费心理等因素。客户忠诚有如下几种类型。

（1）垄断忠诚。垄断忠诚指某一产品或服务为某一企业所垄断，客户别无选择。比如，一个城市的自来水公司、供电公司等，客户不得不重复购买它们的产品和服务，因为客户没有别的选择。

（2）惰性忠诚。惰性忠诚是指客户由于惰性不愿意去寻找其他供应商。这些客户是低依恋、高重复的购买者，他们对公司并不满意。比如，上下班途中购物的客户。如果其他公司能够让他们得到更多的实惠，他们很可能就被其他公司挖走。因而，对于惰性忠诚客户，公司应该通过产品和服务的差异化来改变客户对公司的印象。

（3）潜在忠诚。潜在忠诚的客户是低依恋、低重复购买的客户。客户希望不断重复购买产品或服务，但是公司的一些内部规定或其他环境因素限制了他们。比如，爱好网上购物的客户小王，看中了某店家的一款时尚背包189元，但是卖家规定只有购物单笔满199元才能提供免费送货。因为10元的差额不满足包邮条件，小王打消了在这家店购买背包的念头。

（4）方便忠诚。方便忠诚的客户是低依恋、高重复购买的客户。这种忠诚类似于惰性忠诚。同样，方便忠诚的客户很容易被竞争对手挖走。某个客户重复购买往往是因为方便，比如说到附近的小商店购买产品，但是如果小区的便利超市能够满足客户要求，则客户更加倾向于在便利超市购买。因为，便利超市相对附近的小商店要更加方便。

（5）价格忠诚。对于价格敏感的客户更加忠诚于能够提供最低价格的供应商。这种客户是低依恋、低重复购买的客户，这类客户是很难发展成为忠诚客户的。那些经常光顾淘宝、对于中意产品选择按价格排序的客户，就是典型的价格忠诚客户。

（6）激励忠诚。公司通常会为经常光顾的客户提供一些忠诚奖励。激励忠诚与惰性忠诚相似，客户也是低依恋、高重复购买的那种类型。当公司有奖励活动的时候，客户们都会来此购买；当活动结束时，客户们就会转向其他有奖励的公司。

（7）超值忠诚。这是一种典型的感情或者品牌忠诚。超值忠诚的客户是高依恋、高重复购买的客户。这种客户对各个行业来说都是最有价值的。客户对那些使其从中受益的产品和服务情有独钟，不仅乐此不疲地宣传它们的好处，还热心地向他人推荐。

3. 诺克斯的客户忠诚钻石模型

诺克斯根据客户购买产品和服务的品牌数量与客户的投入程度，将客户划分为 4 种，即忠诚者、习惯性购买者、多品牌购买者和品牌转换者，如图 4.2 所示。

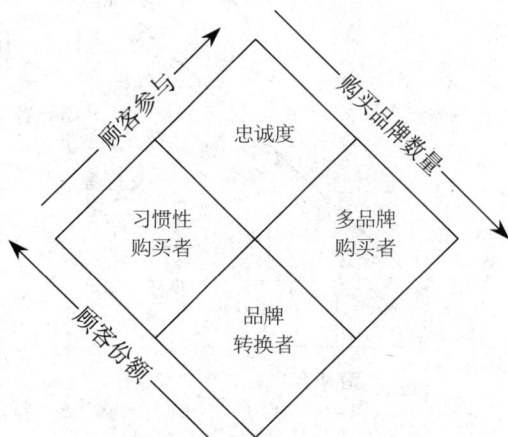

图 4.2　客户忠诚钻石模型

（1）忠诚者。忠诚者表现出较高程度的行为忠诚，他们往往只购买少数几个品牌的产品和服务，客户份额较高，对企业最有价值。忠诚者愿意花费时间和精力去与所忠诚的企业保持密切联系，随时了解企业动态和产品服务状况，投入程度高，参与性高，与企业之间也建立了一定的情感联系。当企业暂时无法提供给他们所需要的产品和服务时，他们愿意等待或者不购买。必要情况下，他们可能会暂时性购买其他企业的产品或服务，而一旦原来企业恢复供应，他们会立刻转向原来企业购买产品或服务。

（2）习惯性购买者。习惯性购买者与忠诚者类似，也表现出较高程度的行为忠诚，只购买少数几个品牌的产品和服务，客户份额较高，能够给企业带来很大利益。不同的是，习惯性购买者与企业之间联系很少，参与程度不高，他们仅仅是因为这个企业所提供的产品或服务能够满足他们的需要才去购买，对企业的感情依恋成分非常少。因而，当企业提供的产品或服务不能满足他们的需要时，他们是不愿意等待的，而是会立即转向其他企业寻求自己的需要。

（3）多品牌购买者。多品牌购买者会购买多种品牌的产品或服务，相比忠诚者与习惯性购买者，能够提供给企业的利润比较少。在不同消费场合，多品牌消费者会积极寻找并选择不同品牌，他们对于不同品牌也有很深的了解。比如说，同样是购买运动产品，如果是户外活动，他们会选择购买骆驼、雪狼、探路者等品牌的户外产品，如果是室内健身，他们更加倾向于迪卡侬、阿迪达斯、李宁等品牌。

（4）品牌转换者。品牌转换者与多品牌购买者具有较为相似的行为，他们都会选择购买多种品牌的产品和服务，对企业收益贡献不大。不同的是，品牌转换者对价格比较敏感，购买产品或服务的选择依据是性价比，他们希望以最低的价格来满足自己对产品或服务的需要。因而，当其他品牌有优惠活动时，他们极其容易转换品牌。

4. 克里斯托弗的客户忠诚梯

克里斯托佛（Christopher M.）和佩恩（Payne A.）等人基于客户忠诚程度对客户忠诚的分类，提出了"客户忠诚梯"模型。模型中客户忠诚度从低到高分为七个等级，形成七类客户，如图 4.3 所示。

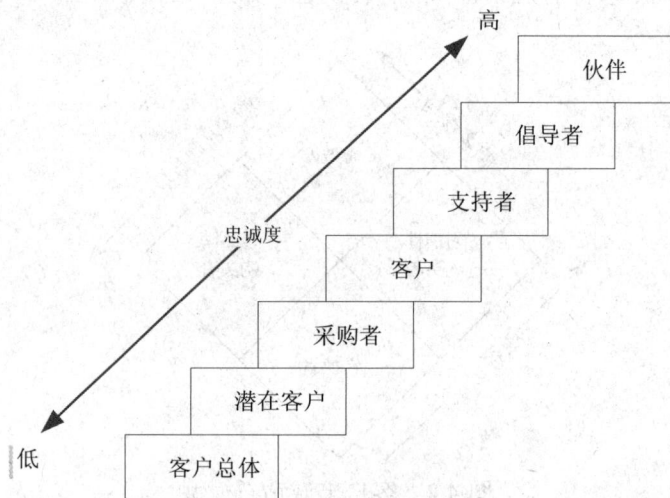

图 4.3　客户忠诚梯

在图 4.3 中，从下到上客户忠诚度逐渐升高。潜在客户是企业预期可能会与自己发生交易的客户；采购者指的是只与企业进行过一次交易的客户，未来是否能够再次交易无法确定；客户是与企业进行过多次交易的客户，这些客户对企业的态度是不确定的，可能是积极、消极或者中性的；支持者是喜欢企业的客户，但仅仅是被动支持的客户，缺乏主动性；倡导者是对企业偏爱的前提下，主动向他人推荐企业产品或服务，为企业作宣传的客户，具有很高积极性；伙伴是与企业具有合作伙伴的客户，是客户忠诚梯的顶端，是企业最理想的客户。

企业如果能够最大限度地获得客户忠诚，就能获得最大化收益。因而企业提升客户忠诚的策略就是要把位于客户忠诚梯底端的潜在客户一步步培养成为采购者、客户、支持者、倡导者乃至伙伴。企业培养的客户忠诚度越高，客户与企业的关系生命周期就越长，就越能增加客户的终身价值，客户能够给企业创造的利润就越高。

（三）客户忠诚度衡量指标

客户忠诚度是客户忠诚的量化指数，为了了解企业的客户忠诚状况，企业可以运用以下几个指标来对客户忠诚度进行衡量。

1. 客户的重复购买次数及重复购买率

一定时间内，客户对某一产品或服务重复购买的次数越多，说明客户忠诚度越高；反之，则越低。企业为了便于识别和纳入数据库管理，一般将忠诚客户量化为 3 次或 4 次以上的购买行为，但现实中，不同消费领域、不同消费项目有很大区别，因此不能一概而论。

2. 产品或服务购买的种类、数量与购买百分比

这是指客户经常购买某一产品或服务的种类、数量，以及在最近几次购买中，客户购买各种品牌所占的比例。一般来说，客户经常购买的品牌数量越少，或者在最近的几次购买中，某一品牌产品所占比例越高，说明客户对该品牌越青睐，对该品牌的忠诚度也就越高。

3. 客户购买挑选的时间

客户购买都要经过产品的挑选，因而在其购买某产品时所花费的挑选时间能够反映出客户对于某种产品或服务信任程度的差异。一般而言，客户对某企业或品牌产品挑选的时间越短，说明他对这个企业或品牌产品越偏爱，忠诚度就越高；反之，则越低。

4. 客户对价格的敏感程度

客户在选择产品或服务时，价格是一个重要的考量因素，而且对于不同产品或服务价格的敏感程度是不同的。一般而言，对于客户喜爱和信任的产品，即便价格波动很大，客户也会选择继续购买，他们对其价格变动的承受能力较强，即价格敏感度较低；相反，对于不信任和不喜欢的产品，价格稍微波动就会影响他们的选择，他们对价格变动的承受能力较弱，即对价格敏感度较高。通常，对价格敏感程度高的客户，说明客户对品牌的忠诚度较低；反之，则较高。但是我们在使用此标准判断客户忠诚度时，需要注意排除该产品或服务对于客户的必需程度、产品供求情况以及产品竞争程度这三个因素的影响。

5. 客户对竞争产品的态度

客户如果转换产品供应商，那一定是经过对相关企业的产品或服务比较之后决定的。一般来说，对某种品牌忠诚度高的客户会自觉排斥其他品牌的产品或者服务，因而，可以通过客户对竞争产品的态度来判断其对某一品牌产品或服务的忠诚度。如果客户对竞争产品的促销活动或降价与促销行为越不敏感，则客户对现有企业品牌的忠诚度就越高；反之，则越低。

6. 客户对产品质量事故的承受能力

产品出现质量问题时，客户的态度可以表现其对产品或企业的忠诚度。一般来说，客户对出现的质量事故越宽容，其对产品或品牌的忠诚度越高；相反，若客户对出现的产品质量问题强烈不满，并要求企业给予足够补偿，甚至可能会通过法律途径来解决，则表明客户对企业的忠诚度较低。

7. 客户对产品的认同度

客户对产品的认同度可以通过向身边的人士推荐产品，或通过间接地评价产品表现出来。如果客户经常向身边的人推荐产品，或在间接地评价中表示认同，则表明忠诚度高。

这里我们仅列举了客户忠诚度衡量标准的几个方面，在实际企业经营过程中，企业可以根据自己企业实际情况，选择合适的衡量标准，设计出适合自己的指标体系，采取相应的客户忠诚度解决方案。

补充阅读

成功实施客户忠诚计划极大提高客户终身价值

某商务饭店每年的客户流失率是20%，每个客户平均每年带来3 000元的利润，吸收一个新客户的成本是900元。企业现决定实施客户忠诚计划，将客户流失率从20%降到10%，该计划的实施成本是每个客户每年300元。现在来分析这家饭店客户终身价值的变化情况。

（1）每年流失20%的客户，意味着平均每个客户的保留时间大约是5年。

（2）每年流失10%的客户，意味着平均每个客户的保留时间大约是10年。

（3）忠诚计划实施前，平均每个客户的终身价值为：$5 \times 3\,000 - 900 = 14\,100$（元）

（4）忠诚计划实施后，平均每个客户的终身价值为：$10 \times (3\,000 - 300) - 900 = 26\,100$（元）

可见，通过实施客户忠诚计划，平均每个客户的终身价值增加了12 000元。

二、客户忠诚度的影响因素

基于上述客户忠诚的意义，实施客户忠诚度计划变得尤为重要。当然，在提高客户忠诚之前，我们需要分析出客户忠诚的影响因素。

1. 客户满意

客户满意表现为客户从企业产品和服务中所得到的超出的或至少不低于客户的预期。一般情况下，只有当客户满意，才有可能再次购买企业的产品或服务，才可能发展成为企业的忠诚客户。一般说来，客户满意度越高，客户忠诚度才会越高；客户满意度越低，客户忠诚度越低。

2. 品牌形象

品牌形象是存在于人们心里的关于品牌各要素图像及概念的集合体，是在竞争中的一种产品或服务差异化的含义的联想集合。购买者希望品牌的一些个性特征能够与其自我形象以及个性相符合，因而他们会购买能够代表自我形象的品牌。该品牌形象与客户形象或所期盼的形象吻合程度越高，其对客户忠诚度正向影响也就越大。

3. 转换成本

转换成本是指客户在改变服务供应商时对所需时间、货币和精力的感知。这些成本不仅包括客户承担因地域分散而产生的服务搜索与评估成本，而且还包括心理和情感成本。由于服务具有地域分散、个性化和用户定制等特征，客户在服务消费中会面临转换成本带来的障碍。从企业视角看，转换成本有助于企业对客户消费行为作出更加准确的预测。在客户转换成本较高的时候，客户行为忠诚就会很高，即使客户对企业提供的产品或服务很不满意。

4. 关系信任

关系信任是客户对企业履行交易诺言的一种感觉或者信心。如果客户没有对企业产生一定程度的信任，客户关系就不可能保持长久。信任无疑是影响客户忠诚度非常重要的因素之一，没有人会希望一段长期关系的建立和维持是没有信任基础的。许多关于忠诚的定义都有一个核心思想：愿意去维护一段有价值并且重要的关系。所以从这个核心理念里可以看出，客户忠诚的建立是由相关关系的重要性所决定的。如果一段关系对一个人越重要，那么这个人就越愿意去容忍一些不满意，甚至愿意试图去修复这些不满意；相反，如果这段关系不重要，甚至已经很满意的购买者也会转移到其他品牌或卖家去尝试一些新的事物。关系信任降低了关系中的感知风险和缺陷，使客户对关系具有更高的忠诚度。

三、提高客户忠诚度的方法

1. 提高客户满意度

如果想让客户忠诚，必须先让客户满意；如果想让客户满意，必须实现企业承诺。企业提供的产品和服务是客户需要的，而且是超值的。只有在客户满意的情况下，才有可能实现客户忠诚。

2. 提高转移成本

经验表明，客户购买一家企业的产品越多，对这家企业的依赖性就越大，客户流失可能性就越小，就越可能保持忠诚。例如，微软公司和瑞星公司通过网上智能升级系统，及时为使用其产品的客户升级，并且可免费下载一些软件，从而增强了客户对其的依赖性。因此，企业在为客户提供物质利益的同时，还可通过向客户提供更多、更宽、更深的服务来建立与客户结构性的联系或者纽带，如为客户提供生产、销售、调研、资金、技术、培训等方面帮助，为客户提供更多的购买相关产品或服务的机会。企业要不断地让客户有这种感觉，只有购买我们的产品，他们才会获得额外价值，而其他企业是办不到的。如果能做到这一点，就可以增加客户对企业的依赖性，从而坚定客户对企业的忠诚。所以当客户转换成本很高，而让客户使用企业产品或服务的成本最低，这样就可以建立起客户流失的壁垒。

3. 塑造企业品牌，提高创新力

只有塑造品牌的企业才能让客户保持忠诚度，因为品牌代表了品质、品牌代表了信任、品牌代表了承诺、品牌代表了差异化、品牌更代表了客户体验。为什么耐克的鞋可以卖高价；而且有那么多忠诚客户，就是由于品牌的力量。当然客户也都是好奇的，是喜新厌旧的，如果产品和服务不能够给客户带来新的体验，他们一定会投入竞争对手或替代者的怀抱。所以持续的创新力是提高客户忠诚度的法宝，也是企业基业常青的源泉。

4. 及时主动地提供服务

主动定期与客户对话，了解客户的不满、抱怨和建议；询问他们是否会将公司的产品或服务积极推介给朋友；询问企业是否能对他们关心的问题快速进行应答。通过服务差异化来提升客户满意度，特别是在产品同质化的今天，企业更应该把服务作为企业的核心竞争优势。服务关键是要做到"四心"，即爱心、用心、细心、专心。服务没有最好，只有更好，服务追求的目标是完美。

5. 增加与客户沟通

企业管理者如果想要客户忠诚，必须了解他们并同他们形成互动，让他们成为主人而不仅仅是消费者。对最终用户分析所有的客户接触点和机会，以增加互动。让客户教你怎样去迎合他们的要求，怎样服务客户并与他们沟通，给他们多种选择。跟踪客户的选择和行为方式，以避免使客户两次回答同样的问题；对中间商寻求增值服务，使分销商更有效率、利润更高，或者对客户更有价值。对中间商必须构建"双赢"战略，企业可以根据产品发展的不同阶段对中间商和渠道采取不同的培养政策。例如：在产品"入市期"，企业首先要制订长远发展规划，对中间商的要求不一定是"最强"和"最好"的，也不能"有款就发货"，应根据自身品牌定位设定选择标准，关键要"门当户对"。实践证明，与企业一起发展成长的中间商是"最忠诚的客户"。同时，企业与经销商建立"双赢"和"双输"的战略合作伙伴关系、共同投入，并公开企业一年内的经营计划，避免把风险全部转嫁到中间商身上，给渠道以信心。

第三节　客户满意度与忠诚度的指数模型

构建客户满意度与忠诚度指数模型，其目的是发现和确定影响客户满意度及忠诚度的因素，以及客户满意度与忠诚度和这些因素之间的作用机制，以便更好地找到提高客户满意度和客户忠诚度的方法。客户满意度与忠诚度指数模型对于构建客户满意度与忠诚度，以及对测量结果进行分析都起到了基础性的作用。当前存在多种理论模型，重点有下面几种。

一、卡诺模型

日本东京理工大学卡诺博士和他的同事受赫兹伯格的双因素理论影响，于 1979 年提出了卡诺模型。在该模型中，卡诺把产品和服务质量分为三类：当然质量、期望质量和魅力质量。

（1）当然质量是指产品和服务应当具备的质量。对于这类质量特性，客户通常不作表述，因为客户假定这是产品和服务必须有的特性。客户认为这类质量特性的重要程度很高，企业在这类质量特性上业绩也很好。但是当这些产品或服务满足客户基本需求时，客户也不会表现出特别满意，因为他们认为这是产品应有的基本功能，相反，如果产品没有满足这些客户基本需求，他们就很不满意。

（2）期望质量是指客户对产品或服务有具体要求的质量特性，是他们希望得到的。在市场调查中，顾客谈论的通常是期望质量，期望质量在产品中实现得越多，顾客就越满意；当没有满意这些质量时，顾客就不满意。这类质量特性上的重要程度与客户的满意程度同步增长。企业容易度量客户对产品或服务的这种质量特性和期望，以及企业在这种质量特性上的业绩，因此，对这种质量特性的期望和满意程度的测评是竞争性分析的基础。

（3）魅力质量是指产品或服务所具备的超越了客户期望的、客户没有想到的质量特性。当我们能够提供这种质量特性时，即使表现并不完善，也能带来客户满意度的急剧提高。同时此类需求如果得不到满足，往往不会带来客户的不满。这类质量特性（即使重要程度不高）能激起客户的购买欲望，并使客户十分满意，代表了客户的潜在需求。企业的做法就是去寻找发掘这样的需求，领先对手。卡诺的客户满意度模型如图 4.4 所示。

从图 4.4 中可以知道，企业首先必须保证所提供的产品和服务符合当然质量，其次要不断改进期望质量，最好能够积极开发魅力质量。但是相对来说，产品或服务的当然质量和魅力质量是动态的，具有相对性。随着科技水平的进步、管理水平的提高以及客户需求和偏好的变化，产品或服务的期望质量可能会转化为当然质量，魅力质量可能会转化为期望质量甚至当然质量。

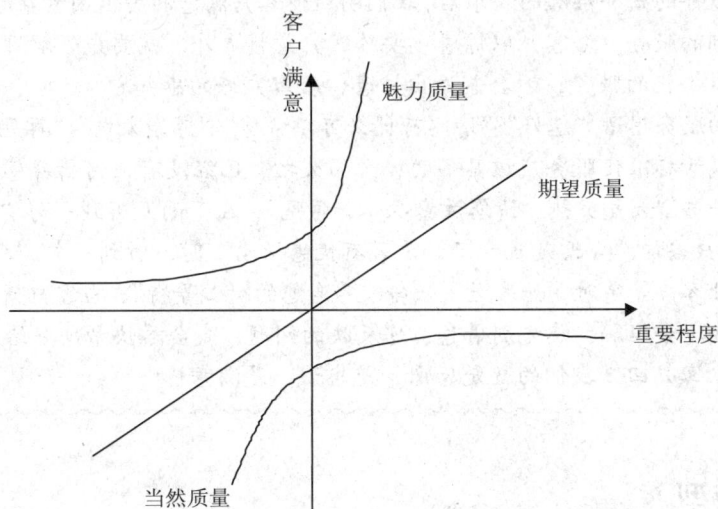

图 4.4 卡诺的客户满意度模型

在上述三类质量特性中，期望质量和客户满意度之间呈现的线性正相关关系为目前各种客户满意度测评方法和模型提供了理论基础；而当然质量和魅力质量与客户满意度之间为非线性正相关关系。统计工具中虽然有各种非线性回归方法，但是对当然质量和魅力质量与客户满意度之间的这种非线性关系的拟合效果并不理想。因此，卡诺客户满意度模型所面临的挑战就在于统计方法的判断。

卡诺模型的缺点在于不能在客户满意度和企业的经营业绩之间建立直接的、可以量化的链接，也不能像客户满意度指数测评模型那样能够建立起客户满意度、客户忠诚度以及各个潜在测评指标的指数体系。但是，卡诺模型可以很容易地得到定性的客户满意度测评结果，而且卡诺模型也是客户满意度指数测评方法的理论基石。

⌒⌒⌒ 补充阅读 ⌒⌒⌒⌒⌒⌒⌒⌒⌒⌒⌒⌒⌒⌒⌒⌒⌒⌒⌒⌒⌒⌒⌒⌒⌒⌒

联通客服中心巧用卡诺模型提升客户感知

1. 联通客服中心的卡诺模型

客服中心实际工作，对应的当然质量、期望质量和魅力质量可以解读客户对热线的服务水平、服务人员的业务熟练程度以及服务惊喜程度三个层次的要求。

客户拨打 10010 时，如果热线忙、令客户长时间等待，接通后客户很容易忽略客服代表本身的服务质量，而纠结于之前的拨打不畅，从而表示出不满意。

有了对热线易接通程度（服务水平）这一基本需求，客户在拨打 10010 时往往都会对此次服务过程有自己定义的期望值，比如服务态度要好、业务解答要熟练。如果这些都能够满足客户期望的话，客户才感觉满意，但不会非常满意，可以说在意料之中。如果不能达到客户的期望，就会生成客户对客服代表或者热线的投诉，体现出客户的不满。

那么，由此可以推断，10010 提供了能够带给客户惊喜的服务，使客户有出乎意料的体验，才会是客户感到非常满意的关键。

2. 巧用卡诺模型，提升客户感知

了解客户对服务的三个层次的要求后，我们明白使客户满意的关键因素在于超越客户期望，提供客户没有想到的服务，给客户以惊喜。要给客户意料之外，就要先了解目前的服务哪些属于意料中，打破常态化的服务，才会制造出惊喜，给客户好的感知。

如我们常用的服务用语"您好""请问有什么可以帮您""感谢来电""再见"等，对于客户而言，这些语句属于标准化服务应该具备的，久而久之，已经没有任何新鲜感。但如果客户在炎热的夏天听到一句"天气炎热，请您注意身体，再见"；在下雨天听到一句"下雨路滑，请您注意安全"；在客户咨询"今天是我生日，是否有优惠活动"时，听到一句"祝您生日快乐"；当因我们的服务让客户等待时，如果送上一句"感谢您的耐心等待"；当客户情绪激动时，送上一句"您的心情我十分理解，您先别着急，您反映的问题，我会尽快帮您联络"等这些工作中常用的语句，那么客户回馈我们的就是感谢，是忠诚，是满意！

二、ACSI 模型

ACSI 是美国密歇根大学商学院、美国质量协会（ASQ）的国家质量研究中心（NQRC）和 CFI 国际咨询公司于 1994 年联合编制的美国客户满意度与忠诚度指数模型，先后在中国台湾、新西兰、韩国等国家和地区选择一定数量的行业进行满意度与忠诚度调查，计算该地区的客户满意度与忠诚度指数。该模型由国家整体满意度与忠诚度指数、部门满意度与忠诚度指数、行业满意度与忠诚度指数和企业满意度与忠诚度指数 4 个水平测试指数构成。ACSI 既是一种衡量经济产出质量的宏观指标，也是在微观上根据客户对产品和服务的满意度与忠诚度而构建的经济模型。ACSI 模型是一个方程组模型，它以客户行为理论为基础，选取六个结构变量，对客户满意度与忠诚度水平进行评估，如图 4.5 所示。

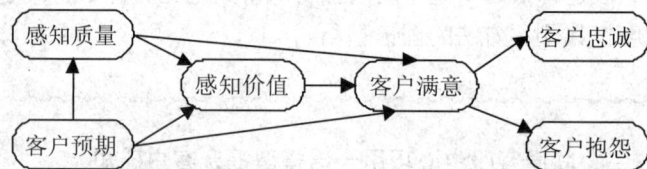

图 4.5　ACSI 客户满意度与忠诚度模型

该模型是由客户满意度与忠诚度及其决定因素（感知质量、客户预期、感知价值、结果因素中的客户抱怨）组成的一个整体逻辑结构。可以利用调查表项目对这些变量进行操作，借助于计量经济学中的有关方法将此逻辑结构转化成数学模型，继而将有关测评数据输入此模型，便能得出准确测量结果——客户满意度与忠诚度指数。整个模型使用偏最小二乘估计（PLS）进行回归。下面对与客户满意度与忠诚度相关的六个因素进行分析。

1. 客户期望

客户期望是指客户在购买和使用某种产品或服务之前对其质量的估计。客户期望来自于客户需求，不同客户有不同需求，随之就会产生不同期望。由于人们总是本能和习惯性地在事前对要求的事物寄予美好的希望和期待，因此，期望往往高于需求。由客户需求所形成的客户期望，就会成为客户在其购买决策中实际感受的评价依据。决定客户期望的观察变量有三个：产品客户化（产品符合个人特定需要）期望、产品可靠性期望和对产品质量的总体期望。

2. 感知质量

感知质量是指客户在使用产品或服务后对其质量的实际感受，包括对产品客户化即符合个人特定需求程度的感受、产品可靠性的感受和对产品质量总体的感受。如果说期望是事前产生的，那么感知便是事后形成的。需要指出的是，客户对质量的感知虽然是客户对其购买决策的整个过程在主观上的判断，但其判断基础来自于实际经历的客观体验过程，其判断依据就是客户在经历前的需求期望。

客户对质量的感知是构成客户满意度与忠诚度的核心变量，对客户满意度与忠诚度有直接的影响。客户对质量的感知又可以分为对产品质量和功能的感知，以及对服务质量的感知。

3. 感知价值

感知价值体现了客户在综合产品或服务的质量和价格以后对他们所得利益的主观感受。感知价值的观察变量有两个，即给定价格条件下对质量的感受和给定质量条件下对价格的感受。客户在给定价格下对质量的感受，是指客户以得到某种产品或服务所支付的价格为基准，通过评价该产品或服务质量的高低来判断其感知价值。客户在给定质量条件下对价格的感受，是指客户以得到某种产品或服务的质量为基准，通过评价得到该产品或服务所支付的价格高低来判断其感知价值。

4. 客户满意

客户满意这个结构变量是通过计量经济学变换最终得到的客户满意度指数。ACSI模型在构造客户满意时选择了三个观察变量：实际感受同预期质量的差距、实际感受同理想产品的差距和总体满意程度。客户满意主要取决于客户实际感受同预期质量的比较。同时，客户实际感受同客户心目中理想产品的比较也影响客户满意度，差距越小客户满意水平就越高。

5. 客户抱怨

决定客户抱怨这个结构变量的观察变量只有一个，即客户的正式或非正式抱怨。通过统计客户正式或非正式抱怨的次数可以得到客户抱怨这一结构变量的数值。客户抱怨的主要原因是：客户对产品或服务的实际感受未能符合原先期望。客户对其要求被满足程度的感受越差，客户满意度也就越低；而客户对其要求不被满足的感受程度越强，则客户越不满意，从而产生抱怨，甚至投诉。

6. 客户忠诚

客户忠诚是模型中最终的因变量。它有两个观察变量：客户重复购买的可能性和对价格变化的承受力。客户如果对某产品或服务感到满意，就会产生一定程度的忠诚，表现为对该产品或服务的重复购买或向其他客户推荐。

ACSI 模型认为，客户满意度与忠诚度的三个前提变量（感知质量、客户预期、感知价值和三个结果变量（客户满意、客户抱怨和客户忠诚）之间存在着复杂的相关关系，如图 4.5 所示。该模型假定客户是理性的，即客户具有从以前的消费经历中学习的能力，而且能够据此预测未来的质量和价值水平。换句话说，客户具有足够知识，保证他们的预期能正确反映当前的产品和服务质量。如果产品和服务的感知质量超过客户预期，那么客户就满意与忠诚；如果产品和服务的感知质量没有达到客户预期，那么客户就会不满意和不忠诚。

美国 ACSI 的建立是美国经济和企业发展的需要。ACSI 给国家和企业提供了一个从客户满意与忠诚的角度系统观测产品和服务质量的指标。这一指标的出台，给美国国内七个主要区域、30 多个行业和 200 左右的企业及其有关机构提供了关于质量方面非常有用的信息，完善了美国经济检测的指标体系。

在 ACSI 体系中，所有不同企业、行业及部门间的客户满意度与忠诚度是一致衡量并且可以进行比较的。它不仅让客户满意度与忠诚度能在不同产品和行业之间比较，还能在同一产品的不同顾客之间进行比较，体现出人与人的差异。因此，ACSI 模型最大的优势是可以进行跨行业比较，同时能进行纵向跨时间段的比较，已经成为美国经济的晴雨表。同时，ACSI 是非常有效的管理工具，它能够帮助企业与竞争对手比较，评估企业目前所处的竞争地位。需要指出的是，虽然 ACSI 是以先进的消费者行为理论为基础建立起来的精确的数量经济学模型，但是其建立的目的是为了监测宏观的经济运行状况，主要考虑的是跨行业与跨产业部门的客户满意度与忠诚度比较，而不是针对具体企业的诊断指导，它调查企业的目的只不过是以企业为基准来计算行业、部门和全国的满意度与忠诚度指数。由于其测量变量抽象性的需要，它的调查也不涉及企业产品或服务的具体绩效指标，企业即使知道自己的客户满意度与忠诚度低，也不知道具体低在生产或服务的哪个环节，应该从哪一方面着手改善；更不知道客户最需要的是什么，最重视的又是什么。由于缺乏对企业生产经营上的具体指导作用，所以在进行微观层面具体企业的满意度调查时很少使用该模型。

目前，除了上面两种模型外，世界上许多国家都建立了自己的客户满意度与忠诚度指数模型，如瑞典模型、欧洲模型，它们在借鉴 ACSI 模型的基础上，对测量模型和结构变量做了一些调整。

三、CCSI 模型

1999 年，清华大学以 ACSI 模型为基础，结合中国本土情况，构建了中国客户满意度与忠诚度指数模型（CCSI），该模型共包括企业形象、预期质量、感知质量、感知价值、客户满意、客户抱怨、客户忠诚等结构变量。其中企业形象作为外生变量，其余为内生变量。形象由观测变量品牌的市场流行程度、品牌产品的特征显著度、产品使用特征显著度和客户对公司的信任度代替。

在清华大学研究的基础上，中国标准化研究院和清华大学展开进一步合作，完善了 CCSI

模型。在检验模型效果时，该课题组展开了两次全国性的试验调查：第一次试验调查覆盖了 26 个省和直辖市，涉及 8 个行业中的 42 个主要产品或服务品牌；第二次试验调查覆盖了全国 50 个城市和它们所辖的农村地区，以及 11 个行业中的 83 个主要产品或服务品牌。数据通过了可信度和有效度检验。CCSI 模型结构图如图 4.6 所示。

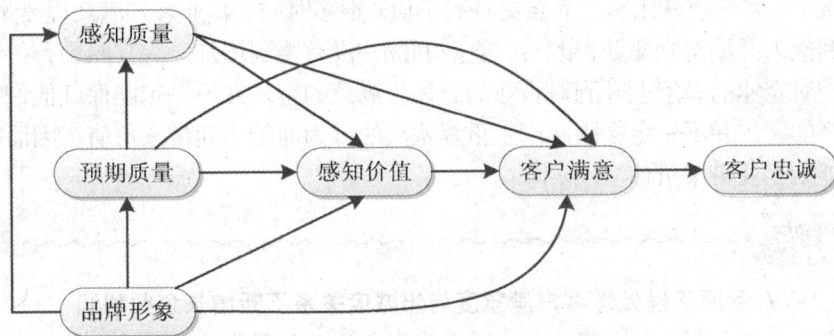

图 4.6　CCSI 客户满意度与忠诚度模型

第四节　客户满意度与忠诚度的关系

激烈的市场竞争导致许多产品或服务在品质方面的区别越来越小，产品同质化现象越来越明显。在同质化的市场中，客户消费选择的主要标准不再是品质，而是厂商能否满足其个性化需求和能否为他提供高质量与及时的服务。这种情况下对客户满意和忠诚进行研究将显得越来越重要。

一、客户满意度与忠诚度的关系概述

客户满意和客户忠诚是一对相互关联又彼此区别的概念。实际上，客户满意是客户需求被满足后的愉悦感，是一种心理活动。客户满意度与态度相关联，争取客户满意的目的是尝试改变客户对产品或服务的态度。而客户忠诚所表现出来的却是购买行为，并且是有目的性的、经过思考而决定的购买行为。两者的关系具体分析如下。

1. 客户满意并不等于客户忠诚

客户满意是一种心理程度的满足，是客户消费之后所表达出的态度；客户忠诚是指客户在满意基础上产生的对某种产品的品牌或公司的信赖、维护和希望重复购买的一种心理倾向，实际上是一种客户行为的持续性。据《哈佛商业评论》报告显示，对商品满意的客户中，仍有 65%～85% 的客户会选择新的替代品。也就是说，客户满意并不一定促成客户忠诚，前者只是后者的必要条件，而非充分条件。

一般来说，客户满意是导致重复购买的最重要因素，是建立客户忠诚的基础。虽然一个满意客户不一定现在就是忠诚客户，但将来很有可能会成为忠诚客户。

2. 客户忠诚比客户满意更有价值

客户忠诚是客户满意的提升。客户忠诚出自客户满意的概念，可以促进客户重复购买的发生，是一种后续的、持续的交易行为。对于大多数企业来说，客户忠诚才是更重要的，是更需要关注的，而客户满意并非客户关系管理的根本目的。

一般情况下，客户忠诚比客户满意更具有价值。很多时候，企业客户满意程度虽然提高了，但企业的获利能力并没有立即获得改善，企业利润并没有得到增加。究其原因，关键就是企业没有使得客户对企业的满意上升到对企业的忠诚。满意的客户并不一定能保证他们始终会对企业忠诚，满意的客户并不一定会因此产生重复购买的行为而给企业带来价值，因而客户忠诚较客户满意更能给企业带来价值。

~~补充阅读~~

A 会所正确处理客户满意度与忠诚度关系不断增长企业利润

A 会所是一家颇具规模的美容会所。该美容会所地理位置优越，周边有学校、政府机关、企事业单位、银行、特色商店等，是一个小资、高尚定位人群密集的区域。几年来的经营过程中，该会所经营思路较正确，不断引进先进美容设备，增加新的服务项目，至今拥有了包括纤体、美容、健身、针灸理疗等多个项目，尤以纤体和健身闻名。总的来讲，在美容行业竞争日益激烈的情况下，该会所还是取得了不错的业绩，在业界和消费者心目中也树立了较好形象。但是，老板王女士近来却忧心忡忡，发现有两个问题越来越严重。

（1）经营中新的项目不断推出，新老客户也都比较拥护，营业额上去了，但利润却徘徊不前。

（2）会所生意非常好，员工积极性也相当高，但消费者的满意度却没有提高，甚至出现客户流失的现象。

王女士十分担心，这两大问题如果无法尽快得到有效遏制，势必影响到会所未来的发展。

为此，她聘请专业人员，经过研究，提出了对于以上两个问题的解决策略。

1. 精耕细作，努力提高客户的感知价值

（1）精心布置店堂环境。

（2）承诺并公开所用物料的品牌档次。

（3）降低客户感知成本。

（4）恰如其分的广告宣传。

2. 搜集客户信息

3. 计算客户的商业价值并进行客户分组，根据客户商业价值进行分类管理

（1）VIP 客户和主要客户的客户关系管理。

（2）普通客户的客户关系管理。

（3）小客户的客户关系管理。

4. 依据客户有效投入资源，提高运行效益

通过上述策略的实施，A 会所的客户满意度与忠诚度得到了很大提高，利润也不断增长。

二、市场竞争中客户满意度与忠诚度的关系

美国学者琼斯和赛塞的研究成果表明，客户满意与客户忠诚之间的关系受到市场竞争程度的影响。影响竞争状况的因素主要有以下四类：限制竞争的法律和政策，如政策对电信行业的保护；高昂的改购代价，如企业在广告协议未完成时更换广告公司；专有技术，企业采用专有技术提供某些独特的利益，客户要获得这些利益，就必须购买该企业的产品和服务；有效的常客奖励计划，如美国的一些航空公司推出经常旅行者计划，给予常客奖励，刺激他们更多购买其机票。市场竞争中客户满意度与忠诚度的关系可用图 4.7 来所示，虚线左上方表示低度竞争区，虚线右下方表示高度竞争区，曲线 1 和曲线 2 分别表示高度竞争行业和低度竞争行业中客户满意程度与客户忠诚可能性的关系。

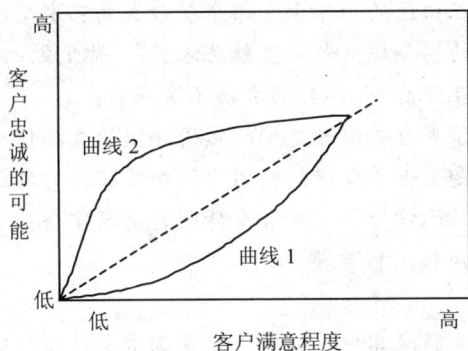

图 4.7　市场竞争中客户满意度与忠诚度的关系

1. 高竞争行业

在高竞争行业，如汽车行业、个人计算机、餐饮等，只有客户满意达到较高水平，客户才可能形成忠诚。这是因为高度竞争的行业，产品或服务相似性强，可替代性强，差别小，客户拥有多种选择的机会，所以一旦对某种产品或服务不满或没有高度满意，客户就会更换供应商，选择其他企业。因此，要培育客户忠诚度，企业必须使客户非常满意。

2. 低竞争行业

在低竞争行业，如航空公司、医院、自来水等，即使客户不满意，也会有较高的客户忠诚度。这是因为低竞争行业，由于行业垄断、缺少替代品，只有少数几家企业能够为客户提供类似的产品和服务，对客户而言，能够选择的余地很小，因此，由于高的退出壁垒或者没有选择余地，客户会保持"忠诚"。但是，一旦转换成本降低或者有新的竞争者进入市场，客户忠诚度会急剧下降，所以，此类忠诚又被称为"虚假忠诚"。所以，处于低度竞争行业的企业应居安思危，努力提高客户满意度，否则一旦竞争加剧，客户就会大量跳槽。

案例 4.2

长城饭店通过"丝绸之路"主题晚宴打造特色客户满意度与忠诚度

一位美国老者来到长城饭店宴会销售部，声称他是来自美国的学者，刚在中国西部游历了数月，回国前想在贵店宴请 160 多位同行业人士及重要贵宾。老先生愿意付很高的餐价，但非

常希望饭店将宴会厅装饰出中国西部风情，因为他很留恋新疆的天山和草原的驼铃。老先生还说，我个人不能提出具体的宴会方案，但我知道贵店在京城餐饮业一向享有盛誉，我相信你们一定能令我满意的。客人走后，宴会部开始了认真策划，经过对几个方案的筛选，最后终于决定为客人举办"丝绸之路"主题晚宴。

两天后，当老先生及其数位随从人员在宴会前一个小时出现在宴会厅时，他们的惊喜无法用语言表达。展现在他们面前的宴会厅宛然一幅中国西部风景图：从宴会厅的三个入口处至宴会的三个主桌，服务员用黄色丝绸装饰成蜿蜒的丝绸之路；宽大的宴会厅背板上，蓝天白云下一望无际的草原点缀着可爱的羊群；宴会厅的东侧，巍然屹立的长城烽火台象征着中国五千年文化的沧桑；西侧另一幅天山图的背板下，宽大的舞台上，一对对新疆舞蹈演员已开始载歌载舞；16张宴会餐台错落有序地立于三条丝绸之路左右，金黄色的座位与丝绸颜色一致；高脚水晶杯和银质餐具整齐地摆放在白色的台布上，每个餐台上的艺术型插花又令人感到了宴会设计的高雅。面对文化氛围强烈的宴会厅，老先生激动地说："你们做的一切大大超出了我的期望，你们是最出色的，真令我永生难忘。"宴会的成功不言而喻。

几天以后，总经理收到了来自美国老先生的热情洋溢的表扬信，高度称赞了长城饭店宴会部的员工，他认为这些员工是全世界最优的，因为这些员工能够理解顾客期望，并大大超过了顾客期望。现在"丝绸之路"已作为一个非常有特色的主题宴会，多次服务于来自世界各地的顾客，每一次，顾客都反响强烈，非常满意。

启发思考：

长城饭店"丝绸之路"主题晚宴中，针对这位美国老者的特色服务在哪里？

案例 4.3

宜家客户满意与忠诚计划助其在市场竞争中独占鳌头

宜家是目前世界上最大的家居供应商之一，瑞典知名的家居企业，世界500强之一。"为大多数人创造更加美好的日常生活"是宜家公司自创立以来一直努力的方向。宜家品牌始终和提高人们的生活质量联系在一起，并一直秉承着"为尽可能多的顾客提供他们能够负担得起、设计精良、功能齐全、价格低廉的家具用品"的经营宗旨。在宜家，消费不叫消费，叫体验；家具不叫家具，叫家居。宜家贩卖生活的方式正在全世界流行着。宜家的体验式营销几乎颠覆了中国家居行业和营销方式，他们不仅提供了设计、产品整体展示、体验、试用的全部环节，在每个具体的环节中，更是让消费者无不体会到无微不至的关怀。

截至2015年8月31日，宜家集团在全球28个国家/地区拥有328个商场，其中，中国拥有18家商场。2015财年宜家中国市场实现创纪录的105亿元销售额，销售增长超过18%。与此同时，宜家俱乐部会员增长了42%，达到1 350万人。官方网站的访问量达到5 300万，比2014年增长52.5%。另有超过7 500万人次光临宜家中国商场。

宜家目前的成功，与其客户满意与客户忠诚计划是分不开的，对于这种计划，宜家采取了以下的具体措施。

1. 提高产品价值

（1）产品系列广泛，设计重视顾客需求

宜家共有10 000多种产品供顾客选择。基本上，任何品位的顾客都能在宜家买到家居所需的家居产品。宜家采用平板包装设计，绝大部分的宜家产品都被设计成可分拆运输的结构，这样可以充分利用运输工具的空间。

（2）设计简约、人性化、推陈出新

宜家除木制家具外，还有陶土、金属、玻璃、硬纸等制品。宜家的产品简约、精美、时尚、温馨，搭配丰富的色彩，不矫揉造作。对于产品设计推陈出新、频率高、引领时代潮流。宜家有一种"四季被"，属三被合一，一层是温凉舒适的夏季被，一层是中暖度的春秋被，顾客也可以把两层放在一起，那就是温暖的冬季被。

2. 提高服务价值

（1）精心入微的商品导购信息

宜家的商店没有"销售人员"，只有"服务人员"。他们不允许主动向顾客促销某件产品，不会像其他家具店的店员一样，你一进门就对着你喋喋不休。宜家精心为每件商品制订"导购信息"，有关产品的价格、功能、使用规则、购买程序等几乎所有的信息都一应俱全。宜家将每一个细节都考虑进去，来指导消费者快速作出购买决定。如果你仍不放心，那不要紧，宜家的《商场指南》里写着："请放心，您有 14 天的时间可以考虑是否退换。"

（2）信息透明化

在厨房用品区，宜家出售的橱柜从摆进卖场的第一天就开始接受测试器的测试，橱柜的柜门和抽屉不停地开、关着，数码计数器显示了门及抽屉可承受开关的次数。如果你不懂怎样挑选，宜家会用漫画的形式告诉你。对于组装比较复杂的家具，宜家则在卖场里反复放映录像和使用挂图解释如何组装该家具。

（3）客户服务

送货上门且收取费用合理；接受多种付款方式；60 天内退换货政策；采用平板包装，顾客可自行组装；指定式样的窗帘、靠垫套和桌布的布料加工服务；专人看护的儿童乐园；宜家餐厅和咖啡厅有专为儿童准备的套餐，卫生间内还设有婴儿尿布更换设施。

3. 提高企业形象价值

宜家集团的营销策略之一是通过对环保的重视来提升企业形象。大约 10 年前，宜家集团开始有计划地参与环境保护事宜，涉及的方面包括：材料和产品、森林、供货商、运输、商场环境等。1990 年制订的宜家第一个环境保护政策，1991 年开始履行关于热带林木使用的严格规定，以上这些措施为宜家赢得了良好的社会声誉和品牌形象。

4. 降低货币成本

在宜家创始人倡导的节俭企业文化里，浪费被认为是"致命的罪过"。所以，宜家一切以降低成本为核心，从设计、生产、运输到销售的每一个环节都不遗余力地降低生产成本。

（1）模块式设计

用"简单"来降低顾客让渡成本，用"美"来提高顾客让渡价值，采用以"模块"为导向的研发设计体系，把低成本与高效率结为一体。这样设计的成本和产品的成本都能得到降低。

（2）与顾客合作打造低价格

宜家把顾客也看作合作伙伴。顾客翻看产品目录，光顾宜家自选商场，挑选家具并自己在自选仓库提货。由于大多数货品采用平板包装，顾客可方便地将其运送回家并独立进行组装。

（3）平板包装策略降低成本

在储运方面，宜家采用平板包装，以降低家具在储运过程中的损坏率及占用仓库的空间；

更主要的，平板包装大大降低了产品的运输成本，使得在全世界范围内进行生产的规模化布局生产成为可能。

（4）不断采用新材料、新技术来提高产品性能并降低价格

以近乎完美的奥格拉椅子为例。起初，奥格拉椅子用木材生产，随着市场的变化，其价格变得太高，遂采用平板包装降低成本；当平板包装也不能满足低成本要求时，改用复合塑料替代木材；后来，更将一种新技术引入了家具行业——通过将气体注入复合塑料，节省材料并降低重量，并且能够更快地生产产品。

5. 降低精神成本——为顾客创建温馨、娱乐的购物体验

（1）卖场的人性化布局

宜家的卖场设计有着其标准规范，进入商场后，地板上有箭头指引顾客按最佳顺序逛完整个商场。主通道旁边为展示区，展示区的深度不会超过4米，以保证顾客不会走太长的距离。展示区按照客厅、饭厅、工作室、卧室、厨房、儿童用品和餐厅的顺序排列。这种顺序是从顾客习惯出发制订的，客厅最为重要，饭厅是人们处理日常事物的地方，家庭办公室紧随其后，卧室是最后一个大型家具区。这种展示方法有利于给客户一个装饰效果的整体展示，同时还有利于连带购买，同时又为顾客降低了购物时间成本。

（2）鼓励顾客体验

生动化的展示不仅仅是给人看的，宜家还鼓励、引导顾客进行随意全面的体验。比如拉开抽屉、打开柜门、在地毯上走走、试一试床和沙发是否坚固等。在宜家，所有能坐的商品，顾客无一不可坐上去试试感觉。宜家出售的一些沙发、餐椅的展示处还特意提示顾客："请坐上去！感觉一下它是多么的舒服！"宜家告诉你，质量是经得起考验的，同时还向你销售一种消费观念：一定要体验过，做出的决策才是最好的。

（3）卖场人性化服务

顾客在逛宜家时，累了可以在床或者沙发上休息，饿了宜家餐厅有美味实惠的瑞典食品和适合本地顾客口味的中国食品。在北欧淳朴浪漫的音乐环境中，顾客心情渐归平静，回入自然。而宜家洗手间的水永远比五星级酒店的水更温暖，一年四季都是舒适的温度。宜家对顾客的感受贯穿于每个细节，美好的环境叫人不忍离去。这样的购物体验，使每个顾客都不会感到疲惫或者厌烦，经常光顾的结果就是习惯消费，而停留时间和购买数量之间是成正比的。宜家就这样用"春风化雨"的方式俘获了每位光顾者的心。

（4）独具特色的DIY

宜家倡导"我们做一些，你来做一些，宜家为你省一些"的理念。所以，宜家采用自选方式，以减少商店的服务人员。而且服务人员不主动向顾客推销，除非顾客要求店员帮助，否则宜家店员不会打扰，以便让顾客静心浏览、体验，轻松、自在地逛商场和挑选家具、自己提货。

启发思考：

宜家集团是如何提高客户价值的？对于客户满意与客户忠诚计划，宜家都采取了哪些措施？

本 章 小 结

　　本章主要介绍了客户满意度和客户忠诚度。所谓客户满意是需求被满足后的愉悦感或状态，是一种心理状态；客户忠诚是指客户对企业产品或服务一种长久的忠心，并且一再指向性地重复购买该企业的产品或服务。首先介绍了客户满意度的定义、分类、影响因素和相应的提高方法；其次介绍了客户忠诚度的定义、分类、影响因素和相应的提高方法；再次，介绍了客户满意度与忠诚度的指数模型，包括卡诺模型、ACSI 模型和 CCSI 模型；最后，分析了客户满意度与客户忠诚的关系。通过本章的学习，读者应该掌握客户满意度和忠诚度的含义、影响因素和相应的提高方法，理解和掌握客户满意度与客户忠诚度的指数模型和关系。

复习与思考题

1. 影响客户满意度的主要因素有哪些？
2. 如何提高客户忠诚度？
3. 简述客户满意度与客户忠诚度之间的关系。
4. 如何衡量客户忠诚度？
5. 简述卡诺模型。

第五章

客户建立

【学习目标】

　　掌握如何对客户分类，熟悉对各类客户的管理；了解客户选择的原则和目标，掌握如何选择客户；了解客户开发策略，掌握客户开发的步骤，了解客户开发的关键。

案例 5.1

中国银行临沂分行通过客户分级管理不断提升客户服务品质

　　中国银行临沂分行紧跟市场求创新，紧跟客户需求求创新，持续深入各部门、网点，努力挖掘创新点，着力推广创新思路，取得了良好效果。

　　该支行对客户分级管理，全员维护，创新客户服务工作。实施客户分级管理体现在：网点主要负责中小客户的维护。贡献度全行排名前 10 位的客户由分行领导及部门管理，网点参与日常维护；网点前 10% 的公司客户、私行客户由网点负责人维护；网点前 20% 的公司客户或理财客户，由综合客户经理等营销人员负责维护；其余客户由网点柜台负责维护。对重点客户推出一条龙服务：不仅为其免费发放贵宾停车证，还设专人全程陪同。及时了解客户需求，协调相关业务人员，以最快的速度为客户办理业务，提升客户体验。对不方便前来银行办理业务的高净值客户，安排特色上门服务，提供资金理财方案、资金结算方案以及融资方案。

　　通过服务管理的精细化，客户等待时间逐步减少，客户满意度不断提升，网点的综合服务水平得到大幅提升，中国银行临沂分行被评为"分行级文明优质规范服务示范网点"。

　　启发思考：客户分级管理在中国银行临沂分行是如何体现的？

第一节　客户分类

一、客户分类概述

　　把客户给企业创造价值和利润的大小按由小到大的顺序"垒"起来，就可以得到一个"客户金字塔"模型，处于客户金字塔模型顶部的是给企业创造利润和价值最大的客户，处于底部的是为企业创造利润和价值最小的客户。我们将客户金字塔模型划分为三层，这三层是关键客户、普通客户和小客户。

（一）关键客户

关键客户一般占企业客户总数的 20%，是企业的关键客户，他们为企业贡献 80% 的利润，需要企业重点保护。进一步的，关键客户又可以分为重要客户和次要客户。

1. 重要客户

重要客户可以为企业带来最大价值的前 1%，位于客户金字塔中的最高层。他们基本上是产品的重要客户，由于他们对企业忠诚，所以重要客户是企业客户资产中最稳定的部分。重要客户最具有吸引力，企业重要客户的数量决定了企业在市场竞争中的地位。

2. 次要客户

次要客户大概占企业客户总数的 19%，除重要客户以外，给企业带来最大价值的前 20% 是由次要客户带来的。次要客户对价格非常敏感，为企业创造的价值和利润不是特别高，对企业没有重要客户忠诚。他们为降低风险通常会与多家企业保持长期关系。

（二）普通客户

普通客户大概占企业客户总数的 30%，他们为企业创造的价值是除重要客户与次要客户之外的前 50%。普通客户所包含的客户数量较大，但他们的购买力、忠诚度、能够带来的价值却远比不上重要客户与次要客户，不值得企业去特殊对待。

（三）小客户

小客户位于客户金字塔中的最底层，指除了上述三种客户外，剩下的后 50% 客户。小客户的购买量少，忠诚度也很低，偶尔购买，却经常延期支付甚至不付款；他们还经常提出苛刻的服务要求，消耗企业资源；他们有时是问题客户，会向他人抱怨，破坏企业形象。

针对以上分类，图 5.1 说明了客户数量金字塔和利润金字塔的对应关系。其中包含着重要的思想，那就是企业应为对本企业利润贡献最大的关键客户，尤其是重要客户提供最优质服务，配置最强大资源，并加强与这类客户的关系，从而使企业盈利能力达到最大化。

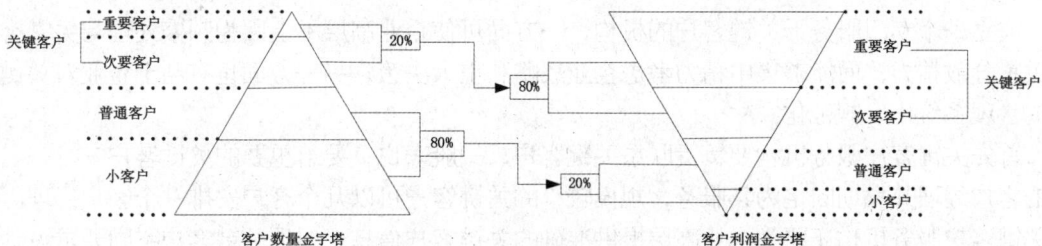

图 5.1　客户数量金字塔和利润金字塔对应关系

二、管理各类客户

企业要根据客户为企业带来的利润和价值的多少将客户分成不同等级，然后根据客户级别设计出针对不同级别的客户服务与关怀项目，而不是对所有客户都平等对待。企业应将关注的重点放在为企业提供 80%利润的关键客户上，并积极提升各级客户在客户金字塔中的级别，放弃劣质客户，从而使企业资源与客户价值得到有效平衡。

（一）关键客户管理

企业对关键客户的管理在企业管理中处于至关重要的地位，关键客户管理的成功与否，对整个企业经营业绩具有决定性作用。关键客户管理的目标是提高关键客户的忠诚度，并且在"保持关系"的基础上，进一步提升关键客户给企业带来的价值。为此，要做到以下三方面的工作。

1. 集中优势资源服务于关键客户

关键客户对企业价值贡献最大，其对企业服务的要求也比较高，因此企业要为关键客户提供特殊服务。为进一步提高企业盈利水平，按帕累托定律的反向操作就是：企业要将有限的资源用在前 20%最有价值的客户上，用在能为企业创造 80%利润的关键客户上。为此，企业应该保证对关键客户投入足够的精力，为他们优先配置最好最多的资源，尽可能加大对关键客户的服务力度和质量，从而提高关键客户的满意度和忠诚度。企业还要准确预测关键客户的需求，根据他们的需求想到他们想要得到的服务，并持续不断地向他们提供超预期的价值。另外，企业还要增加给关键客户的财务利益，目的是奖励关键客户的忠诚，提高其流失成本。

2. 通过沟通和感情交流，密切双方关系

首先要有计划地拜访关键客户，这不仅可以熟悉关键客户的经营动态，还能及时发现并有效解决问题，有利于与关键客户搞好关系。其次要经常性地征求关键客户的意见，这样可以增加关键客户的信任度。再次企业要积极建立有效的机制，优先、认真、迅速、有效及专业地处理关键客户的投诉或者抱怨。最后要充分利用包括网络在内的各种手段，与关键客户建立快速、双向的沟通渠道，不断地、主动地与关键客户进行有效沟通，保持与关键客户的密切关系，促使其成为企业忠诚客户。此外，当关键客户有困难时，如果企业能够及时伸出援手，也能提升关键客户对企业的感情。

3. 成立为关键客户服务的专门机构

成立一个专门服务于关键客户的机构，一方面可使企业高层不会因为频繁处理与关键客户的关系分散精力，而能够集中精力考虑企业战略和重大决策；另一方面也有利于企业对关键客户的管理系统化、规范化。

首先关键客户服务机构要负责联系关键客户，一般来说，要给重要的关键客户安排一名优秀的客户经理并长期固定为其服务，规模较小的关键客户可以几个客户安排一个客户经理。其次关键客户服务机构还要为企业高层提供准确的关键客户信息，根据关键客户不同要求设计不同的产品和服务方案。再次关键客户服务机构还要关心关键客户的利益得失，把服务做在前面，

千方百计地保持关键客户，决不能让他们转向竞争对手。此外，关键客户服务机构要关注关键客户的动态，并强化对关键客户的跟踪管理，对出现衰退和困难的关键客户要进行深入分析，必要时伸出援手。当然，也要密切注意其经营状况、财务状况、人事状况的异常动向等，以避免出现倒账的风险。

对关键客户的服务与管理是一项涉及部门多、要求非常细的工作，只有调动企业的一切积极因素，创造客户导向，特别是关键客户导向的组织文化，才能做好这项工作。

补充阅读

鄂尔多斯市铁塔分公司推行站址"分级管理+差异维护"模式成功管理各类客户

"网络质量是通信企业的生命线"，为提升客户满意度，鄂尔多斯市铁塔分公司以网络质量为宗旨，实行"分级管理+差异维护"，着力提升客户维护管理水平。

首先，理清共享关系，将站址分级，与运营商共同将基站划分为四个等级，分别为钻石级，即运营商高等级站址；金牌级，即三家共享站址；银牌级，即两家共享站址；铜牌级，即独享站址。

其次，与运营商确认免责站点，包括以下类型：基站处于居民住宅区或企事业单位楼顶，发电困难；部分风光互补站点断电频次太高，导致较高的断电退服次数；因地理位置或天气原因无法发电。当以上类型基站出现断电退服，免除我方责任，并出具双方书面"免责站址确认书"。

最后，根据基站级别划分服务等级，实行维护指标差异化、更新改造优先差异化，同时兼顾服务等级、资源质量、安全隐患三要素，专项整治和逐站整治相结合。

站址分级，有利于资源优化配置，有利于实现站址共享价值最大化。通过差异化维护，提高维护水平，使有限的资源投入能够产生最大的产出，实现客企双方互利互赢。

启发思考：鄂尔多斯市铁塔分公司是如何实现客户分级管理的？这对你有什么启示？

（二）普通客户管理

基于普通客户给企业创造的利润和价值方面考虑，企业对普通客户的管理主要从提升其客户级别以及控制成本这两个方面展开。

1. 努力培养有升级潜力的普通客户，使其升级为关键客户

在全部普通客户中，有些客户有潜力升级为关键客户，企业可以根据这些客户的需求去引领其为企业创造更多价值和利润，从而增加其为企业的贡献度。为了使普通客户能够顺利升级为关键客户，企业还要制订详尽、操作性较强的普通客户升级计划，帮助普通客户成长，使普通客户为企业创造更多价值。

2. 针对没有升级潜力的普通客户，减少服务，降低成本

针对没有升级潜力的普通客户，企业可以采取"维持"战略，在人力、财力、物力等方面不增加投入，甚至减少促销努力，以降低交易成本，还可以要求普通客户以现款支付甚至提前预付。另外，还可以缩减对普通客户的服务时间、服务项目、服务内容，甚至不提供任何附加服务。

~**补充阅读**~

农行商丘分行推行客户分层服务绩效优化策略

农行商丘分行坚持以客户为中心，推行个人客户分层服务，有效满足客户金融需求。截至2016 年一季度末，该行个人加权贵宾客户净增 8963 户，计划完成率居农行河南分行第一位，同比提升两个位次。该行制订了明晰的客户分级标准，将个人客户分为私人银行客户、财富客户、理财客户和大众客户 4 个类别，实行动态管理，明确分层服务对象。

对私人银行客户实施"1+1+N"服务模式和名单制管理，提供多元化组合服务。对财富客户定期进行电话沟通、上门拜访。对理财客户有针对性地开展短信服务、产品推荐和交叉营销。对大众客户，提升电子渠道及网络金融服务能力，做好标准化服务。

为满足客户金融需求，该行强化低柜服务职能，利用网点大堂开展多种形式的产品宣传，引导客户体验产品，交流服务需求，增进银客关系。

同时，该行坚持与客户共创价值的理念，在客户分类的基础上，开展分层客户关系营销，帮助客户实现财富增值，提升客户满意度。

启发思考：农行商丘分行的客户分层服务是怎样实施的？

（三）小客户管理

1. 努力培养有升值潜力的小客户，促使其升级为普通客户甚至是关键客户

企业应该给予有升级潜力的小客户更多关心和照顾，帮助其成长，挖掘其升级潜力，从而将其培养成为普通客户甚至关键客户。随着小客户成长，企业利润可以不断得到提升。

2. 针对没有升级潜力的小客户，可提高服务价格、降低服务成本

没有升级潜力的小客户的存在对企业来说并不是一种资源的浪费，企业不能简单地把他们淘汰，而是可以通过采取提高服务价格、降低服务成本的办法来"榨取"小客户的价值。

首先，把曾经为小客户提供的免费服务改为收费政策，从而可以增加企业收入，也可以扩大自己的普通客户群，或者还可以向小客户推销高利润产品，从而使其变成有利可图的客户。其次，企业可以降低为小客户服务的成本。将小客户能够享受的服务和范围适当加以限制，或者可以减少为小客户服务的时间。最后，寻找更加经济的方式，提供相应服务。当然为了避免出现小客户察觉到自己所受的待遇不如较高层客户时的不满局面，企业可把为不同级别客户提供的服务从时间上或空间上分割开来。

~**案例 5.2**~

美国运通百夫长黑金卡：定位高端人群专注客户服务

"我在韩国滑雪时不小心摔伤了腿，电话打给百夫长黑金卡的客服，两个小时之内他们给我准备了轮椅，之后去香港也给我安排了专人接机，然后送我去医院检查。"姜大伟讲起了年初他

在韩国时的经历。

从 1988 年加入美国运通环球企业服务部，姜大伟已经在美国运通工作了 28 年，现担任美国运通中国区董事总经理，同时也是美国运通百夫长黑金卡持有者。

在中国，美国运通卡的主要定位依然是高端人群。"就像一个金字塔，美国运通包含了很多层次的服务，"姜大伟说，"顶部的高端客户给我们带来了利润中的很大一部分。"

与 VISA、万事达、中国银联的广泛渗透不同，美国运通似乎一直是一个低调而隐秘的存在，许多人对它的了解都来自于黑金卡，它所宣称的"只要法律允许，就能满足持卡人的所有要求"的顶级待遇也给了外界无限遐想。

"美国运通在中国走的是合作伙伴式的商业模式，但和其他公司不同的是，美国运通并不是全开放，大大小小的银行只是放 Logo 就可以，我们走的是精选的合作模式，目前选择了包括工行、中行、招行、中信、民生、浦发等六家银行。"

和美国运通的海外模式有所不同，在海外，美国运通将发卡和收单一身独揽，相当于"1+1+1"的三方模式，是在其体系内部循环的独立闭环。最直接的例子就是在美国运通这种"三方"模式之下的百夫长系列卡的持卡人，如果在某网站刷卡买到了伪劣产品，可以享受美国运通的先行赔付。也就是说，持卡人在这样的闭环中只需要跟美国运通交涉，就能解决所有用卡中遇到的问题。

得益于中国经济持续数十年的高速增长，中国高净值人群迅猛增长，百万美元资产家庭数量仅次于美国。BCG《2015 年全球财富报告》显示，截至 2014 年底，全球百万美元资产家庭总数达到 1 700 多万户，其中美国排名第一，为 700 万户；中国排名第二，为 400 万户。

随之而来的是高净值客户快速增长的服务需求，波士顿咨询公司的一项调查显示，在中国最受欢迎的高端卡服务包括机场贵宾厅、无限额交易和优惠外汇兑换利率等。

"商业竞争的模式是可以复制的，卡的材质也是可以复制的，但无法复制的是背后的服务。"姜大伟表示。

随着"互联网+"浪潮滚滚袭来，谈及电子支付的冲击，姜大伟颇有感慨，"电子支付在近两年呈现爆炸性的增长，即使是欧美速度也远远没能和中国相比，它改变了人的消费习惯，但传统支付是否真的会受到冲击？实际上电子支付将消费扩大了，因为它最终都要和一张卡来绑定，只不过方式变了。"

"美国运通一直在创新，包括全球第一张汇票、第一张旅行支票、白金卡、黑金卡、积分平台模式等都是运通首创。"姜大伟表示，"在过去的 5～10 年，美国运通在电子化这一方面花费了很大精力，也有很多创新。"

2012 年初，美国运通花 1 亿多美元投资了杭州连连集团，并将 Serve 技术授权给连连集团，帮助其升级新型电子钱包，可为手机充值、支付账单以及购买产品或服务。2012 年底，美国运通和国内第三方支付公司财付通牵手，"财付通美国运通国际账号"正式上线，共同开辟第三方跨境在线支付业务。布局电子支付的同时，2015 年 7 月，美国运通宣布与 TopCashback 进行合作，进军中国海淘市场。若使用中国境内签发的美国运通卡且通过 TopCashback 进行海淘，可以同时享受美国运通所签约商户的专属优惠以及 TopCashback 提供的返利及优惠。

启发思考：美国运通实施的客户定位和客户服务模式有何不同？主要差别是什么？

第二节 客户选择

一、客户选择原则

在产品和服务极大丰富的今天，在买方占主导地位的市场条件下，一般来说，客户可以自由选择企业，而企业不能选择客户。但是，从另一个角度来看，即使在买方市场条件下，作为卖方的企业还是应该主动去选择客户的，在选择客户时我们要遵循以下原则。

（1）不是所有购买者都是企业客户。一方面，需求的个性化决定不同客户购买不同产品，任何企业都不可能把所有购买者作为自己服务的对象。另一方面，企业每增加一个客户都需要占用一定量的资源，然而企业资源是有限的，企业要准确选择属于自己的客户，就可以避免花费在非客户上的成本，从而减少企业资源浪费。

（2）不是所有购买者都能给企业带来收益。事实上，客户天生就存在差异，有优劣之分，不是每个客户都能够给企业带来同样收益，都能给企业带来真正价值。因此，企业应该选择有价值的客户，而不是来一个接受一个。

（3）选择正确客户是企业成功开发客户、实现客户忠诚的前提。不是所有购买者都是企业客户，也不是所有购买者都能够给企业带来收益。明智的企业不是一味追求客户数量上的增长，而是从双方长远的角度考虑，挑选自己称心如意的经营对象和合作伙伴。

二、客户选择目标

（一）选择与企业定位一致的客户

企业要从实际出发，根据企业自身定位和目标来选择经营对象，选择与客户定位一致的关系客户。例如，美国西南航空公司为了与其他航空公司进行差别化竞争，将关系客户定位在对航空票价敏感的低端市场，飞机上不设置商务舱和头等舱，而且对航空服务进行了一系列简化。西南航空公司总裁在电视上说："如果你对我们提供的服务感到不满，那么非常抱歉地告诉你，你不是我们服务的客户，我们不会因为你的抱怨而改变我们的服务方式，你可以去乘坐其他航空公司的飞机。当你感觉需要我们服务的时候，欢迎你再次乘坐西南航空的班机。"

~~~~ **案例 5.3** ~~~~~~

"一带一路"战略下光大银行香港分行的客户选择

当世界都对"一带一路"充满期待之时，在此战略下，金融机构，特别是内地在港金融机构如何发挥其作用，各家机构的选择可能有所不同，中国光大银行香港分行也有着自己的一套"秘籍"。

光大银行香港分行选择的方式是通过"联动"抓住机遇，具体而言就是：依托光大集团整体资源，通过联动帮助国内企业走出去。

业务模式上，光大银行有"三个层面"和"细分客户"这样两个概念。该行管理层解释，香港是光大的发源地，在港企业众多，光大控股、光大国际等企业在港具有相应的影响力。此外，香港也是内地企业聚集最多的地方。因此，联动也是光大银行香港分行最"可为"的地方。为此，该行将联动划分成三个层面，在光大集团总部各企业之间、光大银行各分行之间及光大集团各类企业的客户之间搭起沟通与合作的桥梁，实现与光大集团内部企业特别是在港兄弟企业之间的联动，最大限度发挥协同效应，做活光大银行境内外金融业务，为客户提供全面的金融服务。而所谓"细分客户"就是指以资本市场业务及跨境联动业务作为提高收入的突破口，强化与内地分行的业务联动，重点发展上市公司、中央企业和中央企业香港窗口公司、贸易类大中型企业客户、金融同业以及本地中等规模的风险较低客户。按照这样的模式，光大银行香港分行在帮助内地企业走出去的同时，也实现了自身的发展。2015 年香港分行与内地分行的联动业务比上年增长 40%。

稳健业务发展的同时，风险控制和合规经营也被放在了重要位置。首先在客户选择上，光大银行香港分行严格执行这样几大标准：以客户核心竞争力为关键考量因素，围绕客户财务状况、市场地位、资源优势、技术装备、区域优势、管理能力"六类指标"，筛选出具有较强核心竞争力的客户和项目；在信用贷款方面以香港或内地大型企业为主，利用贸易融资产品与这些大型企业的关联企业或窗口企业开展合作；在管理方面运用风险计量工具做好风险排序，强化客户评级在客户准入方面的应用，运用 RAROC 工具，在客户选择中平衡好风险与收益的关系。其次在行业选择方面，严格执行集中风险管理；贷款行业投向顺应"经济发展进入新常态，正从高速增长转向中高速增长，经济发展方式正从规模速度型粗放增长转向质量效率型集约增长，经济结构正从增量扩能为主转向调整存量、做优增量并存的深度调整，经济发展动力正从传统增长点转向新的增长点"的趋势，择优选择客户；国家政策不支持、不良率高和潜在风险大的行业，则严格禁入。

因为有了清晰的规划，所以在全球经济波诡云谲的形势下，在香港这样一座金融竞争"白热化"的城市，光大银行香港分行各项业务得以"逆势而升"，资产质量控制良好。作为全球金融中心之一，香港具有多元化的投融资渠道，相信未来光大银行可以为国家"一带一路"战略提供更好的资金和风险管理专业服务。

启发思考：光大银行的"联动"之路体现了客户选择的哪些指导思想？

（二）选择好的客户

客户天生有优劣之分，也有好坏之别，因此，企业应选择"好客户"来经营，这样才能给企业带来盈利。例如，戴尔公司发现新的电脑客户对服务支持要求达到毫无节制的程度，而这种过分要求将耗尽公司的人力和财力资源，所以在 20 世纪 90 年代的大部分时间里，戴尔公司决定避开大众客户群，而集中人力和财力针对企业客户销售的产品。当然，公司也对一些经过严格挑选的个人消费者提供服务，因此他们对产品和服务的需求与戴尔的关键客户群即具有"好客户"特征的企业客户非常相似。

（三）选择有潜力的客户

三国时诸葛亮"选主"选刘备而没有选曹操和孙权，其中最重要的原因是当时的曹操、孙权都兵多将广，谋士众多，多一个谋士不多，少一个不少，如果诸葛亮投靠他们很可能不被重用、专用，也就不能实现"自比管仲、乐易"的理想抱负。而刘备当时最弱，因此投靠他，凭诸葛亮的才学和人品一定会被重用、专用，成就一番事业，事实也果真如此。

企业选择客户也应当学诸葛选主，不局限于客户当前对企业赢利的贡献，而要考虑客户的成长性、资信、核心竞争力以及未来对企业的贡献。对于当前利润贡献低，但是有潜力的小客户，企业要积极提供支持与帮助。尽管满足小客户的需求可能会降低企业的当前利润，甚至可能带来损失，但在将来，他的潜力巨大。

支持客户在很大程度上是支持自己。因为只有客户发展了，才可能对自己的产品或服务产生越来越大的需求。所以，企业一旦发现了可以从"蚂蚁"变成"大象"的有潜力的客户，就应该给予重点支持和培养，甚至可以考虑与管理咨询公司合作，制订相应的客户关系管理策略，从而提升有潜力的小客户"品质"。这样，潜力客户在企业的关照下成长壮大后，他们对企业有感情，还有更强的忠诚度。因此，在几乎所有优质客户都被大企业瓜分殆尽的今天，这显然是培养优质客户的好途径。

补充阅读

东航选择有潜力客户引入新兴业态打造商业区域综合体

四川东航投资有限公司副总经理钱书宇就购物中心如何与新兴业态联手实现共赢这一问题上提出：购物中心在引入新兴业态的时候切忌盲目，合适自己的就是最优的选择。

四川东航投资有限公司副总经理钱书宇谦逊地表示："我和我的团队对于成都商业圈子都属于'新人'，东航也是刚刚开始涉足商业地产，但东航的非航产业涵盖传媒、食品、实业、外贸、旅游、酒店等，完全有实力打造东航自身特色的商业地产项目。"

据了解，东航正打造 22 万平方米的区域型综合体，其中，商业部分全部自持，体量达到 6.2 万平方米，主要分布在 4 号楼和 5 号楼。4 号楼主打商场业态，譬如女性主题零售、KTV 和影院就放在了 4 号楼。而 5 号楼则以街区业态为主，里面包含了特色餐饮、酒吧以及潮街零售。除了常规的加大业态的动作之外，钱书宇还介绍称，"我们计划引入文创类品牌以及电竞等相关业态。"

"我们项目所处的地块，周边有三所高校，其中两所离得比较近，西南民大更是只有一街之隔，高校师生大概在 9 万人左右。另外还有几个住宅区，因此消费人群是足够且相对稳定的。"钱书宇和他的团队都十分清楚，刚开始尝试打造商业项目，分析区位、消费人群，再根据调研情况谨慎定位客户，脚踏实地、一步一步规规矩矩来，都非常有必要。

"因此，综合多方因素之后，我们决定先不考虑做成十分独特甚至非常有名的项目。先从 1.0 版本开始，服务好辐射区域内的人群就可以了。"

而关于引入新兴业态的考虑，钱书宇表示，东航主要考虑充分利用自己已有的资源，希望能带去一些新的体验。"尽管现在坐过飞机的人太多了，但是开过飞机的人毕竟还是少数。所以，我们可能会考虑在项目内放置模拟机，在限定的情况和时间下，让消费者可以进去体验。"

事实上，在考虑引入新兴业态之前，东航已经对餐饮、娱乐以及零售几大主力业态做过前期的市场调研。因此，实际上，东航所引进的新兴业态的品牌，很大程度上是基于对常规业态市场情况的了解，然后对其进行补充和辅助。

"在定位的时候就曾考虑过，做纯粹购物中心还有没有市场，所以，不排除后期会加入文创、科技等元素。""另外，东航打造商业着重考虑过航空主业的客户与商场消费客户的联动，坐飞机的客户可分为银卡、金卡、白金卡，而商场也有各种各样的会员卡；那么，常年坐东航飞机的旅客在东航自己的商场消费，也将在一定程度上得到相应实惠和优待。"钱书宇如是说。

在钱书宇看来，以前很偏远的机场，现在很多都成了城市的核心商业区，譬如上海虹桥。"所以，也许五年之后的双流也会变成这座城市的核心商圈之一。"

启发思考：结合案例谈谈，对于合适即是最优选择这句话，你从选择客户角度该如何理解？

（四）选择门当户对的客户

客户并非越大越好，当然也并非越小越好，最好是双方实力和规模相互匹配，符合企业定位和"门当户对"是企业选择客户的稳健和保险的选择——两者实力对等，才能相互制衡，具有忠诚合作的基础。

那么，企业应当如何寻找"门当户对"的客人呢？这需要结合客户的综合价值与企业对其服务的综合能力进行分析，然后找到两者的交叉点。可以分为以下三个步骤。

第一步，企业要判断关系客户是否有足够的吸引力，是否有较高的综合价值，是否能为企业带来大的收益，这些可以从以下几个方面进行分析。

（1）客户向企业购买产品或者服务的总金额。

（2）客户扩大需求而产生的增量购买和交叉购买等。

（3）客户的无形价值，包括规模效应价值、口碑价值和信息价值等。

（4）企业为客户提供产品或者服务需要耗费的总成本。

（5）客户为企业带来的风险，如信用风险、资金风险、违约风险等。

第二步，企业必须衡量一下自己是否有足够的综合能力去满足关系客户的需求，即要考虑自身的实力能否满足关系客户所需要的技术、人力、财力、物力和管理能力等。

对企业综合能力的分析不应从企业自身的感知来确定，而应该从客户角度进行分析，可借用客户让渡价值（指客户获得的总价值与客户为之付出的总成本之间的差额。让渡价值的大小决定了产品或者服务的竞争力，体现了客户获得的利益）的理念来衡量企业的综合能力。

也就是说，企业能够为关系客户提供的产品价值、服务价值、人员价值及形象价值之和减去关系客户需要消耗的货币成本、时间成本、精力成本、体力成本，这样就可以大致得出企业的综合能力。如果是正值，则说明企业有较强的综合能力去满足关系客户的需求；如果是负值，则说明企业满足关系客户的综合能力较弱。

第三步，寻找客户的综合价值与企业的综合能力两者的结合点。最好是寻找那些客户综合价值高，而企业对其综合能力也高的客户作为关系客户。也就是说，要将价值足够大，值得企业去开发和维护的，同时企业也有能力去开发和维护的客户，作为企业的关系客户。

（五）选择与"忠诚客户"相似的客户

没有哪个企业能够满足所有客户的需求，但有些客户可能会认为企业提供的产品或服务比竞争对手更好，更加"物有所值"而忠诚。这至少说明企业的特定优势能够满足这类客户的需求，同时也说明他们是企业容易建立关系和维持关系的客户。因此，要选择与"忠诚客户"具有相似特征的客户，这是因为时间证明开发和维系这样的客户相对容易，而且他们能够给企业不断地带来稳定收益。

案例 5.4

华录百纳陈永倬：门当户对是选择合适客户进行并购交易的前提

华录百纳副总经理、董事会秘书陈永倬说过：门当户对是选择合适客户进行并购交易的前提。

陈永倬称，2013年是传媒行业资本的盛宴，也是市值的狂欢，随着电影票房和手游流水不断创新，很多电影公司和手游行业公司不断成为市场上耀眼的明星，众多影视行业公司将手游作为去影视化非常重要的途径。"当时我本人也近距离观察过数十家手游公司，但是我们最后没有下决心，因为这些公司的生命周期实在太短，门槛也实在太低。事实也证明，从去年和今年的情况来看，很多企业只是昙花一现，虽然整个行业在非常繁荣和昌盛，但这种公司并没有分到行业最有价值的份额。显然，在那个时候我们需要重新思考未来的发展路径。"

"后来我们发现，当我们把视角从单一制作环节拉长焦距，并且把我们放在整个大的产业来看的话，整个产业非常简单。在欧美发达国家，他们都有控制自己下游的主流媒体。但是由于政策和各种各样的市场及非市场原因，导致内容公司没办法去拥有以媒体为核心的发行渠道，而这也是我们内容公司向下一步延伸所必须面对的挑战。那当时我们想，我们在这么多限制的情况下，能不能往媒体下游去走，能不能去控制或拥有一些非常有实力的，而且有直接客户为基础的平台，这样媒体就成为我们的播出平台。但是，由于国内媒体环境现在竞争非常激烈，没有形成垄断竞争或者垄断格局，因此在下游产业形成了非常强的闭环，这对媒体产生非常强的议价能力。因此我们当时的基本出发点，就是把视角从单一的行业上升到整个内容和传媒产业。"

"当时在我们做这个交易探索和平台的时候，应该说市场上主流的传媒公司可能都已经完成了他们在2013年传媒牛市的并购。当时市场已经很消极，大家每天都在问我，你们是国有企业，你们没有外延式扩张的想法吗？公司未来怎么发展？但其实我们内心非常坚定，因为我们看过很多公司。应该说确实我们比较挑剔，或者说我们比较保守。但当时我们董事会达成高度一致，我们并不是不作为，而是蓄势待发，我们认为不出手就是最大的出手，一直蓄势待发，做非常积极的准备。"

"第一个感受，价格是必备的彩礼。整个过程中，我们信息控制非常严密。接洽的时候，我们市值80多亿元，但最后我们平台是50多亿元。当时随着2013年传媒牛市的终结，市场股价一直往下走，这也是一个原因。另外一个原因，因为当时市场是牛市，并购前走漏风声将会导致并购行为受到非常严厉的监管，以及并购审核周期比预期要慢，也会给上市公司和被并购商带来非常大的成本。我们从一开始到最后交易完成，没有接到一个证监会或者其他相关部门的电话。"陈永倬说。

为什么企业愿意跟上市公司并购，他为什么不IPO，不愿意借壳？陈永倬认为，这是因为制度缺陷，导致这些企业在考虑到企业竞争格局和企业发展窗口的时候，会优先选择一条更加确定性的、对企业成长和发展更有利的途径。

陈永伟强调，门当户对是选择合适客户进行并购交易的前提。"电视剧和广告行业，乃至综艺栏目行业，在过去的发展中交集并不多。所以如果两个公司的老板并不认识，也没有打过交道，但是要完成这项交易，这时候，我们就要跟他们说，并且做尽职调查，他们也会在行业内探寻关于公司过去、现在和未来的发展历程，来看对方是什么样的公司，值不值得共同携手走在一起。幸好过去几年公司在业内的口碑很好，在电视媒体、网络媒体的口碑都非常好。那么这些口碑其实最后变成了看不见的溢价，让对方会愿意跟你合作。因为他看到了过去十年对方成长的历程，也从过去十年所尊重的合作伙伴那儿听到了不少关于对方的非常善意的评价，所以能跟对方在并购决策中达成一致。"

"第二个感受，交易目标不是资产，而是事业合伙人；并购后的股权结构、治理结构与管理结构，公司都依据股权安排或者相应设施，让自己公司员工能充分接受对方。并且，让大家认识到，对方并不是来为我打拼，而是在为他自己，对方只是加入了我们共享的一个上市公司资本的平台，今后将共享相互的产业资源。大家共同为上市公司股东，对方是在为自己创造财富，并且成为公司事业的合伙人。"陈永伟说。

启发思考：根据案例思考，华录百纳在选择客户时的基本原则是什么？该原则是如何体现的？

三、选择合适客户

客户选择是指在客户细分基础上，对各细分客户群的盈利水平、需求潜力、发展趋势等情况进行分析、研究、预测，最后根据自身状况、市场状况及竞争状况，选择和确定一个或几个细分客户群作为自己的服务对象。企业在选择客户之前，要明白以下几点。

（一）什么样的客户是合适客户

"合适客户"指的是客户本身素质好，对企业贡献大的客户，至少是给企业带来的收入要比企业为其提供服务和产品所花费的成本高，这样才基本上算是个"合适客户"。也就是说，"合适客户"最起码的条件是能为企业带来盈利。

一般来说，"合适客户"通常要满足以下几个方面。

（1）购买欲望强烈、购买力大，有足够大的需求量来吸引企业提供产品或服务，特别是对企业高利润产品的采购数量多。

（2）能够保证企业盈利，对价格敏感度低，付款及时，有良好信誉——信誉是合作的基础，不讲信誉的客户，条件再好也不能合作。

（3）服务成本较低，最好是不需要多少服务或对服务要求低。

（4）经营风险小，具有成长性和自己的核心竞争力，经营手段灵活、管理有章法、资金实力足、分销能力强大、与下家合作关系良好，符合国家鼓励和支持的方针。

（5）愿意与企业建立长期伙伴关系，忠诚度高，让企业做擅长的事，通过提出新要求，友善引导企业怎样超越现有产品或服务，从而提高企业的服务水平。

总之，"合适客户"就是能给企业带来利润多、价值多，而占用企业资源少，给企业带来风险小的客户。

相对来说，"不合适客户"就是：

（1）只向企业购买很少一部分产品或服务，但要求却很多，花费了企业高额服务费，使企业为其消耗的成本远远超过他们给企业带来的收入。

（2）不讲信誉，给企业带来呆账、坏账、死账以及诉讼等，给企业带来负效益，是一群时时刻刻在消耗企业资产的"蛀虫"，他们也许会让企业连本带利输个精光。

（3）让企业做不擅长的事或者让企业做不了的事，分散企业注意力，使企业改变方向，与自身战略和计划相脱离。

应当注意的是，"合适客户"与"不合适客户"是相对而言的，只要具备一定条件，两者之间可以相互转化。因此，不能认为客户一时合适就会永远合适，企业要用动态的眼光去评价客户是否合适。企业如果不注意及时全面掌握、了解追踪客户动态，如客户的资金周转情况、资产负债情况、利润分配情况，导致"合适客户"变为"不合适客户"，就会对企业造成不良后果，影响企业运作和发展。

（二）大客户不等于合适客户

通常，购买量大的客户被称为大客户，购买量小的客户被称为小客户。显然，大客户往往是企业关注的重点。但是如果认为所有企业的大客户都是"合适客户"，而不惜一切代价去吸引和保持大客户，就会走入误区，企业也要为之承担较大风险，这是因为大客户具有以下特点。

1. 财务风险大

大客户在付款方式上通常要求赊账，这就容易使企业产生大量应收账款，而较长账期可能会给企业带来资金风险，因而大客户往往也容易成为"欠款大户"，甚至使企业承担呆账、坏账、死账的风险。

2. 利润风险大

大客户有大客户的通病，客户越大，脾气、架子就可能越大。另外，大客户所期望获得的利益也大，甚至大客户还会凭借其强大的买方优势和砍价能力，或利用自身的特殊影响与企业讨价还价，向企业提出诸如减价、价格折扣、强索回扣、提供超值服务甚至无偿占用资金等方面的额外要求。因此，这些订单量大的客户可能不但没有给企业带来大的价值，也没有为企业带来预期的盈利，反而降低了企业的获利水平，使企业陷于被动局面。

3. 管理风险大

大客户往往容易滥用其强大的市场运作能力，扰乱市场秩序，给企业的正常管理造成负面影响，尤其对小客户的生存构成威胁，而企业却需要这些小客户起拾遗补缺的作用。

（1）流失风险大

一方面，激烈的市场竞争往往使大客户成为众多商家尽力争夺的对象，大客户因而很容易被腐蚀、被利诱而背叛。另一方面，在经济过剩的背景下，产品或者服务日趋同质化，品牌之间的差异越来越小，大客户选择新的合作伙伴的风险不断降低。这两方面决定了大客户流失的可能性加大，使大客户随时都可能叛离企业。

（2）竞争风险大

大客户往往拥有强大实力，容易采取纵向一体化战略，另起炉灶，经营与企业相同的产品。

（三）小客户可能是合适客户

什么样的客户是"合适客户"，要从客户的终身价值来衡量。然而，许多企业缺乏战略思维，不顾长远利益，对客户的认识只着眼于眼前能给企业带来多少利润，很少去考虑客户在未来可预期的时间能带来多少利润。因为，一些暂时不能带来利润甚至亏损，但长远来看很有发展潜力的客户没有引起企业的足够重视，甚至往往被抛弃，更不要说得到企业的扶持。

可见，大客户未必都是"合适客户"，为企业带来最大利润和价值的通常并不是购买量最大的客户。而小客户不等于劣质客户，过分强调当前客户带来的利润，其结果有可能会忽视客户将来的合作潜力，因为今天的"合适客户"也经历过创立阶段，也有一个从小到大的过程。衡量客户对企业的价值要用动态的眼光，要从客户的成长性、增长潜力及其对企业的长期价值来判断。一些处于成长期的绩优中小客户，如中小型高新技术企业一旦得到大力支持，往往能快速成长为"合适客户"，而且可能成为大客户。

第三节　客户开发

客户开发就是企业让目标客户产生购买欲望并付诸行动，促使他们成为企业现实客户的过程。对新企业来说，首要任务就是吸引和开发客户，对老客户来说，企业发展也需要源源不断地吸引和开发新客户。因为根据一般经验，每年客户流失率约为 10%～30%。所以，老企业在努力培养客户忠诚度的同时，还要不断寻求机会开发新客户，尤其是优质客户的开发。这样，一方面可以弥补流失客户的缺口，另一方面可以壮大企业的客户队伍，提高企业综合竞争力，增强企业盈利能力，实现企业可持续发展。一般来说，客户开发策略分为推销导向的开发策略和营销导向的开发策略。

一、客户开发策略

（一）推销导向的开发策略

所谓推销导向的开发策略，就是企业在自己的产品、价格、分销渠道和促销手段没有明显特色或者缺乏吸引力的情况下，通过人员推销的形式，引导或劝说顾客购买，从而将目标客户开发为现实客户的过程。推销导向的开发策略，首先要能够寻找到目标客户。寻找客户不能盲目，要掌握并正确运用以下几种基本途径和方法。

（1）逐户访问法

逐户访问法又被称为"地毯式寻找法"，是指推销人员在选择目标客户群的活动区域内，对目标客户进行挨家挨户的访问，然后进行说服的方法。

（2）在亲朋旧故中寻找

在亲朋故旧中寻找是指将自己接触过的亲戚朋友列出清单，然后一一拜访，争取在这些亲朋故旧中寻找自己的客户。

（3）资料查询法

资料查询法是指通过查询目标客户的资料来寻找目标客户的方法。

（4）中心开花法

中心开花法是指在某一特定目标客户群中选择有影响的人物或组织，并使其成为自己的客户，借助其帮忙和协作，将该目标客户群中的其他对象转化为现实客户的方法。

（5）网络（博客、微博）寻找法

网络（博客、微博）寻找法即借助互联网宣传、介绍自己产品从而寻找客户的方法。

（6）挖对手的客户

挖对手的客户是指通过运用各种竞争手段，如免费培训、优惠价格等方式从竞争对手手中获取目标客户的方法。当对手的产品、服务明显不能满足目标客户的需求时，此方法最适用。

（二）营销导向的开发策略

所谓营销导向的开发策略，就是企业通过适当的产品、适当的价格、适当的分销渠道、适当的促销手段，吸引目标客户和潜在客户产生购买欲望并付诸行动的过程。

营销导向的开发策略的特点是"不求人"，是企业靠本身的产品、价格、分销和促销的特色来吸引顾客，它的效果是客户满心欢喜、感激涕零、心花怒放地自愿被开发。所以，营销导向的开发策略是客户开发策略的最高境界，也是获得客户的理想途径。

1. 有吸引力的产品或服务。

有吸引力的产品或服务指企业提供给客户的产品或服务能满足客户需要，它不仅包括产品或服务的功能效用、质量、外观、规格，还包括品牌、商标、包装以及相关服务和保证等。

2. 有吸引力的购买渠道。

为了吸引客户，企业还应当通过恰当的销售渠道或者途径，使客户很容易、很方便地购买到企业的产品或者服务。

～～～补充阅读～～～

健盛集团加大新客户开发力度提升市场份额

2016年一季度，健盛集团实现营业收入15 397.36万元，同比减少3.19%；实现营业利润2 692万元，与上年基本持平；归属净利润4 791.54万元，同比增长137.87%。健盛集团管理层经过分析，认为集团大客户来自于土耳其，受其货币土耳其里拉汇率的贬值影响，大客户订单部分转移，这是拖累营收规模的主要因素；另外，受益于成本控制，集团营业利润与上年持平；而集团归属净利润同比大幅增长的原因，主要缘于集团收到土地及厂房收储补偿款所致。经过研究，集团决定，为减少下游客户集中、订单转移对集团短期业绩造成的冲击，公司调整外销市场策略，在稳定原有客户的基础上，采用平价策略，加大新客户开发力度，从而提升市场份额。目前新客户开发进展顺利，预计下半年经营状况将逐步回暖。

另外，集团稳步开拓内销市场，线上线下同步推进。虽然自有品牌开发仍处于起步阶段，但销售已经拓展为由渠道经销商加线上销售构成。公司于 2016 年 3 月组建了五十余人的专业化团队，制订健盛之家品牌三年发展规划；线下渠道布局短期内以三四线城市街边店为主，未来将逐步向一二线城市购物中心推广；2016 年 5 月，集团已经在浙江兴安、平湖等地开了几家店试运营，目前日销售流水约为 2 000 元，考虑到秋冬季品类逐步丰富，销售状况逐步好转，一二线城市进军计划亦将稳步推进。此外，公司通过在天猫、京东平台开设直营店，开辟线上渠道，毛利率水平提升明显。

启发思考：健盛集团是如何开发新客户的？主要有哪些渠道？

二、客户开发的步骤

客户开发是企业营销的重点，但在层出不穷的商品面前，客户的眼光也会越来越挑剔，这也给企业营销人员开发客户增加了难度。企业营销管理者应当在变化迅速的营销环境中，指导下属实现顺利有效的客户开发。一般来说，客户开发分为以下几个步骤。

1. 寻找客户

寻找客户就是找到对本企业产品或服务感兴趣、有需求的潜在客户，了解客户相关信息，并了解客户单位与主要联系人的相关信息，为筛选、联系与拜访客户作准备。

2. 联系客户

联系客户的方式有很多，现在最常用的是打电话，其他许多方式如发邮件、拜访、写信等，最终也常常要通过打电话来建立联系。

3. 开发准备

开发准备主要包括：资料准备、客户异议预测和应对准备、仪表修饰和个人心态准备。

4. 接近客户

接近客户最重要的是要给客户留下好印象。应注意以下几点：首先要有良好的外表，良好外表并不是指容貌漂亮，而是指服饰整洁得体，与自己身份相称，与自己的产品和公司形象相符。其次要有良好的身体语言，包括握手、目光接触、微笑、交换名片等。最后要营造一个轻松愉快的氛围，这可以避免与客户对立和过于商务化的环境对客户造成压力。

5. 了解需求

客户开发人员一般通过提问了解客户需求，并能有效控制谈话局面。同时，注意提问要与聆听相结合，首先要有目的地听并捕捉到客户关于需求的真实意愿。其次要把握谈话重点，有效吸引客户的谈话方向，让客户提供你想要了解的信息。最后要搜集有效信息，采用心记加笔记的方法，同时通过发问、点头等方式来传递自己认可的态度，及时给客户一些反馈。

6. 开发陈述

客户开发人员陈述的内容和步骤如下：一是产品基本情况介绍，包括产品生产企业、性能、服务、功能、包装等；二是产品特点、优点介绍，在同类产品中，本企业特点与优点是什么；三是给客户带来的利益，客户开发人员在作陈述时，要考虑对各种信息作相应取舍，重点介绍客户必须知道的信息。

7. 克服异议

克服异议按以下步骤进行：首先要采取积极态度。当客户提出一些反对意见时，这对企业来说是一件好事，可以激发客户产生强烈的购买意愿。其次要认同客户的感受。认同不等于同意对方的看法，认同的作用是淡化冲突，提出双方要共同面对的问题，以便进一步解决异议。再次要使反对意见具体化，了解客户反映的细节是什么，是哪些因素导致客户反对，提出异议的真正原因是什么。最后要给予补偿，掌握了客户异议的真实原因后，给予客户补偿是解决问题、达成交易的有效途径。

8. 达成协议

达成协议的方法主要有三种：一是直接法，是指客户开发人员得到客户购买信号后，直接提出交易的方法；二是选择法，是客户开发人员给客户提供一些备选方案，并引导客户从备选方案中选择一个；三是总结利益法，是客户开发人员把客户与自己交易带来的实际利益都展示在客户面前，从而促使客户最终与自己达成协议。

三、客户开发的关键

客户开发的关键在于对潜在客户的开发。潜在客户开发是客户开发人员工作流程中非常重要的环节，客户开发人员需要不断开发新客户，弥补流失的老客户，提高客户质量和数量。潜在客户的开发是客户开发人员业绩增长的来源，不断学习提高客户开发人员技巧，对潜在客户进行有效的开发和管理，将帮助客户开发人员提高效率，为其提供稳定业绩。

在潜在客户的开发工作中，客户开发人员应该注意以下三个关键点。

1. 潜在客户开发要补充流失客户

在实际开发过程中，无论服务做得多么周到，产品质量多么好，都会面临销售额的波动和客户流失。在这种情况下，必须不断开发新客户，有新资源补充进来，才会取得稳定的销售额。同时，客户开发人员要随时关注市场上的客户情况，不断选择那些有价值的潜在客户进行开发，这样才不会受市场波动的影响。

2. 潜在客户开发要吸收新的需求

随着市场的变化，随时都可能产生新的潜在客户，或者形成新的需求市场。客户开发可以使我们随时把握市场需求变化，获得新商机。

3. 潜在客户开发要更新客户结构，拥有更多好客户资源

企业常常会发现，绝大部分销售额来自少部分客户，就像"二八法则"描述的那样：80%的利润来自20%的客户。也就是说，客户质量差异很大。如果客户资源短缺，为了完成销售额，对小客户也尽心尽力地服务，每个小客户服务量可能不少，但产单量很低，这不但使客户开发人员工作很辛苦，而且销售额也不会很多。但是不断进行客户开发，就会发现更多好客户，通

过把工作重点转移到这些好客户身上，减少他们的流失，就会比用同样的时间和工作量获得更多的订单事倍功半。

案例 5.5

百事施展"天龙八步"提高客户开发成功率

计划性拜访是百事可乐最为独特的客户开发策略之一。百事公司的直销业务代表（小店销售代表），一般每个人都拥有大约100家以上（不同地区客户拥有量有所不同）稳定、成熟的小店客户。而像小型食杂店、冷饮摊点、餐厅等这一类小店客户，由于自身经营规模、资金都有限，因此他们要求的单位进货量就比较低，但对进货频率要求却非常高。

百事可乐公司要求所有的客户开发人员在每天的销售过程中，必须按照公司制订的具有规范性和模式化的"计划拜访八步骤"来拜访小店客户。"拜访八步骤"是百事可乐服务客户、制胜终端的犀利武器，被誉为计划性拜访客户的"天龙八步"。

第一步：准备工作

（1）检查个人仪表。客户开发人员是公司的"形象大使"，在客户的眼中代表着公司形象、产品形象，甚至是品牌形象。因此，客服代表在客户面前展现出整齐划一的外在形象和良好的精神状态，会在很大程度上给客户带来愉悦的心情。很难想象一个衣衫不整、邋遢脏乱的客户开发人员会给客户留下好印象。百事公司要求客户开发人员的外表和服装要整洁、胡子要刮干净、不得留长发、皮鞋要擦亮、夏天不准穿凉鞋和拖鞋、手指甲要干净不留长指甲，同时还要保持自身交通工具（为方便工作，百事公司一般都配发给客户开发人员摩托车、自行车等交通工具）的清洁等。

（2）检查客户资料。百事公司采用的是线路"预售制"开发模式，所以客户开发人员每天都要按照固定的线路走访客户。这样在拜访客户之前就需要检查并携带今天所要访问客户的资料，这些资料主要包括：当天线路的客户卡、线路拜访表、装送单（订单）、业绩报告等。

（3）准备产品生动化材料。主要包括商标（品牌贴纸）、海报、价格牌、促销牌、冷饮设备贴纸，以及餐牌POP广告。客户开发人员在小店内充分合理地利用这些生动化材料，可以正确地向消费者传递产品信息，有效地刺激消费者的购买欲望，从而建立百事品牌的良好形象。

（4）准备清洁用品。带上干净的抹布，用来帮助小店清洁陈列的百事产品。销售代表做好这些准备工作后，接下来就可以离开公司，按照计划拜访的路线来开始一天的工作了。

第二步：检查户外广告

及时更新外观破损、肮脏的海报招贴。客户开发人员到达小店后，要首先检查原来张贴在小店外表的广告贴纸。外观不良的广告用品，会有损于产品及品牌的形象。重新在小店外部张贴崭新的海报、品牌贴可以更好地在消费者面前树立百事品牌的良好形象。检查广告的张贴是否显眼，不要被其他物品遮盖。各种快速消费品厂家在小店的POP大战是异常激烈的，各种样式、形状的POP可谓是"你方唱罢我登台"。作为百事的客户开发人员，就要在小店选择位置最佳、视线最好的角度以使POP达到最佳的市场显现效果。

第三步：和客户打招呼

进入小店店内时，百事公司要求客户开发人员要面带微笑，合情合理地称呼店主的名字，以展现自身的亲和力，树立公司的良好形象。与此同时，对店内其他人员也要以礼相待。和客户寒暄时，不要直接就谈及订货的事情，而是要和店主通过友好交谈以了解其生意状况，甚至要帮助客户出出点子，怎样来提高他的经营业绩，以及百事产品在他店内的销售量，让客户感觉到你是在真切地关心他，而不仅仅是出于生意关系才来拜访他。只有长此以往地这样下去，才会有助于客户开发人员和客户之间形成良性互动，为建立坚实的客户关系奠定良好的基础。

第四步：做到终端及冷饮设备生动化

产品生动化是百事客户开发人员拜访客户的重点环节，并且是提升销量的最有效途径之一。百事公司要求客户开发人员根据小店的实际状况，按照百事模式的生动化标准，来执行小店的产品陈列，主要包括：检查户内广告是否完整，及时更换破旧的室内POP；整理并陈列产品，按先入先出的原则循环摆放；如小店内摆放百事公司的冷水柜、现调机等冷饮设备，则要按冷饮设备的陈列标准进行生动化操作，如设备内缺货则立即补充百事产品。

第五步：检查库存

做完产品生动化之后，百事可乐的客户开发人员要按品牌/包装的顺序来清点小店的库存。百事公司是实施多品牌策略的企业，在中国旗下拥有的软饮料品牌（不包含合资品牌）主要包括：百事可乐、七喜、美年达、激浪。产品的包装材质也分为PET、CAN、RB，包装的容量主要有200ml、355ml、600ml、1.25ml、1.5ml、2.25ml等几大类。面对这样复杂的产品线结构，百事可乐的客户开发人员必须按照固定的品牌包装次序来清点客户库存，只有这样才不至于出现遗漏哪一个品牌或包装的产品的情况，也只有这样才能够非常准确地清点出客户的实际库存量。在清点小店的存货时，主要清点两个地点的存货，即前线存货和库房存货。前线存货主要是指小店的货架、柜台上所摆放的没有售卖完的产品；库房存货则是指存放在小店仓库中用于补货的货物。两个地点的存货数量加在一起，就是小店的实际库存总量。

第六步：进行拜访

清点小店的库存之后，客户开发人员必须按照1.5倍的安全库存原则向客户提出订货建议。

根据"1.5倍的安全存货量"订货，可以使客户在正常的经营状况下不至于发生缺货或断货的现象，避免造成生意上的损失，还可以帮助客户有效地利用空间和资金，不发生货物积压、资金无效占用的缺失。"1.5倍的安全库存原则"再加上存货周转的科学性，可以保证客户提供给消费者的百事产品永远都是新鲜的，这样就可以改善小店形象，从而带动其他产品销售。"1.5倍的安全库存原则"的计算公式如下：安全库存=上次拜访后的实际销售量×1.5；建议订货量=安全存货量—现有库存。向客户提出建议订货量之后，客户大多会提出异议，客户开发人员要善于处理客户提出的异议，说服客户接受自己提出的建议订货量。在进行拜访时，客户开发人员要主动推荐新产品，并努力做到百事产品的全系列铺货。如果在公司有小店促销计划时，客户开发人员要积极介绍促销内容，并向客户提出实效性的操作建议，从而致力于成为客户的专业行销顾问。

第七步：订货

销售拜访结束后，客户开发人员要再一次确认客户的订货量，并按照客户的实际订货量填写客户卡和订单。客户卡，是百事客户开发人员最有效的开发工具。客户卡上清晰地记载着客户的名称、地点、电话、客户类型、上次进货数量、存货数量等项目。客户卡按星期设置，即星期一1本，星期二1本……一直延续下去，直到一周。客户开发人员养成良好的填写客户卡习惯，就可以更有条理、更有准备地了解客户需求，以便更好地为客户提供服务。

第八步：向客户致谢并告之下次拜访时间

"定时、定线、定人、定车"是百事公司对客户开发人员的要求。"定时"是指拜访每一位客户的时间要固定。"定线"是指每天的开发线路是固定的。"定人"就是一个开发区域一个主任，每一条开发线路一个开发代表和一个驾驶员。"定车"是指每条开发线路固定一辆送货车，自己线路的订货由自己的车送货。每一个小店客户都在客户开发人员的计划拜访路线之上。客户开发人员在拜访客户结束后，都要表示谢意，并要明确告之其下次拜访时间，这样可以加深客户对客户开发人员在固定时间来拜访自己的记忆，从而有助于客户形成在固定时间接待客户开发人员的习惯，以提高客户满意度。

启发思考：百事公司是如何成功实施客户开发策略的？

本 章 小 结

本章首先介绍了客户建立，包括对客户分类（按照客户给企业创造价值和利润大小把客户分为关键客户、普通客户和小客户三类）、如何管理各类客户；接着介绍了客户选择原则（不是所有购买者都是企业客户，不是所有购买者都能够给企业带来收益，选择正确客户是企业成功开发客户、实现客户忠诚的前提）、客户选择目标（选择与企业定位一致的客户、选择好的客户、选择有潜力的客户、选择门当户对的客户、选择与"忠诚客户"相似的客户）、选择合适客户等内容；最后从客户开发策略（推销导向和营销导向的开发策略）、客户开发步骤（寻找客户、联系客户、开发准备、接近客户、了解需求、开发陈述、克服异议、达成协议）、客户开发关键（潜在客户开发要补充流失客户、潜在客户开发要吸收新需求、潜在客户开发要更新客户结构和拥有更多好客户资源）三方面对客户开发进行了阐述。通过本章的学习，读者应该熟悉客户建立，能够充分认识到客户分类、客户选择和客户开发的重要性。

复习与思考题

1. 为什么要对客户分级？一般的分级结果是怎样表示的？
2. 什么是客户金字塔模型？它有什么实际用途？
3. 对于不同级别的客户，应该如何进行分类管理？
4. 企业为什么要对客户进行选择？一般的选择标准是什么？
5. 目标客户的选择方法与开发策略主要有哪些？
6. 寻找目标客户的主要方法有哪些？各有什么特点？
7. 对于找到不同的客户如何进行分类的说服？
8. 企业吸引目标客户的主要策略有哪些？

第六章

客户维护

【学习目标】

掌握如何对客户信息进行管理；熟悉客户关怀的实施及评价；熟悉客户互动的步骤，了解有效客户互动渠道和有效客户沟通途径；熟悉客户抱怨及投诉的产生原因，掌握客户抱怨及投诉的处理方法。

案例 6.1

全球最大线上财富管理平台陆金所通过客户维护不断升级提升自身竞争优势

如何服务客户并维护好客户和企业之间的关系，越来越成为每个企业可持续发展的重中之重。随着陆金所步入平台战略 3.0 时代，陆金所的客户服务也同样全面升级进入 3.0 阶段，进行客户营销以及提升客户体验已经成为其维护客户和企业之间关系的核心。

自 2012 年 3 月正式上线以来，陆金所借由各种创新的 P2P 产品切入互联网金融领域。当时，围绕平台自营的 P2P 业务，在客服方面主要是从服务体验、服务创新和成本控制三个维度下功夫。短短两年时间，陆金所就凭借其扎实的存量客户积累和高净值客户持续复投成为业内老大。这个时期，即是陆金所客户服务 1.0 阶段。

2014 年起，陆金所依托平安集团资源，用"两条腿走路"，打造一个囊括各类金融机构的金融资产投资交易平台。这一时期，陆金所的客户服务主要围绕提升运营品质进行体系化建设，被称为 2.0 阶段。这要求各部门不仅在后端加强与运维和 IT 的沟通，推动建立一系列的规则和运营机制，更要加强前端对客户的主动管理。同时，借助客户反馈的信息，不断推动流程和系统优化，把"客户声音"项目整合在 NPS 项目中推进，并且制订追踪机制，加入 PMO 实现闭环管理。

2015 年开始，陆金所历经一系列业务调整和转型，彻底转型成为纯平台，产品线也不断拓宽。投资者可供选择的产品包括现金管理类、固定收益类、信托理财以及基金、保险产品等各主要理财品种。2016 年，中国平安正式开启打造"开放平台+开放市场"的 3.0 时代，其主要特征是坚持"综合金融+互联网"和"互联网+综合金融"并重。陆金所作为平安"互联网+综合金融"战略的有力执行者，其客服工作也同步升级到以营销和体验为核心的 3.0 阶段。

陆金所作为全球最大的线上财富管理平台，在平台战略升级带来持续迅速发展的同时，也将客户服务纳入重要工作内容，"互联网+金融"的核心基因让陆金所的每一次进步都始终以客户为中心，注重客户的使用体验和口碑。

目前，陆金所的客服体系包括客服热线、微信服务号、在线客户等 14 个"服务窗口"，最大限度上给来自不同渠道的客户提供精准化、智能化的营销服务。同时，通过 IB 热线、OB 回访等，根据客户过往的操作数据，进行服务营销。

陆金所通过升级客户服务已经形成并且将继续保持优势，在既合规又确保给客户良好体验的前提下，努力为客户提供更好的财富增值服务，通过开放的金融资产交易信息服务平台满足各类客户的金融投资需求。

启发思考：陆金所是如何维护客户关系的？

第一节　客户信息管理

一、客户信息的重要性

（一）客户信息是企业决策的基础

信息是决策的基础，如果企业想维护好不容易与客户建立起来的关系，就必须充分掌握客户信息。如果企业对客户信息掌握不全、不准，判断就会失误，决策就会偏差，而如果企业无法制订出正确的经营战略和策略，就可能失去好不容易建立起来的客户关系。所以企业要全面、准确、及时地掌握客户信息。

（二）客户信息是客户分类的基础

企业只有全面收集客户信息，特别是他们与企业的交易信息，才能够知道自己有哪些客户，才知道他们分别有多少价值，才能识别哪些是优质客户，哪些是贡献大的客户，才能根据客户带给企业价值的大小或贡献不同，对客户进行分类管理。

（三）客户信息是客户沟通的基础

随着市场竞争的日益激烈，客户信息越显珍贵，拥有准确、完整的客户信息，既有利于了解客户、接近客户、说服客服，也有利于客户沟通。如果企业能够掌握详尽的客户信息，就可以做到对有不同需求的客户进行差异化沟通，进而有针对性地实施营销活动。

（四）客户信息是客户满意的基础

在激烈竞争的市场中，企业要满足现有客户和潜在客户及目标客户的需求、期待和偏好，就必须掌握客户的需求特征、交易习惯、行为偏好和经营状况等信息，从而制订和调整营销策略。

二、定义及收集客户信息

（一）客户信息的定义

企业要想了解自己的客户，就要搞清楚要掌握客户哪些信息。当然，对企业而言，掌握的客户信息越多，就越容易有效制订客户关系管理战略。但是企业最终无法全面掌握客户所有信息，这就需要企业有选择地去调查、了解主要的客户信息。这需要遵循以下两个原则。

1. 根据企业自身需求界定所需信息范围

这是企业在界定自身要了解的信息之前必须遵守的原则。原因如下。

首先，不同行业对客户信息需求不同。其次，即使同一行业，不同企业规模对客户信息需求也不相同。最后，即使是同行业、同等规模的企业，在不同的战略导向指引下，需要掌握的客户信息自然也会大相径庭。

2. 根据客户特点确定收集信息范围

处于客户生命周期不同阶段的客户，有着不同的消费习惯，企业应该根据其不同阶段的特点来确定自己想要掌握的信息。例如，对处于考察期的客户而言，企业需要了解客户的年龄、职业、消费水平等信息；而对处于成熟期的客户而言，企业需要了解这些客户的购买频率、客户对企业的不满和抱怨等情况。

此外，企业还要根据自己所面临客户的不同类型，根据各类型客户的要求和特点来确定收集信息的方法、途径以及侧重点。

（二）客户信息的内容

1. 个人客户信息

（1）客户基本信息。主要是指涉及客户基本情况的信息，包括关于个人客户自身、家庭、事业三个方面的基本信息。

（2）客户心理和态度信息。主要是关注个人客户购买产品或者服务的动机是什么、客户有哪些性格特征、客户喜欢什么样的生活方式等，主要包括关于个人客户购买动机、个性、生活方式三个方面的信息。

（3）客户行为信息。主要涉及个人客户的购买频率、种类、金额、途径等。这类信息企业比较容易获取，并且值得企业深入分析。

2. 组织客户信息

（1）组织客户的基本信息。主要包括组织客户的名称、地址、电话、创立时间、所在行业、规模等信息，当然也包括组织客户的经营理念、销售或者服务区域、形象、声誉等方面的信息。这些信息有利于企业了解组织客户的购买行为和偏好。

（2）组织客户的业务状况。主要包括组织客户的销售能力、销售业绩、发展潜力与优势、存在的问题等。这些信息有利于企业了解组织客户目前能力及其未来发展趋势，根据这些信息，企业还可以针对不同组织客户制订不同的产品或服务计划。

（3）组织客户的交易状况。主要包括交易条件、组织客户的信用等级、与该客户的紧密程度、组织客户的合作意愿等。这些信息有利于企业了解组织客户在过去交易过程中的经历。企业可以从这些经历中判断组织客户在以往交易过程中是否存在信用问题，并考虑加以防范。

（4）组织客户的主要负责人信息。包括组织客户高层管理者、采购经理等人员信息。这些组织负责人的年龄、性格、兴趣等特征都会影响到组织的购买行为。

（三）收集客户信息

当企业已经明确界定了自己需要掌握客户的哪些信息后，就要利用各种渠道来收集客户信息。主要有以下两种渠道。

1. 直接渠道

直接收集客户信息的渠道指企业通过直接与客户接触来获取所需的客户信息与资料。具体来说，直接收集客户信息的渠道如下。

（1）在调查中获取客户信息。即调查人员通过面谈、问卷调查、电话调查等方法得到第一手客户资料，也可以通过仪器观察被调查客户的行为并加以记录而获取信息。

（2）在营销活动中获取客户信息。例如，广告发布后，潜在客户或者目标客户与企业联系或者打电话，或者剪下优惠券寄回，或者参观企业展室等。一旦有回应，企业就可以把他们的信息添加到客户数据库中。

（3）在服务过程中获取客户信息。对客户的服务过程也是企业深入了解客户、联系客户、收集客户信息的最佳时机。在服务过程中，客户通常能够直接并毫无避讳地讲述自己对产品的看法和期望，对竞争对手的认识，以及其他客户的意愿和销售机会，其信息量之大、准确性之高是在其他条件下难以实现的。

（4）在终端收集客户信息。终端是直接接触最终客户的前沿阵地，通过面对面的接触可以收集到客户的第一手资料。但是，应该看到，终端收集一般难度较大，因为这关系到商家的切身利益。因此，生产企业要通过激励机制，调动商家的积极性，促使商家乐意去收集。

（5）网络和呼叫中心是收集客户信息的新渠道。随着电子商务的开展，客户越来越多地转向网站去了解企业产品或者服务，以及及时完成订单操作等。因此，企业可以通过访问网站进行注册的方式，建立客户档案资料。此外，若客户拨打客服电话，呼叫中心可以自动将客户来电记录在计算机数据库内。另外，若在客户订货时，通过询问客户的一些基本送货信息，也可以初步建立其客户信息数据库，然后逐步补充。

2. 间接渠道

间接收集客户信息的渠道指企业不亲自收集客户的第一手资料，而是采用间接的方式，一般可通过以下渠道获得。

（1）各种媒介。国内外各种权威性报纸、杂志、图书和国内外各大通讯社、互联网、电视台发布的有关信息，这些往往都会涉及客户信息。

（2）工商行政管理部门及驻外机构。工商行政管理部门一般掌握客户的注册情况、资金状况、经营范围、经营历史等，是可靠的信息来源。对于国外客户，可委托我国驻各国大使馆、领事馆的商务参赞帮助了解，也可以通过我国一些大公司的驻外业务机构帮助了解客户的资信情况、经营范围、经营能力等。

（3）国内外金融机构及其分支机构。一般来说，客户都与各金融机构有业务往来，因此可以通过金融机构调查客户信息，尤其是资金状况。

（4）国内外咨询公司及市场研究公司。国内外咨询公司及市场研究公司具有业务范围广、速度较快、信息较准确的优势，可以充分利用这个群体对指定的客户进行全面调查，从而获取客户相关信息。

（5）从已建立客户数据库的公司租用或购买。小公司由于实力有限或其他因素限制，无力自己去收集客户信息，对此可通过向已建立客户数据库的公司租用或购买相应的数据库来获取客户信息，这也比自己去收集客户信息的费用要低。

三、整理及更新客户信息

（一）整理客户信息

由于技术限制，企业过去只能简单地分析自己掌握的信息。但是现在，随着 IT 技术的发展，企业可以利用数据仓库来整合、管理信息，预测客户的未来行为。利用数据仓库来管理信息的主要过程如下。

1. 客户信息筛选和分类

由于企业收集的客户信息并不一定完全准确，关于同一个问题收集的信息很可能截然相反，并且这些信息会分散在企业各个不同部门，这就降低了企业掌握信息的完整性。例如：关于客户抱怨的信息掌握在售后部门，关于客户购买频率等行为方面的信息可能在销售部门。所以企业要对所收集来的客户资料、信息进行筛选、分类、整理，并从中找到有价值的信息。

2. 客户信息录入

当企业完成了信息筛选和分类后，接下来就是要将这些信息录入到数据仓库中。在此过程中，首先要对信息进行编码。这可以使企业员工在处理信息时更加方便，也会提高数据的运算处理速率。其次，要保证录入信息准确。一方面要检查信息的来源是否真实可靠，另一方面要保证信息在录入过程中准确无误。确保信息录入准确性的简单办法有：两次录入，然后比对两次录入的数据是否有差异；设定取值范围，例如性别只能是 0 或者 1，如若不然则提示录入错误。

3. 客户信息分析及整理

如果企业只是简单地把客户信息录入到数据库中，就不能发挥客户信息与数据仓库的作用。数据仓库的意义在于能够帮助企业更快更好地分析客户信息，从中找到有价值的线索。

（二）更新客户信息

在市场竞争激烈的今天，客户需求、消费行为和偏好等在不断发生变化，这就意味着企业并不能开展一次大规模收集信息的活动后就一劳永逸。如果企业不能及时更新客户信息，继续采用过时的数据来分析客户，将无法使企业准确了解客户需求。而一旦企业无法准确把握客户需求，就会为产品设计、客户沟通等环节带来严重干扰，使企业投入不能取得预定成效。

在更新客户信息中，企业需要注意几点：首先，及时更新信息。这就需要企业时刻关注客户变化，这也需要企业各个部门全力配合。其次，注意关键信息。由于企业资源有限，不可能每次都记录所有客户信息，并且客户信息包含很多不同方面，各方面的变化速度也不相同，这就需要企业在更新信息时抓住关键信息。再次，及时分析信息。企业之所以要收集客户信息就是要通过自己所掌握的资料来认识了解客户，弄清客户特征发生了哪些变化。因此对企业而言，及时录入新的客户信息是客户信息更新的第一步，更为关键的第二步是从科学的角度，及时地理地分析客户信息的变化。最后，及时淘汰无用的信息。更新客户信息并不仅意味着在数据库中添加新的客户信息，还包括及时淘汰无用的客户信息，以避免长期占用企业资源，降低数据库的利用率。

四、确保客户信息安全

客户信息安全主要涉及企业所掌握的客户信息是否有泄漏，以及在更新客户信息时有没有侵犯客户隐私。对企业来说，客户信息都是其所有的重要资产。客户信息不仅可以作为企业制订客户关系管理的重要依据，也是企业开展客户关系营销、发展战略的重要基础。客户信息泄露会使企业遭受巨大损失。因此，对企业来说，如何保护客户信息非常重要。

为确保客户信息安全，企业要培养保护信息安全的意识，并建立信息保密制度体系，采取分级管理的方法。同时，企业还要保护好客户个人信息，保护好客户个人隐私权。目前，随着国家立法的逐步完善，我国企业已经越来越注重对客户隐私信息的保护。

补充阅读

五大银行"松口"转账免费 推动客户账户分类保客户资金安全

2016年2月25日，北京工、农、中、建、交五大银行联合推出惠民措施，实施手机银行转账免费。降低客户费用支出只是五大银行联合推动账户分类管理的举措之一，随着银行账户管理进入互联互通的3.0时代，客户将有更加丰富和便捷的金融服务选择。

北京市民王先生告诉记者，以前通过网络给保姆支付4 000元工资时，需要支付2.5元的手续费。"如果保姆有支付宝，我早就用支付宝转账了，因为那样不用手续费。现在好了，五大银行手机转账也免费了。"

其实，五大银行的步伐算慢的。去年9月，招商银行率先宣布"网上转账全免费"，随后中信银行、宁波银行、上海银行、浙商银行等中小银行纷纷宣布网银转账或手机银行转账汇款免费。据不完全统计，目前已有超过30家主要银行实施网银或手机银行免费转账举措。

中央财经大学教授郭田勇认为："在大打'免费牌'，不断向线上、线下支付和转账业务渗透的第三方机构面前，银行感受到了不小的压力，现在主动出击了，改进服务稳住客户。"

除市场倒逼外，加速大银行推出免费措施的推手是央行。2015年12月25日，央行发布的《关于改进个人银行账户服务加强账户管理的通知》明确鼓励银行对存款人通过网上银行、手机银行办理的一定金额以下的转账汇款业务免收手续费。央行支付司司长谢众更直言："如果到2016年4月1日，仍有银行不减免手续费，那么在办理跨行业务时，央行的'超级网银'就会向这家银行收费。"

在监管和外部市场强力推动下，大银行终于"松口"。工商银行个人金融业务总监李卫平坦言，五大银行仅手续费年收入就要减少几十亿元，在银行利润增幅不断收窄的背景下，会对银行中介业务收入造成不小的影响。

郭田勇认为，目前，银行在网银和手机客户端率先实行免费还是出于成本考虑，因为网银相比柜台人工成本较低，银行有能力覆盖这部分成本。

25日，五家银行共同发布的倡议书中，加强账户管理，推动银行间账户信息互联互通成为另一大亮点。按照签约内容，客户在工、农、中、建、交任何一家银行开立的Ⅱ、Ⅲ类账户，可绑定五大行多个Ⅰ类账户，也就是说，客户可以在五家银行之间任意选择产品和服务。这为客户带来更多选择，也给银行服务带来更多挑战。

"客户跨行开立账户更加方便，因此流动也将更加频繁。客户不通过物理网点就可以进行产品选择，流动成本大大降低，这要求银行在产品和服务方面更具竞争力，才能把客户留下。"中国银行副行长许罗德说。

郭田勇指出，银行加强互联互通，不仅能使金融消费者获得更便利的金融服务，而且这种共享式服务也将为银行营造一种良好的氛围。

"五家银行间率先推动客户信息验证、加强信息互联互通，对银行零售业务有深远影响。"农行副行长蔡华相表示，随着账户分类管理落地，银行面临内部管理、系统改造、人员培训等问题，加快零售业务转型发展迫在眉睫。

尽管目前跨行信息查询对客户免费，但基于市场化原则，不少银行还是将此服务作为有偿服务，向查询绑定银行收取一定费用。建行个人存款与投资部总经理杨绍平介绍，银行需要承担劳务、系统运营、支付风险管理及争议处置等成本，因此跨行信息查询需要向查询绑定银行收取一定费用。但建行承诺，服务费用由银行承担，不向客户转嫁。

2003年之前，居民的个人账户基本分为定期储蓄账户和活期储蓄账户，功能相对简单。随着《人民币银行结算账户管理办法》、《人民币银行结算账户管理办法实施细则》等一系列政策出台，个人账户的结算功能也在不断丰富。

直到去年央行推出个人账户分类管理的要求，个人账户进入3.0时代，有全功能、实名制要求高的Ⅰ类账户，有可以进行转账、投资理财、单日万元以下消费的Ⅱ类账户，也有仅能进行小额支付的Ⅲ类账户。

"通过账户分类管理，可以同时满足客户对小额支付便捷性和大额资金安全性的要求。"郭田勇说，不同账户将服务于不同的支付场景和需求。

面对目前层出不穷的互联网欺诈和线上支付风险，五家银行将主动为客户开立Ⅲ类账户，客户自行激活后可用于对外绑定非银行支付账户，进行小额消费和缴费支付，将"金库"和"钱包"隔离，有效保护资金安全。

"4月1日，各行系统将如期上线，届时，跨行信息交流更加频繁，风险传递也变得严峻，因此推动信息共享后，风控合作变得很重要。"许罗德说。

银行账户管理体系相对安全，只是在互联互通的过程中，可能因操作流程不熟悉发生风险。如果各家银行将自己的风险系统做好，确保客户的信息安全，应当可以达到风险防控要求。

启发思考：五大银行是如何确保客户信息安全的？案例中主要提及哪些手段？

第二节 客户关怀

一、客户关怀概述

（一）客户关怀的定义

客户关怀就是通过对客户行为的深入了解，主动把握客户需求，通过持续的、差异化的服务手段，为客户提供合适的产品或服务，最终实现客户满意度与忠诚度的提高。

为了提高客户满意度和忠诚度，企业必须完整地掌握客户信息，准确把握客户需求，快速响应个性化需求，提供便捷的购物通道、良好的售后服务与经常性的客户关怀。

客户关怀的主要特征是针对性、体贴性、精细化。这其中有多个关键点需要把握。

（1）通过客户行为了解客户需求。客户需求不仅仅是简单靠询问客户就可以得到的，企业必须在日常工作中注意观察客户行为，主动了解客户，识别客户的真实需求。

（2）客户关怀必须长期进行，并且不断更新。客户关怀不是市场活动，不是一段时间内的短期行为。一旦客户明确了差异化的体验标准，就必须成为企业日常组织习惯的一部分，而不仅仅停留在规则里。

（3）客户关怀不是营销。客户关怀并不是追求客户买一件产品或一种服务，而是首先追求客户尽可能长时间留下来。在此基础上，通过提升客户的整个生命周期价值来获益。

（二）客户关怀的目的

1. 提高客户忠诚度

客户关怀能够有效提高顾客消费体验，从而提高客户忠诚度，具体表现体现在以下几方面：① 高度满意的顾客会更加、更久地忠实于企业；② 主动尝试企业更多新产品购买价值更高的产品；③ 对企业及其产品说好话，形成良性口碑；④ 忽视竞争品牌及其广告，并对价格变化反应平淡；⑤ 更加熟悉交易的程序化大大降低服务成本。

2. 延长客户生命周期

所谓客户生命周期指一个客户对企业而言是有类似于从诞生到衰老一样的过程。形成期、稳定期和退化期这三个阶段往往伴随消费，尤其是稳定期，是客户消费的黄金时期，通过客户关怀有效延长客户生命周期将提高客户总盈利。

3. 改进产品和口碑传播

忠实客户是最好的产品设计师，通过使用他们会发现那些不好用、不方便的地方，客户关怀可以为企业建立聆听建议的渠道，让企业发现改进空间，设计出更符合客户要求、更有市场的产品。另外，通过客户关怀，使企业产品或服务超出客户期望，就能促使客户习惯性地向周围朋友分享。很显然，熟人传递的产品信息更加可信，成交概率也更高。

（三）客户关怀的内容

客户关怀发展的最初领域是服务领域。由于服务的无形特点，注重客户关怀可以明显增强服务效果，为企业带来更多利益。于是客户关怀不断向实体产品销售领域扩展，贯穿了市场营销的所有环节，主要包括售前服务（向客户提供产品信息和服务建议）、产品质量（应符合有关标准、适合客户使用、保证安全可靠）、服务质量（旨在与企业接触的过程中的客户体验）、售中服务（产品销售过程中客户所享受到的服务）、售后服务（包括售后的查询投诉，以及维护和修理）。也就是说，目前客户关怀活动已经包含在产品和服务的售前、售中、售后整个客户体验的全部过程。

1. 售前

售前客户关怀能够帮助企业明确客户需求，能够加快企业与客户之间关系的建立，更能够促进和鼓励客户购买企业产品或服务，而且能向客户提供产品信息和服务建议等。购买前的客户关怀，主要是在产品销售前通过产品推广、展示会、广告宣传和知识讲座等形式，先让客户观看或体验。例如，上海交大昂立走的是一条知识营销的道路，在产品销售前主要的客户关怀手段就是在市场上向客户传授知识，在产品科普知识的推广上投入大量的人力和财力，这为产品打开销路奠定了良好的基础。

2. 售中

售中客户关怀，与企业提供的产品或服务紧紧地联系在一起，包括订单的处理以及各种有关的细节，都要与客户期望和需求相吻合，以使客户达到满意。好的售中服务可以为客户提供各种便利，如与客户洽谈的环境和效率、手续的简化，以及尽可能地满足客户要求等。客户购买期间售中服务体现为过程性，在客户购买产品的整个过程中，让客户去感受。客户所感受到的售中优秀服务，容易促成客户的购买行为。

3. 售后

售后客户关怀，主要集中在高效跟进和圆满完成产品的维修和修理的相关步骤，以及围绕着产品、客户，通过关怀、提醒或建议、追踪，最终达到企业与客户互动，促使客户产生重复购买的行为。向客户提供更优质、更全面周到的售后服务是企业争夺客户资源的重要手段。售后服务实行跟踪服务，从记住客户到及时解除客户的后顾之忧，经常走访客户，征求意见，提供特殊的必要服务。要把售后服务视为下一次销售工作的开始，积极促成再次购买，使产品销售在客户关怀中得以延续。

（四）客户关怀的方法

客户关怀真正体现了"以客户为中心"的现代经营理念，贯穿了市场营销的所有环节，也是增强客户满意度与忠诚度、实现可持续发展的基本要求。目前，基本的客户关怀方法如下。

1. 短信关怀

收集客户使用情况的数据，在特定的节假日、客户生日发送短信祝福，力求和客户之间建立、保持和发展一种长期、良好的氛围，增强客户对产品和服务的满意度。

2. 电话关怀

通过电话回访客户，与客户深入沟通，倾听客户意见，随时关注客户新需求，挖掘客户更多更深层功能，为客户提供更多更新功能，保持长久友好、激励的氛围。通过电话进行客户关怀时，要注意方式方法，不要让客户反感。

3. 其他信息推送

（1）邮件关怀：如定期通过天翼189信箱发送祝福短信。

（2）现场服务：例如在特定节日组织全科医生到特定场所，如社区、广场这些地方举办免费咨询，解答客户日常健康问题，深入到群众当中，更好地对客户形成关怀，树立良好的产品形象。

4. 优惠关怀

在一些有特殊意义、有象征性意义的日子，推出开通返利的优惠活动。

制订、执行客户关怀计划，反映企业对客户的关怀情况，这可以了解客户对产品的反馈意见，并对客户的反馈意见进行处理，降低客户的退订率。同时借助客户关怀活动，可以提升客户活跃度，增进客户关系，为业务开展创造良性平台。

5. 呼叫中心

呼叫中心通过高素质的坐席代表，采用一个公开的电话特服号码，提供对客户的电话服务。呼叫中心突破了时间和空间的限制，利用强大的数据库功能极大地提高了企业的服务效率和管理水平，并且帮助企业了解客户、服务客户和维系客户。

二、实施客户关怀

在以客户为中心的商业模式中，客户关怀是客户维护的重要方面。随着竞争的日益激烈，企业依靠基本的售后服务已经不能满足客户需要，必须提供主动的、超值的、让客户感动的关怀性服务才能赢得客户信任。

案例 6.2

BMW 的客户关怀：客户零投诉是我们的目标

独乐乐，还是众乐乐，这是个问题。自从宝马品牌在中国开展"BMW 之悦"系列活动以来，该品牌在中国的发展已经进入更高层次，即从过去单方面注重驾乘者个人乐趣的"独乐乐"，提升至鼓励驾乘者在其置身的社会生活各个层面努力实现人生价值的"众乐乐"。随着中国豪华车用户人群逐步扩大，众多拥有专业技能的中产阶层用车需求不断提高，豪华车市场中的细分领域不断增加，这一市场变化促使宝马在中国延伸品牌内涵，增添更多人文、责任等精神层面的中国元素。从某种意义上讲，"BMW 之悦"的提出，是宝马品牌在全球市场推广中出现的"中国特例"。宝马中国有效地借助"BMW 之悦"这座桥梁，进一步丰富了 BMW 本身的品牌内涵，并有效地完成了高档车品牌与目标客户的情感沟通。

合肥 BMW 经销商星之宝 4S 店对"BMW 之悦"中的客户关怀进行了详细研究和实施。2011 年底，星之宝专门成立了"客户关怀"部门。这个部门需要对客户进行定期回访；每个月要组织客户进行一场大的活动。比如 2013 年 8 月 4 日，合肥星之宝组织 50 名宝马车主，在合肥市 1912 街区中影电影城观看新上映的热片"冰河世纪"。和别的活动一样，让各个新老客户频繁与星之宝接触，就是要让他们对星之宝有更加深入的了解，让他们产生一种宾至如归的感觉，对合肥星之宝产生归属感，信赖星之宝，信赖 BMW 这个品牌。

在豪华车品牌中，宝马车是首个提出透明车间概念的，客户可全程观看车辆保养过程。"这既是让客户放心的举措，也正说明了宝马对自己技术的信心。"2016 年星之宝 4S 店每个工位都将装有摄影头，到时你的爱车在何时用了哪种机油，做了什么维修保养服务，都将可查询回看，真正实现车间、店内无盲区。

宝马还很重视员工的学习，有内部培训报名系统。技术员工每年要进行 1～2 次培训，进行技术升级。销售、售后，包括总经理、服务经理、销售经理等，每年都要培训，学习新知识，接受新理念。每年 80% 以上的员工接受专业培训。

"您认为星之宝 4S 店餐厅提供的饭菜口味如何？有哪些地方需要改进？"车主郭仁权常收到这样的短信。重视客户感受，珍视客户每一个评价，星之宝的服务可谓无微不至。且不说提车时进行的面访，有一份详细的材料，细致到你喜欢什么零食，甚至精确到什么牌子什么口味。即使售后，星之宝也是将你放在心头，快下雨了，有短信提醒"关好车窗，将车停在较高车位"；下雪降温了，也有短信告知如何在冬季保养车辆。每逢大节前两周，客户们都会收到提醒他们提前来做一次免费检修，以备长假出行的温馨短信。

每一个细节只为让客户更满意。郑辉说，宝马中国越来越讲究服务、追求服务，星之宝也力争做到客户零投诉。"在全国 150 家 4S 店中，宝马有个经销商质量综合排名，星之宝合肥 4S 店上半年排名前十。这是客户对星之宝的认可。"

BMW 通过有效实施客户关怀提高了客户忠诚度、满意度，也使自身得到更快更好地发展。

启发思考：BMW 是如何成功实施客户关怀的？有哪些具体措施？

中国有一句古语"投其所好"，这句话用在客户关怀上最贴切。企业要对客户表示关怀，一定要分析客户需要与偏好，在营销活动的不同时期围绕客户需要与偏好，提供有针对性的关心。

企业应该根据自身产品特点，制订自己的客户关怀策略。企业应该区分不同规模、贡献层次、地区，甚至民族、性别，采取不同策略，从关怀频度、关怀内容、关怀手段、关怀形式上制订计划，落实客户关怀。

湖口烟草分公司加强新入网客户关怀工作

为了使新入网客户准确、快速地走上正常经营轨道，近日，湖口烟草分公司采取"三个到位"，加强对新入网客户的客户关怀工作。

一是拜访服务到位。第一时间拜访新入网客户，向客户详细讲解有关电话订货、电子结算、网上订货流程以及送货时间等知识。

二是信息维护到位。对新入网客户所处的经营环境、经营类型进行市场细分，及时在客户资料中维护客户业态、地理位置、周围消费环境等信息。

三是经营指导到位。根据新客户经营类别和业态分类，进行订单指导，有针对性地推荐卷烟品牌，提供卷烟陈列、新品促销等方面的营销策略和销售技巧，同时向客户提供客户经理的联系方式和投诉渠道等信息。

通过实施客户关怀工作，湖口烟草公司有效提高了客户的满意度和忠诚度，也提高了自身的客户保持率。

启发思考：湖口烟草公司的客户关怀工作实施得如何？还能进行哪些改进？

三、评价客户关怀

无论从客户角度还是从公司角度来看，客户关怀的程度是很难衡量与评价的，因此不同企业客户关怀效果肯定存在差异。目前较为常见的是从以下三个角度评价客户关怀的程度。

（1）寻求特征。指客户在购买产品之前就能够决定的属性，如产品的包装、外形、规格、型号、价格等。客户关怀首先应该满足客户的寻求特征。

（2）体验特征。指的是客户在购买产品后或消费过程中才能够觉察到的属性，如口味合适、礼貌待人、安排周到和值得信赖等。企业可以站在客户的角度亲身体验，或者进行客户调查获得客户体验特征的满足程度。

（3）信用特征。指的是客户在购买了产品或者是消费了产品和服务后，仍然无法评价的某些特征和属性（原因在于客户难以具备这方面的专业知识或技巧），因此必须要依赖提供该产品或服务的公司的职业信用和品牌影响力。

企业可以根据自己产品的特点，按照上述三个特征，设计出自己的评价体系，并安排专人对客户关怀的效果进行评价。其中，具有寻求特征的变量可以称为"硬件"部分，企业可能通过不同的定量方法管理识别出客户期望，进而能够设定出合适的规范和规则。具有体验特征和信用特征的变量是客户关怀中的"软件"部分，这部分要通过对接触客户的员工进行训练和考核才能够改善。总之，客户关怀真正体现了"以客户为中心"和"以营销为整体"的现代企业经营理念，是企业市场营销系统的重要组成部分，也是企业打造持续市场竞争力、实现可持续发展的基本要求。

第三节 客户互动

一、客户互动概述

（一）客户互动的定义

为了在市场上给客户提供能够为其带来优异价值的产品和服务，企业需要充分利用信息的潜在内涵和各种互动技巧，努力在客户购买流程中发展与客户的合作关系。

客户互动的概念十分广泛，如产品和服务的交换、信息的交流和业务流程的了解等。通过互动、对话来建立对客户的了解，知道什么时候该提供什么东西，才能让客户心甘情愿地与企业合作。相关资料积累得越多，掌握客户的精确性就越准，应对不同挑战所提出对策的有效性也就会越高，从而降低风险，提高企业利润。

（二）客户互动渠道

企业与客户的互动过程中，可以利用多种渠道。按照互动渠道中是否涉及企业员工与客户的直接沟通，可以将互动渠道划分为人员互动渠道和非人员互动渠道。

1. 人员互动渠道

人员互动渠道涉及企业员工与客户之间的直接交流与沟通，这种交流与沟通可能是直接面对面交谈，也可能是借助于某些工具，如电话、邮件以及直接地网上交谈。

（1）面对面交流

这种方式需要员工与客户之间的直接交流。其优势在于员工与客户之间可以进行生动的交流，可以根据双方的需求来进行安排；同时在面谈中不仅涉及了声音，还涉及了形体、环境等方面的信息，内容丰富。其劣势在于成本很高，同时面谈的结果在很大程度上会受到员工以及客户自身特征的影响。一般而言，这种渠道适合员工与客户之间对一般信息或深度问题的咨询。

（2）信函

信函这一渠道的优势在于比较正式，同时由于是书面传递的，可以包含较多的内容，对相关信息可以进行充分的介绍、解释和交流。其劣势在于邮件相对比较生硬，偏大众化，同时企业与客户的互动性不强。

（3）电子邮件

电子邮件的优势在于传递迅速，同时可以在邮件中包含较多的内容，因此，在向客户传递更具体、更详细的信息方面更具有效率。

（4）网站

网站的优势在于可以非常快速地与客户进行交流和沟通，具有快速互动的能力，节省企业成本。

（5）电话

电话的优势在于非常快速，能够实现实时交流，企业与客户之间也能进行很好的交流。其劣势在于只传递声音信息，内容较为单一，同时无法进行深入交流，只限于一般信息的咨询和沟通。

表 6.1 归纳了面对面交流、信函、电子邮件、网站以及电话渠道在客户互动能力方面比较

的结果。从表中可以看出，各种不同渠道在成本、速度、传递信息的丰富性以及互动性方面存在显著的差距。

表 6.1 不同客户互动渠道能力比较

客户互动渠道	成本	速度	传递信息的丰富性	互动性
面对面交流	高	稍慢	很丰富	强
信函	中	慢	丰富	弱
电子邮件	低	快	丰富	较弱
网站	低	快	丰富	较弱
电话	高	很快	不丰富	较强

2. 非人员互动

非人员互动渠道是指那些不需要通过企业与客户之间的接触和反馈就可以传递信息的渠道，主要包括媒体、环境和事件。

（1）媒体。

媒体主要包括报纸、杂志、直接邮寄、广播、电视、广告牌等。企业选择媒体渠道一般出于以下三种目的：第一，告知客户有关企业产品的信息；第二，说服潜在客户购买；第三，鼓励现有客户更多购买。

（2）环境。

环境能够创造或者加强客户对企业了解及印象的氛围。例如，快餐店希望为客户塑造一种温馨、愉悦的感觉，因此快餐店一般都喜欢采用暖色调，并且布置暖色的灯。

（3）事件。

事件是企业为了向客户传递信息而设计的一系列活动，如新闻发布会、盛大的开幕式、公众参加等。

二、有效客户互动

（一）有效客户互动的影响因素

对于客户管理而言，客户与企业的互动并不只是简单的信息交换，它可以让企业与客户之间建立一定联系，并由此实现有效的客户互动。一般而言，客户只愿意与具备最优秀客户互动能力的企业接触，所以成功的客户互动管理可以使企业获得更大的客户份额和更多营业收入。因此，企业有必要对客户互动加以管理。

虽然存在众多影响客户互动的因素，但不管通过何种互动渠道，无论是面对面的交流、电话、电子邮件或网站，还是其他渠道，参与互动的员工、技术和流程都是客户互动中的三大关键因素。只有对这三项因素进行综合管理，才能为客户创造出令人满意的、感觉受到重视的客户互动。

1. 有效的员工

有效员工衡量标准中的一个重要因素就是给企业客户服务代表（Customer Service

Representative，CSR）授权，这有助于员工在工作中掌握客户互动的自由度。此外，非接触时间也是有效员工一个需要考虑的要素，它是指一个 CSR 在不与客户进行互动时，在文件处理和培训上所花费的时间。另外，CSR 的辞职会导致企业增加重新雇佣和培训的成本。

2. 有效的信息技术

信息技术有为企业带来竞争优势的潜力。这些技术可以让企业在客户互动中随时调整行为，使之适用客户需求。正确使用信息技术，还可以让客户互动的流程和人事制度更加快捷有效。有效的信息技术衡量标准常常需要考虑以下因素：信息技术的复杂性；信息技术是否以客户为中心。此外，企业在信息技术上投资越多，那么系统复杂性可能就会越高，客户与企业接触时遇到的阻碍可能就越大，从而会降低客户与企业互动的驱动力。因此，管理者必须在是否对信息技术进行大量投资之前作出权衡。

3. 有效的流程

企业内部流程对客户互动质量也有强烈影响，流程的设计与实施，应该可以最有效地利用互动过程中的每个要素。例如，如果流程设计具有感应客户态度、需求、认知变化的能力，那么企业就可以对这些改变作出反应，从而获得竞争优势。类似地，企业对变化作出反应的速度会反映出流程的柔性。有效流程的衡量标准基本上都涉及入站和出站接触。其中，入站接触与互动需求相关，而出站接触则关系到销售/电话销售以及与客户挽留相关的流程。

4. 员工、信息技术、流程与互动效果的关联

企业之所以要对员工、流程、技术等进行有效的管理和改进，最终目的就是通过这种管理和改进来提升其效率，并促使它们相互之间产生积极的作用，最终对客户互动效果产生积极影响。表 6.2 对员工、信息技术（IT）、流程与有效的客户互动效果之间的联系进行了概括。

表 6.2　员工、IT、流程与有效客户互动效果的关联

客户互动影响因素	有效客户互动
有效的员工	员工授权减少，企业互动效率提升，如果由高层管理者来控制客户流失的威胁，而不是由 CSR 来控制，那么接触的平均持续时间将会降低。具有更高水平员工的授权企业，倾向于更高水平的客户关注；允许 CSR 掌控更多客户问题的企业，往往有更高的客户互动水平。之所以会这么做，是因为管理人员深信，客户并不喜欢因为一个问题而被转到互动系统的其他部分。对于更高客户关注水平的企业而言，其平均劳动力耗费可能会更高；客户关注水平提高，可能会带来额外成本与收益，在客户关注水平较高的企业中，CSR 的非接触时间占整个工作时间的百分比可能更高；关心客户的企业，同样关心员工的工作环境
有效的 IT	在信息技术上投资越多的企业，客户等待的时间将趋于缩短，这说明企业在信息技术上的投资能够在一定程度上提高系统效率。信息技术越复杂，客户关注水平可能越低；由于客户与企业接触难以掌控，所以总体的客户关注水平将会降低；脱离客户视角而引进新技术，往往会造成客户关注水平的降低。在信息技术应用中，对客户关注程度越高，互动系统的有效性也就越高
有效的流程	对于那些拥有更多出站接触的企业而言，其客户关注水平往往更低。对将互动管理外包的企业而言，其客户互动效果可能会变差。这一现象有两种可能的解释：一是如果为了降低成本而外包，那么对客户需求的关注水平就会被降低到第二位；二是如果因为难以对接触数量加以有效管理而采取外包，那么对客户需求的关注水平将会被摆脱运营性问题的需求所取代

（二）有效客户互动的特征

表 6.3 概括了有效客户互动的主要特征，并分别列举了成功和失败的例子。

表 6.3　有效客户互动特征及成功和失败举例

特征	成功举例	失败举例
尊重	不浪费客户时间，只在需要时才询问客户问题，并给出一套建议方案	网站一次又一次不接受顾客提交的表格，提示顾客必须完成每个问题
帮助	促使任务完成	在线银行系统要求输入账户密码，而操作员又重复同样的问题
界面友好	使界面满足不同偏好和个性	网站设计过于简单和冗长
社会适应	方式以是否确定需要为限，以适应环境	对于不需要邮寄的，可发送 E-mail
可信任性	提供可以影响行动的正确数据	网站不提供任何联系电话和邮寄地址
明确性	赋予每个声明或要求唯一的含义	有歧义的承诺或规则
预想性	可以预测需求	第一次接触时注册，然后在后来的联系中，要求重新输入相同的信息
有说服力	应用社会技能说服客户采取特定行动	网站内容无法印发客户注意或促使其采取进一步行动
反应性	对客户输入作出反应	绝不回答客户咨询
情感	以积极影响客户情感的方式作出回应	自动化电话问询系统，提供多种选择

（三）有效客户互动技巧

表 6.4 概括了有效客户互动方式及相应的实现目标。

表 6.4　有效客户互动方式及实现目标

有效客户互动方式	实现目标
明确目标	基于持久关系理念，与客户发展关系，关注客户关系而不是客户交易
及时回应	收到客户各种相关请求以后，应尽快反馈并告知客户有关计划
理解客户	尽可能多地了解客户信息，掌握相关个人信息（如生日等），从而理解客户
客户信任	与客户每次接触都是增强客户信任度的良好机会，要加以充分利用
有效倾听	以理解客户为目的，积极倾听客户心声，了解客户所想
完美终结	当与客户无法建立良好关系时，用对双方都没有伤害的完美方式结束关系
会外之会	尽早与与会者见面并进行社交活动，会后与有共同商业兴趣的与会者交谈
正直坦诚	不刻意对客户隐瞒必要信息，也不能跨越界限或自己角色，个人要正直坦诚
宽慰客户	不要与客户争吵，了解客户业务受影响程度，不要做自己无法履行的承诺
密切接触	经常与客户接触，把与客户接触看成机会，在交谈中不要刻意掺杂商业要素
注意界限	在权责范围内对客户做出承诺，不说夸大的话或者作出超越自己权限的承诺
良好态度	注意态度，有礼貌，穿着得体，满足客户期望，展示对别人的敬意

三、客户互动设计

从企业的角度，一般按照如图 6.1 所示的步骤设计与客户的互动。第一步，需要确定客户互动的对象，即确定跟哪些客户互动；第二步是明确企业希望达到的目标；第三步是设计互动的内容，即完成设计什么的工作；第四步是计算企业在互动中的费用开支；第五步是确定互动的渠道以及频率；第六步是评估互动的效果。

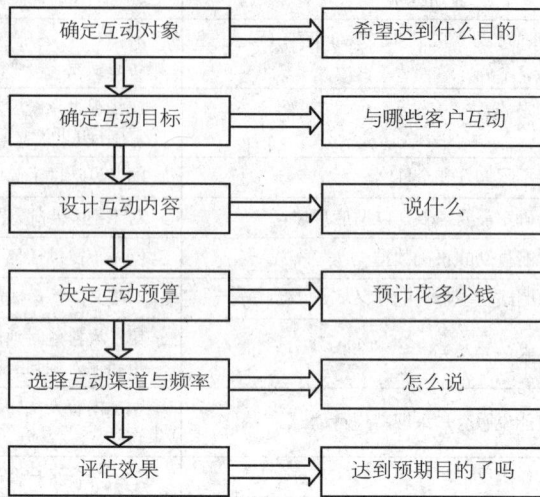

图 6.1　客户互动的设计步骤与内容

（一）确定客户互动对象

　　毫无疑问，客户互动中，与企业互动的对象是客户。但是企业面临的客户包含了多种类型，这些不同类型的客户各自具有不同的需求。根据客户生命周期的不同发展阶段，客户对企业具有不同的期望，这种期望既包括了客户对企业的基本要求，同时也包括了更高的潜在期望。表6.5 列出了企业对处于不同客户生命周期阶段客户的基本和潜在期望。从表中可以看出，处于考察期、形成期和稳定期的客户，对企业的基本期望和潜在期望都存在差异。随着客户生命周期由考察期进入成熟期，客户对企业的期望也在不断提高。

表 6.5　企业对处于不同生命周期阶段客户的基本和潜在期望

客户关系生命周期阶段	基本期望	潜在期望
考察期	优质的有形产品，配套的附加产品	更大的物质利益，企业关系
形成期	潜在的获取期提供的一切价值	受到企业非同一般的重视
稳定期	成长期提供的一切价值，企业和自己得到的价值对等	成为企业的一部分，自我对企业的重要价值得到认同

　　可见，这些不同类型的客户各自具有不同的需求和行为特征，因此，企业需要确定跟哪些客户互动，因为这将在很大程度上决定企业互动内容的设计、费用、互动渠道的选择等。

（二）确定客户互动目标

　　在确定互动对象后，企业就需要考虑与客户互动的目标，一般而言，企业与客户互动的目标包括如下两个方面。

1. 加深与现有客户联系

企业与现有客户的联系包括两个方面：一个是经济联系，主要是客户从企业采购的商品或者服务的数量；另一个是情感联系，主要体现在客户对企业的信任、企业对客户的关怀。在设计互动目标的时候，可以两面兼顾也可以只关注其中某一个方面。

2. 吸引潜在客户

潜在客户是指那些有希望成为企业产品或者服务的购买者的客户。潜在客户包括两个部分：一个是同一市场中所有企业面临的未来可能的购买者，另一个则是企业竞争对手的客户。吸引潜在客户意味着企业希望扩大自己的客户群体。相比较而言，吸引竞争对手的客户更为艰难，因为这需要客户付出更多努力。

吸引潜在客户包括了不同的方面，进一步细分为：扩大企业在潜在客户中的知名度；增强潜在客户对企业产品或者服务的认同感；鼓励潜在客户购买等。

在企业设定客户互动目标时，需要注意以下几个方面。

1. 互动目标的具体性

互动目标必须是具体的而不是空泛的。比如在吸引潜在客户、提升企业知名度时，不能将目标简单地定义为"在全国范围内扩大公司知名度"，而应该确定为"将公司的知名度提升50%"。一个空洞的目标将让企业的员工无所适从，从而降低企业与客户互动的效果。

2. 互动目标的可实现性

企业在制定互动目标时，需要考虑自身的资源和实力，设定的目标应当是可以并且能够实现的，而不是好高骛远的。

3. 实现目标的时间期限

当企业设定互动目标之后，就需要制订实现目标的时间。目标的实现不能无限拖延，以便于企业检查互动目标实现的状况。

4. 互动目标的多样性

企业设定互动目标时，可以设立多个目标。需要注意的是，当设计多个互动目标时，需要注意这些目标之间是相互联系的、相互兼容的，而不是相互矛盾的。

（三）设计客户互动内容

企业与客户之间的互动涉及产品或者服务信息、情感、建议等方面。在企业确定互动内容时，需要考虑以下几个方面。

1. 主题

对企业而言，需要设计一个能够实现互动目标的主体或者诉求，这将关系到互动目标能否实现。在设计互动内容时，企业首先需要考虑互动目标客户的需求与行为特征，在此基础上再设计相应的主题。

2. 结构

在内容结构方面，需要关注的是：第一，最重要的信息是放在最后还是开始。如果放在开始，优势是让客户留下深刻印象，但有可能会造成虎头蛇尾。如果放在最后，可以起到总结的效果，但有可能会被客户忽略。第二，是否需要给客户一个明确的结论。例如"我们的产品在性能上比竞争对手高 20%。"如果告知客户，优势在于让客户清晰地知道产品的特点，劣势在于可能会引起客户的反感。因此，目前许多企业都认为不应当告诉客户结论，而是通过互动内容，让客户自己判断，这样可以增强客户对企业的信任。

3. 格式

企业同样需要为客户互动设计适宜的格式。在设计格式时，需要考虑不同互动渠道的特点。如果是通过广播，则需要注意词语、背景音乐以及人的声音。如果企业通过派遣员工与客户直接面对面接触的方式，那么就需要注意互动的时间、地点，员工需要注意自己的穿着、神态、语气、措辞等。

（四）确定客户互动预算

企业在确定客户互动预算时，有多种方法可以选择。例如，根据企业目前的状况，将所有可能的资源都用于客户互动。还可以根据企业的销售额或者利润，确定一个固定比例，据此来设定用于客户互动的资金。比较符合企业实际的方法是根据客户互动目标来确定预算。这种预算方法的步骤是：首先，将客户互动目标进行细分，确定具体目标；其次，分析达到这一目标所要完成的任务；最后，估计完成这些任务所需花费的成本。这些成本总和即为企业客户互动预算。该方法的优势在于能让企业清楚地知道所花费资源与取得的成果之间的关系。

（五）确定客户互动渠道与频率

企业与客户的互动渠道有多种，在具体的互动过程中，企业不可能选择所有的渠道，而只能选择其中的某些渠道进行互动。同时，企业必须确定在选定的不同渠道中与客户互动的频率。因此，在这一步骤中，企业需要弄清如下两个问题。

1. 选择哪些渠道

在确定具体渠道时，企业首先需要弄清楚客户期望通过什么途径与企业互动。这是企业在选择互动渠道时首先应该考虑的因素。如果企业不能投其所好地选择渠道，将会遇到客户的抵制进而无法实现预期目标。其次，要分析不同渠道的优劣，根据客户的期望和企业的目标确定合适的渠道。最后，企业要注意不同类型渠道的组合使用。企业还要注意不同渠道的组合方式，去综合运用多种渠道来实现企业的既定目标。

2. 何时与客户互动

这一问题包括两个小问题，其一是企业在什么时间与客户互动，其二是企业间隔多长时间与客户互动。回答上述两个问题的起点，依然是客户需求。在考虑客户需求的同时，也需要顾及企业的互动目标。在综合考虑的基础上，确定合适的时间与频率。

（六）评估客户互动效果

当企业完成一个阶段的客户互动之后，就需要对客户互动结果进行评价。在对互动效果的评价中，必须结合互动目标，主要回答以下几个问题。

（1）客户互动效果是否实现了既定目标？

（2）在与客户互动的过程中，存在哪些问题需要改进？

（3）在与客户互动的过程中，发现了哪些新问题或者新现象？

案例 6.3

远洋地产借京津冀购房节与客户有效互动

在互联网、金融与房地产加速融合的背景下，每次都能快速踩准营销转型节奏的远洋，这一次又欲刷新房地产市场的兴奋点。继携手京东首次触电"互联网"、与58同城合作探索新的服务模式之后，2016年5月21日至30日，远洋地产事业一部（主要面向京津冀市场）将联动旗下的九个住宅项目，举行为期10天的"欢乐远洋购房节"。

背后的主要推手之一，业内颇有名气的"80后营销总监"——远洋地产事业一部营销总监牛牧远将此次活动定位为"不是促销，而是一次与业主的沟通"。他表示，此营销思路很大程度上是受快消品、奢侈品与北京SKP商场店庆的启发，"希望通过嫁接更多产业链条资源、提供增值服务，来换取客户效益最大化。"

"2015年压力很大，因为是处于一个调整时期，事业一部在调整，集团在调整，同时营销理念也在转变。我们做了很多尝试，而其中最大的收获，在于我们找到了可以称为本质的东西。"牛牧远认为，去年九月的"万人远洋范儿"活动不仅创纪录地举办了200余场活动，吸引了近万人到访，更重要的是让集团的营销理念有了明确的方向——让业主感到欢乐。

今年的远洋事业一部有着更熟练的运作和更完善的体系，同时在对市场节奏的把握上，也更加从容不迫。而在五月举办的"远洋购房节"，则是让业主感受到欢乐的第一步。

1. 与业主的约谈传统

相比快消品市场"都是洋气的套路"，深感房地产市场可灵活玩转并快速成效的营销种类甚少的牛牧远，只能从挖掘需求源头入手，在远洋地产事业一部形成约谈业主、客户的传统：自己每月至少见两组客户，通过下班之余吃饭或喝个茶，经常跟客户交流，了解客户新的需求和新的变化，来寻找产品改进与营销的灵感。久而久之，这一传统形成制度化，各项目总监也被要求每周至少对客户有一次深访。

"通过春节期间拜访客户，给客户送年货等举动，传递出我们特别诚心诚意地要跟客户拉近距离，进行一些沟通。"牛牧远表示，此次针对京津冀地区办的购房节正是这一诚意的深层次延续。

据悉，此次远洋购房节并非搞价格噱头，而是从住宅的精装修菜单、家具定制、车位让利等实质服务上体现增值。

2. 购房节不走钱，走心

"与其他开发商或商场店庆不同，我们的购房节并非一个降价大促销，没有强行设定一次兑换多少亿的销售额。"牛牧远向记者表示，"它是一种业主特权，主要针对推荐朋友买房以及业主再次购买的客群，所以更多的是一个跟大家沟通的机会。"

而关于回馈业主的方式，远洋拿出了杀手锏。在2015年，远洋地产四元业务的"客户服务业务"展开，推出了为客户一站式解决家装问题的增值服务"远洋优家"。远洋优家为业主提前进行个性化硬装升级和软装定制，并利用与施工同步的优势节省大量时间。这一服务首先在亚奥万和四季进行尝试，并受到极大欢迎，90%的亚奥万和四季业主都采用了这一服务。而此次"远洋购房节"中，许多项目将首次享受到远洋优家的服务，并还能享有极大优惠。

"我们不是简单粗暴地给客户砍掉500元钱或1000元钱，不是。"牛牧远表示，"而是花时间去根据客户的访谈，体会他的需求，无限可能地贴近他的需求，这是一件特别走心的事。"

3. 转型调整期加重基本功

正经历着事业部的变化和组织架构的调整关键期，牛牧远强调开发商最应该做的是一点一滴打好基本功。"开发商的基本功就是好产品和好体验，如果盯着业绩看，就肯定做不纯粹。比如我们6、7月份要面世的远洋天著春秋二期，这个别墅在八大处，本身产品就很好，去年11月开盘，到现在一期已经要清盘了。如果盯着业绩，那么就应该立马开二期，立马卖，但我们没有。我们从去年年底就开始优化升级二期产品，包括规划、户型、园林等，到现在改了不知道多少版方案，但拿出来的确实是一个能真正震撼全北京的房子，这里我不便多透露。但正因为我们花了这么长时间，用这么多精力来营造产品，我们才能有自信，客户也才会认我们。"

而据牛牧远细数，目前此次参与购房节活动的九大项目，都将成为这一理念的实施者。这九个项目包括北京地区的远洋天著春秋、万和8号、远洋新天地、远洋傲北、远洋天著，位于天津的远洋城、远洋心里、远洋红熙郡及秦皇岛的远洋海世纪，既涵盖刚需、商业LOFT，亦囊括口碑不错的改善和高端产品。

值得一提的是，针对部分毛坯交付的项目，这次购房节将免费赠送精装设计名额，由远洋优家出设计方案，直至客户满意为止。除此之外，各区域项目在购房节期间还有因地制宜的优惠举措，以天津为例，购房节推出的车位销售，将通过车位一口价来引导业主需求。"这次购房节只是我们与客户今年的第一次沟通，接下来，还将有更多更精彩的活动陆续到来。"显然，牛牧远对远洋在京津冀区域的未来充满了自信。

启发思考： 远洋地产是如何通过有效客户互动使集团走向成功的？

第四节　客户沟通

所谓沟通，就是信息的交流与互换。客户沟通就是企业通过与客户建立相互联系的桥梁或纽带，拉近与客户的距离，加深与客户的感情，从而赢得客户满意与客户忠诚所采取的行动。

一、客户沟通概述

（一）客户沟通的作用

（1）客户沟通是实现客户满意的基础。客户沟通是使客户满意的一个重要环节，企业只有加强与客户的联系和沟通，才能了解客户的实际需求、理解他们的期望。特别是企业出现失误时，有效沟通有助于更多获得客户谅解，减少或消除客户不满。

（2）客户沟通是维护客户关系的基础。企业经常与客户沟通，才能向客户灌输双方长远合作的意义，描绘合作远景，才能在沟通中加深与客户的感情、稳定客户关系，从而使客户购买次数增多。因此企业要及时、主动地与客户进行沟通，并且要建立顺畅的沟通渠道，这样才能继续维护好客户关系，保持一大批稳定的老客户，并由此扩大对他们的业务。

~~~ 补充阅读 ~~~

都昌县烟草专卖局建立微信群改善与客户的沟通

都昌县烟草专卖局利用当前时尚的信息平台，安排每个客户经理在各自片区建立了客户微信群，通过微信群宣传烟草专卖法律法规和营销策略，回答客户的业务咨询，实时进行交流沟通，收到了良好效果。

一是拉近了烟草专卖局与客户的距离。为了保证与客户的沟通交流渠道畅通，客户经理邀请片区客户入群，利用微信平台，让客户最大程度、最快速度接收到信息。目前该微信群平台交流互动效果良好，达到了预期目的。

二是宣传专卖法律法规和营销策略，回答客户的业务咨询。通过及时发送和更新信息，实时解答客户的业务咨询，真正成为了客户身边的贴心人。

三是开展客户间的互动交流沟通。群内客户可以充分利用微信群开展卷烟经营交流，展示其店面形象布置和卷烟陈列心得。不定期地发红包让客户们抢，既活跃了气氛，拉近了与客户的关系，又给了客户一些惊喜。

~~~

（二）客户沟通的内容

客户沟通的内容包括信息沟通、情感沟通、理念沟通、意见沟通，有时还要有政策沟通。

所谓信息沟通，就是企业把产品或者服务信息传递给客户，也包括客户将其需求或者要求的信息传递给企业。

所谓情感沟通，主要是指企业主动采取相关措施，加强与客户的情感交流，加深客户对企业的感情依恋所采取的行动。

所谓理念沟通，主要是指企业把其宗旨、理念介绍给客户，并使客户认同和接受所采取的行动。

所谓意见沟通，主要是指企业主动向客户征求意见，或者客户主动将对企业的意见（包括投诉）反映给企业的行动。

所谓政策沟通，主要是指企业把有关政策向客户传达、宣传所采取的行动。

~~~ 补充阅读 ~~~

敖汉旗供电公司的客户沟通：小小联系卡，方便你我他

2016 年，为进一步增进与客户的有效沟通，确保客户在遇到用电问题时第一时间得到供电公司的帮助，国网敖汉旗供电公司认真践行"你用电，我用心"的服务理念，为客户统一印制

了服务联系卡。卡片上详细标明了服务内容、电费缴纳方式、供电所值班室电话、所长联系电话、村客户代表联系电话等信息。客户可随时通过卡片上提供的信息与供电公司有关人员联系，获得供电服务人员的各类用电咨询、故障报修和技术指导。现在已由各乡镇供电所将卡片陆续发放到了所辖区域客户手中，让客户足不出户便能享受到更加快捷的用电服务，真正做到了服务零距离、心贴心。

"用电服务联系卡"的发放，是该公司开展特色宣传活动的新举措，也是全面推广"社区经理"制和"村客户代表"制的延伸。不仅为客户查询用电信息、掌握缴纳电费方式等提供了方便，同时，也加强了客户对供电服务的联系与监督，实实在在起到了便民服务桥梁的作用。

（三）客户沟通的原则

（1）向客户表明诚意。由于沟通的成功有赖于双方共同努力，因此企业与客户沟通时，要首先向客户表明自己是很有诚意的。如果企业没有诚意，就不要指望得到客户响应，也不要指望与客户沟通能够获得成功。

（2）站在客户的立场上与客户沟通。客户通常关注的是自己的切身利益。从某种意义上说，客户购买的不仅是产品或者服务，还应包括企业对客户的关心以及客户对企业的信任。因此，企业只有站在客户的立场上，充分考虑客户的利益，把客户放在合作伙伴的角色上，才能获得沟通的成功。

二、有效客户沟通

（一）企业与客户沟通

如果企业与客户缺少主动沟通，好不容易建立起来的客户关系，就可能会因为一些不必要的误会没有得到及时消除而土崩瓦解。所以企业应与客户主动沟通，而沟通的途径主要包括以下几种。

（1）通过业务人员进行沟通。

（2）通过举办活动进行沟通。

（3）通过广告进行沟通。

（4）通过包装进行沟通。

（5）通过信函、电话、网络、电邮、呼叫中心等方式进行沟通。

总之，企业与客户沟通的形式多样，但其目的是通过经常性的沟通，让客户清楚企业理念与宗旨，让客户知道企业是他们的好朋友，企业很关心他们，为了满足他们的需要，企业愿意不断提升产品或者服务的品质及其他一切方面。

（二）客户与企业的沟通

为了确保客户与企业的沟通，企业必须鼓励不满意的客户提出自己的意见，企业要为客户提供各种渠道，并保持渠道畅通，使客户可以随时随地与企业进行沟通，包括客户向企业提出的意见、建议和投诉。客户与企业的沟通途径包括：来人、来函、电话、网络、电邮等。例如，开通免费投诉电话，24 小时服务热线或在线服务，设置意见箱、意见簿和信息反馈卡等。同时，应在企业内部建立有利于客户与企业沟通的制度。

企业要积极建立客户投诉制度和建议制度，清清楚楚、明明白白地告诉客户企业接受投诉的部门及其联系方式和工作程序。此外，企业还可设立奖励制度鼓励客户投诉。如联邦快递就保证，客户在递交邮件的次日上午 10∶30 前没有收到邮件，只要客户投诉，邮递费用全免。总之，企业要方便客户与企业的沟通，方便客户投诉和提意见，并且尽可能降低客户投诉成本，减少其花在投诉上的时间、精力和金钱等。考虑到客户关系管理中企业要面对各类不同类型的客户，这就要求企业与客户的双向沟通过程，应是针对不同特点的客户进行的有针对性的、个性化的沟通。因此，考虑到此种要求，企业应建立起完善的客户沟通策略，把握以下原则。

（1）对不同客户实施不同的沟通策略。要考虑客户给企业带来价值的不同，进行"分级沟通"，即针对客户不同级别实施不同级别沟通。

（2）站在客户的立场上与客户沟通。客户通常关心的是自己切身利益的事，客户购买的不仅仅是产品或者服务，还包括企业对客户的关心以及客户对企业的信任。因此，企业只有充分考虑客户利益，把客户放在合作伙伴的角色上，站在客户的立场上，才能获得沟通的成功。

（3）向客户表明诚意。由于沟通的成功有赖于双方的共同努力，因此企业与客户沟通时，要首先向客户表明自己是很有诚意的，衷心希望得到客户的积极响应。如果企业都没有诚意，就不要指望得到客户热情回报，也不要指望与客户的沟通能够获得成功。

特别值得注意的是，在与大客户的沟通过程中，企业更应做到：首先，可安排企业高层进行拜访，通过真诚交流和情感沟通，增进彼此理解，使其认识到"一荣俱荣，一损俱损"的利害关系，进而向大客户表明诚意。其次，企业要努力站在大客户的立场上，为大客户提供富有个性的、与时俱进的产品或服务，使大客户离不开企业，甚至产生对企业的依赖。这样，当发生利益冲突时，大客户就会理智些，甚至有所顾忌，从而不敢轻易伤害双方的关系。再次，软硬兼施，讲究策略和技巧，促使大客户能以情为重，以双方关系的稳定和正常化为重。良好的沟通对合作双方来说是双赢的，所以对企业来说，加强客户沟通是建立完善的客户关系管理的不二法则。

案例 6.4

上海长宁区烟草专卖局（公司）通过"两协商一调整"加强与客户的有效沟通

上海长宁区烟草专卖局（公司）针对第三方客户满意度报告中指出的各类问题，明确"两协商一调整"原则，从客户实际需求出发，采取相应的改进措施，加强与客户的沟通，有效提升客户满意度。

"两协商"：一是协商订货方式。根据市场化取向改革部署，开放大部分卷烟规格，按照同档位同数量的要求，确保同档位客户供货公平。采取错时报货方式，避开全市网上订货高峰。同时，为部分不会使用网上支付的零售客户开通 POS 机支付方式，为客户提供便利。二是协商经营思路。侧重于提升中小客户的盈利能力，对部分重点牌号进行推介和货源倾斜，着力提升客户销售卷烟的信心，恢复卷烟市场的经营活力。同时，加大品牌培育力度，协商开展针对性品牌推广活动，帮助客户尽快消化现有库存，弥补资金缺口，促进销量提升。

"一调整"：即调整拜访模式。全面调整每位客户经理所辖客户，更好地帮助客户挖掘需求、解决困难。同时，组织部门经理和职能经理定期走访市场，增加与零售客户的接触，通过不同条线的沟通和交流，及时传递、搜集信息，提高市场响应速度和问题解决实效性。

启发思考：上海长宁区烟草专卖局是如何通过有效客户沟通提升客户满意度的？

三、客户抱怨及投诉

（一）客户抱怨

当客户对其要求已被满足的程度的感受差，客户满意度也就越低，客户抱怨的情况也就由此产生。客户抱怨可能有以下几种反映。

（1）虽然内心不满，但不采取任何行动。

（2）不再重复购买。

（3）向亲友传递不满信息。

……

不满意的客户虽未向企业投诉，但可能停止购买或向他人传递不满信息。这样，企业不仅因无法了解客户不满意的原因而失去进一步改进和提高产品或服务质量的机会，而且企业形象也有可能在不知不觉中受到极大损害。因此，企业应给予客户抱怨以足够重视，并采取积极主动的措施对这些抱怨进行了解，从而指导企业改进相关工作。

1. 客户抱怨的主要原因

因为销售的各个环节均有可能出现问题，因此导致客户抱怨的原因多种多样。一般情况下，可以将导致客户抱怨的因素归纳为以下两个。

（1）由于产品问题引发的客户抱怨。这是一种十分常见的现象，这些问题包括产品质量缺陷、产品规格不符、产品技术规格超出允许误差、产品出现故障等。

（2）由于服务问题引发的客户抱怨。由于服务业的迅速发展，这种情况并不少见。主要包括对企业各类服务人员的服务质量、服务态度、服务方式、服务技巧等的抱怨。

2. 客户抱怨产生的影响

据调查显示，对于一些价钱不是很贵的商品来说，在产生不满的客户中，虽然只有4%的客户会抱怨，但是会有63%的客户将不再购买而选择别的品牌。无论是产品或者是服务，其价值越大，不满意客户中表达怨言客户所占的比例就越大。

（1）客户抱怨产生的口碑效应对企业负面影响加大

根据调查，100位不满意客户中大约有13%的客户平均每人会向20人诉说，其余不满意客户平均每人会向9位客户诉说。也就是说，100个不满意客户将会把自己的不满意信息传播并影响约1 043人。另一项调查显示，在调查的540位客户中，共有1 037起反映不满意的购买经历，其中有25%的不满意客户购买了其他品牌的产品；19%的客户停止购买原产品；13%的客户再次光顾原商店时进行了仔细审视；3%的客户向生产商投诉；5%的客户向零售商投诉；35%的客户退货。

（2）损害企业信誉

客户一旦由于购买经历或者购买过程产生不满情绪，将会对企业信誉产生很大影响。曾经有一项研究表明，在服务型企业中，把客户的不满意程度降低5%便可提高效益25%～85%，而且再次购买的客户要比新客户更能为企业带来价值。

3. 处理客户抱怨的方法

（1）正视客户不满

客户是企业生存之本、利润之源。他们表现的不满给了企业与客户深入沟通和提高客户忠诚的机会。商家要通过对客户的不悦、牢骚、退货等不满意举动的分析，来发现企业的问题所在，以提升企业自身竞争力。

（2）洞察客户不满

这对终端销售人员观察和感知客户表情、神态、行为举止的能力提出了更高要求，要求他们做到未雨绸缪。

（3）安抚客户不满

当客户表现出不满意时，企业应迅速了解客户的不满，这就要求工作人员学会倾听、安抚、平息客户的怒火。要以真诚、专注的态度来询问和听取客户对产品和服务的意见，必要时工作人员还应在倾听时笔录客户所说重点，并站在客户立场上替客户考虑，同时允诺事情将在短时间内解决，从而使客户的不满意逐渐平息。

（4）及时处理客户不满

当客户不满是由于自己工作失误造成的时候，企业要迅速解决客户问题，并提供更多的附加值，最大限度地平息客户不满。但是，处理客户不满并不是客户离开就算了，企业要及时消除客户心中的抱怨，并对实际的处理效果进行评估，了解每一次不满的处理效果是否达到了预期目标。

补充阅读

平安人寿酒泉中支：做好首问制，化解客户抱怨赢好评

2016年5月，客户李先生反馈经常收到非自己保单的缴费信息，深感疑惑。平安人寿酒泉中支客服首问处理人员在系统中根据李先生的手机号码查询发现，另外一位客户周女士在系统中留存的是李先生现在所使用的手机号码。处理人员立即安排周女士的保单服务人员上门服务，原来周女士早已更换了电话号码，但一直未作电话号码变更。于是，首问处理人员协同保单服务人员在系统中将两位客户的联系信息变更为正确号码，确保客户能够及时收到公司的业务短信，掌握自己的保单动态。同时，客服人员还向李先生详细解释了缘由，并表达了歉意。业务处理完成后，李先生和周女士都对平安人寿酒泉中支及时、全面的服务给予了好评。

可见，平安人寿酒泉中支柜员及时了解客户相关服务需求，更好地把握服务细节，从客户角度出发，有效化解客户抱怨，为客户带来了专业贴心的服务。

（二）客户投诉

1. 客户投诉产生的原因分析

（1）客户离开的原因

据统计，客户离开的原因是：一部分客户觉得产品太贵所以离开，一部分客户觉得产品质量太差而离开，更多的是投诉服务太差，具体如表 6.6 所示。

表 6.6　客户离开的原因统计

客户离开的原因	服务差	其他原因	不知道	太贵	产品差
所占比例	40%	30%	20.5%	8.3%	1.2%

目前，我国大多数企业存在的最大问题依然是服务态度的问题，而且很多客户投诉也都源于这个问题。因此，企业需要重点解决客户投诉的问题。

（2）客户投诉的产生过程

客户上门投诉是最重的结果，虽然实际上在客户找上门之前，已经存在潜在的客户抱怨，即产品或服务的某些方面令客户不满意。潜在的抱怨随着时间的推移就会演变为显化的抱怨，而这种显化的抱怨又会转化为客户投诉。例如，客户购买一台电脑，总是出现死机，此时可能客户还没有想到去投诉，但随着时间的推移，电脑在工作过程中出现越来越多的问题，就变为显化的抱怨，显化的抱怨又转变为潜在的投诉，最终转化为投诉，如图 6.2 所示。

不满　→　潜在的抱怨　→　显化的抱怨　→　潜在的投诉　→　投诉

图 6.2　客户投诉的产生过程

（3）客户投诉产生的原因

客户投诉的原因无外乎两种：一种是由于企业的原因，另一种则是由于客户的原因。由于企业的原因导致的客户投诉包括：由于产品或服务质量问题而引起的客户投诉，由于服务人员、服务环境等问题引起的客户投诉。由于客户的原因引起的投诉包括：客户使用不当、客户期望过高等。但由于企业原因引起的客户投诉占据了客户投诉的大部分。

2. 正确认识客户投诉的重要性

（1）投诉客户是忠实客户。有期望才有投诉，客户肯花时间来投诉，表明他们对本企业抱有信心，他们期待企业进行改善。调查表明，95%的不满意客户是不会投诉的，他们只会停止购买，或者转向其他竞争品牌，还会散布对企业不利的信息，这些客户根本不给企业解决问题的机会。所以说肯投诉的客户才是我们的忠实客户。

（2）投诉带来珍贵信息。客户是最权威的评判者，最具发言权。客户投诉是客户对产品和服务的期待及信赖落空而产生的不满及愤怒，它揭示了企业经营管理中存在的缺陷。客户投诉还可以帮助企业产生开发新产品、新服务的灵感。

3. 处理客户投诉的四步曲

（1）倾听客户意见。客户是给企业带来利润的人，客户来投诉时，应该热情接待对方，真诚对待每一位来投诉的客户，并且体谅对方的语气。让客户发泄时要注意聆听和认同。

（2）记录投诉要点、判断投诉是否成立。客户投诉有可能并不是企业本身的失误，而是由于客户自身原因造成的。企业在弄清楚客户投诉的原因之后，要对客户投诉进行分析，看是不是因为企业的原因造成的。

（3）提出并实施可以令客户接受的方案。在证实了客户投诉确实是由于企业的原因造成之后，企业需要制作解决方案，找到切实可行的办法，勇于承担责任，力图找到让客户满意的解决办法。

（4）跟踪服务。当企业切实解决了客户投诉后，还需要跟踪服务了解事情的进展是否如客户所愿，调查客户对投诉处理方案实施后的意见。如果客户仍不满意，就要对处理方案再进行修正，重新提出令客户可以接受的方案。

补充阅读

重庆移动三项机制快速响应客户投诉

为进一步落实"客户为根、服务为本"的理念，提升服务质量，避免集中投诉、升级投诉的发生，重庆移动万州分公司对网络质量提出更高要求，不断优化投诉处理流程，建立内部投诉快速响应机制，有效控制客户投诉率，客户满意度明显提升。

建立线上联络机制。组建"网络事宜交流"QQ群，建立畅通问题反映与收集渠道，由专人搜集问题。建维部投诉处理专员对网络问题进行分类，再分派到相应专业人员进行限时处理。建立定期通报机制。投诉处理专员每日反馈处理结果，建立了详细的投诉记录登记表，每半月出一次投诉分析半月报，每季度召集各部门、片区相关人员召开一次交流沟通会，针对重点、热点投诉问题，提前做好投诉处理预案，确保同类投诉的快速响应处理，建立健全客户投诉预警闭环管理流程。建立现场沟通机制。每季度召开一次交流沟通会，将网络投诉处理工作与一线部门进行充分沟通，尤其是将集团单位网络投诉的处理进度、投诉分类分析、投诉处理流程和典型投诉案例向客户经理进行介绍。另外，针对一线部门提出的各类突出的客户投诉，一一介绍解决计划和进度，同时听取一线客户经理的意见，对投诉处理回复内容进行改进。

积极有效地处理客户投诉对提升客户满意至关重要，重庆移动正是意识到这一点并建立了内部处理机制，有效地控制了客户投诉率。

4. 提高处理客户投诉的质量

（1）建立完善的投诉系统

企业应建立完善的客户投诉系统，对每一位客户的投诉及处理都要作详尽记录，包括投诉内容、处理投诉的过程及结果、客户是否满意等。这样做的目的是全面收集、统计和分析客户意见，不断改进客户投诉的处理方法，并将获得的信息整理后传达给其他部门，以便及时总结经验和教训，为将来更好地处理客户投诉提供参考。还要对投诉的处理过程进行总结与综合评价，提供改进对策，不断完善企业的客户投诉系统。

（2）提高一线员工处理投诉的水平

一线员工往往是客户投诉的直接对象，然而目前许多企业不注重这方面的训练，员工处理客户投诉是经验和临场发挥，缺乏平息客户怨气的技巧。企业应当利用各种形式，对一线员工进行培训，教会他们处理客户投诉的技巧，使一线员工成为及时处理客户投诉的重要力量。

此外，要赋予一线员工一定的权利，使他们在处理一些无法预见的问题时有相对大的主权，以便对客户提出的意见和建议作出迅速反应，从而保证为客户提供迅速、及时、快捷、出色的服务。

（3）出现过的问题，避免再次发生

首先，分析客户投诉的原因，查明造成客户投诉的具体责任人，并对直接责任人和部门主管按照有关规定进行处罚，必要时将客户投诉及相关处理结果在企业内部进行通报，让每个员工都知道这件事，以避免这类错误再次发生。

其次，提出"对症下药"的防止投诉问题再次发生的措施，不断改进企业工作中的缺陷。

本 章 小 结

本章主要介绍了客户维护的相关知识。首先介绍了客户信息管理，主要包括客户信息的重要性、客户信息的定义与收集、客户信息的整理与更新，以及如何确保客户信息安全；其次介绍了客户关怀，包括客户关怀的含义、目的、内容、方法等，以及如何实施和评价客户关怀；再次介绍了客户互动的相关概念，从影响客户互动的重要因素，有效客户互动管理的要求、方法和目标方面说明如何进行有效客户互动；最后介绍了客户沟通的内容，包括客户沟通的作用、有效客户沟通，从企业与客户沟通和客户与企业沟通这两方面对有效客户沟通进行说明，还包括客户抱怨的原因、影响及如何处理客户抱怨，客户投诉的产生原因、过程、重要性、如何处理客户投诉及如何提高处理客户投诉的质量等内容。通过本章的学习，读者应熟悉客户信息管理、客户关怀、客户互动和客户沟通的相关概念，能够充分认识到处理客户抱怨及投诉的重要性。

复习与思考题

1. 户抱怨的主要原因是什么？处理客户抱怨的原则有哪些？
2. 客户抱怨有哪几种类型？客户抱怨的反应有哪些？
3. 处理客户抱怨的技巧有哪些？
4. 客户信息是如何界定的？
5. 如何管理及实施客户关怀？

第七章

客户流失及保持

【学习目标】

了解客户流失的原因；掌握流失客户的分类；能识别和防范客户流失，并能掌握流失客户的挽回策略；掌握如何进行有效客户保持。

案例 7.1

理财收益滑坡致大量客户流失，银行加快转型步伐

受到宽松的货币政策、多样化的投资渠道等多面夹击，银行理财产品收益率在上半年连连下跌，客户流失严重。据华夏银行官网公告，从 2015 年 8 月 7 日起，该行的增盈天天理财 8 款保本型理财产品下调了收益率。据银率网公开数据显示，上半年银行理财产品的平均预期收益跌破 5%。为稳定局面，一些银行在理财产品的转型上加快了脚步。

银行理财产品的预期收益从 2014 年就开始显现颓势。据银率网统计，上半年总计有 179 家商业银行共发行 31 056 款理财产品，平均预期收益跌破 5%，产品的年中高收益效应也已不再。

一位股份制商业银行的理财经理透露，受到收益率下降的影响，上半年该行北京分行流失理财资金 20 亿元，她个人维系的客户中，有 1/3 的人将资金转走。"最近理财一到期，就有不少客户来转账，很多老客户都不再认购理财产品了，收益太低。"

资金流失快，募集却变难。某股份制银行客户经理透露，仅从 2015 年 5~8 月，他们的一款保本型理财产品收益已至少降了 0.8%，以前一期产品募集 10 亿元，两三天就售罄，需要追加额度，现在一周时间都卖不完，募集结束还有剩余额度。

2015 年 7 月，股市的震荡又在短期内引发了理财需求的激增，虽然理财的收益还在下降，并且未来走势不被看好，但各家银行采取了不同的应对策略，来挽救逐渐被吞噬的理财市场。

不过，业内人士分析，比拼收益的粗放式发展模式终将被取代，银行更该加速进行封闭式理财产品向更趋专业化的资管业务转型。在这方面，工行、民生走在前列，随着利率市场化改革趋近尾声，原有市场体系内产生的理财面临转型和升级，两家银行都加大了开放式理财产品的发行力度，加快了转型上的步伐。

工行资产管理部总经理韩松表示，要优化流动性管理体系，不同于预期收益率型产品，开放式的产品没有封闭期，产品申赎的不确定性增强，因而流动性管理需要更多地采用市场化的手段。此外，产品转型后，对于信息披露的要求也会相应提高，需要向客户充分揭示投资范围和风险收益情况，同时配合监管部门加强投资者教育，依法合规销售，做到"将合适的产品卖

给合适的投资者"。

启发思考：你认为本案例中的银行还能通过哪些方法避免客户流失？

第一节　客户流失

一、流失客户概述

客户流失是指企业的客户由于某些原因，不再购买企业产品或服务，与企业终止业务关系的行为。客户流失也就意味着客户不再忠诚，客户放弃购买原企业产品，而转向购买其他企业的产品或服务。随着科学技术的发展和企业经营水平的不断提高，产品和服务的差异化程度越来越低，有些企业会过于看重在产品投放初期吸引客户，而在售后方面做得较差，使这种购买成为一次性交易，进而导致客户流失。调查表明，当前我国企业普遍存在客户交易流失的特点。

客户流失可以是与企业发生一次交易关系的新客户的流失，也可以是与企业长期发生交易的老客户的流失，可以是中间客户流失，也可以是最终客户流失。通常情况下，客户不满意会直接导致客户流失，流失的可能性与不满意程度成正相关关系。但是，需要注意一点，满意的客户不一定是忠诚客户，仍然有流失的危险。

（一）客户流失的原因

客户可能会由于种种原因而终止与企业的关系，一般来说，这些原因往往来自于两个方面：企业自身的原因和客户的原因。

1. 企业自身的原因

影响客户流失的因素与影响客户忠诚的因素是一样的，这些因素正面作用的结果就是客户忠诚，负面作用就导致客户流失。但客户不满意是影响客户流失的重要因素。

（1）当产品或服务质量没有达到标准或者经常出现故障时，容易导致客户流失。产品质量是企业的生命线。如果产品质量存在问题，企业便无法满足客户最基本的需求，进而损害客户利益。一旦客户利益遭到侵犯，必然导致客户流失；而服务是客户购买产品的重要附加值，如果企业的服务不能令客户满意，同样会导致客户流失。

（2）由于企业的诚信问题导致客户流失。客户最担心的便是和没有诚信的企业合作，一个企业如果出现诚信问题，将很难保持原有客户，这往往会导致客户流失。而企业销售人员为追求销售业绩的随意承诺则是导致企业诚信问题的一个重要原因。

（3）客户管理疏忽导致客户流失。有些企业过分关注一些对企业提供较大利润的大客户，从而忽略一些中小客户，导致中小客户在心里存在落差和不满情绪，这往往会导致一部分客户流失。

（4）当企业产品或服务落伍时，容易导致客户流失。任何产品或服务都有自己的生命周期，随着市场成熟及产品或服务的同质化，产品或服务带给客户的利益空间往往越来越小。若企业不能进行产品或服务创新，客户自然就会另寻他路，这也是直接导致客户流失的重要因素。

（5）企业内部员工跳槽导致客户流失。很多企业强调销售额、销量，而不注重企业与员工的关系管理，由此造成在很多时候，企业与客户的关系转变成企业员工与客户的关系，企业对客户便会缺乏影响力。这时，当企业员工由于跳槽而离开企业的时候，这些客户也会跟着员工离开，由此将会导致竞争对手实力增强。

2. 客户的原因

（1）竞争者的吸引导致客户流失。有些有价值的客户是企业之间竞争的首要对象，竞争对手很可能为了争取这种有价值的客户而提供更好的优惠政策、更高质量的服务，以及对产品的优化、创新，进而吸引客户，从而导致本企业客户流失。

（2）需求变化导致客户流失。客户需求不是一成不变的，随着社会环境的变化，客户的消费观念、消费习惯、消费需求都会发生变化。这些会导致客户需求变化，从而客户会将目标转到满足自己消费需求的产品或服务上，这也会导致客户流失。

（3）客观原因导致客户流失。在某些情况下，客户离开并不是由于自身原因，而是由于一些客户条件发生变化，如客户的搬迁、死亡，企业客户的破产等，这些原因是企业无法避免的。

（二）客户流失给企业带来的影响

流失一位重复购买的客户，不仅使企业失去这位客户可能带来的利润，还可能损失与受其影响的客户的交易机会，因为他们可能散布不利的言论，动摇和瓦解"客心"。此外，还可能会极大影响企业对新客户的开发。

客户忠诚于企业的时候，企业往往不珍惜。但是，当企业与客户关系破裂，客户流失成为事实的时候，企业如果不能尽快、及时地恢复客户关系，就可能造成客户永远流失。而他们很可能成为企业竞争对手的客户，壮大了竞争对手的客户队伍和规模。而一旦竞争对手由于客户多了，生产服务规模大了，成本得以下降了，就会对企业产生威胁。因此，不能听任客户流失。

客户流失，尤其是"好客户"流失，如同将企业釜底抽薪，让企业将多年投入于客户关系中的成本与心血付之东流，就像摩擦力损耗着机械系统的能量那样，客户流失不断消耗着企业的财力、物力、人力和企业形象，给企业造成的伤害是巨大的。

（三）有些客户的流失是不可避免的

新陈代谢是自然界的规律。企业客户也有一个新陈代谢的过程，特别是在今天的市场上，在各种因素作用下，客户流失的风险和代价越来越小，客户流失的可能性越来越大，客户关系在任意阶段、任意时点都可能出现倒退，不论新客户还是老客户，都可能会流失。此外，由于客户本身原因造成的流失，企业是很难避免的，是企业无能为力的和无可奈何的。

因此，虽然很多企业提出了"客户零流失"的目标，但是这个目标太不切合实际。幻想留住所有的客户是不现实的，就算能够做到，成本也会相当高，得不偿失。因为企业的产品或者服务不可能完全得到所有客户的认同，企业不可能留住所有客户。所以，企业应当冷静看待客户的流失，确保客户流失率控制在一个很低的水平。

（四）分析客户流失的原因

对客户流失原因的分析一方面是企业挽回客户的基础，另一方面也是企业未来设置防范体系的基础。因此，企业需要深入分析客户为什么会流失，究竟是企业自身原因导致客户流失，还是客户原因导致客户流失，以便下一步根据不同原因采取不同措施。

对于那些对企业价值贡献较大的客户，企业需要深入分析导致其流失的原因，极力挽回。若是由于企业自身原因导致重要客户流失，则需要针对流失原因，尽力弥补企业经营管理过程中的不足，以期待能够重新赢回客户。

对于那些价值偏低的客户，则需要分析是哪些原因造成了客户流失。如果是企业主动放弃这些客户，不需要挽回；但是，对于那些由于企业产品或服务质量等原因导致流失的客户，企业应该分析原因，找到导致这些问题的关键点，努力提高产品或服务质量，提高这部分客户的满意度，重新赢回客户。

由于不同类型的流失客户对企业利益的损失情况不同，因此，企业需要根据流失客户的类型，针对具体流失原因，采取有针对性的措施，如表 7.1 所示。在确定措施时企业应估计挽回客户所需花费的成本，以及挽回客户能够为企业带来的价值。

对于那些已经无法为企业带来价值、又是出于客户自身原因流失的客户，企业应该放弃，不需要在这些客户身上浪费时间和精力。因为即使企业想要努力挽回这些客户，这些客户也无法为企业带来丰厚的回报。

对于那些由于恶意欺诈离开的客户，企业应与这些客户终止业务联系。因为这些客户无法为企业带来价值，还会占用企业资源，对企业百害无利。

表 7.1　流失客户的挽回措施

客户对企业的价值	流失原因	
	企业	客户
大	弥补过失、尽力挽回	见机行事、努力挽回
小	见机行事	基本放弃

二、客户流失的分类

（一）流失客户的类型

从客户关系及客户满意度角度来看，流失客户主要有以下几种类型。

1. 被企业放弃的客户

企业由于某种原因，如技术更新、产品升级换代等，使企业原有部分目标客户不再满足企业现在对客户的要求，从而使企业主动放弃原有的部分客户。例如：某服装厂以前生产普通服装，客户一般定位在中低收入消费者，但后来由于该服装厂引进先进工艺，以及技术人员换代更新改为生产某些品牌服装，其目标市场即变为中高端市场，于是必须要主动放弃那些没有购买能力的低端客户。

2. 客户主动离开

客户由于对企业产品或所提供的服务不再满意，可能是质量方面的问题，也可能是服务方面的问题，并且企业没有及时对客户反映的问题及时处理，这时客户便会走向竞争对手。这类客户流失对企业的负面影响最大。

3. 被竞争对手吸引、挖走的客户

竞争对手通过向客户提供特殊的、经正常业务途径无法获得的物质利益的措施，将原本不属于企业的客户挖走；或是由于竞争对手推出功能和质量更高的产品或者服务，将本企业的客户吸引过去。

4. 被迫离开的客户

由于客户自身原因变化，如消费水平下滑、居住地点迁移等，使客户不得不与企业终止业务往来。这种客户流失是不可避免的，应该在弹性流失的范围内。

5. 其他原因离开的客户

除上述几种情况外，还有很多导致客户流失的原因。例如，企业员工跳槽带走客户；企业对市场监控不利，市场出现混乱，客户经营企业产品时不能获利而导致的客户流失等。

对流失客户进行分类，有助于制订客户流失的防范策略。根据以上分析如果，如果企业所提供的产品或服务并没有让客户感到不满，发生客户流失主要与客户自身的客观原因以及竞争对手采取的不正当手段有关，企业的客户流失就基本处于正常范围内。而如果存在"自己主动离开的客户"、"被竞争对手吸引走的客户"，以及其他原因导致的客户流失，则说明企业客户流失现象严重。而且，这些客户流失都是由企业自身原因造成的，必须认真加以对待。

（二）客户流失类型

基于以上客户流失的原因，客户流失可以分为四种类型：自然流失、恶意流失、竞争流失和过失流失。

1. 自然流失

客户自然流失不是人为因素造成的，如客户搬迁和死亡等。这样的客户流失是不可控制的，应该在弹性流失范围内，而且自然流失所占比例很小。例如，银行可以通过提供网上服务的方式让客户在任何地点、任何时候都能方便快捷地使用银行的产品和服务，减少自然流失的发生；大型连锁超市可以在尽可能多的地方设立连锁店和便利店，以方便搬迁客户购买。

客户自然流失是一种正常范围内的损耗。针对客户自然流失，企业应当实施全面质量营销。顾客要求的是较高质量的产品或服务，如果企业不能给客户提供优质产品或服务，终端客户就不会对他们上游的供应者满意，更不会建立较高的客户忠诚度。因此，企业应实施全面质量营销，在产品质量、服务质量、客户满意和企业盈利方面形成密切关系。

2. 恶意流失

恶意流失是从客户角度来说，一些客户为了满足自己的某些私利而选择离开原来的企业。这种情况虽然不多，但也会发生。例如，少数电信运营商的客户在拖欠了大额通信费用后，选择离开这家电信运营商，再去投靠别的运营商，从而达到不缴费的目的，等等。要避免这种类型的客户流失带来的不良后果，企业可以建立完善的客户信用管理机制：一方面，在客户初次与企业合作时让其登记必要的个人资料；另一方面，建立详细的客户信用档案，在开展业务时进行信誉评定。

3. 竞争流失

这种类型的客户流失是由于竞争对手的影响造成的。企业在竞争中为防止竞争对手挖走自己的客户，战胜对手，吸引更多客户，就必须向客户提供比竞争对手更具有让渡价值的产品。这样，企业才能提高客户满意度，并增大双方深入合作的可能性。

4. 过失流失

除去上述三种情况外的客户流失统称为过失流失。之所以用这个名字，是对企业而言的，因为这些客户的流失都是由企业自身工作中的过失造成的。这种类型的流失是占客户流失总量最高，带给企业的影响最大，也是最需要重点考虑的。下面给出几条建议。

（1）以优质的标准提供"一对一"的超值服务。

（2）与客户建立朋友关系。

（3）满足客户"喜新厌旧"的需求。

（4）建立良好的企业形象。

总之，企业经营的核心应该是从"以产品为中心"转变到"以客户为中心"，但并不是以所有客户为中心，而是应该以挑选出的一部分客户为中心。因为企业资源有限，所以应该只选择那些具有盈利价值的客户群体为中心。

案例 7.2

中国联通在 4G 时代下的客户流失

中国移动、联通和电信三大运营商公布了 2015 年 5 月的运营数据。坐拥 8 亿手机客户的中国移动在 4G 上打了一个翻身仗，把与联通和电信的优势继续扩大。

2015 年 5 月，移动的 3G 客户虽然流失了 656.6 万，但 4G 客户净增 1 718.8 万，4G 总客户超过 1.7 亿；电信保持了稳定增长，5 月客户净增 91 万；联通的数据则令人失望，单月客户流失 191.3 万，已经连续 4 个月出现客户净流失，4 个月的时间流失客户近 900 万。

因为失去了 4G 业务的先发优势，仅仅一年半的时间，联通就在与对手的竞争中处处落于下风。由于没有单独区分 3G 和 4G 客户数，联通只公布了其 5 月"3G/4G 客户增加 73.2 万"，这个数据对比移动的 1 718.8 万 4G 新增客户，实在颇为"寒酸"。

关于客户流失的问题，中国联通集团综合处相关人员表示，主要是 4G 牌照 FDD 发放晚，导致联通的 4G 竞争优势没有发挥出来；同时联通还面临着整治黑卡客户、实名制、营改增以及营销费用压降等问题，综合导致了客户数出现持续下滑。

（1）4 个月流失 900 万客户

中国联通 5 月份运营数据显示，其客户数已经连续 4 个月下滑，5 月再次减少 191.3 万户，总客户数减少至 2.9 亿户。事实上，联通客户数流失早有先兆。2015 年 1 月，联通客户净增长仅 8.3 万，而此前的 2014 年，联通平均每月客户数都保持在几十万以上的增长规模。从 2015 年 2 月开始，联通客户数出现大幅下跌，当月客户数下降 282.1 万。紧接着，3—5 月一路大滑坡，分别流失了 160.9 万、253.2 万和 191.3 万客户，4 个月共流失近 900 万客户。

反观竞争对手中国移动和中国电信，客户数则是不降反升：中国移动 2015 年 5 月净增客户数 37.3 万，4G 客户净增 1 718.8 万，2015 年 1—5 月，累计净增 970.1 万客户。中国电信 2014 年也一度连续几个月客户数持续下滑，导致 2014 年全年仅净增 4 万客户数。但 2015 年电信开始逆转颓势。数据显示，2015 年 5 月份电信客户净增 91 万，2015 年 1—5 月客户数累计净增 506 万客户。

2013 年 12 月初，工信部率先发放了对移动更为有利的 TDD 制式 4G 牌照，让移动获得了 4G 业务的先发优势。在短短一年半的时间里，移动已经建设了超过 70 多万个 4G 基站，覆盖了全国超过 300 多个城市；截至 5 月底，移动的 4G 总客户超过 1.7 亿，将联通远远甩在了身后。

而中国联通和中国电信直到 2015 年 2 月 27 日，才获得工信部发放的 FDD 制式 4G 牌照。虽然同时拿到牌照，但电信在 4G 业务上调整较快，因此发展势头较好。

（2）多种因素引发客户流失

除 4G 业务外，联通表示，整治黑卡、实名制、营改增以及营销费用压降等因素也制约了其客户数的增长。

2015 年 1 月 1 日起，工信部、公安部和工商总局在全国联合开展为期一年的电话"黑卡"治理专项行动，要求电信运营商企业到 2015 年底客户实名登记须达 9 成以上。这导致不少未进行实名登记的手机卡被停止服务。

数据显示，国内未进行实名登记的手机卡客户数超过 1 亿多，因此运营商还将进一步对客户数"挤水分"。此外，从 2015 年 6 月开始，三大电信运营商按照国资委安排，开始压降营销成本。中国联通开始寻求营销模式转型，采取推广话费补贴的模式代替原来的手机补贴模式，从而使其补贴幅度下降严重：2013 年，联通手机补贴总额是 77.98 亿元，而 2014 年只有 46.45 亿元，同比下降 40.4%。2015 年的补贴力度也未有改善。中国联通 2015 年一季度财报显示，销售费用 74.95 亿元，同比下降 38.31%，其中的主要原因就是持续推进营销模式转型、各项销售费用支出有较大幅度下降。

面对客户数持续流失，联通也在做挽救工作，例如增加对新老客户的优惠措施。但在独立电信分析师付亮看来，在竞争对手移动和电信的猛烈攻势下，这些挽留起到的效果并不明显。相关人员认为，中国联通本来可以利用占据优势的 3G 网络，在移动的 4G 网络发展初期获得一个追赶移动的时间窗口，但是联通在发展政策上摇摆不定，已经错过了这个赶超的黄金时期。数据显示，联通 3G/4G 客户目前已达 1.5 亿户，因为中国联通目前强调 3G 和 4G 一体化发展，并未单独将 4G 客户单独列出，因此未知 4G 客户详细数据。但业内预计发展效果未达预期。

启发思考：造成中国联通在 4G 时代下的客户流失原因有哪些？联通应该采取哪些措施来应对？

三、区别对待流失客户

由于不同客户为企业创造的价值不同，所以企业应该针对不同种类的流失客户来分析客户状况。比如，有些大客户是企业价值的主要贡献者，可以为企业带来高额回报，但是有些小客户只能为企业带来很微薄的收益。同样，在流失的客户中也有大客户、小客户之分。因此，企业需要分析流失客户中有多少是重要客户，有多少是小客户。一般来说，重要客户、大客户的流失给企业带来的损失更为严重，企业需要对这部分客户流失加以重视。

由于不是每一位流失客户都是企业的重要客户，所以，如果企业花费了大量时间、精力和费用，留住的只是使企业无法盈利的客户，那就不值得。因此，在资源有限的情况下，企业应该根据客户的重要性来分配投入挽回客户的资源，挽回的重点应该是那些最能盈利的流失客户，这样才能实现挽回效益的最大化。

针对不同级别的流失客户，企业应当保持以下态度。

1. 流失客户有被挽回的可能

有人认为，客户一旦流失，便会一去不复返，再也没有挽回的可能，这种认识是片面的。研究显示，对流失客户进行挽回，每 4 个中会有 1 个可能成功，而向潜在客户和目标客户销售，每 16 个才有 1 个成功。这其中的原因主要是：一方面，企业拥有流失客户的信息，他们过去的购买记录会指导公司如何下功夫将其挽回，而对潜在客户和目标客户，公司对其了解要薄弱得多，不知所措；另一方面，流失客户毕竟曾经是我们的客户，对企业有了解、有认识，只要企业下足功夫，纠正引起他们流失的失误，他们还是有可能回归的。可见，争取流失客户的回归比争取新客户容易得多，而且只要流失客户回头，他们就会继续为我们介绍新客户。

所谓流失客户的挽回，是指恢复或重建与已流失客户之间的关系，主要是针对那些曾经是企业客户，但后来由于某种原因终止与企业合作关系的客户。一方面企业拥有大量关于该类客户的数据信息，便于分析其行为特征和购买偏好等；另一方面，由于该类客户可能是由于不满意企业的产品或服务质量而离开的，因此要改变企业在该类客户心中的形象，使其重新使用企业的产品，这绝非易事。这时就需要企业合理规划流失客户的挽回策略，尽可能多地挽回流失客户。

2. 对流失的关键客户要极力挽回

一般来说，流失前能够给企业带来较大价值的客户，被挽回后也将给企业带来较大价值。因此，给企业带来价值大的关键客户应是挽回工作的重中之重，他们是企业的基石，失去他们，轻则会给企业造成重大损失，重则伤及企业元气。所以，企业要不遗余力地在第一时间将关键客户挽回，而不能任其流向竞争对手，这也是企业必须做和不得不做的事情。

3. 对流失的普通客户要尽力挽回

普通客户的重要性仅次于关键客户，而且普通客户还有升级的可能。因此，对普通客户的流失要尽力挽回，使其继续为企业创造价值。

4. 对流失的小客户可见机行事

由于小客户价值低，对企业又很苛刻，数量多且很零散，因此，企业对这类客户可采取冷处理，顺其自然，如果不用很吃力，或者是举手之劳，则可以试着将其挽回。

5. 彻底放弃根本不值得挽留的劣质客户

例如，以下情形的流失客户根本就不值得挽回。

（1）不可能再带来利润的客户。

（2）无法履行合同规定的客户。

（3）无理取闹、损害了员工士气的客户。

（4）需要超过了合理的限度，妨碍企业对其他客户服务的客户。

（5）声望太差，与之建立业务关系会损害企业形象和声誉的客户。

总之，对有价值的流失客户，企业应当竭力、再三挽回，最大限度地争取与他们"破镜重圆"、"重归于好"；对其中不再回头的客户也要安抚好，使其无可挑剔、无闲话可说，从而有效阻止他们散布负面评价而造成不良影响；而对没有价值甚至负价值的流失客户则抱放弃的态度。

四、识别及防范客户流失

（一）识别客户流失

1. 基于客户的指标

相关客户指标主要包括客户流失率、客户保持率和客户推荐率等。

客户流失率直接反映了企业经营与管理现状，是客户流失的定量表述，是判断客户流失的主要指标。其计算公式为

$$客户流失率 = 客户流失数/消费人数 \times 100\%$$

客户保持率反映了客户忠诚程度，是企业经营和管理业绩的重要体现，是客户保持的定量表述，也是判断客户流失的重要指标。其计算公式为

$$客户保持率 = 1 - 客户流失率$$

客户推荐率是指客户消费产品或服务后介绍他人消费的比例。

以上指标信息可通过客户调查问卷形式获得。

2. 基于市场的指标

市场也是衡量客户流失的有效手段，基于市场的指标主要包括：市场占有率、市场增长率、市场规模等。通常情况下，客户流失率与上述指标成反比。企业可通过市场预测统计部门获得这部分信息。

3. 基于收入利润的指标

基于收入利润的指标主要包括：销售收入、净利润、净收益等。通常客户流失率与上述指标成反比。企业可以从营业部门和财务部门获得这部分指标信息。

4. 基于企业竞争力的指标

在市场竞争如此激烈的时代，一个企业所流失的客户必然是另一个企业所获得的客户。一个企业的竞争力越强便越容易获得客户，由此了解一家企业的竞争力，便可以了解这家企业的客户流失率。客户流失率与企业竞争力的大小成反比。企业可以借助行业协会开展各类诸如排名等统计信息，进而获得上述所需要的信息。

（二）防范客户流失

1. 实施全面质量管理

客户关系管理的中心内容就是最大程度地达成客户满意，为企业创造最大价值。提供高质量的产品或服务，是创造价值和达成客户满意的前提。而实现全面质量管理，有效控制影响产品和服务质量的各个环节、各个因素，是创造优质产品和服务的关键。

通用电气公司前董事长杰克·韦尔奇说过："质量是通用维护客户忠诚度最好的保证，是通用对付竞争者的最有力的武器，是通用保持增长和盈利的唯一途径。"可见，企业只有在产品质量上下功夫，保证产品的耐用性、可靠性、精确性等价值属性，才能在市场上取得优势，才能为产品的销售及品牌推广创造出一个良好的运作基础，也才能真正吸引客户，留住客户，减少客户流失。

补充阅读

阜阳石油：用心服务，赢回流失客户

"受台风'苏迪罗'影响，我市会普降大雨并伴有大风，请苏老板注意油罐防水和行车安全，如需帮助请电话联系，中石化阜阳泉北站小杨。"编辑好短信后，杨站长立即按了发送键。"谢谢你的用心服务！"苏老板很快回了短信，看着这位流失近1个月的客户首次回信，杨站长百感交集。

这位苏老板被杨站长的执著服务打动了，他是泉北站的大客户，拥有10多辆工程车辆，还经营一家实力雄厚的物流公司，管理20多辆货运车辆。以前他所有车辆都是在泉北站加油，近期突然一辆车也不来加油了，杨站长百思不得其解。尽管如此，杨站长还是一如既往地尽心服务好这位客户，及时给他发送油品价格信息、优惠措施、油品管理知识、天气信息和注意事项等服务信息，节日电话问候、登门拜访此类的维护客户措施都做得相当到位，可是这位客户还是面不让见、短信也不回。

杨站长决定再次登门拜访苏老板，这次却顺利地进入了他的办公室，苏老板还热情地握住杨站长的手。"不好意思，有位朋友介绍从地炼进的油，被价格便宜迷惑，我就……"苏老板明知来意，忙着解释。"苏老板，小厂的油可能价格是便宜了，因炼油技术不合格，指标达不到要求，会造成您车辆的故障率上升，设备维修费增加，并加速车辆老化，这笔账算下来可比油价高多了。"杨站长诚恳地说。

"你刚进的那几辆新车，除了要加注国Ⅳ标准柴油外，还要定期给车辆加车用尿素溶液。这样可以减少柴油车尾气排放，节能环保；还能促使发动机内实现高温燃烧，省油动力又足。一辆重型柴油车每100升柴油加注5升的车用尿素溶液，油耗可以降低5%～7%。"扎实的专业服

务让苏老板投来佩服的眼光。

　　"我也有点后悔，经你这么一介绍，我才明白近期车辆维修费居高不下的原因。你们石化不仅油品质量好，服务还很专业，而且还很用心、执著，放心吧，明天还回你们站加油！"苏老板再次紧握住杨站长的手。

2. 重视对客户抱怨的处理

　　客户抱怨是客户对企业的产品或服务不满的反应，表明企业在经营管理中存在缺陷。很多企业对客户抱怨持敌视态度，对客户抱怨感到厌恶和不满，认为会有损企业的声誉，这种看法是不对的。其实，客户抱怨是推动企业发展的动力，也是企业创新的信息源泉。

3. 建立内部客户体制，提升员工满意度

　　员工满意度增加会使员工提供给客户的服务质量增加，并最终使客户满意度增加。20世纪70年代，日本企业崛起的一个重要原因就是日本企业采用了人性化的管理，极大地提升了员工的满意度，由此激励员工努力工作，为客户提供高质量的产品。

4. 建立以客户为中心的组织机构

　　拥有忠诚客户的巨大经济效益让许多企业深深认识到，与客户互动的最终目的并不是交易，建立持久的客户关系才是最终目标。在这种观念下，不能仅仅把营销部门看成唯一的对客户负责的部门，而企业的其他部门却各行其是。客户关系营销要求企业的各个部门、每一位员工都以客户为中心，所有工作都建立在让客户满意的基础上，为客户增加价值，以客户满意为中心，加强客户体验，让客户达到长期满意。

5. 建立正确的客户关系评价体系

　　只有及时对客户关系的牢固程度作出衡量，才有可能在制订防范措施时有的放矢。客户关系评价方法相似，一般都是采用一系列的可能影响客户满意度的指标来进行衡量，然后对每一项指标的得分进行加总，最后得出结论，看看客户在多大程度上信任企业，企业在多大程度上对客户需求作出了适当反应。通过评价，可以分辨客户关系中最牢固的部分和最薄弱的部分，还可以分辨出最容易接纳的客户关系和有待加强的客户关系。

6. 建立客户流失防范体系

　　针对由于不同原因流失的客户，企业可以建立客户流失防范体系来预防客户流失，其主要措施包括以下几种。

　　（1）树立"客户至上"的观念，切实提高产品或服务质量，以保证客户最基本利益不受侵害。一旦发现企业产品或质量存在问题，要在第一时间联系客户，弥补客户损失，让客户切实感受到企业对客户的关怀。

　　（2）增强与客户之间的互动，注重与客户的沟通。可以通过日常拜访、节日问候、有针对性的访谈等方式来加强企业与客户之间的联系，切实提高客户满意度，使客户可以忠诚于企业。

　　（3）确定客户流失预警点。企业可以根据自身发展状况、行业特点以及竞争对手的情况，设置客户流失警戒点，以此来了解客户流失情况。有些企业会根据不同客户类型设置不同警戒点，如为大客户、中等客户、小客户设置不同的预警点。

~~补充阅读~~

流失客户藏商机：中石油济南分公司锁定"可挽回客户"

2016年，中石油济南分公司加大客户开发力度，突出做好流失客户挽回工作，充分利用现有政策开展客户回流工作，锁定了可挽回的目标客户。

一是梳理2015年以来的流失客户，尤其是销量较大的客户，安排油站比对卡系统逐一核对客户消费信息，组织岗位、片区、油站对流失客户采取电话、实地对销量较大流失客户逐一回访，本着先易后难、先大后小的原则制订针对性措施，灵活应用现有卡政策，努力争取客户回笼。

二是开展2015年度第三次客户普查工作，加大普查真实性的抽查审核，建立普查考核机制，通过电话抽查和实地调查的形式对油站和片区的普查真实性进行严格考核，由此建立通过审核的客户普查档案。

三是落实好定期对主要竞争对手重点油站的蹲点调查制度，明确月度调查计划，充分应用现有卡政策，努力争取竞争对手的客户。

四是落实好货车集中停放地的客户调查工作，按照前期制订方案，督促片区和油站做好落实，由于集中停放地的客户落脚时间长，有充裕交流时间的优势，要加大过路客户开发力度。

五是做好降价期间新增客户持续开发和维护工作。公司要求所有降价站点降价期间做好客户信息收集工作，进行客户信息储备，目前各相关站的收集信息已全部报送，公司督促这些油站做好后期客户维护和继续开发工作。

六是加大新开发客户的奖励力度，在原有发卡奖励政策的基础上，对完成任务的油站加倍奖励，并结合充值额给予额外奖励，提升油站新开卡积极性。

第二节 客户保持

一、客户保持概述

客户保持是指企业维持已经建立的客户关系，并通过实施合适的客户保持策略，使客户关系的生命周期尽可能延长，使客户不断重复购买企业产品和服务，不断强化客户关系的保持意愿，进而实现客户价值和客户关系价值最大化。客户保持是客户关系管理的一个基本目标，从客户关系管理的角度来说，就是要使客户长期满意，所以这并不是一个一次性的交易。想要实现长期稳定的、有利可图的客户重复购买，就先要理解是什么促使客户重复购买其产品和服务，以及企业要通过哪些手段来提高客户满意度，从而达到客户保持的目的。

（一）客户保持的意义

1. 减少企业成本和增加企业利润

每个企业开发新客户都需要投入大量成本，让新客户完全信任企业，并最终从企业购买产品和服务，这是一个很长的过程。例如要对新客户开展广告宣传，并需要工作人员对其详细介绍等，这都涉及一些费用。而保持老客户则不需要过多依靠雇员来了解情况，只需要定期根据客户购买能力和客户主要需求对其进行经常性的提醒，加深客户对其品牌的印象。相对来说，保留老客户能为企业省下一大笔交易成本以及客户开发成本，进而增加企业利润。

2. 客户保持引起的口碑效应促进企业销售

企业之所以会保持这些客户，主要是由于客户对企业满意并且忠诚，而不单单是客户保留。一个忠诚客户，或者说一个客户如果对企业满意度较高，他会愿意把自己的这种感觉告诉他人，这就是一种潜在的宣传，并且这种宣传效果要比公司斥巨资打广告的效果好很多。从这个角度来说，这种客户之间的口碑效应对于产品销售有很大的促进作用。

3. 做好客户保持的客户不需要经常使用价格优惠

大部分情况下，企业为了获得一个新的客户，往往会给予其一定的优惠政策，其中价格优惠是最常用的。对于一些对企业满意度较高的忠诚客户来说，他们在乎的往往是企业的高品质服务，以及企业的高质量产品，而往往对产品价格并不是十分敏感，甚至他们会为了获得以往高水准的服务而支付较高的价格。可见，对老客户的保持能够大大节省这一部分价格优惠的成本。

（二）客户保持的影响因素

1. 客户自身对客户保持的影响

（1）文化因素

文化、亚文化和社会阶层等因素对客户保持具有最广泛和最深远的影响。人类行为是通过学习而形成的，这期间要受到来自家庭和其他社会环境的影响，必然会带有某种文化的印记。亚文化群体，如民族群体、宗教群体、种族群体和地理区域群体等，能为其中的成员带来更为具体的认同感和共同特性。社会阶层是指社会中具有相对同质性和持久性的群体。来自同一社会阶层的人，其行为要比来自两个不同社会阶层的人更为相似，同一阶层的成员往往具有类似的价值观、兴趣爱好和行为方式。此外，社会阶层不是一成不变的，它是由职业、收入、财富、教育和价值观等变量共同决定的。当客户社会阶层发生变化时，其消费模式也会发生改变。

（2）社会因素

客户保持受到诸如参照群体、家庭、社会角色与地位等一系列社会因素的影响。参照群体是指那些直接或间接影响人的看法和行为的群体。客户受到参照群体的影响表现在参照群体为客户展示出新的行为模式和生活方式，而由于客户有效仿参照群体的愿望，因而对某些事物的看法和对某些产品的态度必然会受到参照群体的影响，从而使行为趋于某种"一致化"。例如，客户在决定其购买和重复购买行为时往往会受到其他人对该产品"口碑"评价的影响。一个人在其一生中会参加许多群体，如家庭、俱乐部等。每个人在各个群体中的地位和角色都会在一定程度上影响其作为客户被保持的时间。

（3）个人因素

客户保持也受到其个人特性的影响，特别是受其年龄所处的生命阶段、职业、经济状况、生活方式、个性以及自我概念的影响。生活方式是一个人在世界上所表现出的有关其活动、兴趣和看法的生活模式。个性是一个人所有的生理特征，它导致一个人对其所处环境的相对一致和持续不断的反应。

（4）心理因素

客户保持还受到动机、知觉、学习以及信念和态度等属于客户自身心理因素的影响。动机是一种升华到足够强度的需要，它能够及时引导人们去追求满足需要的目标。人们对于刺激物的理解是通过感觉进行的，感觉通过大脑进行分析综合，就形成了知觉。学习是指由于个人经验而引起的行为改变。通过学习和行为，人们形成了自己的信念和态度，而信念和态度又反过来影响人们的购买行为。所谓信念，是指一个人对某些事物所持有的描述性思想。态度是指一个人对某些事物或观念长期持有的好与坏在认识上的评价。企业无法左右客户动机，但是可以通过积极促销等活动方式和良好的品牌形象、质量等去影响客户，从而使客户对本企业产品形成良好的信念和态度，进一步加强客户保持。

2. 客户满意与客户保持有正相关关系

客户满意是导致购买甚至重复购买的重要因素。客户对其商品或服务购买后，会形成一种高兴或是失望的心理感受，这种感受将直接影响客户是否会继续购买企业产品或服务。客户在一次满意的购买后，这种满意的消费经验会指引客户以后的购买方向，进而形成客户对企业品牌的一种固定信念。在此以后，客户为了减低自己的购买风险，会形成对企业产品的习惯购买，同时企业也达到了客户保持的目的。另外，企业还可以从建立顺畅的沟通渠道、及时准确地为客户提供服务、提高产品的核心价值和附加价值等方面来提高客户满意度。

3. 客户生命周期对客户保持的影响

在不同生命周期阶段，客户保持具有不同特点。一般来说，考察期是客户关系的孕育期，是双方关系的试探阶段，客户转移成本较低，客户不易保持，容易流失；形成期是客户关系的快速提升期，由于关系双方有了一定了解，客户流失率有一定下降，但客户保持的难度和风险仍然较高；在稳定期，客户从稳定的交易关系中能够获得越来越多的便利，节省了转移成本，客户越来越趋于稳定，这时客户保持的风险最小，难度最小，收益最大；退化期，可能发生在考察期、形成期、稳定期三个阶段中的任一时点，在这一时期，关系双方或一方正在考虑结束关系，甚至在寻找候选关系伙伴。这时企业如果不想放弃客户，并愿意修复客户关系，从而保持客户，就要首先找到关系退化的原因，调整产品，提高服务质量，但这有一定风险，难度也较大。

二、有效客户保持

（一）有效客户保持的途径

越来越多的企业管理层意识到有效客户保持的重要性，有效客户保持的途径如下。

1. 建立和管理并充分利用客户数据库

为使企业与客户之间建立长期持久的联系，企业必须重视客户数据库的建立和管理工作，并利用一些现代通信技术，如开发公司的微信公众号等，定期向客户发送一些产品的调整信息或新产品的发售信息，进而与客户保持密切自然的联系。企业还要注意利用数据库来开展客户关系管理，应用数据库来分析现有客户情况，并找出客户数据与购买模式之间的联系，以及为客户提供符合他们需求、符合他们购买能力的产品和相应服务。

2. 通过客户关怀提高客户满意度与忠诚度

客户关怀应该贯穿于客户从购买前、购买中到购买后的客户体验的全部过程。购买前的客户关怀活动主要是在提供有关信息的过程中沟通和交流，这些活动能为以后企业与客户建立关系打下基础。购买期间的客户关怀与企业提供的产品或服务紧密联系在一起，包括订单的处理以及各个相关细节都要与客户期望相吻合，满足客户需求。购买后的客户关怀活动，主要集中于高效跟进和圆满完成产品维护和修理的相关步骤。售后跟进和提供有效关怀，其目的是促使客户重复购买行为，并向其周围的人多作对产品有利的宣传，形成口碑效应，从而实现客户保持。

3. 利用客户投诉或抱怨分析客户流失原因

企业在经营过程中，难免会遇到客户对企业产品或服务不够满意，进而产生不好情绪，产生客户抱怨以及客户投诉，甚至会导致客户流失。企业为了保持客户，必须分析客户流失的原因，尤其是分析客户的投诉和抱怨。客户对某种产品或服务不满意时，可以说出来，也可以一走了之。如果客户拂袖而去，企业连了解他们不满的机会都没有，更别说消除客户不满了。相反，投诉、抱怨的客户仍给了企业弥补的机会，只要消除他们的不满情绪，他们极有可能再次光临。因此，企业应该充分利用客户投诉和抱怨这一宝贵资源，不仅要及时解决客户不满，而且应该鼓励客户提出不满意的地方，以改进企业产品质量和重新修订服务计划，从而实现客户保持。

（二）有效客户保持策略

客户保持过程中，进行的主要工作分为两类：第一类是对企业不可控因素的分析和把握。这方面的工作主要有熟记客户基本资料、以往交易记录、社会统计学资料等，然后对流失客户和忠诚客户进行分析，提取出其中的规律性知识，分析流失客户有哪些特征，忠诚客户有哪些特征，这些都有利于在客户保持中采取不同策略。第二类是对企业可控因素的改善，其目的是提高客户价值，以便在市场竞争中获得优势，促使客户保持水平提高。一般来说，企业可以从以下5个方面来提高客户保持水平。

1. 注重产品质量

长期稳定的产品质量是保持客户的根本。高质量的产品本身就是客户保持的强力推进剂，这里的质量不仅是产品符合标准的程度，更应该强调的是企业要不断根据客户的意见和建议，开发出真正满足客户喜好的产品。因为随着社会发展和市场竞争加剧，客户需求正向个性化方向发展，与众不同也成为一种时尚。一些企业为抓住市场，已经开始了针对不同客户提供不同产品和服务的尝试，并取得了令人瞩目的效果，如海尔公司的按单生产。企业必须紧跟现代科技发展步伐，不断提高产品和服务的知识含量，更好满足客户需要，同时与客户构筑起竞争对手的进入堡垒，提高客户保持的效果和效率。

2. 保证优质服务

在激烈的市场竞争中，服务与产品质量、价格、交货期等共同构成企业的竞争优势。由于科技发展，同类产品在质量和价格方面差距越来越小，有差距的只是服务方面。如今客户对服务要求越来越高，大多数客户不满不是因为产品本身，而是由于服务问题，客户能够用双眼观察到的质量往往比产品本身的质量重要得多。他们往往把若干因素掺杂在一起，如产品或服务的可信度、一致性、运货速度与及时性，书面材料的准确度、电话咨询时对方是否彬彬有礼、传递信息的价值、员工精神面貌等，所有这些因素都很重要，其中一些甚至非常关键。

再好的服务也不能使劣质产品成为优等品，但劣质的产品会因劣质的服务而失去客户。客户保持通过现代化的客户接触手段提供了健全沟通渠道的可能，企业必须能够及时听到客户反馈的意见和建议，以及客户的独特需求，同时建立灵活系统的反应机制和管理机制，能够妥善处理客户意见，科学存储客户信息，并将客户信息与企业的生产、营销和服务等工作联系起来。例如，根据客户需求制订生产计划；根据客户群特性制订专门的营销计划，以利于保持其忠诚性；对客户提出的意见及时作出反馈，并有专人负责处理等。

3. 提升品牌形象

面对日益繁荣的商品市场，客户需求层次有了很大提高，他们开始倾向于商品品牌的选择，偏好差异性增强，习惯于指名购买。客户品牌忠诚的建立，取决于企业产品在客户心目中的形象，只有让客户对企业有深刻的印象和强烈的好感，他们才会成为企业品牌的忠诚者。

4. 保持价格优惠

价格优惠不仅仅体现在低价格上，更重要的是能向客户提供他们所认同的价值，如增加客户的知识含量，改善品质、增加功能，提供灵活的付款方式和资金的融通方式等。如果客户是中间商，生产企业通过为其承担经营风险而确保其利润也不失为一种具有吸引力的客户保持策略。例如，在产品涨价时，对已开过票还没有提走的产品要提价；在产品降价时，中间商已提走但还没售出的要降价。

5. 加大感情投资

真正的客户保持应该建立在信任、守信、交流和理解的基础上，情感交流是客户保持深入发展的必然要求。随着客户保持的时间延长和客户关系的深入发展，情感因素变得越来越重要，它是客户对企业忠诚的原因，也是客户长期光顾和重复购买的决定性因素。所以企业必须在员工中建立起以关系为基础的客户保持观念，要求员工注重所有营销细节，传递给客户相互信任、相互尊重、友善的信息。一旦与客户建立了业务关系，就要积极寻找商品之外的关系，用这种关系来强化商品交易关系。例如，记住个人客户的生日、结婚纪念日，企业客户的厂庆纪念日等重要日子，采取适当方式表示祝贺等。对于重要客户，负责人要亲自接待和走访，并邀请他们参加本企业的重要活动，使其感受到企业所取得的成就离不开他们的全力支持。对于一般客户，可以通过建立俱乐部、联谊会等固定沟通渠道，保持并加深双方的关系。

~ 案例 7.3

移动通信业的客户保持

中国移动通信市场经历了客户数量高速膨胀的发展阶段，目前新客户增加放缓，增量市场趋于饱和，但市场竞争却日益激烈，客户离网率居高不下。竞争态势已由获取新客户的"增量"竞争转变为保持现有客户并且吸引对手的客户的"存量"竞争。3G、4G 是对移动通信市场的重新划分，随着新竞争者的加入，意味着又一轮客户争夺战的到来。

在移动客户保持管理实践中，又凸现以下几个困惑：第一，我国移动客户群体庞大，中低端客户在不同运营商网间流动性强，不存在明显的客户忠诚特征。运营商过度采用超低话费、赠手机等非理性竞争手段，更是降低了客户转网壁垒，促进了这样的网间流动，弱化了客户忠诚。传统的客户忠诚理论对这些客户保持问题分析遇到了困难。第二，尽管移动客户数在持续增长，可是客户ARPU值（平均每客户每月收入）逐年下降，运营商利润走低，"增量不增收"，说明存在潜在的客户价值流失危险。过去的研究核心是如何保持客户不离网，而对客户保持并没有涉及。第三，对客户保持管理凭经验和直觉，缺乏关于移动客户保持及其具体影响因素的系统性研究。因此，客户保持成为移动运营商迫切需要解决的问题之一。随着行业竞争愈来愈激烈和获得新客户的代价愈来愈大，保持原有的客户工作就愈来愈有价值。谁能留住那些能给企业带来丰厚利润的有价值客户，并赢得客户长久的信任与支持，谁就能获得满意的客户投资回报，进而赢得持续的竞争优势。

中国的移动通信业曾经长期处于独家垄断的局面，移动运营商根本无须担心客户的流失，每年新增加的客户远比流失的客户多，总的客户数和营业利润在一定时期内处于高速增长阶段，因此较少关注客户保持。但是这种高速成长的阶段不可能一直持续下去，在日益成熟的移动市场，客户保持的影响日益显现出来，优质客户无法得到保持。这对公司的影响甚大，不但使公司开发客户时投入的成本难以回收，而且使目前已稳定的收入水平直线下降，还会让竞争对手日渐强大。

有学者对电信市场的客户保持进行了广泛的研究，研究表明，影响客户保持的主要因素如下。

（1）客户满意度。运营商产品价格、人员服务和网络服务的客户满意度直接影响客户保持。

（2）转换成本。即客户在不同运营商之间转换付出的成本，包括违约的成本和已经享受利益的损失（如客户忠诚度回报）。研究结果显示，在相同满意度水平下，转换成本高则客户忠诚度高，客户保持容易；反之则客户忠诚度低，客户保持困难。

（3）号码可携带。电信客户在不同运营商之间转网，客户号码不需要改变，对客户保持影响较大。号码可携带的市场中客户保持困难的可能性更大。

（4）客户生命周期。出于不同客户生命周期阶段的客户保持有所差别，ATT的研究结果表明，客户在入网的1~11个月内和61个月以上的离网可能性较大。

无论移动通信市场的客观环境怎样变化，客户保持的关键因素还在于客户需求是否能得到切实有效的满足。网络技术、通信产品、网络覆盖、运营支撑、查询、计费、缴费、受理投诉等通信服务质量，决定了客户所感知的企业信誉、服务质量，最终影响了客户保持。

（1）普通客户的离网原因。一是价格因素。普通客户集中了绝大部分低、中端客户，而大客户、商业客户集中的是高中端客户。相对高中端客户来说，低端客户对业务产品价格较为敏感，在竞争对手低价格诱惑下极易转向他网，且在通信市场竞争日益激烈的今天，转网成本越来越小。二是服务水平因素。在提倡差异化服务的今天，运营企业都不同程度地加大了服务力度，但对大客户、商业客户的服务质量明显优于普通客户。虽然对于普通客户服务质量都能达标，但在决定客户满意度的适应性服务质量上却无法与大客户、商业客户相比，因而普通客户满意度难以得到提高，客户保持效果较差。三是营销政策的差异性导致普通客户保持难度大。大客户、商业客户相对来说，具有较强的谈判能力，较宽松的营销政策。在当前中国电信各级企业中，普通客户在很大程度上只能承担起维护、服务的功能，在市场营销上很难承担全部营销重任。

（2）大客户转网原因。大客户是竞争对手积极争夺的对象，目前，许多运营商对大客户采取主动营销，如上门服务、赠送手机、话费打折和积分等优惠政策。大客户通常对话务质量和业务服务水平要求高，对资费敏感性差，喜欢使用高价值品牌。但部分大客户在运营商赠送手机和 SIM 卡等优惠条件下，将会同时拥有多个运营商的号码。减少大客户这种变相离网，需要更加个性化的客户保持策略。

（3）客户集体离网原因。这类客户通常为一个客户群，群内话费采取固定费用包月制，免月租，有一定数额或比例报销的对公统一账户，群内通话比例高，通常发生在一个交换局或一个小区覆盖范围内。在竞争对手更优惠的条件下，集体转网。转网初期，作呼叫转移到其他运营商号码。对公账单话费下降剧烈，呼叫转移次数与通话比率增大明显。

根据上述客户保持效果不佳的原因分析，移动公司可以深入把握不易保持的客户群特点，以采取相应的客户保持策略。如可以对收入较低的客户，根据客户细分结果，针对各种客户不同的消费偏好，提出相应的资费策略；对那些高收入客户，还可根据方便客户的原则，为客户提供多种多样的付费方式。为有效实施以上措施，企业应在战略目标、组织结构、营销策划定价手段和品牌管理机制等方面进行调整和改进。

（1）确立长远的战略目标。长远的企业目标实际上是一种精神，是企业的努力方向。确立了长远的战略目标之后，企业就可以着手制订分阶段的营销策略：即在不同阶段，企业的发展重点是什么；企业应该力保什么市场，力推什么业务，每一阶段的产品是否具有连续性等，进而制订分步骤的实施方案。

（2）调整建立新的组织结构。建立整体协调的组织结构，再造企业管理流程和业务流程，在组织结构上以客户需求为导向，针对不同的客户群提供个性化的服务，设计满足不同需求的产品，实施"一对一营销"。同时，建立综合的技术支持中心为统一的后台支撑平台，理顺内部流程，统一负责后台支撑系统的建设、维护和能力提供，真正实现前台对外，后台对前台的高效协调发展。

（3）在更准确的市场细分基础上，加强市场营销策划。提高客户保持的措施可以针对整个细分市场，也可以只针对细分市场的某一部分，关键要明确市场活动所定位的目标客户，特别是那些不易保持的高端客户。目前，电信企业将客户粗略地划分为大客户、商业客户、公众客户还远远不够，在精细化营销时代，进一步细分市场是做好市场营销策划的前提。对于公众客户还要进一步细分，针对某一类群体、组织或团体的特点推出特别的虚拟服务社区。

（4）合理利用定价手段。运营商过去惯用单一的降价手段来保持客户不离网。值得注意的是，定价因素虽然对客户在网保持有一定作用，但已经不是最重要的影响因素。客户对频繁的价格战习以为常，转而更加注重价格外的因素，而良好的资费结构和价格水平却能保证客户月消费持续稳定。这说明运营商可以通过对价格弹性、忙闲时话务量、长途业务比例、网内外话务比例等方面的研究，提高资费政策的灵活性，以充分满足客户使用习惯，在促进客户保持的同时，达到稳定收入的目的。

（5）建立以客户品牌为核心的品牌管理机制。虽然通信质量对客户在网保持有较大的作用力，但随着技术进步和竞争加剧，网络本身难以形成差异。在这种情况下，建立独特的品牌将是形成差异化并有效保持客户的重要途径。但目前移动运营商的品牌大多是业务品牌，要么突出的是业务技术特征，要么以资费等级、套餐进行区分。建立以客户品牌为核心的品牌管理机制，要立足于客户细分和对不同细分客户特征的深刻理解，服务特定的客户群体，从客户体验出发，配置有针对性的业务、套餐、广告宣传、促销活动，极大丰富品牌内涵，促使该类客户对品牌价值更加认可。

（6）新业务应注重提升客户感知价值。虽然新业务在移动通信收入中占的比重相对基础语音业务还比较低，但它对收入增加起到了积极的作用。与基础业务不同，新业务满足的是客户高层次需求，往往被定义为时尚产品或快速消费品，因此新业务设计要关注客户体验，只有符合大多数客户喜好的、具有较高使用率的新业务才能被广泛接受和使用（如短信）。

客户保持就是为了更有效地进行竞争。成功的商业运作需要了解客户的特点及需求，客户保持效果越好，获得的收益就越多，企业竞争力就越强。

启发思考：移动通信业是怎样进行客户保持的？有哪些具体的客户保持策略？

本 章 小 结

本章主要介绍了客户流失及保持的相关知识。首先，介绍了客户流失的含义、客户流失给企业带来的影响，并分析了客户流失的原因，介绍了流失客户的类型（被企业放弃的客户，客户主动离开，被竞争对手吸引，挖走的客户，被迫离开的客户，其他原因离开的客户）；其次，对客户流失进行了分类（自然流失、恶意流失、竞争流失、过失流失），提出要区别对待流失客户（流失客户有被挽回的可能、对流失的关键客户要极力挽回、对流失的普通客户要尽力挽回、对流失的小客户可见机行事、彻底放弃根本不值得挽留的劣质客户），并介绍了如何识别及防范客户流失；最后，介绍了客户保持的概念、意义（减少企业成本和增加企业利润、客户保持引起的口碑效应促进企业销售、做好客户保持的客户不需要经常使用价格优惠）及影响因素，并从有效客户保持途径（建立和管理并充分利用客户数据库、通过客户关怀提高客户满意度与忠诚度、利用客户投诉或抱怨分析客户流失原因）、有效客户保持策略（注重产品质量、保证优质服务、提升品牌形象、保持价格优惠、加大感情投资）两方面来说明如何进行有效客户保持。通过本章的学习，读者应该熟悉客户流失的分类、原因及流失客户的类型及防范和识别，充分认识到客户流失和客户保持的重要性，并掌握有效客户保持方法。

复习与思考题

1. 客户流失的原因是什么？企业应该采取哪些措施来应对客户流失？
2. 为了预防客户流失，企业应该采取什么样的防范策略？
3. 客户保持策略的三个层次分别是什么？
4. 客户保持有哪些方法？
5. 可以从哪几方面评价客户保持？

第八章

数据管理与客户关系管理

【学习目标】

掌握数据仓库的概念；熟悉有效处理客户数据的流程；了解客户知识和联机分析处理；了解数据挖掘在客户关系管理中的应用。

案例 8.1

江苏紫金农村商业银行通过数据仓库全力打造最值得客户信赖的高效便民银行

江苏紫金农村商业银行成立于 2011 年，是江苏农信体系下 57 家农商行的一员，总部位于南京，下辖 9 家一级支行，125 家营业网点，员工总数 2 200 余人。江苏紫金农商银行于 2013 年建设了江苏农信体系下首例 ODS 数据仓库项目，将数据进行整合，多源数据进行统一集成，搭建统一的数据平台，选择成熟的 ETL 工具代替人工方式，对不同数据源中的业务数据进行自动抽取和转换，然后经过对这些数据的清理、标准化和整合过程，将其统一存储到 ODS 数据仓库中。整合托管于省联社的核心系统及外围系统数据，建立统一数据视图，通过统一数据加工，解决了数据有效性和标准化两大基础问题，为全行业务发展、精细化管理、决策及监管提供有力支撑。

江苏紫金农商银行根据数据仓库项目建设需求，选定了 Informatica Power Center 产品，进行全行业务数据的抽取、转换、加载和整合。基于 Informatica 产品搭建的数据平台，帮助江苏紫金农商银行建立了规范的数据处理流程，优化了系统架构，增强了系统的健康形态，提高了数据加载、清洗、标准化的效率。在手工编程阶段，每次导入数据都需要 2~3 小时，而现在半小时左右即可完成全部任务，并且开发人员不需要始终关注导入过程，只在系统 Excel 表格中有报错提醒时及时修改即可，他们能够将更多时间投入到更有价值的新程序开发、数据分析中。

在 ODS 数据仓库项目中，江苏紫金农商银行还引入了"管理驾驶舱"系统，高管们可以通过全景、高级、完整的数据视图，进行经营分析和风险预警，更有效地支持管理决策。

通过建立数据仓库，江苏紫金农商银行全力打造最了解客户、体验最佳、最值得信赖的高效便民银行，在建设现代股份制商业银行的征程上，全力迈出新步伐，争创新业绩，实现新跨越。

启发思考：江苏紫金农商银行为了将自身打造成最值得信赖的高效便民银行，在数据管理上采取了哪些措施？

第一节　数据仓库

一、数据仓库概述

数据仓库的概念出现在 20 世纪 80 年代中期，本书将数据仓库定义为：数据仓库是一个面向主题的、集成的、相对稳定的、反映历史变化的数据集合，用于支持管理决策。

一般来说，数据仓库可分为企业数据仓库、操作型数据仓库和数据集市三类。

（1）企业数据仓库（EDW）的建设通常按照快速原型法予以实施，主要包括确定范围、环境评估、分析、设计、开发、测试和运行几个阶段，含有大量详细数据，被用来进行涵盖多种企业领域的战略或战术上的决策。

（2）操作型数据仓库（Operational Data Store，ODS）是用于支持企业日常的、全面应用的数据集合，具有引入的数据是可变的、数据是当前或近期的特点。ODS 中的数据按照主题组织，在企业级上要求保持一致。进入 ODS 的数据要经过清理，达到集成和一致性的目的，其数据可以进行增加、删除和更新等操作。

（3）数据集市（Data Mart）是企业级数据仓库中针对某一主题的数据库。它是企业数据库的一个子集，是从操作数据和其他为某个特殊的专业人员、团体服务的数据源中收集数据的仓库。

补充阅读

韩国现代证券采取全面数据集成解决方案为客户提供更好服务

韩国金融机构现代证券（Hyundai Securities）采用甲骨文的全面数据集成解决方案 Oracle GoldenGate，跨各种异构环境实时实现持续数据同步，进而提高企业效率并改进客户服务。部署新的实时数据集成解决方案之后，现代证券处理的数据数量比以前多了五倍多，为客户提供了更快和更好的服务。业务数据集成还使现代证券能提供先进服务，如 24 小时不间断银行业务、在线提供单据等。新的 Oracle 解决方案也将客户去银行的次数减少了 80%，因此银行职员的效率更高了。

Oracle GoldenGate 仅承诺移动交易，而且几乎即时执行，对源系统和网络性能具有高可用性而且影响也最小，同时还可实现数据集成，以降低基础设施运行费用，并提高系统可靠性。这在整个企业范围内降低了 IT 系统的复杂性和总体拥有成本。Oracle GoldenGate 提供快速和可扩展的实时数据集成和大量数据转换。它是一种强大的数据管理解决方案，为商务智能、联机交易处理（OLTP）和关键任务系统提供了连续和及时的数据可用性，使现代证券最大限度地降低了 IT 基础设施的开销，同时跨异构系统实现了实时数据交付，提高了系统的可靠性和企业效率。

数据仓库系统可划分为数据源、数据库管理系统、联机分析处理（OLAP）服务器和分析工具几部分。数据仓库的体系结构如图 8.1 所示。

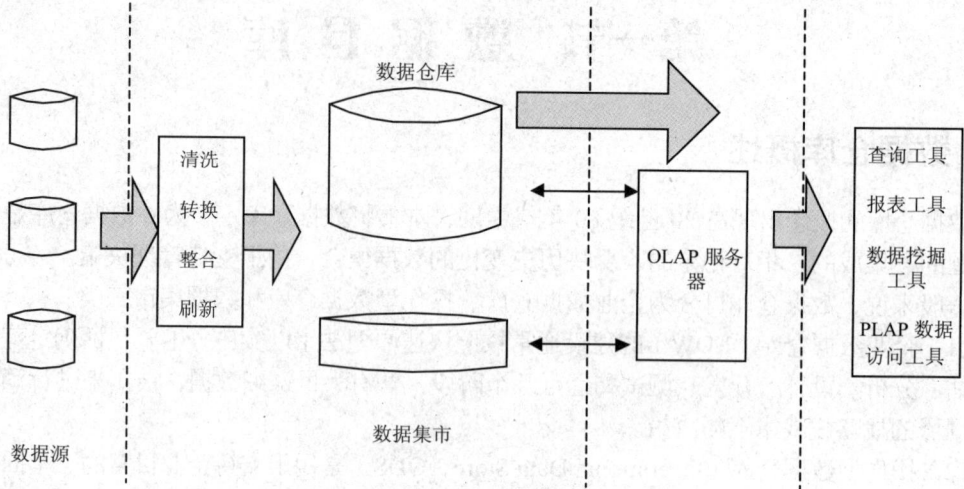

图 8.1　数据仓库体系结构

1. 数据源

数据源是数据仓库系统的基础，为数据仓库提供各种源数据，包括企业内部信息和外部信息。内部信息主要包括企业各种业务处理的数据和文档数据；外部信息主要包括各种市场信息、法律法规等。

2. 数据库管理系统

数据库管理系统主要包括数据库建设和数据仓库两部分，是整个数据仓库系统的核心。数据仓库建设利用数据仓库的数据 ETL（提取、转换、加载）和设计工具将客户相关数据集中到数据仓库中。在数据仓库基础上，通过 OLAP 和报表等将客户整体行为分析、企业运营分析等传递给数据仓库用户。通过对数据仓库数据量的各级和客户访问数的估算，对数据仓库主平台所需软件和硬件作出评估，确定主平台的系统配置情况。

3. 联机分析处理技术

联机分析处理是基于数据仓库的信息分析处理过程，对分析需要的数据进行有效集成，按多维模型予以组织，以便进行多角度、多层次分析，并找出趋势。

4. 分析工具

分析工具主要包括查询工具、报表工具、数据挖掘工具、OLAP 数据访问工具、数据分析工具等。数据分析工具主要是针对 OLAP 服务器，报表工具、数据挖掘工具主要针对数据仓库。

二、客户数据

客户数据是客户关系管理系统的灵魂，它必须准确、真实、可靠，才能够帮助企业完成市场分析、目标确定、销售管理等一系列活动，是企业至关重要的一部分。

客户数据包括具有描述性质的数据、具有营销性质的数据和具有交易性质的数据。具有描述性质的数据是描述客户的数据，包括客户基本信息、客户属性、客户消费行为等信息；具有营销性质的数据是企业市场营销活动过程中的数据，包括促销活动、广告、消费者使用情况等信息；具有交易性质的数据是企业在与客户交易过程中产生的数据，包括消费者购买中产生的数据、消费者购买后的售后服务等信息。

（一）客户数据来源

1. 内部来源

内部来源指从企业内部经营中获得的，最真实、最重要的数据来源。这部分数据主要通过企业销售、客户维护、市场调查等方式获得，获取时间较长、耗费精力较大。因此，其管理和开发对企业至关重要。

2. 外部来源

外部来源指从企业之外获取，但与企业密切相关的信息来源，主要包括市场需求信息、竞争对手信息、宏观环境信息等。这些数据中的客户大多为潜在客户，为企业经营决策提供依据。企业获取外部信息的渠道大致可分为以下几种。

（1）目录营销与直复营销。目录营销是指运用目录作为传播信息的载体，通过直邮渠道向目标市场成员发布，获得对方直接反应的营销活动。直复营销是指利用一种或多种广告媒介在任何场所引起可测量的反应或交易，并将该活动存入数据库的一套可测量的营销系统。

（2）从专门数据公司或专业从事数据调查和分析的公司购买。

（3）从零售商、相关服务行业的企业、信用卡公司等获取客户数据。

（4）通过新闻媒体获取。可通过杂志、报纸、电子邮件的订阅和调查方式获取客户信息。

（5）通过政府机构获取。从政府方面获取的数据主要包括官方人口普查、公安户政部门的户政信息、税务机关的纳税信息、社保部门的社会保险信息等。

（二）有效处理客户数据

客户关系管理系统中的数据处理流程如图 8.2 所示，包括客户数据收集、数据预处理、数据存储、数据分析和商业应用几个阶段。

1. 客户数据收集

客户数据收集是客户关系管理系统中数据处理的起点。在这个阶段，企业通过多种渠道收集客户的基本信息、客户的需求，以及客户对产品的反馈。客户关系管理系统支持方便、准确和高效地记录客户数据。

2. 数据预处理

在这个阶段，客户关系管理系统要提供科学的方法来清洗、转换和整理这些海量的客户数据——对离散的、非结构化的、包含噪声的数据去粗取精。

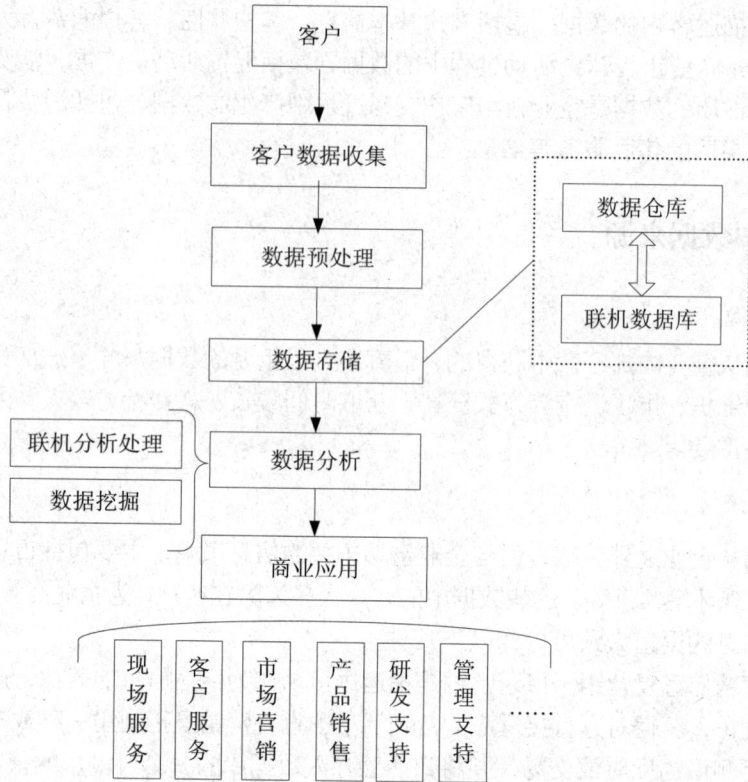

图 8.2 客户关系管理系统的数据处理流程

3. 数据存储

数据存储是客户关系管理系统中后续数据处理的基石。在这个阶段，企业要把预处理过的数据按照主题和时间等维度进行结构化和定制化；客户关系管理系统按照既定策略对海量数据进行存储集成和粒度划分，从而提供高效和规整的数据访问接口。

客户关系管理数据主要存储在数据仓库和联机数据库这两类数据库基础设施中。其中，数据仓库存储面向主题的、稳定的大规模历史数据，主要用于支持决策。而联机数据库则存储当前进行的局部数据，如交易、库存等信息，主要用于支持运营。数据仓库和联机数据库之间是双向流动、互为补充的关系。联机数据库可用来定期更新数据仓库，数据仓库则根据不同部门的需求把加工好的数据反馈到联机数据库。从整体上看，两类数据库存在冗余，但这种冗余可以提高数据处理效率。

4. 数据分析

数据分析是客户关系管理系统中最重要、技术含量最高的环节。在这个阶段，企业从客户数据中加工出客户知识，为市场、销售和生产等管理活动提供科学的决策依据。

客户关系管理系统集成了多种数据分析工具，在领域专家的指导下提炼、验证和应用客户知识。除了传统的统计技术，客户关系管理系统还采用两类高级数据分析技术：联机事务分析和数据挖掘。联机事务分析通过切片、切块、上卷、下钻等操作来评估和检验客户数据，本质上是演绎分析；而数据挖掘则利用知识发现算法来搜寻潜在规律并进行预测，本质上是归纳分析。由于联机事务分析往往需要领域专家建立先验假设，所以更依赖业务人员的参与；而数据挖掘则更倚重机器学习算法，自动化程度相对高。在客户关系管理系统中，数据挖掘和联机事务分析具有一定的互补性，在应用数据挖掘结论采取行动之前，可以先用联机事务分析来推演客户关系管理实施的后果；而在知识发现的早期阶段，联机事务分析也可以试探重要或异常参数，以加速数据挖掘过程。

5. 商业应用

客户关系管理数据处理的最终目的是把数据分析结果应用到商业实践中。在此阶段，企业利用数据分析得出的结论来设法获取新客户、提升客户价值或保持优质客户；客户关系管理要支持企业经营的各个方面，如现场服务、客户服务、市场营销、管理支持和决策支持等。

补充阅读

交通银行构建事件式数据仓库现经营效益与管理效率双丰收

全球金融市场竞争日趋激烈，各大银行的产品和服务差异越来越小，银行正将赢利聚焦点转向"以客户为中心"。数据分析解决方案厂商 Teradata 天睿公司以数据仓库平台为基础，为交通银行构建事件式客户关系管理系统，实现了经营效益与管理效率双丰收。

银行业的事件式客户关系管理是根据客户的有关属性与行为特征，如身份属性、理财偏好等，对客户群进行精准定位，分析出其潜在金融服务需求，进而有针对性地创造、设计出适合于他们消费需求的营销项目。构建这样的事件式客户关系管理系统，需要有强大的数据分析平台作为基础支撑。

交通银行自 2005 年就建立了企业数据仓库平台。现今，该数据仓库已为关键业务用户提供支持，每天超过 60 多个商业智能应用为用户提供数据服务。在 Teradata 项目组帮助交通银行在流程导入与分行试点过程中，进行了多次业务调研，了解上海分行的现状和需求。经过数据分析，设计出具体的事件式客户关系管理项目以及规则和评价标准等，明确了渠道系统的改造需求，并协助改造工作，为上百位管理人员和客户经理提供了多场次的培训。项目组还定期生成了过程报告，以监控客户关系管理的执行过程。数据分析结果表明，先期开展的两个事件式客户关系管理项目"接触成功率"远远超出预期，并为下一步的业务开展提供了线索和依据。该项目成功的经验计划在交行全面推广。

三、客户知识

（一）客户知识概述

客户知识是以客户数据为基础，利用数据分析技术推断和预测出对决策有价值的知识。客户知识包括客户需求和反应，如客户分类、客户关联购买模式、客户购物顺序等。客户知识往往表现为一些指标、模式或规则，例如，某款电脑的返修率、某类商品销售和天气的相关度等。客户知识可能是客户自己感知的，如喜欢观看的电影类型；也有可能是客户自己都没有意识到的，如在书店借书延期的可能性。

客户知识在信息层次和内容重点方面都与客户数据有很大差别。总的来说，客户数据来自客户关系管理的运作层面，而客户知识则更靠近客户关系管理的决策层面；客户数据捕捉客户的特征与行为，而客户知识关心事实背后所蕴含的相关或因果关系的价值。

客户知识的发现是典型的数据加工过程，是将客户数据提升为客户知识的过程，也就是利用知识发现工具并寻找存在于客户数据中的规律和结论的活动过程。客户知识的发现活动分布在众多数据处理系统中，也要用到众多数据处理技术。

（二）客户知识应用

客户知识应用存在于客户关系管理的各个方面。例如，在制订价格方面，为了获取更多利润，Amazon 公司在对商品定价时，曾对大手大脚的客户显示比精打细算的客户更高的单价；在增加客户价值方面，豆瓣网曾利用关联推荐系统为用户推荐合意的电影和音乐；在降低客户价值风险方面，Hertz 汽车租赁公司能识别驾车记录不良的用户，并要求其购买更高的安全保险；在客户保持方面，中国移动通信公司通过分析呼叫中心的运营记录，挑出棘手的客户投诉，主动解决用户不满而保持客户忠诚。

（三）客户隐私与保护

丰富、完整和准确的客户知识是企业成功实施客户关系管理的关键，但会不可避免地涉及客户隐私问题。客户隐私保护涉及方方面面，包括政府、社会、企业、客户等。企业在实施数据挖掘时，必须遵守 P3P（the Platform for Privacy Preferences，个人隐私安全平台项目）标准，在法律允许的范围内确定收集信息的范围，提供客户访问、查看和更新个人信息的机制，采取合理措施实施身份验证，限制不安全访问。保护客户数据信息，避免客户信息滥用，杜绝在未经法律许可或未经客户允许的情况下将客户信息出售或分享给第三方。

企业在商业运作中不能忽视维护客户隐私，这是企业客户关系管理的主要内容。企业必须尊重客户隐私，否则难以赢得客户和实现客户关系管理战略目标。企业可以采取以下措施来保护客户数据。

1. 构建匿名信息系统

对客户重要信息如身份证号、姓名等可采取建立匿名标识符的方式组建数据库，给每个客户建立一套经过加密的标识符，通过限制权限、身份认证等安全策略来保护客户信息。

2. 尊重客户隐私

在法律允许的范围内确定收集客户信息的范围，提供客户查看和更新个人信息的机制，采取合理的验证措施，限制不安全访问；在使用客户信息前，充分告知客户，尊重客户的自主权，使客户能够选择是否接受市场调查或推广；未经法律要求和许可，或未经客户事先知晓和允许，企业不能将客户信息出售或共享给第三方。

3. 基于角色的权限管理

基于角色的权限管理是指客户关系管理应用系统的系统管理员依照系统用户在企业内部所扮演的角色，限制他们对客户信息的访问。建立基于角色的安全流程需要针对不同用户来设立许可权限，从而确保每个用户只能访问与其岗位职责相关的信息。建立基于角色的数据权限结构是规范客户信息使用的有效方式，它可以在保护客户隐私的同时兼顾系统用户工作效率。基于角色的权限体系也是客户关系管理系统设计开发的重要内容。权限设置涉及多方面因素，既与企业性质有关，也与企业发展阶段有关，同时也受企业流程和组织架构调整的影响，因此必须有足够的灵活性。

4. 技术安全措施

通过采用合适的技术安全措施，可以较好解决客户信息的安全问题。技术安全措施有很多，例如，数据使用安全包括敏感数据控制、数字水印、电子审批、数据追踪、数据加密等；统一日志管理包括访问层日志、应用层日志、数据层日志、获取层日志等；网络安全管理包括网络配置安全、数据传输安全、防病毒安全等；还可能涉及主机系统的安全问题，如主机系统的口令管理、登录管理、代理访问管理等。

5. 管理制度建设

管理制度建设主要涉及规范客户数据采集、处理和使用，客户关系管理项目实施的安全要求，安全保障体系建设，以及安全策略的集中管理等。

6. 挖掘汇总数据

想要更好地保护客户信息，就要对汇总数据进行挖掘。企业在对客户信息进行分析时，根据企业营销目标，针对不同客户群进行划分，对具有相同特性的客户数据库进行合并。这样划分的结果是仍然可以对客户汇总数据进行数据分析，制订战略方针，同时客户信息能得到最大程度的保护。

客户隐私保护至关重要，应该在技术和管理手段方面有系统安排和持续投入。泄露客户隐私会对客户造成较大困扰，同时也会极大影响企业形象，对客户关系管理与应用工作造成负面影响。

四、联机分析处理

（一）联机分析处理概述

联机分析处理（OLAP）是一种多维查询和分析工具，是由多个多维数据集组成，通过共享多维信息，从多种角度对信息进行快速、稳定、交互存取，对数据进行更深层次观察、分析的一类软件。

联机分析处理是专门对特殊数据进行存取和分析的技术，是能够超越一般查询和报表之上的另一个逻辑步骤，是管理人员对数据进行深入观察和分析的工作。管理人员能够通过浏览、分析数据，发现其变化趋势，掌握企业经营状况，了解客户需求，制订有效方案。

联机分析处理具有快速性、分析性、多维性、信息性和共享性五个特点。

（1）快速性：能在短时间内对大量数据进行处理操作，得出分析结果。

（2）分析性：能在无需编程的情况下进行逻辑分析和统计分析，并给出报告。

（3）多维性：支持多维视图和多重层次的数据分析。多维分析是分析企业数据的有效方法，是联机分析处理系统的核心。

（4）信息性：联机分析处理系统能及时获得信息，并且能够管理大容量信息。

（5）共享性：联机分析处理能够为用户安全地提供数据共享。

（二）联机分析处理的分类

根据联机分析处理的数据组织方式不同，可将联机分析处理分为基于关系数据库的联机分析处理（ROLAP）、基于多维数据库的联机分析处理（MOLAP）和基于混合数据组织的联机分析处理（HOLAP）三类。

1. 基于关系数据库的联机分析处理（ROLAP）

ROLAP（Relational OLAP）是基于关系数据库的联机分析处理，以关系数据库为核心，通过关系型结构进行多维数据标示和存储。它将分析用的多维数据存储在关系数据库中，根据应用需要有选择地定义一批实现视图，作为表存储在关系数据库中。数据仓库的数据模型确定后，分散在企业各数据库中的数据预处理被载入数据仓库，并按模型要求进行预处理。

ROLAP 将多维数据库的多维结构划分为两类表：一类是事实表，用来存储数据和维关键字；另一类是维表，即对每个维至少使用一个表存放维的层次、成员类别等维的描述信息。

ROLAP 具有以下特点：数据结构和组织模式要预先设计和建立；数据查询需要进行表连接，在查询性能测试中是影响速度的关键；数据汇总查询需要进行表汇总操作，虽然实际得出的数据量很少，但查询时间变得更长。

2. 基于多维数据库的联机分析处理（MOLAP）

MOLAP（Multidimensional OLAP）是基于多维数据库的联机分析处理，以多维数据组织方式为核心。MOLAP 将联机分析处理分析所用到的多维数据在物理上存储为多维数组的形式，形成"立方体"结构。旋转、切块、切片是 MOLAP 中产生多维数据报表的主要技术。

在 MOLAP 的结构数据库中，分散在企业内部数据库中的数据经过提取、清洁、转换等提交给多维数据库，存储在多维数据组的单元中。在 MOLAP 结构中，服务器主要是通过读取经过预处理的数据完成该分析操作，这些预处理操作是预先定义好的，这限制了其结构的灵活性。MOLAP 结构的主要优点在于它能迅速响应决策分析人员的分析请求，并快速将分析结果返回给用户，这得益于它独特的多维数据库结构以及存储在其中的预处理程度很高的数据。

MOLAP 具有以下特点：需要预先定义概要文件；数据查询采用索引与直接寻址的方式相结合，不需要进行表连接，在查询性能测试中相比 ROLAP 有相当大的优势；在进行数据汇总查询之前，MOLAP 需要预先按概要文件中定义的数据汇总关系进行计算，这个计算通常以批处理方式进行。计算结果会存在数据文件中，当用户查询时，可直接调用计算结果。

3. 基于混合数据组织的联机分析处理（HOLAP）

HOLAP（Hybrid OLAP）表示基于混合数据组织的联机分析处理，它结合了基于关系数据库的联机分析处理和基于多维数据库的多维联机分析处理两种结构的优点，同时实现基于关系数据库的联机分析处理较大的可伸缩性和基于多维数据库的多维联机分析处理的快速计算，具有更好的灵活性，能够满足用户各种复杂的分析需求。

（三）多维数据模型上的联机分析处理操作

1. 关键术语

（1）变量：变量是数据度量的指标，是分析数据时要考察的属性，是从现实系统抽象出来用于描述数据的实际含义，即描述数据"是什么"。

（2）维：维是观察数据的特殊角度，包括产品维、时间维和地理维等，可以在不同细节程度下进行描述和观察。例如，企业销售人员关心产品在不同地区的销售分布情况，这是从地理分布角度来观察产品的销售，这样地理分布就是一个维。

（3）维的层次：维的层次是观察数据特殊角度的不同程度的细节描述。一个维具有多个层次，如地理维还可以分为区、省、市、县等，时间维还可以分为年、季度、月份等。

（4）维成员：维成员是维的一个取值，是不同层次维取值的组合。如时间维上取值的描述为某年某月某日。

2. 多维分析操作

1）切片和切块

在多维数据集中选定一个维成员的操作称为切片。与切片类似，切块是在多维数据集上对两个及两个以上维度上选定维成员的操作。切片和切块都是在特定维度上选择特定值来观察度量在其他维度上分布情况的操作。切块操作也可看成进行多次切片操作以后，将每次切片操作所得到的切片重叠在一起而形成的。通过切片和切块可以降低多维数据集的维度，使人们能将注意力集中在较少的维度上进行观察。切片和切块的数量由选定维度上的维度成员数量的多少决定。

2）钻取和卷取

数据钻取也称为数据下钻，是对数据进行更细致的观察。与钻取相反，卷取是对数据进行更宏观的观察，是将详细数据聚集为概括数据。钻取和卷取都是通过改变维度层次来变换分析粒度。钻取和卷取的深度与维度划分的层次相对应。卷取将低层次的数据概括到高层次进行汇总，而钻取则从汇总数据深入到细节数据进行观察。

3）数据旋转

数据旋转是变幻维的方向或位置，转动数据视角，在表格中重新安排维的位置。

第二节 数 据 挖 掘

一、数据挖掘概述

（一）数据挖掘的定义

数据挖掘就是从大量的、不完全的、有噪声的、模糊的、随机的实际应用数据中获取有效的、新颖的、潜在的、有价值的信息和知识的过程。

数据挖掘是一种新的商业信息处理技术，其主要特点是对商业数据库中的大量业务数据进行抽取、转换、分析和其他模型化处理，从中提取出可辅助商业决策的关键性数据。数据挖掘其实就是一类深层次的数据分析方法，为商业决策提供真正有价值的信息，获得利润。但企业数据量非常大，而其中真正有价值的信息却非常少，这就需要从大量数据中经过深层分析获得有利于行业运作、提高竞争力的信息。因此，数据挖掘也可理解为按企业既定目标，对大量企业数据进行探索和分析，揭示隐藏的、未知的或验证已知的规律性，并进一步将其模型化的先进有效方法。

（二）数据挖掘与联机分析处理的关系

数据挖掘和联机分析处理是客户关系管理中最重要的两类数据分析技术，两者之间有明显区别。

首先，分析方法不同。联机分析处理由分析师设定的逻辑假设来驱动，可以证实或推翻这些假设，所以联机分析处理本质上是一个演绎过程；数据挖掘是由海量数据来驱动，在数据中主动找寻模型，并由分析师确认商业逻辑，所以数据挖掘本质上是一个归纳过程。例如在联机分析处理中，如果分析师认为某地区申请信用卡的用户会更主动进行消费，他会通过数据切片或钻取去观察该地区信用卡申请人的账户属性。如果结果还不够明显，他也许会考虑年龄等因素，直到找全了能够判定主动消费的各种变量。同样的例子对数据挖掘分析而言，分析师也可能得出和联机分析同样的结论，但得出结论的过程却相反。在数据挖掘过程中，分析师会把包括各种变量的数据导入数据挖掘工具，由挖掘工具自行建立模型，自动去除与信用卡消费不相关的因素，然后识别出相同的主要影响因素。这种区别的本质在于联机分析处理是猜想验证技术，而数据挖掘是知识发现技术。

其次，变量规模不同。联机分析处理的核心是多维数据集处理，分析师通过对数据立方体进行操作而进行比对分析，人工思考成分居多，能够处理的变量有限，一般在10个以下。但很多场合仅靠人工分析是远远不够的，当分析师不知道有效变量具体是哪几个，而分析变量有几十个或上百个的时候，联机分析处理就变成了摆设。分析师在数据挖掘中的主要任务是准备待分析的数据，然后选择合适的分析工具，最后鉴别分析结果。因此，数据挖掘过程更少依赖人工干预，更适用于变量众多的情况。

再次，数据对象不同。联机分析处理限于结构化数据，侧重与用户交互，快速响应并提供多维度视图；而数据挖掘还可以分析诸如文本、空间和多媒体等非结构化的数据。从数据分析深度来看，OLAP 位于较浅层次——解释模型和思考模型；而数据挖掘位于较高层面——公式模型层。分析模型层次的不同决定了两者分析能力和问题种类也不相同。

虽然联机分析处理与数据挖掘在分析角度和层次上存在差异，但它们也具有互补性，即联机分析处理的分析结果能够为数据挖掘提供分析依据，数据挖掘可以拓展联机分析处理的分析深度。

—| 补充阅读 |————————————————————————

美国沃尔玛客户关系管理系统成功运用数据挖掘

美国沃尔玛运用客户关系管理系统，跨越多个渠道收集最详细的客户信息，造就了灵活、高速供应链的信息技术系统。

在该系统中，沃尔玛通过将数据挖掘与存货管理系统、决策支持系统、管理报告工具以及扫描销售点记录系统的集成应用，使沃尔玛能够成功地管理更多的营业单位。同时，借助 RFID 技术，该系统使沃尔玛能自动获得采购订单。更重要的是，RFID 系统能够在存货快用完时，通过数据挖掘自动给供应商发出采购订单。

（三）数据挖掘技术

目前的数据挖掘技术主要有分类、关联分析、聚类分析、预测和孤立点分析。

1. 分类

分类是通过对数据库中的数据进行分析，按照特定的标准或者规则将分析对象归类到给定类别中。一般情况下，类别组是有限且完备的，即分类目标一定可被放入有限的给定组中。分类在数据挖掘中是一项非常重要的任务。数据挖掘广泛使用的方法有决策树法、神经网络和径向基础函数等。其中决策树法应用最为广泛，是典型的分类算法。例如，客户关系管理中使用分类的数据挖掘技术的有分类客户使用电话的用途、分类客户的族群等。

2. 关联分析

关联分析是通过分析事件之间的依赖或相关联的属性，发现关联规则。关联规则使用"如果怎么样，那就怎么样"的简洁形式来描述事件发生的可能。关联规则可以是特定时刻多种属性之间的横向关联，也可以是同一属性在时间顺序上的纵向关联。例如，客户关系管理中使用关联分析的数据挖掘技术的有客户购物篮数据分析、交叉销售分析等。

3. 聚类分析

聚类是在预先不知道数据包括多少分类，对象根据最大组内相似和最小组间相似原则进行分组。与分类不同，聚类并不依赖于事先确定好组别。聚类作为数据挖掘的第一步，被广泛应用于市场细分、客户细分中。例如，客户关系管理中使用聚类分析的数据挖掘技术的有口碑营销到达路径识别等。

4. 预测

预测是对历史数据进行分析，通过对数据进行分类，找出数据之间的规律，并建立模型，然后用模型预测未知数据的特性和属性。例如，市场预测问题是其中的典型例子，是数据挖掘使用过去有关促销的数据来寻找未来投资回报最大的用户。

5. 孤立点分析

孤立点又称为噪声，是数据库中与数据一般模式不一致的数据对象。数据库中可能包含一些异常的数据记录或离群点，大部分数据挖掘方法将这些点视为噪声而简单丢弃。但在特定应用中，罕见事件可能比正常事件更有价值，孤立点分析就是专门挖掘这些特殊信息。例如，客户关系管理中使用孤立点分析的数据挖掘技术的有信用卡诈骗检测、电话盗用等。

（四）数据挖掘过程

数据挖掘过程也是知识发现的过程，是将多个步骤相互连接起来，反复进行人机交互的过程。数据挖掘的一般过程主要分为数据准备、数据挖掘和结果评价阶段，如图8.3所示。

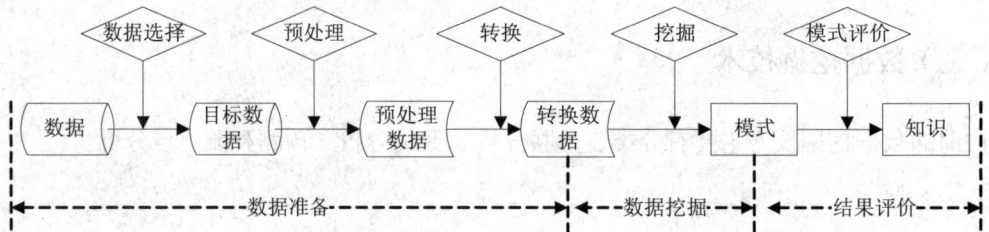

图 8.3　数据挖掘的一般过程

1. 数据准备

数据准备分为以下几个步骤。

1）数据选择

数据选择是搜集选择与操作对象有关的数据，其目的是发现任务的操作对象。目标数据是根据企业需要，从原始数据库中抽取的一组数据。在数据选择过程中要考虑目标数据的属性和特征，选取出同类数据。数据选择是为了识别出需要分析的数据集合，缩小数据挖掘对象。

2）数据预处理

数据预处理是研究数据质量，对存在污染的不重要数据进行清理。数据库中重要的数据是准确的，不重要的数据可能存在污染，污染的数据要尽可能地清理、消除噪声、完成数据转换以充实有关数据。这样有利于发现更多知识，克服数据挖掘工具的局限性。数据污染包括错误信息、过时信息、重复的信息记录等。

3）数据转换

数据转换的过程是分析数据，找出数据中的有用特征，对数据进行编码，如物品编码、人员编码等。其主要目的是缩减数据维度，从初始特征中找出真正有用的特征，减少数据挖掘要考虑的特征或变量个数。根据任务目标，查找有用特征来表示数据，利用空间压缩或变换的方法来减少要考虑的有效变量数目，或找到数据的不变表示。数据库中字段的不同取值转换成数码形式有利于数据搜索。

2. 数据挖掘

数据挖掘是利用统计方法、决策树、聚类等方法对数据信息进行处理，得出有用的分析信息，从数据库中发现知识或模式。这些知识或模式一定要有用，因此在数据挖掘过程中要选择合适的挖掘算法和工具。挖掘算法的选择要根据用户或实际运行系统的要求来选择，如有的用户想获取容易理解的知识，而有的用户可能希望获取预测度较高的知识。

3. 结果评价

结果评价是根据数据挖掘操作选定分析方法，对最终数据挖掘结果进行解释并评估，从而对数据挖掘结果进行筛选，区分出能够满足用户需求的有价值的信息。对不满足用户需求的结果需要退回到前面的阶段。其结果是面向最终用户的，因此要对可能发现的模式进行可视化。影响数据挖掘质量好坏的因素有两个：一是所采用的数据挖掘技术的有效性，二是用于挖掘的数据质量和数量。

（五）数据挖掘方法

数据挖掘的方法很多，大致可分为统计方法、机器学习方法、神经网络方法和数据库方法。其中，统计方法可细分为：回归分析（多元回归、自回归等）、判别分析（贝叶斯判别、费歇尔判别、非参数判别等）、聚类分析（系统聚类、动态聚类等）、探索性分析（主元分析法、相关分析法等），以及模糊集、粗糙集、支持向量集等。机器学习方法可细分为：归纳学习方法（决策树、规则规划等）、基于范例的推理 CBR、遗传算法、贝叶斯置信网络等。神经网络方法可细分为：前向神经网络（BP 算法等）、自组织神经网络（自组织特征映射、竞争学习等）等。数据库方法主要是基于可视化的多维数据分析或联机处理方法，另外还有面向属性的归纳方法。下面简要介绍几种常用的方法。

1. 神经网络

神经网络近来越来越受到人们的关注，因为它为解决大复杂度问题提供了一种相对来说比较有效的简单方法。神经网络可以很容易地解决具有上百个参数的问题（当然实际生物体中存在的神经网络要比我们这里所说的程序模拟的神经网络要复杂得多）。神经网络常用于两类问题：分类和回归。

在结构上，可以把神经网络划分为输入层、输出层和隐含层（见图 8.4）。输入层的每个节点对应一个个预测变量。输出层的节点对应目标变量，可有多个。在输入层和输出层之间是隐含层（对神经网络使用者来说不可见），隐含层的层数和每层节点的个数决定了神经网络的复杂度。

除了输入层的节点，神经网络的每个节点都与很多它前面的节点（称为此节点的输入节点）连接在一起，每个连接对应一个权重 W_{xy}，此节点值就是通过它所有输入节点值与对应连接权重乘积的和作为函数的输入而得到，我们把这个函数称为活动函数或挤压函数。如图 8.5 中，节点 4 输出到节点 6 的值可通过如下计算得到：$W_{14} \times$ 节点 1 的值 $+ W_{24} \times$ 节点 2 的值。

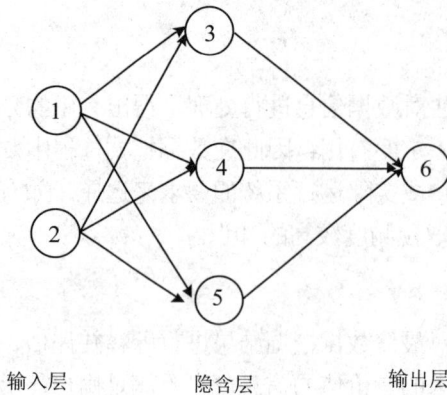

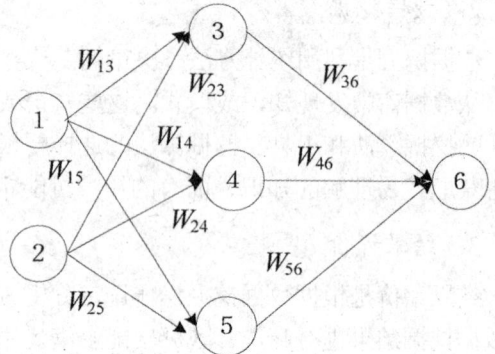

图 8.4　神经网络示例　　　　图 8.5　带权重 W_{xy} 的神经网络

神经网络的每个节点都可表示成预测变量（节点 1，2）的值或值的组合（节点 3~6）。注意节点 6 的值已经不再是节点 1、2 的线性组合，因为数据在隐含层中传递时使用了活动函数。实际上如果没有活动函数，神经网络就等价于线性回归函数；如果此活动函数是某种特定的非线性函数，那神经网络又等价于逻辑回归。

调整节点间连接的权重就是建立（也称训练）神经网络时要做的工作。最早的也是最基本的权重调整方法是错误回馈法，现在较新的有变化坡度法、类牛顿法、Levenberg-Marquardt 法和遗传算法等。无论采用哪种训练方法，都需要通过一些参数来控制训练过程，如防止训练过度和控制训练的速度。

决定神经网络拓扑结构（体系结构）的是隐含层及其所含节点个数，以及节点之间的连接方式。要从头开始设计神经网络，必须要决定隐含层和节点的数目、活动函数的形式，以及对权重做哪些限制等。经过发展，现在有些成熟的软件工具也能完成这项工作。

神经网络和统计方法在本质上有很多差别，同时神经网络的参数比统计方法多得多。由于参数多，而且参数会通过各种各样的组合方式来影响输出结果，因此很难对神经网络表示的模型做出直观解释。实际上神经网络也正是当作"墨盒"来用的，不用去管"盒子"里面是什么，只管用就行了。在大部分情况下，这种限制条件是可以接受的。比如银行可能需要一个笔迹识别软件，但它没必要知道为什么这些线条组合在一起就是一个人的签名，而另外一个相似的则不是。在很多复杂度很高的问题，如化学实验、机器人、金融市场模拟和语言图像识别等领域，神经网络都取得了很好的效果。此外，神经网络的另一个优点是很容易在并行计算机上实现，可以把它的节点分配到不同的 CPU 上并行计算。

在使用神经网络时有几点需要注意：第一，神经网络很难解释，目前还没有能对神经网络做出显而易见解释的方法学。第二，神经网络会学习过度，在训练神经网络时一定要恰当地使用一些能严格衡量神经网络的方法，如前面提到的测试集方法和交叉验证法等。这主要是由于神经网络太灵活、可变参数太多，如果给足够时间，它几乎可以"记住"任何事情。第三，除非问题非常简单，训练一个神经网络可能需要相当可观的时间才能完成。当然，一旦神经网络建立好了，再用它进行预测时还是很快的。第四，建立神经网络需要做的数据准备工作量很大。有人认为，不管用什么数据，神经网络都能很好工作并做出准确预测，这是不确切的。要想得到准确度高的模型必须认真进行数据清洗、整理、转换和选择等工作，对任何数据挖掘技术都是这样，神经网络尤其注重这一点。比如神经网络要求所有的输入变量都必须是 0~1（或–1~+1）之间的实数，因此像"地区"之类的文本数据必须先做必要处理，之后才能用作神经网络的输入。

2. 决策树

决策树是对数据样本进行识别和归类的方法。决策树用在一系列的拆分点把数据空间分割成树型结构，每个拆分点代表一个测试，每个测试结果都产生分支，画成图像很像一棵树的枝干，所以称为决策树。决策树算法的关键在于各个分支之间的差异度最大，而且拆分的逻辑和结果又有商业意义。决策树将分析过程变成了形象的路径，所以它的解释能力强，输出结果容易理解，同时精度高，耗时短。决策树的方法有很多种，有用于估计概率的预测树，也有用于归类的分类树。根据不同的建树过程，可以划分出不同的决策树算法。应用比较广泛的决策树算法有分类回归树（Classification and Regression Tree，CART）、卡方自检测树（Chi-square Automatic Interaction Detector，CHAID）、信息熵算法树（ID3 及其后继 C4.5，D5.0）等。

决策树每个节点的子节点个数，与决策树在用的算法有关。如 CART 算法得到的决策树每个节点有两个分支，这种树称为二叉树。允许节点含有多于两个子节点的树称为多叉树。每个分支要么是一个新的决策点，要么是树的结尾，称为叶子。在沿着决策树从上到下遍历的过程中，在每个节点都会遇到一个问题，对每个节点上问题的不同回答导致不同的分支，最后会到达一个叶子节点。这就是利用决策树进行分类，利用几个变量（每个变量对应一个问题）来判断所属类别（最后每个叶子会对应一个类别）的过程。

例如，在贷款申请中，对申请的风险的大小做出判断，建立决策树。将收入大于 4 万元作为根节点，工作年限和负债高低（这里将负债高于 8 万元视为高负债）作为分节点，做出是否的回答，建立决策树，如图 8.6 所示。

银行工作人员可利用上面这棵决策树来判断贷款风险的大小，决定支持哪些贷款、拒绝哪些贷款。假如当"年收入＞¥40 000"和"高负债"的用户被认为是"高风险"，同时"收入＜¥40 000"但"工作时间＞5 年"的用户，则被认为"低风险"而建议贷款给他。

在客户关系管理中，决策树主要用来根据客户特征对市场进行细分，以便有针对性地进行营销活动。决策树也用作预测或者其他一些场合，例如客户行为预测森林（多个预测树合称森林），包括重复购买预测树、交叉销售预测树、流失预测树、帮助神经网络做数据预处理等。在这些预测中，构造决策树的关键是拆分，要从以下几个方面进行考虑。

1）拆分的规则

构造决策树首先要找到最佳的拆分点，因为根节点处数据空间最大，进行拆分后各个子节点的代表性最强，差异度最大。由于树结构是递归的，确定最佳根节点的方法可以反复应用到子节点的建树过程中。

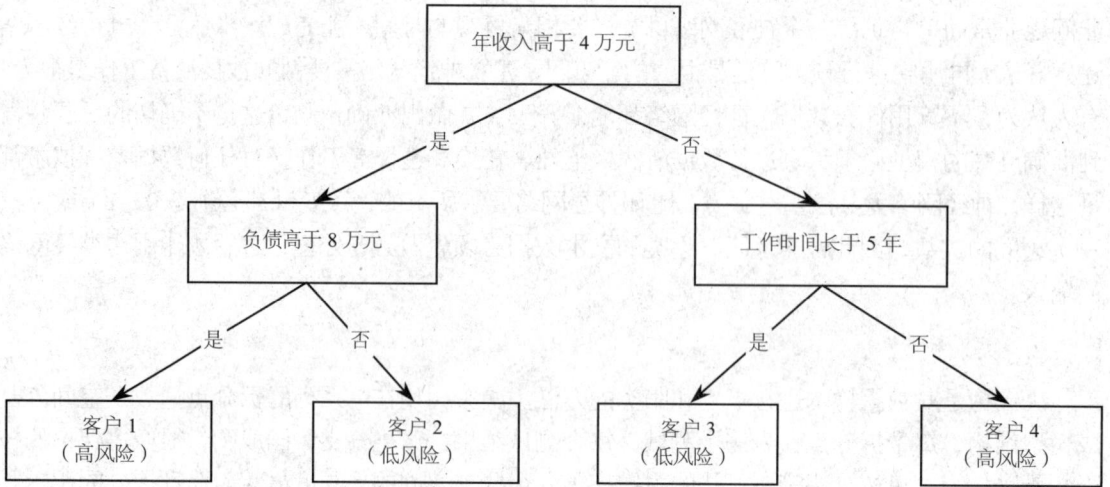

图 8.6　决策树结构示意图

对于多维数据集，找最佳拆分点的算法也就是寻找最佳维度的算法，使得依此维度对数据空间划分后的子空间之间的差异最大。具体的做法是逐个考察各个维度的维度成员，对维度成员排序，然后逐一测试每个可能的拆分点。对于图 8.6 中的三维数据集合，可以逐个考察三个维度：年收入、负债、工作时长。考察工作时长维度时，对各个客户按工作年限进行排序，然后测试以不同工作年限划分客户后各组之间的差异度，选出最大差异度的划分方法。差异度有很多种指标，常用的有基尼系数（Gini Index）和信息熵（Entropy）等。考察完各个维度的划分方法后，再比较不同维度的不同划分方法，选取差异最大的维度划分方法作为根节点的拆分规则。

2）拆分的数目

此外，决策树的构造还要考虑拆分点处的拆分数目。为方便理解，图 8.6 的例子中使用了较为简单的二分法来拆分，但在实际情况中会复杂得多，尽管多于两个分支的拆分可以用多个二分法来模拟，但实际的拆分数目是由数据的商业意义来决定的。例如，特定企业的产品可分为高、中、低 3 档，可以在拆分点使用 3 作为拆分数目。决策树的输入类型最好是离散型，如产品类型、是否有保险等，这样便于利用数据的商业意义。

3）拆分的控制

在使用决策树进行分类时，一般会用一批已有定论的历史数据来训练分类树，然后再利用该分类树去分析新的数据。而这些历史数据可能建立了一个包含几百个属性、输出类有十几种的决策树，这样在实际应用中决策树可能非常复杂。但是决策树中每一条从根节点到叶子节点的路径所描述的含义仍然是可以理解的，这种易理解性对数据挖掘的使用者来说是一个显著的优点。

对最终要拿给人看的决策树来说，在建立过程中让其生长得太"枝繁叶茂"是没有必要的，这样既降低了树的可理解性和可用性，同时也使决策树本身对历史数据的依赖性增大。也就是说这棵决策树对此历史数据可能非常准确，一旦应用到新的数据时准确性却急剧下降，我们称这种情况为训练过度。为了使得到的决策树所蕴含的规则具有普遍意义，必须防止训练过度，同时也减少了训练的时间。因此我们需要拆分策略能让我们控制树的生长。常用的方法是修建法和盆栽法。盆栽法主要设定决策树的最大高度（层数）来限制树的生长，每次拆分时，都要检查是否有必要进行深入拆分。修建法允许树尽量生长，然后按照一定的规则修剪掉不重要的枝节。

在了解了决策树的构造方法之后，我们还要知道决策树的盲区。在构建决策树的过程中，每次拆分都根据单一变量进行检验，所以决策树不能发现变量之间的交互关系，即决策树无法发现基于多变量的组合规则。

3. 遗传算法

遗传算法（Genetic Algorithms，GA）是 J.H.Holland（霍兰德）根据生物进化模型提出的一种优化算法（Holland，1973；1975）。虽然 GA 刚提出时没有受到重视，但近年来，人们逐渐把它应用于学习、优化、自适应等问题中。宅模拟生物进化过程算法，由繁殖（选择）、交叉（重组）、变异（突变）三个基本算法组成。遗传算法已在优化计算、分类、机器学习等方面发挥了显著作用。遗传算法是基于进化理论，并采用遗传结合、遗传变异以及自然选择等设计方法的优化技术。

GA 的算法首先在解空间中取一群点，作为遗传开始的第一代。每一点（基因）用一个二进制数字串表示，其优劣程度用目标函数（Fitness Function）来衡量。在向下一代的遗传演变中，首先把前一代中的每个数字串根据目标函数值决定的概率分配到配对池中，好的数字串以高概率被复制下来，劣的数字串被淘汰掉；然后将配对池中的数字任意配对，并对每一数字串进行交叉操作，产生新的子孙（数字串）；最后对新的数字串的某一位进行变异，这样就产生了新的一代。按照同样的方法，经过数代遗传演变后，在最后一代中得到全局最优解或近似最优解。

GA 的最大特点在于演算简单，它有三种演算：复制（Reproduction）、交叉（Crossover）和变异（Mutation）（Goldberg，1989）。

4. 统计分析办法

在数据库字段项之间存在两种关系：函数关系（能用函数公式表示的确定性关系）和相关关系（不能用函数公式表示，但仍是相关确定性关系）。对它们的分析可采用回归分析、相关分析和主成分分析等方法。

二、数据挖掘在客户关系管理中的应用

客户关系管理体现了一对一的市场营销，也包括了销售自动化和规范化的思想，所以在客户关系管理中，数据挖掘可以担当导向作用。与此同时，在现代信息环境下，只有应用数据挖掘方法，企业才能将海量客户数据库转变成为描述客户特征的图像，才能识别出客户行为模式，从而能发现客户、服务客户和保持客户。随着商业行为越来越多地融入到互联网中，例如网络购物，企业在时间和空间上拥有更多客户，也记录了更多客户行为，同时也需要更快响应客户，数据挖掘技术就显得更加重要。下面介绍五类数据挖掘在客户关系管理中的典型应用以及面临的困难。

1. 客户群体分类

数据挖掘能够完成客户群体分类工作。数据挖掘中的决策树和聚类等算法可以把大量客户分成不同群体。通过对数据库中收集和存储的大量客户消费信息进行分析和处理，数据挖掘可以通过分类确定特定类别消费群体或个体的消费兴趣、习惯、倾向和需求，进而推断出下一步消费行为。客户群体分类是目前数据挖掘在客户关系管理中最成熟和广泛的应用形式。

数据挖掘应用到客户群体分类时，应全面结合企业战略目标和规划。分类方案过于复杂会导致难以理解和实施，方案过于简单或只是基于小样本会导致应用局限。

2. 交叉销售分析

数据挖掘可以帮助企业分析出最优的交叉销售匹配方式。聚类分析能够发现对特定产品感兴趣的用户群；神经网络能够预测客户购买新产品的可能性；关联规则能发现客户倾向于关联购买哪些商品。实践中，一般先分析现有客户的购买行为和消费习惯；然后用数据挖掘算法对不同销售方式下的个体行为进行建模；接着用模型对客户将来的销售行为进行预测，对每一种销售方式进行评估；最后用模型对新客户数据进行分析，以决定哪一种交叉销售方式最合适。

数据挖掘和交叉销售的结合要建立在客户和企业双赢的基础上。一方面，数据挖掘要通过支持关联销售和扩展销售来更好地满足客户需求；另一方面，当客户购买习惯发生变化时，也能通过数据挖掘反馈到企业，以改变或改进产品或服务。

3. 客户信用分析

数据挖掘技术可以有效分析出客户的信用状况，预测出可能发生的欺诈风险。数据挖掘中的离群点检测、神经网络和聚类等分析方法可以预测出客户欺诈发生的可能性、原因、程度及防范措施等，使得企业可以准确及时地对各种欺诈风险进行监视、评估、预警和管理，进而采取有效的规避和监督措施，控制欺诈风险。数据挖掘中的差异分析技术能让企业从大量历史数据中分析出客户信用等级，使企业能够对不同信用等级的客户采取不同的贷款业务营销方案。

客户信用数据挖掘主要应用于银行和保险等行业的客户关系管理系统中。此类数据挖掘的特点是拥有高质量的客户数据，包括全面的客户资金流动、消费习惯和资产状况等。这些行业的数据挖掘应用相对成熟，但很难扩展到其他行业。

4. 客户获得和保持

数据挖掘可以帮助企业识别出潜在客户，提高客户对营销活动的响应。数据挖掘技术中的关联分析、聚类和分类功能可以很好地完成这类分析。根据企业给定的客户资料以及其他输入，数据挖掘系统可以建立"客户反应"预测模型，利用这个模型可以计算出客户对某个营销活动的反应指标。企业根据这些指标就可以找出感兴趣的客户，进而达到获取客户的目的。

数据挖掘还可用于客户流失分析。时序分析、神经网络和粗糙集等数据挖掘技术可以用于此类分析。利用数据挖掘工具可以为已经流失的客户建模，识别他们的流失模式，然后用这些模式找出当前客户中类似的情况，以便企业采取相应措施防止流失，进而达到保持客户的目的。

在进行客户获得和保持的数据挖掘时，一定要对企业服务和产品的市场有清晰认识。如果企业产品的目标客户相对专业和稳定，那么数据挖掘工作重点可以放到维持已建立的客户关系上，用长期忠诚客户的口碑效应增强竞争优势。当企业产品面对的是新兴变动的客户群体时，不断获取新客户才是数据挖掘的重点。预测潜在客户对企业销售推广活动的反应可以使有限的营销资源得到最合理的利用。

5. 客户满意度分析

数据挖掘可以帮助企业进行客户满意度分析。一方面，神经网络等算法可以定量衡量客户满意度，并产生度量标准和公式。另一方面，决策树等算法可以从客户购买、维修、意见、建议、投诉等众多环节中识别出关键影响因素，从而制订改进策略，提高客户满意度。

利用数据挖掘分析客户对企业产品或服务的满意度，可以帮助企业了解客户需求和期望，发现企业在产品、服务和管理上的不足，为企业改善经营策略、提高客户忠诚度指明方向。

案例 8.2

摩根斯坦利客户关系管理中的数据挖掘

在客户关系管理的数据挖掘方面，摩根斯坦利（Morgan Stanley）的实践与应用经验值得我们借鉴。

摩根斯坦利的客户关系管理行政主管及客户关系管理专家 Tony LoFrumento 托尼·拉福蒙托先生从业务面临的挑战、系统建设设想、系统解决的问题以及公司获得的收益几个方面进行了介绍。

摩根斯坦利为近 260 万的客户和家庭管理着 5 170 亿美元资产，在过去以产品为导向的市场营销战略下，由于缺乏对客户需求的深入了解，摩根斯坦利采取按交易收费，按个人账户来计价和营销产品。但是随着个人退休账户 IRA、互助基金、托管账户等新服务的不断推出，公司必须考虑如何找到最具盈利性的客户，并根据每一个客户的特殊需求制订有针对性的营销策略。然而"在缺乏事实的情况下，公司只能凭感觉来制订决策——对于企业运营业务来说，这是很危险的。"Tony LoFrumento 托尼·拉福蒙托这样说。

为此，摩根斯坦利需要将深藏在各式各样平台和数据库中的数据进行抽取、清洗加工、分析和挖掘，并将其转换成易于与行政主管和财务顾问共享和访问的信息，而且这个过程需要尽可能地自动化。"市场上有大量的数据挖掘、行为分析和绩效管理应用软件，"LoFrumento 拉福蒙托说，"我们需要可以无缝集成，以节省我们的时间、降低成本和减少问题的应用系统。"在进行了一系列评估和选型之后，摩根斯坦利选择了 SAS 的数据仓库和数据挖掘产品，以及营销自动化和战略绩效管理解决方案，因为只有 SAS 能够提供最全面的、可以满足每项需要的解决方案。此外，公司还选用了 SAS 子公司 DataFlux 提供的数据清理软件。

一、关注最重要客户

基于 SAS 公司的产品、技术和应用解决方案，摩根斯坦利部署了一个客户关系管理数据集市，整合了所有客户信息，提供了对每位客户的全面描述，这在精确度和详细程度方面都是前所未有的。在此之上，LoFrumento 拉福蒙托领导的客户关系管理小组可以为摩根斯坦利业务的各个方面提供更精确的分析。

以拥有多个账户（个人退休账户 IRA、定期经纪人账户等）的客户为例，在使用 SAS 之前，摩根斯坦利无法将客户各式各样的账户关联到一个集成的客户视图中，从而造成公司对其最具盈利性的客户进行多重收费——客户并没有享受到真正的 VIP 待遇。

使用 SAS，LoFrumento 托福蒙托的小组建立了一种"家庭"模型，来观察每个客户的全部账户中的业务活动。利用该模型，可以从分析角度来全面支持计价、分级福利产品、客户分群、营销活动和客户盈利性等各种计划。

在 LoFrumento 拉福蒙托的客户关系管理小组进入摩根斯坦利之前，财务顾问通过推荐、电话访问和批量邮件来寻找客户。

最近两年来情况发生了显著变化，现在摩根斯坦利可以得到单个客户级别并预测其行为，如为财务顾问提供有可能对某些产品或服务感兴趣的客户清单，从而真正做到了了解客户。他们的客户现在会说，"我的财务顾问真正了解我的需要。"

最近个人退休账户 IRA 的营销活动就是一个例子，与过去向整个客户群发送邮件不同的是，摩根斯坦利使用预测性模型来选择适当客户。结果是与去年同期相比，开立账户数量增加了40%。

"借助 SAS，我们获得了前所未有的有力武器，" LoFrumento 拉福蒙托说，"现在每当获得新的营销活动请求时，我们可以迅速描述和建立最有可能响应的客户模型，开展该项活动，然后评测结果以帮助我们了解已经完成的工作、没有完成的工作和下一次如何开展更智能的活动。"

摩根斯坦利认为，自动化和信息管理也是 SAS 的重要优势。以前手工跟踪一个涉及 10 份以上客户清单的营销活动将是一件令人头痛的事，但将它们全部装载到 SAS 营销活动管理工具中，就可以随时查找所需要的任何结果。

二、面向未来

目前摩根斯坦利已经实现了数据挖掘、客户分群、预测性建模和商业智能分析等关键功能。LoFrumento 正在实施 SAS 的战略绩效管理来跟踪、评测和执行公司战略。

"我们开始关注企业绩效管理，" LoFrumento 拉福蒙托说，"通过分析得到的数据和信息，使我们可以向管理层展现我们是否实现了公司目标和策略上的关键指标。我们可以全面彻底贯彻这些指标，上至最高管理层，下至分支机构甚至个人财务顾问。尤其令人兴奋的是由于结果是基于 Web 的，公司中的每个人都将能访问这些信息，了解被评测的领域及它们扮演的角色。如果没有 SAS 的分析功能，我们根本不可能做到这一点。"

在这个竞争激烈的经纪人行业，SAS 为摩根斯坦利提供了独特的优势。"这种价值是无法比拟的，" LoFrumento 拉福蒙托说，"没有 SAS 提供客户关系管理中的数据挖掘，企业发展根本上是盲目的。"

启发思考：摩根斯坦利是怎样借助 SAS 的数据挖掘为企业实施客户关系管理的？

本 章 小 结

本章首先介绍了数据仓库的基本知识；然后介绍了有效处理客户数据、客户知识以及联机分析处理的相关知识；最后介绍了数据挖掘的相关概念，包括定义、分析技术（分类、关联分析、聚类分析、预测和孤立点分析）、过程（数据准备、数据挖掘、结果评价）和方法，客户关系管理中的数据挖掘及其流程，以及数据挖掘在客户关系管理中的应用。通过本章的学习，读者应充分认识数据管理在客户关系管理中的作用，同时要了解数据仓库和数据挖掘技术在客户关系管理中的应用。

复习与思考题

1．简述数据仓库的结构。
2．客户数据的来源有哪些?
3．处理客户数据的流程是怎样的?
4．客户隐私与保护的具体措施有哪些?
5．简述多维数据模型上的 OLAP 操作。
6．简述数据挖掘的方法。

第九章

大数据与客户关系管理

【学习目标】

掌握大数据的定义；了解大数据的特征；了解大数据分析流程与工具；熟悉大数据在客户关系管理应用中的典型案例。

~ 案例 9.1 ~~~~~~~~~~~~~~~~~~~~~~~~~~~

无处不在的大数据

我们在日常生活中所做的一切都会留下数据，我们可以利用和分析这些数据来让我们的生活更加美好。下面让我们看看大数据应用的真实例子。

1. 在医院，儿科部会记录早产儿和患病婴儿的每一次心跳，然后将这些数据与历史数据相结合。基于这些分析，系统可以在婴儿表现出任何明显的症状之前就检测到感染，这使得医生可以早期干预和治疗。

2. 健身腕带可以收集有关我们走路或者慢跑的数据，例如我们走了多少步、每天燃烧了多少卡路里、我们的睡眠模式或者其他数据，然后结合这些数据与健康记录来改善我们的健康状况。

3. 在学校，流媒体视频课程和数据分析可以帮助教师跟踪学生的学习情况，根据他们的能力水平定制教学内容，以及预测学生的执行情况。

4. 在家里安装动力、湿度和其他传感器，让你了解家里正在发生的事情，同时通过 iPhone 上的应用程序来控制家里的所有设备。

5. 当我们每天在公路上开车时，我们的智能手机会发送我们的位置信息以及速度，然后结合实时交通信息为我们提供最佳路线，从而避免堵车。结合位置应用程序，还可以为我们提供附近的餐馆、银行、加油站等信息。

6. 当我们去购物时，我们的数据会结合历史购买记录和社交媒体数据来为我们提供优惠券、折扣和个性化优惠。

7. 健康水平监测传感器可以放置于床垫下面，自动监测和记录心脏速率、呼吸速率、运动和睡眠活动。该传感器收集的数据以无线方式被发送到智能手机和平板电脑上，进行进一步分析。

大数据的其他一些创造性的用途还有：

1. WNYC 开发的 Transit Time NYC 可以让纽约人点击纽约市的五个区域来获取地铁或火车的时间。他们从开源行程平台 OpentripPlanner 获取数据，并将这些数据域公开下载的地铁时间表结合来创造 400 万虚拟旅程。

2. 美国公共卫生协会开发的 FluNearYou 调查了用户的症状感觉，并存储和分析庞大的数据量，然后生成报告显示用户所在地区的流感活动。

3. 针对建设、改造和翻新住宅的"一站式商店"Buildzoom 拥有约 250 万承包商、5 万以上客户意见信息，来帮助 50 万用户带来更多客观性和透明度的决策意见。

4. 美国联邦调查局正在结合来自社交媒体、闭路电视摄像机、电话和文本的信息来追踪犯罪和未来恐怖袭击活动。

5. 奥巴马在 2012 年总统竞选中使用大数据分析来收集选民数据，再加上一流的分析引擎，让他可以专注于最有可能投他的选民。

6. 谷歌的自动驾驶汽车分析来自传感器和摄像头的实时数据，以在道路上安全驾驶。

7. 智能电视和机顶盒能够追踪你正在看的内容，看了多长时间，甚至能够识别多少人坐在电视机前，来确定这个频道的流行度。

8. 在希腊，政府正在使用 Google Earth 来看看谁能够在后院有游泳池，然后核对其纳税记录。

最终，我们都将从大数据分析中获益。如果银行能更好地了解风险，国家经济将更加强大。如果政府能够降低其欺诈开支，国家税收也会降低。如果疾病能够更早治疗，国民将会更加健康。

启发思考：大数据给我们带来了什么好处？生活中还有哪些让你感兴趣的大数据？

第一节　大数据概述

一、大数据的定义与特征

对于大数据，企业和学术界目前尚未形成公认的准确定义。维基百科将大数据定义为"无法在一定时间内用常规软件工具对其内容进行抓取、管理和处理的数据集合"；权威 IT 研究与顾问咨询公司 Gartner 将大数据定义为"在一个或多个维度上超出传统信息技术的处理能力的极端信息管理和处理问题"；美国国家科学基金会（NSF）则将大数据定义为"由科学仪器、传感设备、互联网交易、电子邮件、音视频软件、网络点击流等多种数据源生成的大规模、多元化、复杂、长期的分布式数据集"。尽管存在不同的表述，但普遍观点认为，大数据与"海量数据"和"大规模数据"的概念一脉相承，但其在数据体量、数据复杂性和产生速度三个方面均大大超出了传统数据形态，也超出了现有技术手段的处理能力，并带来了巨大的产业创新机遇。

IBM 公司把大数据的特征概括成三个"V"，即规模（Volume）、快速（Velocity）和多样（Variety），但是更多人则将其概括为 4 个"V"，即规模（Volume）、快速（Velocity）、多样（Variety）和价值（Value）。首先，大数据首先必须具有海量数据，但是究竟多大体量才叫海量，人们并没有一个确定的数字。有人认为应该达到 TB 数量级，一般在 10 TB 规模左右。但在实际应用中，很多用户把多个数据集放在一起，已经形成了 PB 级的数据量。第二，多样性是大数据概念区别于从前有关数据管理的一个重要特征，传统数据管理主要是针对结构化数据分析，利用其应用技术，而大数据则更加强调对半结构化和非结构化数据的分析和应用。第三，在当前常规的信息安全产品中，特别是具有代表性的检测响应类产品技术中，大量采用实时监测技术，而"实时"就意味着快速。在当前带宽越来越大、系统越来越复杂、采集的数据越来越多的同时，安全检测对于事件响应的及时性要求并没有减弱。另外，"实时"还包含着一种内在含义：主要根据当前数据做出分析判断。第四，数据是物理世界的数字反映，价值上的数据不同于数字，数据背后是有对象的，而这些对象是有属主的、有立场的、有价值归属的、主观的。大数据体量很大，所蕴含的价值总量也会是客观的，但是平均到单条信息的价值却很低，即价值密度很低。

大数据是互联网发展到现今阶段的一种表象或特征，它是在以云计算为代表的技术创新大幕的衬托下，使那些原本很难收集和使用的数据开始容易被利用。而且，通过各行各业不断创新，大数据会逐步为人类创造更多的价值。但是，作为新兴复杂的事物，要想了解和掌握大数据，有一定难度，需要从理论、技术和实践三个层面展开（见图 9.1）。

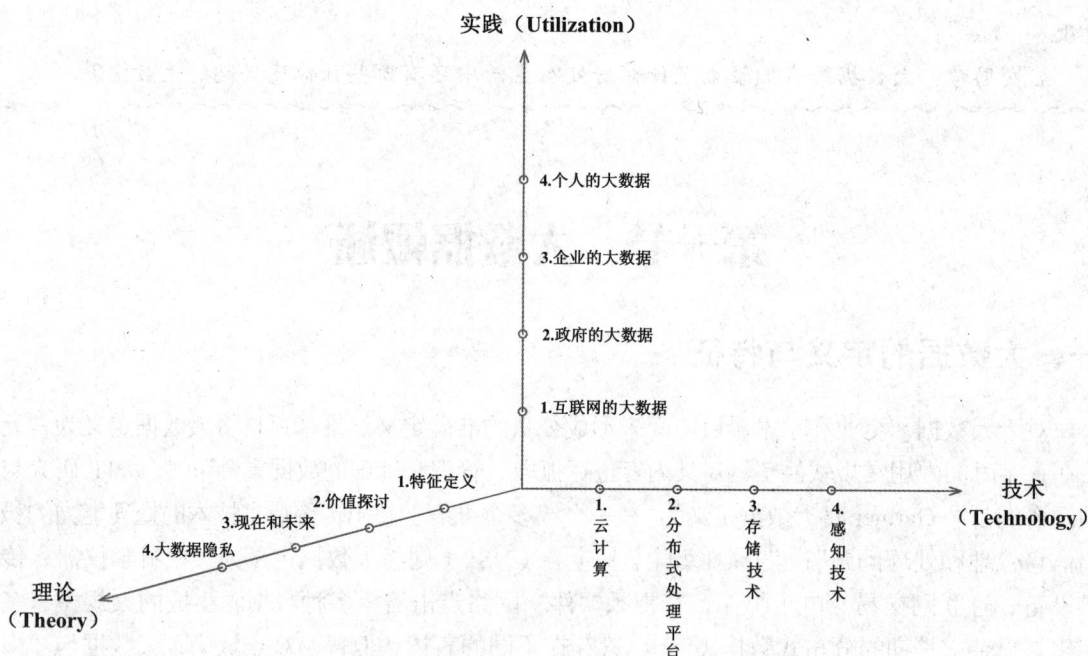

图 9.1　了解和掌握大数据的结构示意图

第一层面是理论，理论是认知的必经途径，也是被广泛认同和传播的基线。首先，要从上述大数据的定义和特征理解行业对大数据的整体描绘和定性；其次，要从对大数据的价值探讨来深入解析大数据的珍贵所在；再次，要从大数据的现在和未来去洞悉大数据的发展趋势；最后，要从大数据隐私这个特别而重要的视角来审视人和数据之间的长久博弈。

第二层面是技术，技术是大数据价值体现的手段和前进的基石。可以从云计算、分布式处理、存储和感知等技术的发展来了解大数据从采集、处理、存储到形成结果的整个过程。

第三层面是实践，实践是大数据的最终价值体现。要分别从互联网的大数据、政府的大数据、企业的大数据和个人的大数据四个方面来感知大数据已经展现的美好景象及即将实现的蓝图。

补充阅读

大数据的价值探讨

在投资者眼里，大数据是资产。比如，Facebook 上市时，评估机构评定的有效资产中大部分都是其社交网站上的数据。如果把大数据比作一种产业，那么这种产业实现盈利的关键在于提高对数据的"加工能力"，通过"加工"实现数据"增值"。Target 超市以 20 多种怀孕期间孕妇可能会购买的商品为基础，将所有客户购买记录作为数据来源，通过构建模型，分析购买者的行为相关性，能准确推断出孕妇的具体临盆时间，这样 Target 的销售部门就可以有针对的在每个怀孕顾客的不同阶段寄送相应的产品优惠券。

Target 的例子是一个很典型的案例，印证了一个很有指导意义的观点：通过找出关联物并监控它，就可以预测未来。Target 通过监测购买者购买商品的时间和品种来准确预测顾客孕期，这就是对数据二次利用的典型案例。此外，还有更多优秀案例。例如，我们还可以通过采集驾驶员手机的 GPS 数据，分析出当前哪些道路正在堵车，并可以及时发布道路交通提醒；通过采集汽车的 GPS 位置数据，可以分析城市的哪些区域停车较多，这也代表该区域有着较为活跃的人群，这些分析数据就可以卖给合适的广告投放商。

不管大数据的核心价值是否可以预测，基于大数据形成决策的模式已经为不少企业带来了盈利和声誉。

从大数据的价值链条来分析，现在企业主要存在以下三种模式。

（1）手握大数据，但是没有利用好：比较典型的是金融机构、电信行业和政府机构等。

（2）没有数据，但是知道如何帮助有数据的人利用它：比较典型的是 IT 咨询和服务企业，例如埃森哲、IBM、Oracle 等。

（3）既有数据，又有大数据思维：比较典型的如 Google、Amazon、Mastercard 等。

可以推断，未来在大数据领域最具有价值的有两类事物：① 拥有大数据思维的人，这种人可以将大数据的潜在价值转化为实际利益；② 还未有被大数据触及过的业务领域，这些是还未被挖掘的油井、金矿，是所谓的蓝海。

关于大数据的价值还有很多经典案例。例如，Wal-Mart 作为零售行业巨头，它的分析人员会对每个阶段的销售记录进行全面分析，有一次他们无意中发现了虽不相关但很有价值的数据。该数据表明，在美国飓风来临的季节，虽然超市的蛋挞和抵御飓风的物品没有放在一起，但是销量都有大幅增加。经过分析后，他们做出决策，将蛋挞的销售位置移到了飓风物品销售区域旁边，看起来是为了方便客户挑选。但最终的销量表明，这样做使得蛋挞的销量因此又提高了很多。

因此，探求数据价值取决于把握数据的人，关键是人的数据思维。与其说是大数据创造了价值，不如说是大数据思维触发了新的价值增长。

补充阅读

IBase 数据库成为大数据发展中非结构化数据库的领先元素

随着网络技术的发展，特别是 Internet 和 Intranet 技术的飞快发展，非结构化数据的数量日趋增大。这时，主要用于管理结构化数据的关系数据库的局限性暴露得越来越明显。因而，数据库技术相应地进入了"后关系数据库时代"，其发展进入了基于网络应用的非结构化数据库时代。

我国非结构化数据库以北京国信贝斯（iBase）软件有限公司的 IBase 数据库为代表，该数据库是一种面向最终客户的非结构化数据库，在处理非结构化信息、全文信息、多媒体信息和海量信息等领域以及 Internet/Intranet 应用上处于国际先进水平，在非结构化数据的管理和全文检索方面获得突破。它主要有以下几个优点。

（1）Internet 应用中存在大量的复杂数据类型，iBase 通过其外部文件数据类型，可以管理各种文档信息、多媒体信息，并且对于各种具有检索意义的文档信息资源，如 HTML、DOC、RTF、TXT 等还提供了强大的全文检索能力。

（2）iBase 采用子字段、多值字段以及变长字段机制，允许创建许多不同类型的非结构化的或任意格式的字段，从而突破了关系数据库非常严格的表结构，使得非结构化数据得以存储和管理。

（3）iBase 将非结构化和结构化数据都定义为资源，使得非结构化数据库的基本元素就是资源本身，而数据库中的资源可以同时包含结构化和非结构化的信息。所以，非结构化数据库能够存储和管理各种各样的非结构化数据，实现了数据库系统数据管理到内容管理的转化。

（4）iBase 采用了面向对象的基石，将企业业务数据和商业逻辑紧密结合在一起，特别适合于表达复杂的数据对象和多媒体对象。

综上来看，iBase 是适应 Internet 发展需要而产生的数据库，它基于 Web 广域网的海量数据库的思想，提供网上资源管理系统 iBase Web，将网络服务器（WebServer）和数据库服务器（Database Server）直接集成为一个整体，使数据库系统和数据库技术成为 Web 的重要有机组成部分，突破了数据库仅充当 Web 体系后台角色的局限，实现了数据库和 Web 的有机无缝组合，从而为在 Internet/Intranet 上进行信息管理乃至开展电子商务应用开辟了更为广阔的领域。iBase 全面兼容各种大中小型数据库，对传统关系数据库，如 Oracle、Sybase、SQLServer、DB2、Informix 等提供导入和链接的支持能力。

可见，随着网络技术的飞快发展，完全基于 Internet 应用的非结构化数据库将成为继层次数据库、网状数据库和关系数据库之后的又一重点、热点技术。

二、大数据分析流程与工具

（一）大数据分析流程

基于大数据分析要全体不要抽样、要效率不要绝对精确、要相关不要因果的特点，可将大数据分析流程大致概括为四步，分别是大数据采集、大数据导入与预处理、大数据统计与分析和大数据挖掘。

1. 大数据采集

大数据采集是指利用多个数据库来接收发自客户的数据，并且客户可以通过这些数据库来进行简单的查询和处理工作。例如，电商会使用传统的关系型数据库 MySQL 和 Oracle 等来存储每一笔事务数据。除此之外，Redis 和 MongoDB 这样的 NoSQL 数据库也常用于数据采集。

大数据采集的主要特点和挑战是并发数高，因为同时可能会有成千上万的客户来进行访问和操作，如火车票售票网站和淘宝，它们并发的访问量在峰值时达到上百万，所以需要在采集端部署大量数据库才能支撑，因此如何在这些数据库之间进行负载均衡和分片成为了重点研究对象。

2. 大数据导入与预处理

虽然大数据采集端本身会有很多数据库，但如果要对这些海量数据进行有效分析，还是应该将这些来自前端的数据导入到一个集中的大型分布式数据库，或者分布式存储集群，并且可以在导入基础上做一些简单的清洗和预处理工作。也有一些客户会在导入时使用来自 Twitter 的 Storm 来对数据进行流式计算，来满足部分业务的实时计算需求。大数据导入与预处理过程的特点和挑战主要是导入数据量大，每秒钟导入量经常会达到百兆，甚至千兆级别。

3. 大数据统计与分析

大数据统计与分析主要利用分布式数据库，或者分布式计算集群来对存储于其内的海量数据进行分析和分类汇总，以满足大多数常见的分析需求。在这方面，一些实时性需求会用到 EMC 的 GreenPlum、Oracle 的 Exadata，以及基于 MySQL 的列式存储 Infobright 等，而一些批处理，或者基于半结构化的大数据的统计与分析需求可以使用 Hadoop。大数据统计与分析过程的主要特点和挑战是涉及的数据量大，对系统资源特别是 I/O 会有极大占用。

4. 大数据挖掘

与大数据统计与分析不同的是，大数据挖掘一般没有什么预先设定好的主题，主要是在现有数据上面进行基于各种算法的改进计算，从而起到预测效果，实现一些高级别数据的分析需求。比较典型的算法有用于聚类的 K-Means、用于统计学习的 SVM 和用于分类的 Naive Bayes，主要使用的工具有 Hadoop 的 Mahout 等。大数据挖掘过程的特点和挑战主要是用于挖掘的算法很复杂，并且计算涉及的数据量和计算量都很大。目前，越来越多的应用涉及大数据，这些大数据的属性，包括数量、速度、多样性等都呈现了大数据不断增长的复杂性，所以大数据挖掘方法在大数据领域就显得尤为重要，可以说是决定最终信息是否有价值的决定性因素。

~~~ 补充阅读 ~~~

利用大数据发展业务的五个维度

对于大数据的前景，有53%的互联网专家和观察员相信，它将给社会的各个方面都带来积极影响。大数据可以增加社会透明度，可以更好分析系统性能等，因此它在未来价值巨大。除此之外，大数据还能创造新的商业模式、产品和服务。让我们来看看大数据的这些优点会给公司带来怎样的好处。以下是当今公司利用大数据发展业务的方法。

1. 了解客户

市场界的新规则是：市场人员可以影响公众对品牌的看法，但不能完全控制公众的交流内容。除了提供优秀的客户体验并精简市场推广活动外，公司还需要靠大数据支持来提供定制化的私人服务。利用大数据，当市场人员与客户进行交流时，就能发现哪些东西能影响客户，并在诸多渠道中选择最佳方案。每天活跃在互联网上的10亿Facebook用户和4亿Twitter用户，让零售商看到了市场的巨大潜力。获取社交平台数据并不是了解客户行为的最终目的，市场人员还需要通过解读关键字的使用频率和趋势，以及运用某些矩阵分析法来作进一步分析。现在，亚马逊就能通过购买记录、浏览记录、购物车记录等数据来预测其8 900万用户的购买行为。

2. 优化流程

大数据意味着大机遇。当员工可以利用数据时，员工的工作效率和公司的销售业绩都会显著提升。在2012年，生产效率提升最明显的是零售行业，升幅达49%，相应的零售总量提升至12亿美元。市场人员还可以通过实时商业情报系统和数据挖掘技术来优化流程。最近，保险行业诞生了估算个人风险的新模型。在澳大利亚富士施乐公司的支持下，保险行业现在能提供更快捷的私人服务，并更有效地与客户交流。

3. 创造机会

通过大数据统计和分析，公司能快速找到目标客户并提供相应产品。这样的市场调查让市场人员更了解客户的兴趣、需求、情感，从而更好地服务客户。拿微软的市场调查来说，他们发现50%的年轻父亲受到电子广告的影响。如果市场人员的目标客户群是男性，或许这项调查会很有帮助。市场人员不仅可以快速找到目标客户群，还可以通过大数据分析来了解客户需求，并提前增加相应产品的库存量。

4. 客户关系管理

近些年，客户对抱怨和投诉回复速度的期望越来越高。1/4的Facebook和Twitter用户认为公司应该在1小时内回复社交平台上的抱怨和投诉。市场人员可以开展客户关系管理，在提供服务的时候获取客户的私人信息。而在详细了解客户之后，不论是发送定制广告、邮件，还是利用实时分析对相关产品进行推送，都是有效的商业营销手段。关于私人订制客户体验，调查中有87%的客户体验反馈表明，抓取并共享有效的数据对评估投资回报率至关重要。

5. 加强安全措施

公司一般需要信息技术专家来保护内部数据，但公司也可以选择采用云服务和云分析技术相结合来达到相同目的。阿米特·维塔尔（Amit Vital）是某大型IT公司的首席信息官，他认为大数据分析可以帮助定制并校准安全工具。另外，像谷歌这样的公司是不允许外人进入其数据中心的，而且公司将客户数据储存在不同地方，这样做在提供安全保障的同时，还能达到改善客户体验的目的。

（二）大数据分析工具

大数据庞大而复杂，需要专门设计的硬件和软件工具进行处理。该数据集通常是万亿或 EB 的级别，而且，这些数据集来源各种各样，例如既可以来源于传感器这样的硬件，也可以来源于气候、杂志、报纸、文章等公开信息，还可以来源于购买交易记录、网络日志、病历、军事监控、视频、图像档案及大型电子商务等较为隐私的信息。因此，大数据分析要根据不同来源，通过专业工具研究其中的海量数据，找出相应模式、相关性和其他有用信息，才能帮助企业更好适应变化，并做出更明智的决策。目前大数据分析工具中，较为典型和有代表性的工具主要有以下几种。

1. Hadoop

Hadoop 既是一个能够对海量数据进行分布式处理的软件框架，也是能够让用户轻松架构和使用的分布式计算平台，具有高可靠性、高扩展性、高效性、高容错性和低成本性的优点。

（1）高可靠性。Hadoop 按位存储和处理数据的能力极强。另外，Hadoop 在假设计算元素和存储失败的前提下，通过维护多个工作数据副本，能确保针对失败节点的重新分布处理。

（2）高扩展性。Hadoop 能处理 PB 级数据，用户可以轻松地在 Hadoop 上开发和运行处理海量数据的应用程序。此外，Hadoop 能在可用的计算机集簇间分配数据，完成计算任务，这些集簇可以方便地扩展到数以千计的节点中。

（3）高效性。Hadoop 以并行方式工作，通过并行处理加快处理速度。另外，Hadoop 能够在节点之间动态移动数据，并保证各节点的动态平衡，因此处理速度非常快。

（4）高容错性。首先，Hadoop 能自动保存数据的多个副本，并且能够自动将失败的任务重新分配。其次，Hadoop 带有用 Java 语言编写的框架，因此运行在 Linux 平台上是非常理想的。最后，Hadoop 上的应用程序也可以使用其他语言编写，比如 C++。

（5）低成本性。Hadoop 依赖于社区服务器，因此它的成本比较低，任何人都可以使用。

2. HPCC

HPCC，High Performance Computing and Communications（高性能计算与通信）的缩写。1993年，美国科学、工程、技术联邦协调理事会向国会提交了"重大挑战项目：高性能计算与通信"的报告，也就是被称为 HPCC 计划的报告，即美国总统科学战略项目，其目的是通过加强研究与开发解决一批重要的科学与技术挑战问题。

HPCC 是美国实施信息高速公路上的计划，该计划的实施将耗资百亿美元，其主要目标要达到：开发可扩展的计算系统及相关软件，以支持太位级网络传输性能，开发千兆比特网络技术，扩展研究和教育机构及网络连接能力。

该项目主要由以下五部分组成。

（1）高性能计算机系统（HPCS），内容包括今后几代计算机系统的研究、系统设计工具、先进的典型系统及原有系统的评价等。

（2）先进软件技术与算法（ASTA），内容有巨大挑战问题的软件支撑、新算法设计、软件分支与工具、高性能计算研究中心等。

（3）国家科研与教育网格（NREN），内容有中接站及 10 亿位级传输的研究与开发。

（4）基本研究与人类资源（BRHR），内容有基础研究、培训、教育及课程教材，能为未来提供必需的基础架构，支持这些内容的调查和研究活动。

（5）信息基础结构技术和应用（IITA ），目的在于保证美国在先进信息技术开发方面的领先地位。

3. Storm

Storm 是自由开源软件，也是分布式的、容错的实时计算系统。Storm 可以处理庞大的数据流，而且处理效果和效率非常可靠，因此，Sorm 也被用于处理 Hadoop 的批量数据。Storm 较为简单，而且支持多种编程语言，使用起来很方便。另外，Storm 由 Twitter 开源而来，有很多知名企业应用，如 Groupon、淘宝、支付宝、阿里巴巴、乐元素、Admaster 等。

Storm 每个节点每秒钟可以处理 100 万个数据元组，处理速度惊人。另外，Storm 还具有可扩展、容错、易设置和易操作的优点。因此，如今 Storm 已经被广泛应用于许多领域，如实时分析、在线机器学习、持续计算、分布式 RPC（远过程调用协议，通过网络从远程计算机程序上请求服务）、ETL（Extraction-Transformation-Loading 的缩写，即数据抽取、转换和加载）等。

4. Apache Drill

为了帮助企业用户寻找更为有效、加快 Hadoop 数据查询的方法，Apache 软件基金会近日发起了一项名为"Drill"的开源项目。Apache Drill 实现了 Google's Dremel。据 Hadoop 厂商 MapR Technologies 公司产品经理托马尔·希兰 Tomer Shiran 介绍，"Drill"已经作为 Apache 孵化器项目来运作，将面向全球软件工程师推广。该项目将会创建出开源版本的谷歌 Dremel Hadoop 工具（谷歌使用该工具来为 Hadoop 数据分析工具的互联网应用提速），而"Drill"将有助于 Hadoop 用户实现更快查询海量数据集的目的。"Drill"项目其实也是从谷歌的 Dremel 项目中获得的灵感，该项目帮助谷歌实现了对海量数据集的分析处理，包括分析抓取 Web 文档、跟踪安装在 Android Market 上的应用程序数据、分析垃圾邮件、分析谷歌分布式构建系统上的测试结果等。通过开发"Drill"Apache 开源项目，任何组织机构都将有望建立 Drill 所属的 API 接口和灵活强大的体系架构，从而帮助支持广泛的数据源、数据格式和查询语言。

5. RapidMiner

RapidMiner 是耶鲁大学研发的世界领先的大数据解决方案，具有如下优点：能免费提供大数据分析的技术和库；100%使用 Java 代码和 Java API（应用编程接口）；大数据分析过程简单、强大和直观；内部 XML 保证其能通过标准化格式来表示大数据分析；能用简单脚本语言自动处理大规模进程；多层次数据视图确保大数据的有效和透明；图形用户界面的互动原型；命令行（批处理模式）的自动大规模应用；简单的插件和推广机制；强大的可视化引擎；采用多种尖端高维数据的可视化建模；拥有 400 多个数据挖掘运营商的支持。目前，RapidMiner 已被成功应用在许多不同领域，如文本挖掘、多媒体挖掘、数据流挖掘、集成开发方法和分布式数据挖掘等。

补充阅读

传统抽样调查方法与大数据时代客户群分析的优缺点比较

1. 传统抽样调查方法在客户群分析中的缺点

传统统计学观点认为，数据处理的特点就是通过局部样本进行统计推断，从而了解总体的规律性。但是由于数据收集和处理能力的限制，使传统统计研究工作总是希望通过尽可能少的数据来了解总体，由此而产生的抽样调查方法，在客户群分析中存在如下缺点。

（1）抽样框不稳定，随机取样困难。传统抽样调查方案在实施时经常碰到导致抽样框不稳定的问题：一方面，随着网络信息技术的迅速发展，人们获得信息的途径越来越便捷，人们更换工作、外出学习和旅游的机会和次数也越来越多，这导致人口流动性加快，例如在对某小区居民收入水平调查过程中，经常会出现户主更换或空房的情况；另一方面，企业经营状况不稳定，有些经营者抓住市场机会使企业规模日益壮大，有些经营者经营不力导致企业破产倒闭，这就出现了在对企业经营状况调查中，抽样框中有的企业实际找不到，实际有的企业抽样框中却没有的情况。

（2）事先设定调查目的，会限制调查内容和范围。传统抽样调查工作往往是先确定调查目的，然后再根据目的和经费确定调查方法和样本量大小。这会受调查目的限制，调查范围有限，即调查会有侧重点，从而不能全面反映总体。

（3）样本量有限，抽样结果经不起细分。传统抽样调查是在特定目的和一定经费控制下进行的，往往调查样本量有限，如果进一步对细分内容调查，往往由于样本量太小而不具代表性。随机采样结果经不起细分，一旦细分，随机采样结果的错误率就会大大增加。例如以对某地企业调查情况为例，在完成调查工作后想具体了解当地小型服装企业生产经营状况，可能抽到的样本中满足条件的企业凤毛麟角，或根本没有这样的企业。而在大数据时代，对数据处理的技术不再是问题，我们可以对任何规模的数据进行分析处理，做到既全面把握总体，又能了解局部情况。

（4）纠偏成本高，可塑性弱。正如前文所述，传统统计抽样过程中，抽样框不稳定的情况经常存在，一旦抽样框出现偏误，调查结果可能与历史结果或预计结果大相径庭。另外，如果想了解与事先调查目的不一致的方面，或者想了解目标总体的细分结果，在传统的抽样调查思路中，解决问题的方法一般是重新设计调查方案，一切重来。而在大数据时代，信息瞬息万变，如果等待重新调整调查方案，得到的调查结果可能已经没有价值。

2. 大数据时代要调整对数据在客户群方面的精确性要求

（1）大数据时代，客户群数据规模大，数据不精确性在所难免，盲目追求数据精确性不可取。在小数据时代，无论是测量数据还是调查数据，都可能因为人为因素或自然不可控因素导致搜集到的数据不精确。而在大数据时代，数据来源渠道多，数据量多，在获得关于反映总体精确数据信息的同时，不可避免地会获得不精确的数据。另外，我们必须看到不精确数据的有益方面，不精确数据并不一定妨碍我们认识总体，有可能帮助我们从另一个方向更好认识总体。

（2）大数据时代，客户群数据不精确不仅不会破坏总体信息，还有利于了解总体。大数据时代，越来越多的数据提供越来越多的信息，也会让人们越来越了解总体的真实情况。例如，假设某人身高1.8米，在小数据时代，由于各种原因仅能测量两次，一次是1.8米，一次是1.6米，那么很可能认为该人身高为两次测量的平均值，即1.7米；在大数据时代，对这个人的身高测量了10万次，其中有10次是1.6米，其他情况测得的数据均为1.8米，那么很可能认为这个人的身高就是1.8米（1.6米作为异常值剔除）。大数据时代，越来越多的数据在帮助我们了解总体时有点大数定律的感觉，而大数定律告诉我们，随着样本数量增加，样本平均数越来越接近总体。但大数据却告诉我们，总体信息要比大数定理更真实。

（3）大数据时代，允许不精确性是针对大数据，而不是统一标准。大数据的不精确性是偶然产生的，而不是为了不精确性而制造不精确。并且，在专门性的分析领域，仍需千方百计防止不精确性发生。譬如，为了精细管理公司业务，对公司财务分析就应该越精确越好。

3．大数据时代典型的客户群分析方法

大数据时代，典型的客户群分析方法主要包括经验描述方法、传统统计方法以及非统计方法。非统计方法主要是大数据技术在客户群分析中的运用。例如，电信行业中，有的采用K-means聚类分析技术，利用商业数据挖掘自动化软件KXEN，对于划分好的客户类型进行具体分析，将其中的聚类系数按照从小到大的规律选择，并对得到的聚类结果进行收集，从而分析不同客户群具有的不同特征，由此给出针对电信客户分群的具体实施方法；还有的采用遗传算法，构建基于模糊的相异矩阵，针对月话费在200元以上的客户群进行准确分类，对享受电信服务的大客户根据不同条件进行划分；还有的采用基于密度的聚类算法，对享受电信服务的高级客户消费所产生的数据信息进行研究，以期得到不同客户的消费模式以及特征，并将获得的分析结果有效推广到其他客户消费中，最终提升电信业务的服务水平和质量。

案例 9.2

大数据下的中国电信客户分类

大数据环境下，中国电信客户为海量。如何把握海量客户数据，对其进行精准分析，提出相应的客户分类，对中国电信来说至关重要。针对该问题，中国电信建立了客户标签的大数据客户分类方法。通过这种标签，中国电信能快速寻找到具有该特征的客户，提高营销精确度。

客户标签以客户的通信行为字段以及所展现出来的心理行为为影响因子进行研究，选用合适的大数据分析工具，对客户特征进行聚类分群，根据客户表现出来的特征，打上不同类型的标签进行标记，如漫游型、长途型、网络型、本地型、低消费人群、中端消费人群、高消费人群、年轻型、年长型等。以漫游型为例，该种类型的人群占总人群数的12%，其中文化水平在高中以上、月收入水平为中等级别，以年龄在25~40岁之间的男性居多，并以从事于第一线生产行业的白领为主。其中，有近七成的漫游压抑型选用的是天翼商旅套餐，并且入网时长一般都在两年以上，大多数需要在外地出差，对漫游消费的需求较低，每个月的 ARPU 均值维持在 50 元上下。因此，该类型客户具有理性消费观，对于新生事物并不会表现出很大兴趣，花费在娱乐、咨询、网络上的费用较低，且在办理新业务时，大都采用短信营业厅的方式。

针对以上大数据环境下的客户分类和分析、中国电信产品的市场定位、产品本身功能和客户所具备的个人特征，中国电信对产品所适用的目标人群进行选择，从而让客户与产品之间实现完美适配。例如中国电信新近推出的一款电子产品，其市场定位于商旅人士、通话较多的客户，这就可以根据系统设定的客户标签，对客户进行分类，并且根据这些特征就可以从系统中找到符合这些特征的客户名单。

启发思考：如何通过案例中的客户标签寻找到具有相应特征的客户？

第二节　大数据在客户关系管理中的应用

一、应用概述

第一，客户行为与特征分析。显然，只要积累足够的客户数据，就能分析出客户的喜好与购买习惯，甚至做到"比客户更了解客户自己"，这一点才是许多大数据营销的前提与出发点。因此，大数据可以让"一切以客户为中心"的企业真正及时全面地了解客户需求。

第二，精准营销信息推送支撑。过去很多年，精准营销总在被许多公司提及，但是真正做到的少之又少，反而是垃圾信息泛滥。究其原因，主要就是过去名义上的精准营销并不怎么精准，因为它缺少客户特征数据支撑及详细准确的分析。相对而言，现在的网络广告等应用则向我们展示了比以前更好的精准性，而其背后靠的即是大数据支撑。

第三，引导产品及营销活动符合客户需求。如果能在产品生产之前了解潜在客户的主要特征，以及他们对产品的期待，那么产品生产即可投其所好。例如，Netflix 在投拍《纸牌屋》之前，即通过大数据分析知道潜在观众最喜欢的导演与演员，并选择了他们进行拍摄，结果果然捕获了观众的心。又比如，《小时代》在预告片投放后，即通过微博大数据分析得知其主要观众群为"90后"女性，因此后续营销活动主要针对这些人群展开，收效颇佳。

第四，竞争对手监测与品牌传播。竞争对手的一举一动是许多企业想了解的，但这些信息在以往而言一般很难找到，而现在通过大数据监测和分析，即使竞争对手不告诉你，你也可以得知不少。此外，品牌传播的有效性亦可通过大数据分析找准方向。例如，可以进行传播趋势分析、内容特征分析、互动用户分析、正负情绪分类、口碑品类分析、产品属性分布等。此外，还可以通过大数据监测掌握竞争对手的传播态势，根据客户需求的真实声音策划内容，甚至可以评估微博的运营效果。

第五，品牌危机监测及管理支持。新媒体时代，品牌危机使许多企业谈虎色变，然而大数据可以让企业提前有所洞悉。在危机爆发过程中，最需要的是跟踪危机传播趋势，识别重要参与人员，方便快速应对。大数据可以采集负面内容并及时启动危机跟踪和报警，按照人群社会属性分析，聚类事件过程中的观点，识别关键人物及传播路径，进而可以保护企业、产品的声誉，抓住源头和关键节点，快速有效地处理危机。

第六，帮助企业筛选重点客户。许多企业家难以在企业用户、好友与粉丝中找出哪些是最有价值的客户，而大数据能较好解决这类问题，并且有数据支持。从用户访问的各种网站可判断其最近关心的东西是否与企业相关；从用户在社会化媒体上所发布的各类内容及与他人互动内容中，可以找出千丝万缕的信息，利用某种规则关联综合起这些信息，就可以帮助企业筛选重点的目标客户。

第七，用于改善客户体验。要改善客户体验，关键在于真正了解客户及他们所使用产品的状况，做出最适时的提醒。例如，通过大数据，或许客户正驾驶的汽车可提前救他（她）一命。因为只要通过遍布全车的传感器收集车辆运行信息，在汽车关键部件发生问题之前，汽车就会提前向客户或 4S 店预警。这决不仅仅是节省金钱，而是对保护生命大有裨益。事实上，美国 UPS 快递公司早在 2000 年就利用这种基于大数据的预测性分析系统检测全美 60 000 辆车辆的实时车况，并及时进行防御性修理。

第八，支持客户关系管理中的客户分级管理。面对日新月异的新媒体，许多企业想通过对粉丝的公开内容和互动记录分析，将粉丝转化为潜在客户，激活社会化资产价值，并对潜在客户进行多个维度的画像。大数据可以分析活跃粉丝的互动内容，设定消费者画像的各种规则，关联潜在客户与会员数据，关联潜在客户与客服数据，筛选目标群体，对其做精准营销，进而可以使传统客户关系管理结合社会化数据，丰富客户不同维度的标签，并可动态更新客户生命周期数据，保持信息新鲜有效。

第九，发现新市场与新趋势。基于大数据的分析与预测，为企业家洞察新市场与把握经济走向提供极大支持。例如，阿里巴巴从大量交易数据中更早发现国际金融危机的到来。又如，在 2012 年美国总统选举中，微软研究院的 David Rothschild（大卫·罗斯切尔德）就曾使用大数据模型，准确预测了美国 50 个州和哥伦比亚特区共计 51 个选区中 50 个地区的选举结果，准确性高于 98%。有人通过大数据分析，对第 85 届奥斯卡各奖项的归属进行了预测，除最佳导演外，其他各项奖项的预测全部命中。

第十，市场预测与决策分析支持。由于大数据时代的数据呈现 Volume（规模大）和 Variety（类型多）的特点，所以对数据分析与数据挖掘提出了新要求。更全面、速度更及时的大数据，必然对市场预测及决策分析进一步上台阶提供更好支撑。

二、典型案例

（一）国内机场大数据系统

目前，国内主要机场普遍采用以机场大数据系统为核心的建设模式，以航班信息为主要信息源，以中间件平台为基础，实现信息集成系统、离港系统、航班显示系统、广播系统处理数据、行李数据、旅客服务类数据、设备设施监测数据、物流数据、交通枢纽的运力及车位数据、商业服务数据、财务办公类数据等海量数据的共享。大数据时代,"数据海量、知识匮乏"是大数据时代多数企业的通病。虽然机场在日常运行管理中会产生大量的运营数据,然而大部分机场的运行数据库仅仅实现了航班数据的实时处理,无法深入挖掘出隐藏在海量数据背后潜在的价值。因此建立机场大数据系统,应用大数据技术实现对机场数据的综合管理以及深入挖掘是十分必要的。

构建机场大数据系统,涉及海量数据信息,既有大量航班实时运行数据,又有海量历史数据。而大数据系统的建设支持了对海量信息的决策支持分析、规划及招商分析等。经过重新设计的大数据系统,可以根据不同主题设计不同属性集,从而减少数据处理量。另外,针对不同主题数据库,大数据系统采取粗糙集的属性归约算法,删除数据中的冗余信息,得到精简的数据集,然后将决策树所表示的数据集表示为分类规则知识,储存在规则知识库中。该系统数据流程为采集各种数据库中的各类海量数据,对这些海量数据重整结构和调整数据,将其归类存放在数据仓库中,并采用多维分析工具,将其进行多层次分类,成为有效信息,最后将其与知识库、方法库、模型库、数据挖掘工具有机结合,通过可视化工具将分析结果呈现给用户。根据机场特点,其大数据系统的总体架构可以分为五部分:数据源、数据处理、综合管理数据库、数据分析提取以及数据可视化,见图 9.2。

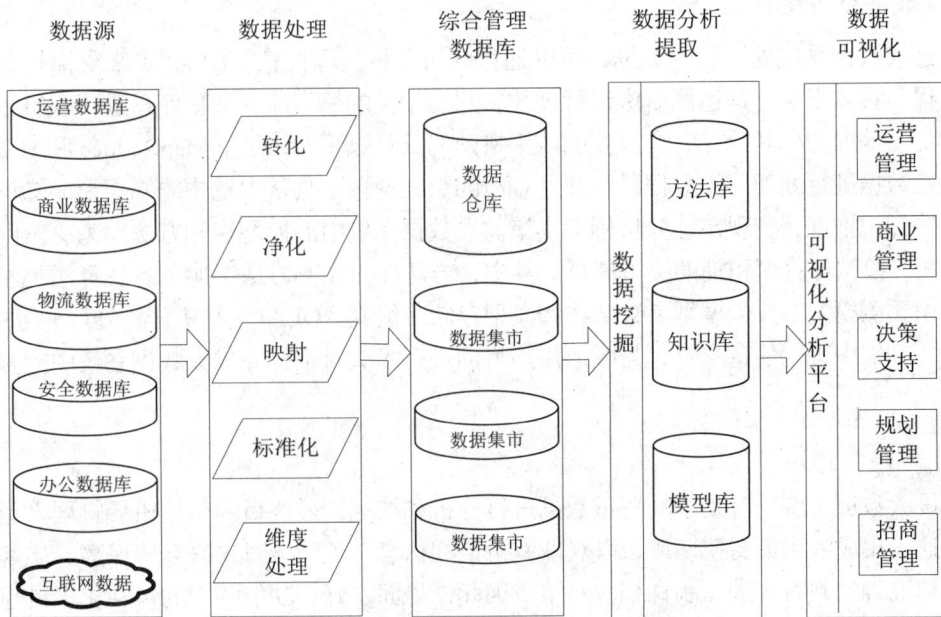

图 9.2 机场大数据系统架构图

1. 数据源

在机场航班运行过程中,涉及的海量数据来源于多方面,如航班数据、旅客数据、行李数据、设备设施监控数据、物流数据、行政办公类数据、安全数据、商业数据等,还涉及很多外部数据源,如天气数据、空管数据、航空公司数据、商业运行数据、互联网数据等。这些数据源有些是历史数据,有些是实时运行数据,它们存储在不同区域不同部门的异构数据库中。

2. 数据处理

数据处理为将海量数据输出到数据集市做好准备。由于不同来源的数据内容往往交叉，所以需要按照互动性对观测到的大数据进行分类，这些大数据大致分为两类：结构化数据和非结构化数据。同时，由于原始大数据中有噪声数据、冗余数据及缺失数据等问题，因此需要对这些大数据进行处理，通过转换、净化和标准化处理后，这些大数据被重新组织成主题一致的数据，置入大数据系统中。

3. 综合管理数据库

通过运行分析管理，大数据系统可以把大量航班运行数据、设备设施监控数据存入到系统中，和其他已存入大数据系统的数据信息进行综合分析，得出航班保障过程中最优的设备设施运行及管理方案。该方案可根据航班情况，按需分配登机桥、通道、照明、空调、扶梯等设备设施，从而提高设备设施的利用率，降低航班运行保障成本。引入数据集市是因为通过将大数据系统和数据集市分离的方法，可以使大数据系统集中精力解决数据整合和清理等问题，而数据集市则致力于为特定的决策过程提供服务。大数据系统在数据源和直接面对决策支持过程的数据集市之间形成缓冲，所以数据集市应当面向优良的大数据系统来建设，数据源的变化将不会直接影响到数据集市。

4. 数据分析提取

经过大数据系统处理后的数据，可以通过联机分析处理技术（OLAP）来支撑复杂的决策分析过程。具体来说，是运用航班运行规律，开发相关的模型库、知识库，进行联机数学运算和数据加工处理，并提供灵活、交互式的统一搭建的云计算平台，采用 MapReduce 和 Hadoop 技术对海量数据进行处理。大数据系统通过相应的数据挖掘工具从中挖掘的知识形成知识库，用于相应的知识推理，实现定性分析辅助决策。大数据系统中的模型库和方法库为决策问题提供定量分析（模型计算）和辅助决策信息。其中，方法库由预测方法字典和方法算法类库组成；模型库由预测模型字典、模型参数字典和模型存储库组成。OLAP（联机分析处理）与模型库、方法库、知识库进行信息交互，与图形用户界面进行多次对话，完成大数据系统中的预测分析过程。

5. 数据可视化

建设大数据系统，对其中的海量数据进行分析和挖掘，最终目的是让机场管理人员能够方便使用这一集成的决策支持环境，以获取有价值的信息，从而能对未来航班保障、旅客服务等做出迅捷准确的判断，进而制订相应对策。因此，界面友好、功能强大的可视化工具也需要被集成到大数据系统中。此外，该大数据系统汇总了各种数据源的数据，存储了海量的非结构化数据。因此，其海量数据应用的复杂性不仅体现在数据样本本身，更体现在多源异构和数据的动态交互方面。一般来说，这些都需要利用人工智能、视觉智能技术等改变大数据处理和知识提炼方式。

（二）中国银行大数据系统

2013 年，中国银行为了强化对降级流失客户的考核，设定客户降级流失评价指标，评价四个层级客户的降级流失情况，客户按日均金融资产规模分类的四个层级分别为 A 类：10 万～20 万元；B 类：20 万～200 万元；C：200 万～800 万元；D：800 万元以上。通过连续 4 个月的监控分析，四个层级的客户累积降级流失率分别为 12.62%、22.16%、29.33% 和 29.28%。因此，客户降级流失现象比较突出，且呈逐月增长，对中国银行来说，形势严峻。

为了深入研究降级流失情况，中国银行在基于客户降级流失考评规则深入研究的同时，充分借鉴业务专家的经验，将境内跨行汇款、跨境汇款、贷款结清、大额定期产品到期作为重点分析领域，展开研究，重点对跨行转出客户群进行了研究和分析，并从业务目标、目标客户特征定义、基础客户群、客户特征（业务属性）等方面进行区隔，建立了相应的业务模型，见表 9.1。

表 9.1　中国银行大数据系统业务模型描述

业务目标	目标客户特征定义	基础客户群	客户特征（业务属性）	备　　注
在办理境内跨行汇款业务的客户中，寻找汇款规模较大、客户层级较高且具有较高降级流失率的客户，通过营销控制其降级流失，提升客户在中国银行的资产规模	以降级流失标识为"真"的客户作为目标客户，该指标由系统每月加工	（1）指定周期内办理过跨行转出业务的全部客户。（2）仅针对人民币跨行转出业务范围。（3）基础数据周期定为三个月	（1）客户跨行转出交易统计指标；（2）客户层级特征；（3）期初至期末，各月末时点客户资产、负债、产品持有指标	确定数据周期的依据：6 月当月发生降级流失的 29.6 万 VIP 客户中，分别有 38%、53% 和 44% 的客户在 4 月、5 月、6 月发生了跨行转出业务，说明客户降级流失与客户近三个月跨行转出业务具有较强相关性

结果显示，2013 年第二季度，中国银行全辖办理人民币境内跨行转出业务的个人客户数达到 308 万人，总转出规模为人民币 9 491 亿元。其中，月均转出超过 10 万元的 VIP 客户有 29 万人，其跨行转出规模占全部转出规模的 69%，约 6 500 亿元人民币；另外，发生过同名转出的客户数有 34 万人，总转出规模为 4 584 亿元，直接转给本人名下的金额为 2 535 亿元。上述 VIP 客户，仅占全辖 VIP 客户的 3.5%，但占 6 月当月降级流失 VIP 客户的 12.43%，这些客户可作为控制降级流失的重点客户群之一。

在目标客群已确定的基础上，中国银行继续深化细分，启动了跨行大额转出目标客群的定向营销活动，并根据客户转账的备注信息进行归类整理，将样本数据分为四大类，即高活跃度高价值贡献子群、低活跃度高价值贡献子群、高活跃度低价值贡献子群、低活跃度低价值贡献子群。

针对目标细分客户群，中国银行采取了以下几个方面的措施：一是实施责任到人的外呼营销，掌握客户转出的实际原因。中国银行将客户清单全部取出，按照客户归属机构分配到基层网点，再根据网点各岗位人员的职责，分配不同数量的目标客户，进行外呼营销，确保做到对每一位流出客户的主动干预。二是制订营销话术，统一宣传口径。中国银行对转出客户所涉及的各项产品进行了整理，并按照回访了解、主动推介、营销达成三阶段出台了营销话术，掌握客户转出的真正原因，并有效进行产品及服务推介。三是定制专属产品，满足客户需求。经过抽样调查，数据显示中国银行一半以上客户转出的主要原因之一，就是产品不符合客户需求。为此，中国银行专门定制了一款高收益理财产品，定向发售。四是出台专属积分营销活动。中国银行针对该目标客群，开展了赠送尊享积分计划，活动期间经客户经理营销成功晋级，新增资产即可获赠三个月的尊享积分。五是实施考核激励，提升精准营销效果。中国银行采取底线管理措施，对于成功找回一定比例的客户机构予以考核，底线目标即为入围奖励的准入条件。对于入围奖励的机构，按客户号对客户金融资产新增额（除存款）和存款新增额按系数折算，其中金融资产（除存款）、存款新增额分别赋予 1.2 的系数，折算后金融资产新增额按统一标准配置奖励费用。

项目实施两个月后，中国银行某分行目标客群时点金融资产新增 17.91 亿元，增幅高达38.67%，月日均金融资产实现正增长的客户占比高达 47.54%，累计晋级客户达到 667 户，其中月日均金融资产 20 万以下晋级到 20 万~200 万的客户 541 户，月日均金融资产 20 万~200 万晋级到 200 万~800 万的客户 100 户，月日均金融资产 200 万~800 万晋级到 800 万以上的客户16 户。至此，中国银行某分行承接总行的首个数据库营销项目取得显著成效，并为下一步实施更多数据库营销项目积累了经验。

该案例的成功实施，用实际成效展示了大数据客户关系管理的巨大潜力。从案例执行情况来看，这只是运用大数据进行聚类分析的简单运用，如何同时运用关联分析、分类分析和预测，对客户的各种潜在需求进行有效判别，实现精准营销，有赖于中国银行进行深入、细致的推动和实施。中国银行正在加快大数据客户关系管理的全面推进，在实践中积累经验、提高意识。

（三）亚马逊的大数据系统

以电子商务起家的亚马逊，由电子书发家，以企业云平台闻名于世。由于大数据技术日渐成熟，亚马逊渐渐变为大数据行业的排头兵，推出了一系列大数据产品，其中包括基于 Hadoop的 Elastic MapReduce、DynamoDB 大数据数据库以及能够与 Amazon Web Services 顺利协作的Redshift 规模化并行数据仓储方案。到现在为止，亚马逊的大数据系统主要包括三方面：电商平台，包括自有产品的电子商务、第三方卖家及对一些成员的特殊服务；KINDLE、数字内容等；云服务。

亚马逊的大数据系统主要分为以下 4 个部分。

（1）收集客户行为数据。客户在亚马逊网站上发生的所有行为都会被亚马逊记录，如搜索、浏览、打分、点评、购买、使用减价券和退货等。亚马逊根据这些数据，不断勾画出每个客户的特征轮廓和需求，并以此为依据进行精准营销。

（2）整合客户行为数据。亚马逊的强大之处还在于它可以整合客户行为数据和喜好，并挖掘客户的潜在需求，善于用各种形式的活动去获取客户的喜好和需求，其中比较典型的活动就是投票。一旦用户投票了，其观点、倾向、或者兴趣爱好就暴露了，这个客户就被亚马逊打上了"标签"。

（3）个性化推荐营销服务。通过对所获行为信息的分析和理解，亚马逊制订对客户的贴心服务及个性化推荐。这不仅可以提高客户购买的意愿，缩短购买的路径和时间，还能在恰当时机捕获客户的最佳购买冲动，充分减少了传统营销方式对客户的无端骚扰。

（4）统计客户行为数据。给目标客户发送邮件后，客户是否打开了邮件、是否点击了邮件中的链接浏览促销产品，这些行为都会被持续跟踪下来。对整个促销推广活动而言，这样可以统计活动的效果，为下次评估类似促销活动提供历史依据。

另外，在业内，亚马逊最先把大数据引入电商行业，应用大数据改变客户体验，将大数据与智能物流相结合，帮助亚马逊在物流集成方面实现更大价值。因此，由亚马逊强大的大数据系统支持的智能物流系统是其价值链扩张的重要部分，使其在整条产业链上建立竞争优势。该系统具有如下创新。

（1）第一，通过智能物流系统，亚马逊可根据线上销售情况，实时记录当前库存，并以客户偏好为依据，预测下一期销售目标，从而使库存始终保持在较低水平。

（2）第二，除了对自身的物流管理，亚马逊大数据系统也与物流系统对接，将仓储物流服务与产品配送结合起来，定时或定点为客户提供新鲜产品和及时服务。同时，借助终端 GPS 设备，该系统能使送货员确定最优送货路线，在节省时间和财力的同时，也为顾客提供了更优质的服务。

（3）第三，物流中心预估和调拨的体系涵盖了云计算设备和管理系统。通过大数据系统，各类存货按照数据分配进行相互交叉存储，对空间实现最优利用；而根据季节不同，库存系统会自动转移产品，合理利用库房，从而更好拉近与客户之间的距离，增强客户忠诚度。

从客户在亚马逊购书开始，亚马逊的大数据系统便开始记录客户每一次操作信息，不但保存了客户基本信息，还保存了客户动态、业务发展、兴趣爱好等方面的资料，如同我们的大脑，帮亚马逊公司记住所有不同客户相关信息，当老客户来访时，就不会再变得陌生。因为大数据系统自从上次交易开始，就已经"记住"了他们，亚马逊也因此"认识"了他们。

亚马逊所有面向客户的个性化营销服务都以该系统为基础，它是亚马逊客户关系管理的基础，但是它需要上层软件平台支持，才能发挥其 100%的功效。因此，在亚马逊的客户关系管理中，为了达到其"以客为尊"的服务宗旨与特色，为其大数据系统配备了智能分类、数据分析、智能化推销系统等相应的先进技术，为客户个性化服务提供了强有力的软件支持。

据统计，亚马逊的大数据系统给亚马逊书店带来了至少 65%的回头客。客户从登录亚马逊网站开始就能感受到温馨的服务态度，而在每个操作环节，亚马逊都始终坚持给客户最好的服务，客户会感到亚马逊网站似乎是为其而量身定做一般。因此，亚马逊针对客户关系管理开发和实施的大数据系统，为亚马逊带来的客户价值已远远大于商品本身的价值。

～补充阅读～

用大数据思想管理"小数据"更好提升客户服务品质

实际上原来并没有"小数据"一说，只是因为有了"大数据"，其常常指 PB 容量级及以上的数据量，故不足此数量级的数据就有了小数据或准大数据的说法。小数据可能在量上相对小一些，但其仍可以借鉴大数据的管理理念，从相对小一些的数据中发掘出高价值信息。如通过分析了解竞争者，明确自己在市场竞争中的正确位置；了解现有客户或发现潜在客户，进行深层发现，趋势预判，引导产品设计，营销创新，支持决策，跟踪效果。在数据支撑下，决策才能相对科学，核心在于对数据的理解。

某些行业数据可能只是大数据时代的一个应用领域，但大数据思想将带来经济发展革命。

其中，大数据理念可以将复杂、无序的数据变成简单、有序的信息；可以基于在线评论和其他网络数据，构建产品声誉评价机制；将逻辑性、文字性的信息转化为可视化、图形化的信息，进而可以引导或影响客户消费。以某旅游景点的相关微博内容为例，利用大数据营销理念，可以重点分析微博用户在分享、传播和讨论旅游景点的过程中，通过内容体现 4 类典型客户行为：日常讨论和互动内容、游客旅游前发布的微博内容、旅游中发布的微博内容、旅游后发布的微博内容。同时，相关客户行为又与微博发布者所处的旅游阶段有关，也与微博作者面向的阅读者定位有关系。

通过对某旅游景点的分析数据，可发现有价值的信息。例如，研究游客旅行前发布的微博内容发现，通过微博咨询建议和讨论某景点旅游攻略，表达出旅游意向的微博内容占 12%，其典型的网络行为包括：表达前往旅游目的地的意愿，询问旅游攻略和路线安排，询问征求其他用户对特定目的地（酒店、餐厅）的评价，@旅游机构账号或者@旅游名人求助，约人同行等。再看游客在旅行中发布的微博内容，在微博内容中明确处于某景点旅游行程中的微博内容占 19%，其典型的微博内容行为包括：发布旅行位置和签到，发布旅行图片和感受，咨询、求助及投诉等。另外，通过准大数据分析还可获知，游客在旅行结束后发布的微博内容占 23%，在微博内容中发起和参与旅游话题的微博内容占 66%，它们二者还可以通过分析得知分别的不同类型用户行为的比例。应该说，上述这些重要的数据在过去多数旅游景点的营销管理中通常被忽略。

可以这样讲，充分利用大数据，可以发现许多有价值的信息。仍以微博中关于某个城市旅游的内容为例，可以发掘的信息非常多，例如：游客到某城市休闲旅游的目的有哪些，游客发布关于某城市旅游微博作者的关注点，游客对某城市当地景点的口碑量排名及主要抱怨点排名，微博发布者的性别、认证统计和社会属性统计，微博发布者的简介标签和地域分布统计，微博发布者的博龄和客户端统计，微博发布者的粉丝数分布统计等。

充分利用大数据发掘有价值信息的理念，是大数据时代最需要的东西，具体需要什么类型的数据，则应该在实践过程中逐步深化与扩展。总之，随着大数据时代的到来，企业也正向着智慧性方向发展，如何利用好大数据是当今几乎所有企业面临的问题，找到、找准大数据应用的切入点是融入大数据时代所迫切需要迈出的第一步。

本 章 小 结

本章首先介绍了大数据的定义与特征；其次介绍了大数据分析流程与工具；最后，选取了国内外著名企业的大数据在客户关系管理中的典型案例进行介绍。通过本章的学习，读者应该掌握大数据的定义与特征，熟悉大数据分析流程与工具，熟悉典型的应用大数据的客户关系管理系统。

复习与思考题

1．请简述大数据的结果展现方式。
2．列举身边的大数据。
3．简述大数据的数据管理方式。
4．什么是大数据？

第十章

移动互联与客户关系管理

【学习目标】

掌握移动互联的概念；了解移动互联的应用领域；掌握移动互联在客户关系管理中的应用；熟悉基于移动互联的客户关系管理的经典案例。

〰 案例 10.1 〰〰〰〰〰〰〰〰〰〰〰〰〰〰〰〰〰〰〰〰〰〰〰〰〰〰

华为与中国移动等联手打造无锡海岸城移动互联 4G 智慧商场

2016 年 9 月 9 日下午，在无锡太湖新城海岸城，来自无锡海岸城、中国移动、华为、软通动力等知名企业的来宾及多家媒体齐聚一堂，共同见证无锡海岸城 4G 智慧商场&LBS（Location Based Service，定位服务）创新示范的正式落成。

得益于智能手机和 4G 网络的迅猛发展，移动互联网产业正在呈现空前的繁荣，这也在很大程度上改变了客户的消费习惯。越来越多的消费行为发生在线上，更多的商业投资转向支持网上购物的物流、仓储、购物网站等行业，加上线下实体店租金的日益抬升和员工薪资成本的增加，大型线下购物商场正面临在线电子购物平台的强有力冲击。更多的零售商场、购物中心和商业街逐渐转型成综合性的购物娱乐餐饮的消费场所。

与此同时，在全球范围内，通信运营商都陆续从传统语音业务经营转向流量经营，流量收入正在成为收入的主要组成部分。像中国移动这样的通信运营商，拥有覆盖遍布室内的丰富站点资源，除了语音和数据流量变现，通过这些站点提供更多的增值服务，是运营商下一步重点探索的业务方向。

在全球很多商业发达的市场中，新型的大型商场业主纷纷选择拥抱创新的产业生态，通过积极与移动运营商、互联网企业合作，探索新的商业模式和大型购物商场的转型。而智慧商场方案就是一种将传统购物与移动互联网相结合、打通线上线下综合消费体验的解决方案。

在无锡这个繁华的中国东部城市，无锡海岸城走在了转型探索的前列。2016 年以来，在中国移动、华为和软通动力等多家合作伙伴的努力下，无锡海岸城成功实现基于 4G 和移动互联网的智慧商场转型。中国移动与华为一道在商场内部署了华为室内数字化综合解决方案，除了给消费者带来极致的室内移动宽带上网体验，其提供的室内精准定位功能结合软通动力为无锡海岸城开发的移动互联网应用，给顾客带来了基于移动 4G 网络的室内找店定位导航、微信摇一摇和基于地理电子围栏的精准促销信息推送和便捷寻车缴费等丰富的增值服务，通过会员活动、优惠活动、精准营销活动等，吸引客户光临商场；通过提供便利、优化服务等，提升客户的线下购物体验，让客户再次光临；还通过实时热力图监测和历史人流分析，帮助商场管理者及商家打造智慧的购物环境，增加客户商场驻留时间，提升销售额，实现运营商、商场、客户多赢的良好商业生态。

对于室内定位有迫切需求的地下停车场，为使得投资效益最大化，中国移动为无锡海岸城部署了 4G 蜂窝网络与蓝牙相结合的创新式定位解决方案。结合移动互联网应用，不仅可以为顾客提供停车场精确定位车辆和找车服务，也避免了单独部署蓝牙设备时运维带来的不便。

另外，通过对接中国移动 4G 网络的大数据能力，可以为商场业主提供更为清晰和全面的商场内外客流分布图，为商场管理提供安防预警、拥堵疏导等服务，同时结合运营商独有的大数据能力，实现客流热区识别、消费偏好适配、优惠信息实时推送等增值服务，助力零售渠道销售引导，实现大数据应用的有效落地。

无锡海岸城同时也被定义为华为和中国移动双方在江苏无锡的 LBS 联合创新示范，通过已经商业部署的 4G 室内基站以及蓝牙系统，实践更多开放能力。

当前无锡海岸城实现的室内位置定位有 4G 和蓝牙两种技术，未来华为和中国移动将依托 4G 室内基站系统，在海岸城实践 Any-Location 综合定位解决方案，先期通过 TDoA（Time Difference of Arrival）技术提升室内定位精度，后续将应用无线制式融合综合定位方案，覆盖更多的人群样本，极大增强 Any-Location 在室内应用市场的地位，赢得更多的合作伙伴，帮助业主实践更多的营销手段。

启发思考：华为、中国移动与无锡海岸城三者是如何通过移动互联实现 4G 智慧商场的？

第一节 移动互联及其应用领域

一、移动互联概述

（一）移动互联的定义

移动互联是将移动通信和互联网结合在一起，成为一体，两者结合是必然趋势。目前，移动互联正渗透到人们生活和工作的各个领域，改变着信息时代的社会生活，并且迎来了发展高潮。

移动互联是以移动网络作为接入网络的互联网及服务，包括三个要素：移动终端、移动网络和应用服务。其中，移动终端是移动互联的前提，移动网络是移动互联的基础，而应用服务是移动互联的核心。这三部分所包括的内容如下。

（1）移动终端，包括手机专用移动互联网终端和数据卡方式的便携电脑。

（2）移动通信网络接入，包括 2G、3G、4G 等。

（3）公众互联网服务，包括 Web、WAP 方式。

可以从以下两个角度理解移动互联的含义：一方面，移动互联是移动通信网络与互联网的融合，客户以移动终端接入无线移动通信网络的方式访问互联网；另一方面，移动互联还产生了大量新型应用，这些应用与终端的可移动、可定位和随身携带等特性相结合，为客户提供个性化的、位置相关的服务。

本书认为："移动互联是指以各种类型的移动终端作为接入设备，使用各种移动网络作为接入网络，从而实现包括传统移动通信、传统互联网及各种融合创新服务的新型业务模式。"

（二）移动互联的特点

移动互联已渐渐融入大众生活的方方面面，通过移动互联，大众使用手机等移动终端设备，可以实现新闻在线阅读、视频在线观看、音乐在线收听、游戏在线娱乐等各种功能。总体来说，移动互联具有如下几个特点。

1. 便利性

移动互联使得客户能够在移动状态下使用互联网服务，具有移动特性的终端，方便客户随身携带和随时使用。

2. 隐私性

由于手机客户的隐私性高于个人电脑客户，移动互联终端应用在数据共享时就对客户身份进行了有效性认证，确保了信息的安全性。因此，一般来说，个人电脑的客户信息是可以被搜集的，而利用手机上网的客户信息是不会轻易被他人获取的。

3. 智能性

移动互联设备不仅可以准确定位客户所处地理位置，还能快速探测出周围声音以及其他事物信息。

4. 个性化

移动互联的个性化主要表现在以下几个方面：移动终端的个性化、移动网络的个性化以及内容与应用的个性化。首先，移动终端与个人绑定，能呈现个性化极强的个人特征；其次，移动网络能精确提取和反映客户需求与行为信息；最后，内容与应用的个性化主要是因为社会化网络服务、聚合内容（RSS）以及 Widget 等技术将终端的个性化与网络个性化有机结合在一起，达到最大程度上的个性化。

（三）移动互联的现状及发展趋势

根据数据显示，2015 年中国移动互联用户规模达到 7.9 亿人，较 2014 年增长了 8.4%。预计到 2018 年，中国移动互联用户规模将达到 8.9 亿人。2015 年，中国移动互联市场规模达到 30 794.6 亿元人民币，增长 129.2%。预计到 2018 年，中国移动互联市场规模有望达到 76 547 亿元人民币。2015 年，移动购物依然是中国移动互联市场中占比最高的部分，占比达到 67.4%。目前整个移动互联行业依然处于快速发展期。

1. 移动互联加快传统行业的转型升级

"互联网+"上升到国家战略高度，使得移动互联与传统行业的结合变得更为紧密。尤其是在生活服务领域，出行、旅游、教育、招聘、医疗等传统行业都在借助移动互联的平台优势进行着商业模式的转型升级，未来将有更多的传统行业借助互联网和移动互联实现产业的转型升级。

2. 共享经济借助移动互联生根发芽

随着滴滴、Uber、易到、神州、天天用车等移动互联用车软件之间的大战，共享经济在国内也开始生根发芽。随着移动互联技术的发展，共享经济技术障碍逐渐清除，而随着客户接受程度的逐步提升，未来更多中高端领域将应用共享经济模式。

3. 移动互联金融野蛮生长

移动支付、P2P金融成为2015年互联网行业的热门搜索词，互联网巨头基本都完成了各自移动支付的产品建设，如支付宝、微信支付、百度钱包、京东钱包等，实现了移动互联生态建设的重要一步。互联网金融也借助移动互联实现野蛮生长。

4. 移动应用爆发性增长

2015年是移动应用爆发性增长的一年，不论是应用数量还是覆盖领域都达到指数级增长。从相关数据来看，覆盖领域从2014年的40多个增长到270多个，应用数量也从2014年7月的1 700多个增长到目前的30 000多个。可见移动应用市场活跃度非常高，覆盖领域也更加充实。

二、移动互联的应用领域

据悉，全球移动互联网使用量持续增长，同时，移动网民中使用手机上网的人群占比也在逐渐提升，手机网民规模已经超越传统PC网民规模。

移动互联产品和服务也要跟着网民走。诸多大型互联网公司移动端的流量已经超越PC端流量，很多大型互联网企业PC业务客户往移动端迁移，呈现出PC业务增长放缓，移动业务增长迅速的态势。如果一个互联网企业没有在移动端的拳头产品，将很快被移动互联的浪潮颠覆。在此浪潮中，比较突出的移动互联社交平台加速生态整合，以社交为基础打造沟通、娱乐、生活、购物和学习一站式服务平台。

在三大类移动互联社交应用中，整体网民覆盖率最高的为即时通信，第二是社交网站，最后为微博。即时通信（IM）在整体网民中的覆盖率达到了89%。而值得我们注意的是，腾讯几乎领跑了这三类主流的社交应用市场。即时通讯领域，腾讯的QQ和微信的网民渗透率分别达到78%和65%，QQ空间的网民渗透率也达57%，腾讯微博为27%，仅比新浪微博低1%。最为值得关注的是微信，上线后仅用4年时间便取得了65%的网民渗透率，发展速度极快。各社交平台也将加速社交相关生态的整合，以社交为基础打造沟通、娱乐、生活、购物和学习的在线一站式服务平台。

（1）在沟通方面，腾讯提出乐在沟通的产品理念，QQ和微信将继续提升语音和视频沟通的产品体验，尤其是QQ在多人视频沟通方面，已经提升在工作场景和教育场景下的一对多和多对多的沟通体验；新浪微博也在测试群沟通功能，期待在社交沟通方面抢占更多份额。

（2）在娱乐方面，腾讯、新浪、人人等社交平台都积极为客户提供 PC 游戏和移动游戏服务，在社交用户的大盘上进行很好的游戏商业化。2014 年这些社交平台在移动游戏方面已经取得了不错的发展，预计未来两年将更为重视社交用户的移动游戏方向。

（3）在生活方面，2014 年初，腾讯投资入股大众点评，占股 20%，快速抢占生活 O2O 的入口；而在更早之前，腾讯就投资了嘀嘀打车。未来一年，在生活化方面，社交平台将继续加速整合速度，以投资或者收购的方式快速拓展市场。

（4）在购物方面，2014 年初，腾讯以 2.14 亿美元入股京东 15%的股份，合作有利于两者在电商领域的快速发展；而在 2013 年，阿里巴巴以 5.86 亿美元购入新浪微博 18%的股份，同时两者展开全面战略合作，在未来，阿里巴巴还有权按事先约定的定价方式，将新浪微博的持股升至 30%。在未来，社交平台将继续加大电商领域的合作力度，尤其是促进社交和移动电商的融合。

（5）在学习方面，社交平台将发挥其天然沟通能力和客户资源优势，发力在线教育。以腾讯为例，"腾讯课堂"从两方面发力在线教育：一方面以 QQ 群为网络课堂做直播教育，而另一方面以精品课为资源平台做录播教育。同时，腾讯和新东方在 2014 年 7 月宣布成立合资公司"微学明日"，进军移动学习市场。2014 年 2 月，YY 也正式宣布进军在线教育，分拆出独立品牌 100 教育。在以后的发展下，社交平台会更加重视教育市场的发展和投资，竞争愈加激烈。

第二节　移动互联在客户关系管理中的应用

一、应用概述

客户关系管理包括接触活动模块、功能模块和数据库模块，移动互联在客户关系管理中的应用就是在每个模块上增加新的功能模块和设计来实现新的功能。

首先，接触活动是客户关系管理的界面层，主要是实现客户接触点的管理，包括客户信息获取、传递、共享和利用及渠道管理。移动互联客户关系管理就是客户使用移动渠道与企业进行接触，在客户关系管理系统中建设移动渠道的功能模块。

其次，客户关系管理的功能模块主要包括：销售管理子系统、营销管理子系统和客户服务子系统。移动互联客户关系管理支持营销自动化和销售自动化，要求销售人员和营销人员使用移动设备信息终端，如笔记本电脑、手机等移动信息终端，运行企业客户关系管理系统，传递和共享关键信息。此外，企业的客户服务系统同样也要求使用移动终端设备直接为客户提供相应的移动服务。

再次，数据库模块主要涉及的是数据仓库建设、数据挖掘等技术。移动互联客户关系管理在本模块建立与移动互联相对应的数据仓库，使企业在移动渠道为客户服务时，能充分调用数据仓库，也能够记录在移动设备或渠道上为客户服务所产生的数据，并进行数据挖掘。

为支持移动互联在客户关系管理中的应用，相应的系统需要能提供智能移动设备的通信接口，同时能支持网络应用和利用技术平台，支持无线传输和无线局域网应用。

移动互联客户关系管理在营销领域也有所应用，如基于位置的营销。作为当今客户关系营销自动化和客户分析系统的延伸，这些新兴应用将会通过对客户历史购买行为的推测，提供适宜的营销信息给客户。例如，客户曾经在一家商店购买了一些商品，当这位客户经过该店时，他随身携带的移动设备就会自动显示相应的优惠信息，欢迎他再次光临。因次，他可能会再次进入此家商户。可见，有效的移动互联客户关系管理解决方案能为企业带来更高的投资回报。此外，它还可以为企业带来以下益处。

（1）提升企业运作效率。它可以改善企业业务流程，使移动销售及服务人员对客户进行实时监测与快速响应，增强企业内部同外部的联系，以更协调、高效地完成任务，同时还能减少出错率，提升企业运作效率。

（2）降低企业运营成本。减少了书面形式的处理过程，缩短了冗长的业务处理时间，这些都降低了企业的运营成本。

（3）改善客户满意度。它使企业更有效地传递、了解、跟踪客户需求，提高了企业快速响应能力，增加了商业伙伴与客户的满意度。

移动互联在客户关系管理中的应用是基于传统客户关系管理系统之上的增强应用，是企业传统客户关系管理应用的自然延伸，它并非要取代原来的客户关系管理系统或脱离传统的客户关系管理系统而独立存在，只是为客户增加了一条随时随地访问企业应用或数据的渠道，可以使客户无论是通过 PC 机还是移动终端都能获得相似的应用体验。

移动互联在客户关系管理中的应用为员工、客户或商业伙伴增加了一条很重要的可以随时随地与企业交互的渠道，具有如下优势。

（1）通过该应用，可以使员工跨越所有渠道及客户接触点即时管理，同步和共享重要信息，同时也给客户和业务伙伴提供更为广阔的接触渠道、自助服务选项，将会使企业在营销、销售和客户服务上变得更为主动。

（2）通过该应用，销售人员不必再每天早晚都回一次办公室访问客户信息、更新呼叫报告和进行销售预测，对客户/潜在客户信息（如购买历史、服务记录、信用记录等）或产品（如价格、库存、订单跟踪等）等重要信息的访问不再受地域和时间的限制，完成客户线索产生到营销、销售的无缝过渡，提升他们在销售周期中的工作效率。

（3）通过该应用，一旦通过 Web、E-mail、联络中心或移动访问等渠道进行登记，客户或商业伙伴的信息就会以短消息等形式通知在任何地方的销售人员。

（4）通过该应用，销售人员可以随时响应客户，他可以随时前往拜访客户。在去往客户处的途中，可以查询产品信息（如说明、价格、库存、交货时间等）、客户信息（如联系人、订单处理、支付情况、购买记录、售后服务记录），到达客户处与客户面对面交流，与客户协商产品具体事宜，可以即时处理业务流程，当场下单，而不必咨询公司本部产品价格、客户折扣水平和产品交货时间等。这样做也明显减少了错误信息可能导致的不完整和不准确的数据收集。

（5）通过该应用，能极大方便客户支持工作，使客户服务人员能有效地管理闭环客户服务与支持流程。从 Web、E-mail、联络中心或移动访问等渠道收到客户的问题后，将人工或自动触发服务请求到指定客户支持工程师。工程师可以从随身携带的移动设备上得到客户的地址和问题描述，在解决问题过程中，工程师可能需要访问公司数据库，包括产品历史信息、技术手册、产品保修状态等，而该应用免去了工程师去公司查找资料的麻烦。另外，定购替换件，工程师也能通过移动设备向公司总部报告客户问题实质、采取措施，更新问题日志、维修记录、解决状态，解决问题后关闭请求事件。

现在，移动互联在客户关系管理中的应用已初见端倪，许多成熟的开发客户关系管理系统的公司都看到了移动互联客户关系管理比客户关系管理更新的增值特性。许多 IT 服务公司和全球咨询公司如 Prieewatethouse Coopers 和 KPMG 都启动了移动互联客户关系管理项目。

二、典型案例

（一）打车软件

2014 年，打车软件在全国范围内上演，既给予城市人民以及司机便利，也影响了许多与网络不甚熟悉的人群的生活，在全国范围内展开了轰轰烈烈的讨论。

打车困难是近几年困扰广大国人的一个重要难题。2012 年，国内第一款打车软件出现，使用极为简单，即乘客发布任务，等待司机接单。后来相继出现了嘀嘀打车、Uber 打车等不同打车软件，由于这类软件解决了乘客与司机之间的信息沟通问题，节约了时间和成本，因而迅速在城市中普及开来。

1. Uber

众所周知，创新概念的提出加之人们消费习惯渐趋理性，使得如今的企业竞争已经从产品、价格竞争转变为服务竞争。因此，企业只有提供具有针对性的差异化服务，才能决胜市场。作为全球第一家通过软件实现实时叫车服务的互联网平台，Uber 不断创新服务，致力于让用户体验到智能出行的乐趣与妙趣。

2015 年年初至今，中国 Uber 的市场份额从起步时的仅仅 1%增长到整个网约车市场的三分之一，2016 年年初，Uber 宣布计划进入 100 个城市。目前 Uber 已经在全国 60 个城市有业务，2016 年上半年更是连续挺进超过 30 城，其进入的中国城市数在 1 年中增长了 6 倍。

Uber 之所以取得如此骄人的成绩，得益于其准确的市场定位以及持续探索的创新精神。Uber 从进入"打车"行业以来，坚持走高端路线。优步（Uber）打车软件的工作原理如下：乘客通过打车客户端软件发起订单至打车服务器，服务器匹配到司机，司机确认接受订单后，建立一对一的对应关系。该软件采用云之讯的 UcPaaS 平台，处理乘客通话请求，能分配相应的中间号码，用户通过拨打该号码与对方建立联系。因此，该软件的优势是在双方通话过程中，乘客的通话感受完全等同于正常通话，但使用的号码却并不是自己的个人号码，这从根本上杜绝了号码泄露，这让司乘关系变得简单，不会在未来有影响到客户生活的隐患。

值得一提的是，优步（Uber）不仅保证乘客的利益，同时也保证了司机的安全。优步司机端应用程序是优步司机用来接单的智能手机应用程序，增加了四项安全驾驶新功能：将司机的驾驶习惯与同一城市其他司机的驾驶习惯作比较，并就如何提供更加平稳、安全的载客服务提出建议；在司机不间断驾驶时间过长时发出提醒；提示司机把手机架设在车内相应位置，而不是拿在手上；实时显示行车速度，以提醒司机不要超速。

作为共享经济的领军企业，Uber 对缓解城市交通压力作出了重要贡献，而为了能让更多城市享受这种便捷与方便，Uber 正在以高运营效率迅速在中国扩张。Uber 2016 年制订的计划是进入到全国的 100 个城市。作为吉林省省会，长春是中国汽车第一城，在地铁未全线开通的情况下，长春市公共交通日益难以承载出行需求，Uber 的到来预计将会为长春人民出行带来舒适而且实惠的选择。

未来，Uber 还将继续整合全球化资源，精研市场需求，持续深耕中国市场，打造差异化服务，为广大中国用户提供高效便捷的出行体验。

2. 滴滴打车

作为新兴的打车软件，滴滴打车的定位是："为客户提供及时优质服务，为公司提供决策依据。"根据该定位，滴滴打车在如下两方面进行了改进，因而迅速占领了行业主要市场。

首先，重视呼叫中心的作用。作为新兴行业，并且伴随着对于客户服务重要性的认知，滴滴打车对呼叫中心更加重视，而呼叫中心也在发挥着更大的作用。滴滴打车客服中心是公司的指挥中心，公司需要从客服看其他部门的运营情况。公司每周三开跨部门沟通会，其他部门要倾听客服中心的心声。公司运营的监控中心、客户感知研究中心、指挥中心，都在为公司决策提供依据。而呼叫中心职能的更加完善，定位的更加丰富，使得呼叫中心在新兴行业中越来越发挥着从客户的角度看公司的整体运营、从客户的角度提供决策依据的作用。

其次，重视客户感知。滴滴打车每天进线量是 20 多万，团队不到 1 000 人。在这种情况下，大多数公司的做法会是不停地招人、让员工加班，必须保证接通率。但是滴滴打车在边招人边提升效率的前提下，把接通率的标准定在了 60%。他们认为：在人力不足的情况下，与其让 100 个客户的电话都接进来，但是 90 个客户不满意，还不如让 100 个客户中进来 60 个，而滴滴打车保证这 60 个客户都能满意地挂电话。根据对一线员工的调查，他们认为，接电话的时候会发现有很多客户是重复来电，他们的问题在之前的电话中并没有得到解决。虽然公司有一次性问题解决率的指标，但是还有通话时长的指标，所以很多时候着急挂电话，不能帮助客户解决问题。这导致他们的压力不单单来自于客户，还来自于公司对于效率的考核。虽然他们想为客户解决问题，但是被那些指标压着，员工根本没有心思帮助客户，所以客户不满意，员工也不开心。而员工真的很希望能够让他们毫无压力地从内心出发帮助客户解决问题，而不是只想着考核指标。所以，60%的接通率并不代表滴滴对客户不重视，恰恰是他们非常重视客户感知。有人做过实验，在课堂上，让学员把现场、质检、培训、流程、绩效、客户关系按照运营的优先顺序排序的时候，只有滴滴打车和当当网的学员把客户关系放到了第一位，而传统行业都是把客户关系放到了最后一位。

（二）购物网站

聚美优品作为化妆品市场中垂直电商类代表，与天猫美妆、京东美妆并列电商三巨头。自 2015 年 5 月上市后，聚美即进行重要业务转型，在其官网开通"极速免税店"，全面发力海外购。聚美 CEO 陈欧对此曾表示，极速免税店是公司全年重点扶持方向，聚美将持续投入巨资补贴物流、税收和商品差价，为海外购业务加速。财报显示，聚美优品 2016 年一季度总净营收为 2.506 亿美元，比 2015 年同期的 1.549 亿美元增长 61.8%。在第二季度，"极速免税店"业务为聚美自营业务的总交易额贡献了约 45%。海外购业务"极速免税店"已成为了推动聚美业绩高速增长的主要支柱。

业内人士认为，聚美在加速海外购的转型中，对销量的需求显得更为迫切，如何培育平台老客户购买习惯和客户升级，实现新客户的拓展，降低运营成本，是摆在聚美面前重要的攻关问题。

某品牌 DSP 在助力聚美优品海外购业务的过程中发挥了重要作用。据了解，在与聚美合作的 6 年时间里，聚美从投放初期 ROI 低于行业水平，提升到如今的 ROI 远超行业平均水平 1.5~2 倍。

2015 年，中国广告"长城奖·广告主奖"颁奖典礼在西安隆重举行，《聚美优品借助 DSP 精准开拓用户》案例荣获本届长城奖"营销传播金奖"，其中介绍了某品牌 DSP 服务商帮助聚美优品发力海外购，并在新客订单上提高了 30%，优异的营销效果受到业界关注。

"聚美考核标准为投资回报率及新客量，DSP 服务商把投放策略从以往的'长尾营销+垂直媒体组合'向'精准化渠道'转变，"DSP 运营负责人在回顾案例时讲道，"开发新的精准营销技术，结合移动互联的广泛普及，能迅速找到目标人群，并对其匹配相应的广告，从而有效提升广告效果。"

首先，DSP 服务商为聚美优品引入 TGI 指数（目标群体指数），即人群定向和人群数据，进行精准的客户画像分析，找到的客户群是对生活品质有一定追求，喜欢购买轻奢品，年龄在25~39 岁之间的中高端白领用户。

其次，根据通过移动互联获取的海量客户数据，同时基于 TGI 指数对比分析发现，具有海淘习惯的这类群体经常通过移动互联的方式浏览母婴类网站，搜索并购买母婴产品、化妆品、鞋帽包包等，人群徘徊在时尚媒体、母婴媒体、海淘、国际新闻网站等媒体渠道。

因此，DSP 服务商将重点放在与聚美优品客户画像具有相似特征的媒体人群，并将人群标签聚焦在母婴、户外、数码摄影、美妆、时尚、旅游等，通过 RTB 竞价模式和移动互联渠道，实施精确投放。

而对于聚美优品的既有老客户，"采用移动互联方式，通过针对订单客户、购物车客户、口碑中心客户这三类进行人工出价，确保价值客户的留存和转化。"运营负责人解释道。

实践表明，仅在上述移动互联应用 4 周时间里，聚美优品的新客户订单数就增加了 30%，ROI 巅峰时期达到 1∶6，远远高于业界 1∶0.5~1∶0.6 的平均水平，订单金额全面呈现递增状态。

〰️ 补充阅读 〰️

聚美优品通过移动互联增加客户分享和口碑

聚美优品的前身是团美网，2010 年 3 月由陈欧、戴雨森、刘辉三人创立于北京，是中国第一家专业化妆品团购网站，也是中国最大的化妆品团购网站。它以团购形式来运营垂直类女性化妆品。B2C 是聚美优品经营模式的核心，所以也有专家说这是一个披着团购外衣的传统 B2C。

1. 每日多团

聚美优品从开始的每日一团到现在的每日多团，增加了客户选择，同时也吸引了更多女性。

2. 以女性为主打

聚美优品网站专注于服务女性，根据女性特点来设计整个网站。比如网站界面采用粉色，代表高雅、温柔、甜美可爱的形象，是众多女性喜欢的颜色，同时粉色也有舒缓精神压力的作用，让女性客户能一边浏览商品，一边放松心情。而且网站还有一些男性化妆用品，这也很好地展示了女性客户顾家的形象，关爱自己的同时，也不忘关心家人。

3．推广渠道的多样性

（1）利用明星代言推广，娱乐营销。聚美优品突破传统 IT 行业的营销定位，以娱乐时尚的形象从众多电子商务网站中脱颖而出。2011 年 4 月 21 日，韩庚正式签约聚美优品，成为其首位代言人。这位素颜依然俊美异常的男子，汇集万千关注与宠爱。2011 年他携手聚美优品，改变了人们对美丽的态度与生活方式。

（2）博客、微博推广。聚美优品有自己的官方博客，分栏为团美美容课、香氛物语、真假识别、背后的故事等。客户可以在上面自由评论，了解一些品牌知识以及聚美优品创业以来的历程，拉近与客户的距离。另外，聚美优品早在 2010 年 4 月份就在新浪开通了官方微博，到 2016 年 9 月 19 日，有粉丝 533.6 万，微博 2.7 万条。聚美优品通过微博发布团购信息，并为粉丝提供关于美容与健康的讯息，保持了与大家的很好互动。

（3）奖励会员推广。聚美优品的会员如果成功邀请到一个人注册会员，将获得 15 元的奖励。

（4）利用其他媒体进行推广。聚美优品一直与媒体保持着密切的关系，网站被众多媒体报道，如中国日报、中国经营报等。聚美优品创始人陈鸥是《非你莫属》的嘉宾，他出众的表现也为网站赢得了很好声誉。

（5）通过移动互联增加客户分享。通过各种移动互联渠道，聚美优品上的商品信息可以分享到 QQ 空间、人人网、新浪微博、MSN、腾讯微博、开心网、网易微博、搜狐微博、腾讯朋友、百度贴吧、淘江湖、豆瓣、百度收藏等网络平台上。

（6）口碑传播。聚美优品有一个口碑报告栏目，客户在这里分享自己购买以及使用商品的感受，通过这些来与其他人进行沟通。而且写得好的客户还有一定奖励。通过口碑中心，把大家在使用商品的感觉全部写出来，好的与大家分享，不好的警惕他人，这种方法又提高了客户忠诚度。

聚美优品率先推出"假一赔三、30 天无条件退换货、全程保障"三大政策，树立行业标杆，从一开始就坚持信誉为先，100% 正品团购。在聚美优品购买的所有商品均由中华财险质量承保。若消费者对商品质量有任何疑义，可以在收货之日起 90 天内，拨打聚美优品客服热线，聚美优品与中华财险共同承担全额赔付。聚美优品一直维持着与客户的良好关系，除了信誉安全方面，聚美优品在其他方面也做得很好，如客户信息的保密以及自由度，在与客户的在线沟通及留言沟通上选择用更具有亲和力的语言等。

（三）天猫

马云在创业初期曾经讲过一句话："移动互联能够改变人类生活的方方面面。"当时很多人都不相信。但是，对于许多不能经常请假外出又不想逛街的人来说，工作之余通过移动互联打开天猫买件东西已经成了生活的一部分，特别是每年双十一，都有不小收获。

据 2016 年 3 月份统计，阿里巴巴旗下淘宝、天猫、聚划算，去年一年的成交额达到了 3 万亿元，占 2015 年社会商品零售总额的 10%。也就是说还有高达 90% 的商品交易在过去一年与移动互联无关。因此在今后，更多的线下商业和实体商家将转型移动互联。

2016 年 3 月 23 日，阿里汽车与玛莎拉蒂举行战略合作签约仪式，玛莎拉蒂官方旗舰店入驻天猫，玛莎拉蒂全系在售车型均可通过其天猫旗舰店接受预定。在签约仪式现场，玛莎拉蒂首款 SUV Levante 在天猫的移动互联平台上首发 100 辆。

其实，天猫涉足整车销售在 2015 年就已经开始了。2015 年 4 月份，阿里成立汽车事业部，8 月份首次举行购车节，原价 10.89 万元的雪佛兰景程半价销售，3 000 多辆被抢购一空。2015 年双十一期间，阿里汽车再次发力，联合汽车厂商、经销商共同推出 50 余款车型，近 3 万台特价整车，供不应求。

玛莎拉蒂选择天猫是因为大部分人的购车方式是先在网上找一找自己喜欢的车型、配置、价格，然后去离家最近的 4S 店实地体验、试驾，如果觉得满意就付款。而玛莎拉蒂作为意大利顶级跑车制造商，是一个比较小众的品牌，目前在全中国仅有 40 多家经销商，还都分布在一线城市，很多二三线城市的消费者无法更方便地了解玛莎拉蒂。因此，玛莎拉蒂想要快速寻找到潜在客户，也想让自己的品牌得到更好推广，并为客户提供更方便的购车方案，就要借助强有力的移动互联渠道，而天猫经过一段时间的运营，已经具备此项条件。

在签约仪式上，阿里巴巴汽车事业部总经理王立成先生的一句话令人印象深刻，他说天猫有 3 亿多的活跃用户，其中 1.5 亿人是车主，而这些人大部分都是"80 后"的年轻人。玛莎拉蒂汽车有动感的外观，强悍的动力，潜在的目标客户群体也正是社会上年轻的财富精英。

除了通过移动互联渠道，能为玛莎拉蒂吸引更多潜在客户之外，阿里汽车事业部和玛莎拉蒂将在汽车销售、汽车金融、营销推广、汽车后市场服务、国际业务领域等，就共同推进双方移动互联业务发展，加强创新营销、数字化运营、客户关系管理等展开合作。

签约仪式上，玛莎拉蒂首款 SUV Levante350 正式登录天猫，独家首发，售价为 99.98 万元起。消费者可以在玛莎拉蒂天猫官方旗舰店下单，并通过线上付定金、线下付尾款的方式来购买。仅 18 秒之后，签约仪式上首发的 100 台玛莎拉蒂就被天猫用户抢光，15 分钟内就完成了 500 万定金的付款，涉及车款总额突破 1 亿元。而且，因为客户热情度极高，玛莎拉蒂官方追加了 500 台该车型，接受预定。

可见，玛莎拉蒂通过跟天猫的合作，充分运用了天猫在移动互联领域的优势，在促进自己销售的同时，又减少了自己的运营成本，成功开发了大批潜在客户。

补充阅读

雅士利通过移动互联分析客户数据成天猫双十一狂欢过后首要任务

2015 年，双十一刚刚过去几个小时，天猫和各大商家的双十一销售数据都在刷新和不断创新高，奶粉企业也不例外。雅士利方面向《第一财经日报》提供的数据显示，自 2015 年 11 月 11 日零点起，仅两个小时，雅士利在天猫上的销售额已经突破 5 000 万，数据仍在不断增长中。"去年天猫双十一卖了 720 万。"公司执行董事、副总裁李东明告诉本报记者，预计今年天猫双十一有望破亿，销售额至少 7 000 万 ~ 8 000 万元。这也意味着，雅士利今年仅仅用了两个小时，销售额就已经是去年双十一的 7 倍，且 2015 年天猫双十一销售额有望是 2014 年的 10 倍。

"雅士利与天猫深度合作，获得展示，公司通过移动互联，线上线下融合、协调发展，内部团队协同，更大提高了促销力度。"李东明向本报记者这样解释大卖原因。事实上，这种局面也超乎了他的预料，目前成人奶粉等品项已经售罄。

打开雅士利天猫旗舰店发现，公司旗下 a 金装、能慧、安贝慧等系列全部 5 折，部分产品甚至低至 4.3 折、4.5 折。例如：雅士利 a 金装 3 段奶粉 900 g 原价 198 元/罐，双十一促销价 99 元；雅士利安贝慧金装 2 段奶粉原价 318 元/罐，双十一促销价 159 元。去年双十一，雅士利一般是 6.5～7 折优惠，部分产品是 5 折优惠。相比去年，今年力度格外大。"如今，85 后、90 后消费群体是移动互联的一代，雅士利也是基于这样的消费习惯考虑，通过移动互联协调线上与线下资源，鼓励客户通过移动互联到线上购买。"雅士利方面称，不能改变潮流，只好去顺应趋势，再继续把线上线下隔离是不可能的了。

但是，狂欢的还不止雅士利一家，2014 年取得天猫双十一销售额冠军的君乐宝，截至 2015 年 11 月 11 日，销售额也突破了 2 000 万元。君乐宝奶粉事业部总经理刘森森对于今年双十一充满信心，手上储备的 4 000 万元货源有望全部售罄。

在奶粉企业双十一狂欢的同时，各家正在或者将要做的一项重要工作就是通过移动互联对海量数据进行挖掘和利用。多位奶粉企业负责人介绍，双十一期间促销力度空前，有些品类利润很薄甚至已经赔本，但之所以还继续大力吆喝，一方面是看中了流量暴增时的品牌宣传，同时也希望借此发展更多新用户。

据统计，雅士利天猫旗舰店在预售阶段，通过移动互联的浏览量就已经突破百万，而在流量转换成购买之后，客户短时间内不会更换品牌。"我们会做后续跟踪，通过客户信息、电话回访、旗舰店留言、评论关键字等数据，来分析客户的消费习惯和行为，为公司后续服务和产品开发提供支持。"李东明称，1 亿销售额大约是 20 万单，雅士利会通过各种移动互联方式，对这 20 万个客户进行数据分析。

有数据显示，目前市场上大概有 2 000 多个奶粉品牌，在政策层面和市场竞争的双重洗礼下，未来国内婴幼儿配方奶粉市场集中度会不断提高，而这也是监管部门希望看到的局面。

那么，在大浪淘沙过后，留下来的企业则是要做良心产品、用心服务的品牌。奶粉与其他食品相比具有特殊性，妈妈对宝宝口粮的选择相对谨慎，要想赢得妈妈的信任，必须在产品品质、服务水平等方面提高性价比，而这一点是仅仅双十一这一天无法做到的。

乳业专家陈渝建言，"企业不要为了短期利益，把一些临近保质期的产品低价投放市场，同时在配送到货环节上要投入更多精力，这些都关系到客户消费体验和品牌形象。"毕竟，每家企业都不希望做一锤子买卖，在刷新移动互联数据的同时，赢得客户的长期信任更重要。

（四）微信

自 2012 年 8 月微信版本升级，新增公众平台功能后，微信逐渐被商业化，各类企业纷纷加入到微信营销的战场中。在众多进行微信营销的企业中，有很多成功案例。

1. 星巴克中国

星巴克成立于 1971 年，诞生于美国西雅图，是目前世界上最大的咖啡连锁店。星巴克的连锁店遍及全球各个国家，主要销售顶级咖啡豆、手工制作的咖啡和咖啡类饮料、糕点以及各式各样的咖啡机、咖啡杯等产品。1998 年 3 月，星巴克首次在台湾地区设立分店，此后便迅速落户于中国各大城市。对于星巴克而言，它的目标客户是那些高学历、高工资且注重生活品质的白领阶层。而这些人群往往都对时尚与科技有特殊的喜好，以至于目前他们普遍都是微信的忠实客户。因此，星巴克中国近年来开始进行微信营销，并且获得良好效果。

推出夏季冰摇沁爽系列创新产品之前，星巴克中国就尝试着站在客户立场上寻找各种能够点燃他们生活激情的事物，最终将微信与音乐两个元素联系起来。随后推出星巴克中国的微信公众平台以及"自然醒"活动。微信客户只需简单地发送一个表情符号，如微笑、流泪、怒火、撇嘴等，星巴克即刻就会回复他们的心情。他们能享受到星巴克《自然醒》音乐专辑，获得按其心情专门调制的歌曲。推出早餐系列的新品之前，对于目标客户，不仅具有早晨喝一杯咖啡以提神醒脑的习惯，而且还具有配套吃早餐的习惯，策划了一次以"星巴克早安闹钟"为主题的活动，并鼓励他们下载或者更新"星巴克中国"的手机应用。只要客户在星巴克闹钟铃声响起后的一个小时之内进入星巴克门店购买咖啡饮品，就有机会品尝到五折的早餐系列新品。

在星巴克中国微信公众平台的具体推广过程中，星巴克首先从全国的实体店面开始，引导习惯性光顾星巴克的老客户扫描微信二维码，率先成为其微信公众平台的粉丝；然后通过活动等方式，鼓励粉丝主动将星巴克中国的微信公众平台推荐给周围好友，以促使粉丝数量在短时间内取得突破性增长。当然，星巴克也深知每个微信客户都是主观能动的个体，他们随时可以取消对某个企业微信公众平台的关注。因此，为了能够减少粉丝的退粉现象，以及增加新粉丝，星巴克中国在微信公众平台的运营方面格外用心，主要表现在以下几个方面。

（1）信息内容定位明确。如平台向客户发送的信息主要以介绍咖啡知识为主，以宣传精彩活动为辅。对于客户而言，这些信息定位明确且内容实用，不仅能够让客户拓展关于咖啡的知识面，而且还能够帮助他们掌握最新的优惠活动。对于企业而言，这些信息不仅能够维持与客户的良好关系，而且还能够间接地将企业形象完美诠释。

（2）微信号以及二维码设置得当。如星巴克的微信账号名称是"星巴克中国"，微信号是"xingbakezhongguo"（即"星巴克中国"的拼音字母），二维码是星巴克企业的LOGO。这些设置都言简意赅，很有代表性，遵循了便于目标客户输入以及记忆的基本原则。

（3）推送的信息内容丰富且精彩。如平台中设置"新品"、"杯子"、"美食"、"星享卡"等多个信息选项，客户可以根据自身需求，选择浏览相对应的各种信息。而且，当客户发送不同代码指令后，能得到各不相同的信息反馈，轻松有趣。

（4）公众平台功能全面且个性。如星巴克根据企业定位以及目标客户喜好，开通《自然醒》音乐功能。当客户简单发送一个表情符号后，立即可以享受到星巴克《自然醒》为他们量身定制的歌曲，进而感受到生活的热情。如果能添加一些星座运势预测、天气预报之类的实用功能，可能会更加凸显出星巴克中国在企业微信公众平台中的独特性。

（5）线下活动策划新颖。如星巴克为推广早餐系列新品，展开"星巴克早安闹钟"活动。客户只需要在手机上下载或者更新"星巴克中国"应用，就有机会享受到五折早餐新品。也就是说，星巴克设置的闹钟每天会在早晨7点到9点之间响起，客户只要在这闹铃响后的1个小时内在星巴克门店消费咖啡饮品，就有机会购买到五折优惠后的早餐新品，如意大利夹饼、三明治、可颂等。

2. 艺龙旅游网

艺龙旅游网致力于成为酒店预订专家，提供全球大约30万家酒店的预订服务，是目前能够预订到中国酒店数量最多的在线旅游服务商。此外，该网站同时还可以为旅游者提供查景点、查攻略、查天气、查列车、查机票、查美食、查娱乐等全方位服务，使得客户能够实现时刻掌握旅行过程中的广泛信息，进而便于他们做出良好的旅行决策。

据统计，如今艺龙旅游网的注册会员已经达到几千万，而且其中 86%的会员都是 25～45 岁的中青年。这些人群往往都拥有一部智能手机，并且其中有为数不少的人不仅在手机中安装了微信软件，还有每天使用微信的习惯。因此，艺龙旅游网在微信推出公众平台之后，立即将微信营销纳入到企业营销方式中。

2013 年 3 月，艺龙旅游网策划了一次在其微信平台上展开的营销活动，活动名称为"与小艺一站到底"，内容为答题赢大奖，规则如下：艺龙从 2013 年 3 月 5 日至 3 月 8 日每天在微信平台上发布 15 个题目，3 月 11 日晚上 12 点前，客户每天都有一次作答机会。单击"开始"按钮后，客户就可以开始对题目进行作答，作答过程中只需回复相应数字即可。答题结束后，微信平台会统计出答题的正确率与耗时，每日累积。累计结果中答题耗时最少且准确率最高的人将获得价值 5000 元的旅游大奖，第 2～7 名以及第 11、111、1111、11111 名的人都可以领取到一张免费景区的门票。活动取得了良好效果。

首先，从活动名称设置上来看，他们试图拉近企业与客户的距离，将艺龙旅游网亲切地称为"小艺"，并将活动命名为"与小艺一站到底"。

其次，从活动形式上来看，艺龙结合了有奖问答的模式，此模式是一种互动式的推送，设置每日有奖积分，积分最高的将获得丰厚大礼。其中艺龙还专门针对参与游戏的客户设置幸运楼层，为他们送上好礼，这就在一定程度上增加了游戏的参与性与客户积极性。

再次，活动推出后，艺龙还在微博等其他可用于宣传的移动互联渠道上大力推广。据后来对后台真实数据的统计，每日参与互动活动的客户活跃度高达五六十万，订阅微信的客户也增加了几万。

最后，从活动功能开发上来说，该活动实现了"一站到底"活动与微信的对接，利用粉丝回复来触发指令，在其中实现了活动功能。此外，借助频繁回复的答案，巧妙植入自身品牌信息，亦或是热推产品信息，进而实现品牌最大程度曝光，以及产品的推广。当然，艺龙旅行网在微信营销上取得的成功，还取决于日常对微信公众平台的良好运营。这主要表现在以下几个方面。

（1）内容定位准确。通过满足客户需求而形成内容，包括休闲娱乐、生活服务类应用、解决客户遇到的问题等。为了高度尊重客户订阅信息的意愿，企业希望推送的信息应和客户需求相吻合。艺龙旅行网就是采用和微博一样的定位，即为旅行爱好者提供服务的平台。

（2）微信号以及二维码设置得当。如艺龙旅游网的微信账号名称是"艺龙旅游网"，微信号是"elongguanfang"（即"艺龙官方"的拼音字母），二维码是艺龙企业的 LOGO。这些设置都言简意赅，很有代表性，遵循了便于目标客户输入以及记忆的基本原则。

（3）整合线上线下推广渠道。艺龙旅行网通过微博、人人网等线上媒体，宣传企业微信公众平台，以增加客户对其知晓度。另外，他们还在自己的官网以及行业专业论坛上植入关于其微信公众账号的信息，同时辅助建立了粉丝 QQ 群，实现 QQ 客户的导入，以期实现线上的全渠道推广。此外，艺龙旅行网还在与其合作的多个酒店与机场门口放置宣传其微信二维码的海报与横幅等，鼓励客户使用"扫一扫"功能，加入其企业微信公众平台中，这些宣传方式的实施使得平台中新增了大量关注客户。

（4）功能实用且丰富。艺龙旅游网微信公众平台具有的功能强大，令所有使用者心生佩服之感。客户只要向其发送旅游目的地名称，即可快速获取详尽的旅游攻略。只要发送"地理位置+天气"，便可以随时随地获取城市天气情况。另外，发送类似的简单指令，客户就能轻松享受到在线查询列车信息、机票预订、美食娱乐等各种服务。

（5）活动策划新颖。艺龙旅游网率先将答题赢奖品的模式植入到微信营销中，在"与小艺一站到底"活动中采取闯关答题赢大奖的形式，设置累积积分的原则，并大大增加了获奖几率，这极大程度地加强了客户的参与感，调动了客户的互动积极性。

本 章 小 结

本章对移动互联进行了概述，并对其应用领域及其在客户关系管理中的应用进行了介绍。首先，介绍了移动互联的概念、特点（便利性、隐私性、智能性、个性化）；其次，介绍了移动互联的应用领域及其在客户关系管理中的应用（包括接触活动模块、功能模块和数据库模块，移动互联在客户关系管理中的应用就是在每个模块上增加新的功能模块和设计）；最后，通过列举成功实例说明移动互联对客户关系管理的重要性。通过本章的学习，读者应能了解移动互联及其在客户关系管理应用中的相关知识，熟悉典型的移动互联应用，认识到移动互联在客户关系管理中的应用的重要性。

复习与思考题

1．根据自己的理解谈谈微信营销有哪些优势？

2．移动互联在客户关系管理中有哪些应用？

3．举例说说移动互联技术可以应用在客户关系管理的哪些方面？

4．查找相关资料了解移动互联需要哪些技术支持。

5．你认为以后的移动互联应用 APP 会有怎样的发展趋势？

第十一章

商业智能与客户关系管理

【学习目标】

掌握商业智能的定义及价值；了解商业智能的发展趋势；掌握智能客户关系管理系统的架构及如何构建；了解商业智能在行业中的应用。

案例 11.1

亚信科技的重入网商业智能解决方案成功帮助浙江移动提升客户忠诚度

如何提升业务收入，节约营销成本，提升客户忠诚度，是每个运营商必须面对的挑战。目前在移动市场有一种现象让运营商非常头疼，这就是重入网现象，即移动客户在已经拥有一个移动号码的情况下，再次购买所归属的同一移动运营商新号码入网，新号码全部或者部分替代原有旧号码。现在，重入网现象有相当的普遍性。

如何解决这一问题？浙江移动在经营分析系统中增加了重入网专题，借助该专题深入认知了重入网现象，了解了客户重入网的深层动因，并在此基础上采取和实施了针对性的营销策略，进行重入网营销控制，加强对营销渠道的监控，合理设计面向新增市场和存量市场的促销政策和资费套餐，加强品牌建设，最终达到合理控制重入网比例，降低重入网现象带来的运营成本和运营风险的效果。

根据浙江移动的需求和设想，亚信科技为浙江移动研发推出重入网专题，它可以根据对客户交往特征、呼叫特征、终端特征等各类信息的整合和深度分析，准确识别重入网客户，并基于对重入网客户的识别结果，提供包括客户、业务、品牌、套餐、渠道等多方面面向市场实际需求的功能强大的专业分析系统。同时基于这些深度分析结果，亚信科技和浙江移动一起摸索出了行之有效的重入网营销控制方法体系。

经浙江移动多次实际外呼数据验证，重入网客户识别准确率达到了 70% 以上，充分达到实用要求。以浙江移动温州地市公司为例，带来的实际经济效益每月在 1 366 万人民币，并有效挽留了重入网客户。浙江移动应用重入网专题解决重入网问题的成功，与以下三个方面密不可分。

1. 精准而独到的呼叫指纹识别模型

浙江移动重入网问题的解决，首要的问题就是识别重入网客户。传统的重入网客户识别技术，有基于客户资料的识别和基于 IMEI 的识别两种。基于客户资料的识别技术，通过诸如身份证号码、客户姓名、年龄、性别等客户资料信息来识别重入网客户，这种方法无法处理客户资料的缺失和伪造的情况，同时对完全不需要登记客户信息即可办理业务的神州行等预付费重入网客户无能为力。而基于 IMEI 的识别技术，对大量存在的手机更换重入网客户（浙江移动实际调研数据显示，重入网客户手机更换率在 32%左右）无法准确识别，准确率低、误判率高。在浙江移动的重入网专题建设中，采用了亚信独创的呼叫指纹识别模型，该模型用呼叫指纹来综合表征移动客户在使用移动运营商的产品及服务过程中所产生的交往模式、消费模式、活动模式及其部分自然属性特征，并通过移动客户的呼叫指纹这一具有相对稳定性和个体差异性的特征来进行重入网客户的识别。借助呼叫指纹识别模型，浙江移动有效解决了由于客户资料缺失、客户更换手机等造成的重入网客户识别难题，能够依据客户交往模式、终端模式等获取数据，精准识别重入网客户。

2. 专业而全面的重入网分析系统

重入网客户识别仅仅是解决重入网问题的开始，紧随其后的是运营商对重入网现象的深度认知。为此，亚信科技基于浙江移动的业务部门需求，为浙江移动量身定做并开发了专业而全面的重入网分析系统，通过重入网 KPI 指标、主题分析、多维分析、重点关注群体分析等多种形式和内容，为移动公司中高层领导、专业市场分析人员、业务支撑人员、一线市场营销执行人员等提供有关重入网客户和重入网现象的深度认知分析，帮助移动各部门了解重入网现象在客户、业务、品牌、渠道、消费层次、生命周期等各个方面的发展状况，为重入网营销控制提供了坚实的信息支撑。

3. 实用而精细的重入网营销控制

重入网营销控制过程是浙江移动在重入网问题上从营销分析跨越到营销决策和营销执行与控制的过程，同时也是经营分析系统重入网专题与实际市场营销政策和营销活动及其他生产系统配合互动，建立闭环体系的过程。在重入网营销控制中，浙江移动充分应用重入网专题成果，遵循实用化、精细化的原则，采取了一系列重入网市场营销控制措施，取得了显著效果。这些重入网营销控制措施主要包括：调整客户新入网政策；对具有跳动性的客户采取针对性的捆绑措施；对于新增客户中不少客户入网定位不准的情况进行深度客户细分，并针对性开展提前主动式的市场梳理活动；对部分重入网客户开展重入网原因和政策了解程度的调查，这些调查结果为重入网营销控制工作提供了直接和坚实的信息支撑。在持久深入执行好上述重入网营销控制工作的同时，浙江移动还通过与 BOSS 互动、客户自动监控、营销过程自动化等方面工作，进一步加强了重入网营销控制。

实践证明，应用经营分析系统的重入网专题解决重入网营销控制问题作用显著。同时，市场营销政策、业务生产系统的配合和互动也非常关键，这样才能形成一个由经营分析系统专题智能驱动的流畅高效的闭环业务体系。但是，控制客户重入网不仅是一个非常有意义的过程，还是一个复杂的、长期的过程。通过重入网专题应用的开发与实践，浙江移动总结出了"四精细，两结合"的重入网控制与管理要素：精细识别，两种识别技术结合，即交往圈技术和 IMEI技术；精细分析，两种科学数据结合，即应用系统数据和市场调研数据；精细营销，两种营销能力结合，即精确营销和平衡把控（新增市场和存量市场）；精细控制，两种控制方法结合，即政策控制和目标群体控制。

启发思考：商业智能为浙江移动解决了什么问题？是如何解决的？

第一节　商业智能概述

一、商业智能的定义

商业智能的概念于 1996 年最早由加特纳集团（Gartner Group）提出。商业智能通过应用基于事实的支持系统辅助商业决策制订，包括一系列概念和方法。例如，商业智能能提供使企业迅速分析数据的技术和方法，包括收集、管理和分析数据，将这些数据转化为有用信息，然后分发到企业各处。目前，关于商业智能的概念和理解有很多，主要分为狭义和广义两种：

（一）狭义

从 IT 技术角度看，可以认为商业智能是运用数据仓库、联机在线分析和数据挖掘技术来处理和分析数据的技术，建立用户查询和分析数据系统，进而得出影响商业活动的关键因素，帮助客户做出更好、更合理的决策，实现技术服务于决策的目的。

从管理角度看，可以认为商业智能是从根本上帮助企业把运营数据转化为高价值的可以获取的信息（或知识），并且在恰当的时间通过恰当的手段把恰当的信息传递给恰当的客户。

从应用角度看，商业智能能帮助企业对商业数据进行联机分析处理和数据挖掘，诸如预测发展趋势、辅助决策、对客户进行分类、挖掘潜在客户等。

从数据角度看，商业智能使得很多事务性的数据经过抽取、转换之后存入数据仓库，经过聚集、切片或者分类等操作之后形成有用的信息、规则，帮助企业决策者进行正确决策。

（二）广义

商业智能是一种综合运用。商业智能通常被理解为将企业中的现有数据转化为知识，帮助企业做出明智的业务经营决策的工具。其中的数据包括来自企业所处行业和竞争对手的数据，以及来自企业所处其他外部环境中的各种数据。而商业智能能够辅助的业务经营决策，既可以是操作层的，也可以是战术层和战略层。同时，为了将数据转化为知识，需要利用数据仓库、联机分析处理（OLAP）工具和数据挖掘等技术。

商业智能是一种统称。泛指用于对企业原始数据进行分析的各种各样的软件系统，一般包括数据仓库构造和维护软件、数据挖掘软件、联机分析软件等。其功能是随时对企业存储的各种数据进行各种分析，给出报告，帮助管理者认识企业和市场现状，做出正确决策。

商业智能是多种技术综合应用的解决方案。它提供了一系列方法，采用多项数据处理技术、应用系统以及咨询服务来考察、发现和形成可付诸实施的关于市场、客户和经营管理的见解。

商业智能是一个过程。它是企业各级决策人员利用查询报表工具、联机分析处理工具、数据挖掘工具以及自己的行业知识，从数据仓库中获取有用信息，做出明智决策，逐步提升企业竞争力的过程。

商业智能是一种状态。它是企业能够有效将所存储的数据转换成高价值信息，并在适当的时间和地点满足各级管理者科学决策的信息需求，从而提高企业决策能力和运营能力的一种状态。商业智能企业能更快做出好的决策，比对手更为精明，从而获得竞争优势，让企业总是处于行业的第一方阵。

商业智能是一种系统化的理论、方法和手段。它为了解决商业活动中遇到的各种问题，利用各种商业智能的理论、方法和手段进行高质量的信息收集、分析和处理，并提供高质量的预测和辅助决策。

商业智能是一种对商业信息的搜集、管理和分析过程。它的目的是使企业各级决策者获得知识或洞察力（Insight），促使他们做出对企业更有利的决策。商业智能一般由数据仓库、联机分析处理、数据挖掘、数据备份和恢复等部分组成。商业智能的实现涉及软件、硬件、咨询服务及应用，其基本体系结构包括数据仓库、联机分析处理和数据挖掘三个部分。

归纳来看，商业智能是从许多来自不同企业运作系统的大数据中提取出有用数据并进行清理，以保证数据的正确性，然后经过抽取（Extraction）、转换（Transformation）和装载（Load），即 ETL 过程，合并到企业的大数据系统里，从而得到企业大数据的一个全局视图，在此基础上利用合适的查询和分析工具、数据挖掘工具、OLAP 工具等对其进行分析和处理（这时信息变为辅助决策的知识），最后将知识呈现给管理者，为管理者决策过程提供支持。

二、商业智能的价值

商业智能在挖掘业务数据的潜在价值、支持企业管理决策等方面表现出了其他管理应用无法比拟的价值。以前，决策者因信息孤岛、信息数量的几何级数增长以及业务的实时性要求等原因，往往把大部分时间用于搜寻各种相关信息上。商业智能却可以帮助管理者减少收集、处理信息的时间，把更多精力放在决策上。Gartner 公司经过调查发现，企业竞争优势的大小，在一定程度上与其收集与分析相关业务信息，从而做出高效决策的能力密切相关。因此，如果企业有效应用商业智能，就可以大量减少收集与分析业务信息所用的时间，把主要精力放在决策的制订和执行上，这与没有采用商业智能的企业相比，决策效果差别很大。此外，商业智能的价值还体现在以下几个方面。

1. 制订合适的市场营销策略

利用商业智能技术构建商业模型，确定合适的营销策略。例如，美国知名零售企业 Sears 公司在 20 世纪 90 年代曾经面临倒闭的危险，后来该企业引入了商业智能系统，把业务系统数据整合到大数据系统中，利用基于商业智能的数据挖掘，获取到不同家庭的消费习惯，从而精确投放具有针对性的广告策略和促销计划，在竞争中击败对手获得成功。目前 Sears 已是全美第二大零售企业。又如，麦当劳风靡全球，虽然客户众多，数据海量，而且不同客户有不同选择，但其商业智能系统却能准确分析客户偏好，把不同客户选择产品的数据进行准确收集和分析。比如该系统发现相当多的客户在购买汉堡的时候都会点上一杯可乐，而且一定比例的客户在购买薯条的时候会配上一份鸡翅。因此，根据这些客户的消费习惯，麦当劳推出了相应套餐，并给这些套餐特价优惠。事实证明，套餐举措是成功的尝试，既吸引了客户的注意力，又节省了交易成本。此外，电信企业也广泛利用商业智能进行客户发展分析、优惠策略预测、套餐分析、促销分析等，并对市场营销的成本和收益进行评估。

2. 改善客户关系管理

客户智能是商业智能在客户关系管理中的应用。企业正在逐渐由以产品为中心转化为以客户为中心，应用商业智能中的在线分析处理和数据挖掘等技术，可处理大量的交易记录和相关客户资料，对客户进行分类，然后针对不同类型的客户制订相应的服务策略。例如，电信企业利用智能客户关系管理系统进行客户分类、客户信用度评估、大客户管理、通话分析、欠费与欺诈分析、客户流失分析、网络性能分析、未接通呼叫分析和客户投诉分析等，提高客户满意度和忠诚度，最大化客户价值。

3. 改进经营成本与收入分析

应用商业智能中的绩效管理功能，企业可以简便、快捷地制订各种成本收益报表，对不同业务活动进行成本核算，深入分析偏差和改进方法，从而降低成本，提高收入。例如，汽车零件中的小螺帽，其价格微不足道，但是如果年产 100 万辆汽车，每个螺帽 0.1 美元的价格偏差就将导致至少几十万美元的成本支出。世界知名汽车厂商菲亚特公司认识到了这一点，通过引入商业智能解决方案，及时与螺帽供应商洽谈，从而降低了生产成本，增加了利润。

4. 提高风险管理能力

在银行、保险和电信等领域，商业智能可以识别潜在的危险，给出存在欺诈行为的客户特征。例如，银行贷款业务应用商业智能中的数据挖掘技术可以对客户进行信用分析，发现其中的欺诈行为特征后，将其作为有效的预警机制，为企业减少损失。电信企业也可以通过商业智能对重大客户、重大事件、重点业务动态进行跟踪和监控，及时发现业务收入下降的原因，避免造成更大损失。

5. 改善业务洞察力

大数据时代，商业智能能减少管理者收集数据、获取信息所花费的时间，加速决策过程，使正确信息在正确的时间流向决策者，并能监控关键绩效指标，掌控业务执行状况，以便及时调整策略。例如，电信企业通过业务分析支撑系统把数据整合后进行分析，辅助企业高层进行企业关键业绩指标分析、竞争对手分析、新业务可行性分析和投资收益分析等。

6. 提高市场响应能力

借助商业智能，企业还可以预测市场变化，精简流程，确定需要改进的环节，以适应外部环境变化。著名咨询公司 Accenture 对高绩效企业进行过调查，不少领先企业已经投资构建强大的商业智能系统，这些系统将成为企业提高市场响应能力、制订成功战略的重要工具。

三、商业智能的发展趋势

随着企业信息化发展的汹涌浪潮，组织流程的固化和改进，知识的积累和应用，技术的创新和提升，商业智能也面临着与日俱增的压力，其发展趋势可以归纳为以下几点。

1. 管控与自助式分析成为最佳搭档

管控与自助式分析曾经是一种无法兼容的关系，但近年来随着商业智能的发展，却结合得越来越紧密，而且业务与技术之间的文化隔阂也日渐消失。因为越来越多的企业已经认识到，数据管控若方法得当，反而有助于培养分析文化，从而满足业务需求。因此，如果有集中、清晰且快速的数据源，并且知道在安全和性能方面的掌控，企业便可能对数据进行深入分析。

2. 可视化分析成为通用语言

无论是在董事会会议室，还是在传媒中，抑或是在社交媒体上，商业智能的交流方式无不因数据而改变。人们未来通过将数据可视化来探讨问题、揭示洞见，以及与数据专家及非专家等人士分享故事。因此，随着数据使用的海量增长，将有更多人通过数据可视化来寻求专业问题和个人问题的答案，用人单位也将寻觅能够缜密思考可视化数据的求职者。届时，可视化分析将发挥通用语言的作用，帮助人们快速洞悉真知灼见、富有成效地展开协作。

3. 数据产品链变得大众化

商业智能中的自助式分析工具已经改变了人们对商品的期望。未来，在数据的各个处理环节，人们都将需要获得支持。业务用户要想不断通过迭代方法持续改进，就必须能够即时地将特定数据通过商业智能形象表现出来。正因为如此，自助式数据准备工具甚至是自助式数据仓库作为自助式分析的自然延伸，其在商业智能中的需求势必出现快速增长。

4. 数据集成开始风生水起

很多公司都希望通过商业智能实现敏捷分析，快速向合适人员提供合适数据。但这项挑战难度较大，因为海量数据位于很多不同位置。未来，我们将能看到商业智能中的数据集成领域会涌现出很多新的从业者，并且随着各种先进工具不断问世以及新的数据源层出不穷，公司将不再从同一个位置收集每一项数据，而是通过商业智能中的数据浏览器，将其连接到所在位置的每个数据集，合并、分析和处理数据，或者与商业智能中其他更多敏捷的工具和方法一起，协同处理数据。

5. 高级分析不再只是分析师的专利

随着商业智能的发展，整个组织范围内的非分析人员也会变得愈发老道和精干，这使得基于他们的数据生成的图表已不能满足他们的胃口。他们希望获得更深入、更有成效的分析体验。因此，组织将开发更为智能化的商业流程和平台，使这些人员能将统计数据、提出的一系列问题进行集成，并能保证他们自始至终参与分析。例如，作为中国第二大航空运输公司，东方航空的普通员工轻松利用商业智能工具软件 Tableau 进行高级数据分析，他们可以对营销数据、竞争对手、其他航空运输公司以及各路航线的营收情况等高级数据进行移动互联分析。通过使用 Tableau，一年后东方航空的营业收入增加了 2 亿美元。由此可见，非专业分析人士在处理高级数据时，有了 Tableau 的帮助，便可轻松应对。

6. 云端数据和云分析开始崛起

2015 年，人们开始欣然接受商业智能中的云。他们意识到，通过商业智能，将数据放在云端不仅轻松方便，而且高度可扩展。他们还认识到，商业智能的云分析使他们具备灵活应变、机动敏捷的能力。未来，将有更多人改用商业智能的云，这在一定程度上要得益于商业智能帮助他们使用 Web 数据的各种工具。早期采用者们已开始从这些数据中收获新知，其他人正逐渐认识到自己也应如此。越来越多的公司将利用商业智能中的云分析来更快分析海量数据。最终，它们将像依赖任何其他关键企业系统一样，完全离不开商业智能中的云分析。

7. 分析卓越中心（Center of Excellence）带来卓越成效

为了促进商业智能中自助式分析的采用，越来越多的组织将成立卓越中心。这些中心在推行以商业智能推动的文化方面发挥着至关重要的作用，例如推出诸如在线论坛和一对一培训等支持计划，在相关计划的帮助下，即使不是专家，也能将商业智能中的海量数据纳入决策过程。久而久之，这些中心就会在整个组织范围内建立起以数据为依据制订工作流程的商业智能机制。

8. 移动分析自成一体

商业智能中，移动分析已然成熟，独立为一个领域，它不再只是与旧式商业智能产品交互的接口。2015年，能够提供流畅"移动优先"体验的商业智能产品开始出现，这使得处理现实世界中的各种商业智能数据已不再是烦琐不堪的苦差事，反而使其成了分析过程中充满活力的一个环节。Tableau 公司推出新的商业智能移动应用程序 Vizable，可以帮助小企业和个人做商业智能的数据分析，这个产品可以应用于移动端，主要是便捷、易操作，任何人都可以使用。这款免费的 iPad 应用程序还支持捏合、轻扫和拖动等手势来探索商业智能数据，从而使用户可在数秒内实现商业智能数据的可视化，完美实现了商业智能中的移动分析自助化和趣味化。此外，从带着 Apple Watch 的"跑马达人"（跑马拉松爱好者）到需要分析电子表格的企业管理者，商业智能的移动分析软件都能帮助更多人看见并了解数据。

9. 人们开始深入发掘物联网数据

与商业智能关联较大的物联网势必更加盛行。移动设备虽然昼夜不停产生大量数据，但这些数据只是海量数据的冰山一角，未来通过传感器搜集的信息将更加庞大。随着这些物联网数据的海量增长，从中分析出真知灼见的可能性和要求也相应增加，企业将进一步寻找更高端和先进的商业智能工具，以帮助客户探索物联网的海量数据，并以安全、受控、交互性的方式分享发现的结果。

10. 新技术的兴起将填补缺口

商业智能中已有很多新技术问世，随着这些技术进入市场，我们将看到一些需要填补的缺口。为填补这些缺口，一些新的企业将应运而生。例如，Hadoop 加速器、NoSQL 数据集成、物联网数据集成、改进的社交媒体等，所有这些都为企业提供了开发新的商务智能的机遇。未来，我们将看到一批致力于填补这些商业智能缺口的企业崛起，进而带动市场整合。形形色色的组织也将继续摒弃一个个孤立的商业智能解决方案，改而采用包含这些新商业智能的开放、灵活的解决方案。

第二节　智能客户关系管理系统

一、智能客户关系管理系统的定义

客户关系管理是为了适应企业"以产品为中心"到"以客户为中心"的经营模式的战略转移而发展起来的管理理念，客户关系管理的最终目标是实现客户满意和客户忠诚。

客户关系管理在初期是注重流程的，称之为流程型客户关系管理。流程型客户关系管理，是指对市场、销售、服务等方面，也是企业的前端管理的业务流程进行规划和调整，以最佳工作方法来获得最好的结果。通过流程型客户关系管理的运用，企业将客户关系管理的概念和基础数据的采集从无到有地建立了起来。但是随着大量客户数据的积累，目前的流程型客户关系管理已无法满足企业的需要。因此，为了实现对海量数据的深层分析，获得对商业运作和提高企业竞争力有用的信息，以商业智能为基础，集成了客户关系管理思想的智能客户关系管理系统逐渐产生和发展起来。

智能客户关系管理系统是通过系统的智能分析，以及通过对各个渠道的客户历史数据和在线访问数据的采集与分析，协助企业更好了解客户，并将获得的客户知识运用到客户细分、客户服务、市场营销、决策计划等各个方面，其最终目的是为了改善业务管理。

二、智能客户关系管理系统架构

智能客户关系管理系统帮助企业最终实现以客户为中心的目标，系统架构如图 11.1 所示。可以从功能层次和管理两个角度对该架构进行理解。

（一）功能层次角度

根据图 11.1，从功能层次角度，可进一步将智能客户关系管理的系统架构分为三个层次，即对话层、数据存储层和应用分析层。

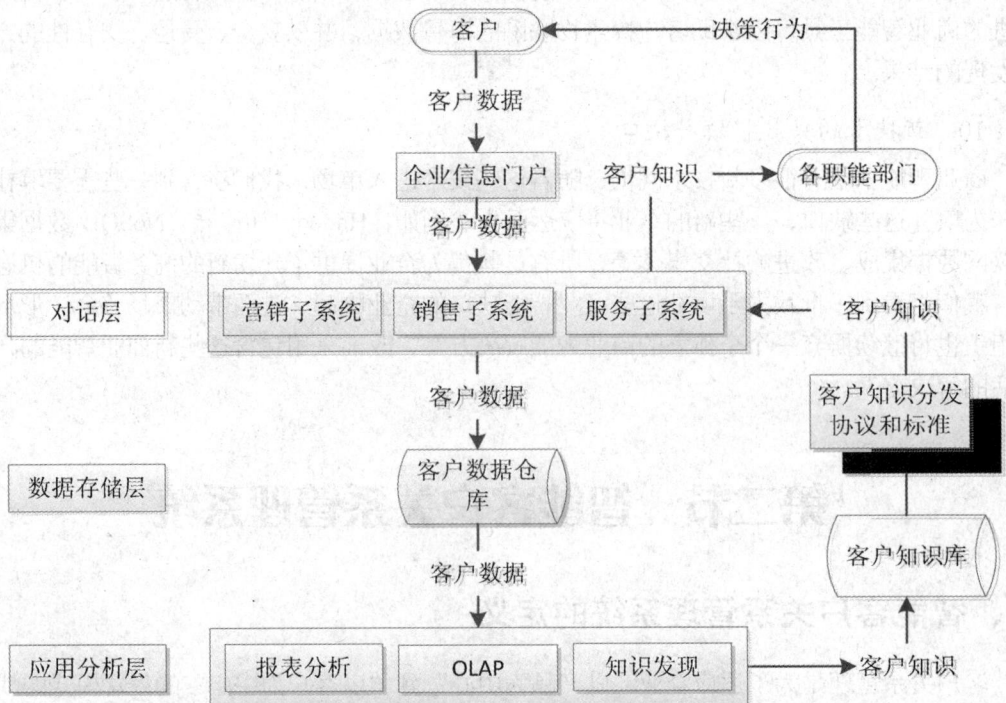

图 11.1　智能客户关系管理系统架构

（1）对话层使企业各个部门与客户之间可以相互交流，帮助企业尽可能采集到足够多的数据，它包括企业营销管理系统、销售管理系统、服务管理系统以及呼叫中心。其中，营销、销售、服务管理系统通过统一的企业信息门户与客户交换数据，而呼叫中心则通过电话等数字渠道将收集到的客户数据接入企业计算机网络。

（2）数据存储层对客户数据进行存储。企业收集到的客户数据存储到这一层的客户数据仓库和数据集市中，经过数据仓库工具的清洗、抽取和转换等各种加工，成为真实、有效的客户数据来源。

（3）应用分析层对客户数据进行分析。这里汇总了所有数据分析工具，包括 OLAP、报表分析工具、数据挖掘工具、知识发现工具等，用以分析客户满意度、客户差异、客户忠诚度等。同时，这里所产生的客户知识将被存放到客户知识库中，通过一定的协议和标准再分发到对话层里的企业各个职能部门的子系统，从而形成闭合回路。

（二）管理角度

从管理角度，也可以进一步将智能客户关系管理的系统架构分为三个部分，即业务管理部分、商业智能管理部分和知识管理部分。

（1）业务管理部分。这一部分主要实现大多数现有智能客户关系管理系统的主要业务功能，包括营销自动化、销售自动化以及服务自动化等，是智能客户关系管理系统采集客户数据的重要来源。

（2）商业智能管理部分。这一部分是智能客户关系管理系统管理客户数据以及进行客户数据分析的重要部分，包括各种商业规则的运用、元数据管理以及分析工具的使用标准和应用范围等，这一部分与商业智能技术紧密相连。

（3）知识管理部分。这一部分是智能客户关系管理系统用来对客户知识存储和运用的主要部分，包括对客户知识的分发、使用和保存。其中，建立动态客户知识库，以及制订先进、合理的客户知识分发机制是该部分的关键所在，而且这一部分与知识管理息息相关。

三、构建智能客户关系管理系统

构建完整的智能客户关系管理系统，需要经历智能整合客户信息资源、建立智能客户数据仓库、构造智能数据分析模型、建立智能客户知识管理系统等步骤。

1. 智能整合客户信息资源

整合客户信息资源，完成系统所需要的数据收集。对于那些以前没有应用过任何客户关系管理系统的企业来说，首先需要把孤立的业务系统整合到一个统一的平台之下，解决"信息孤岛"问题。而对于已有客户关系管理系统，但是还想建立智能客户关系管理系统的企业，则需要建立智能企业信息门户，使客户和企业能在一个统一的界面下进行智能的数据和信息交换。

智能客户关系管理系统的数据来源主要有三类：客户数据、内部数据和外部数据。其中，客户数据是智能客户关系管理系统的核心，来源于智能客户关系管理的运营系统，包括各种客户资料、事实和细节记录；内部数据是指来源于企业各个业务子系统的数据；外部数据是指来自外部商业环境的数据。

2. 建立智能客户数据仓库

这一步包括规划和设计智能数据仓库。规划智能数据仓库是以企业业务模型为基础，确定需要建立能够描述主要业务主题的数据模型；设计相应的智能数据仓库，根据逻辑模型和性能要求进行物理模型设计，制订智能数据存储策略以及各种商业规则等。

智能数据仓库在投入使用之后，还需要根据运行情况对其进行调整。智能数据仓库的建立过程实际上是通过智能的数据抽取、转换和装载平台，完成数据向信息的转变。在这一过程中，面向应用的数据变成了面向分析的数据，形成了面向主题的、集成的、稳定的、反映历史变化的智能数据集合。

3. 构造智能数据分析模型

根据企业需要分析的对象和目标，构造有针对性的智能分析模型。例如，针对客户对企业的贡献差异，构造智能客户盈利能力分析模型；针对客户对企业信用程度的不同，构造智能客户信用分析模型；根据客户对产品功能的需求不同，构造智能客户分类分析模型；根据客户的获得、流失情况，构造智能客户获取流失分析模型等。

4. 建立智能客户知识管理系统

这一步的任务是建立智能客户知识库，以及制订客户知识的智能分发规则和保存机制。智能产生的知识一般包括渠道信息、最新的市场活动数据、预测跟踪和趋势分析等能智能分析有价值的信息，而这些信息有助于企业加强客户服务的针对性和有效性。但是，智能客户知识管理系统不是一开始就能建立好的，它需要在使用过程中不断调整和完善，是一个动态完成的系统。

第三节　行业应用

智能客户关系管理最大的优点是能从庞大而又复杂的业务数据中提炼出有规律的信息、知识，便于决策者针对这些市场信息和商业情报做出准确的市场判断，制订合理的商业行为决策。因此，智能客户关系管理最适合在有海量数据的行业中大力推广和应用。

智能客户关系管理可帮助企业完成较多工作。例如，提高销售决策的准确性和时效性；通过把客户数据转换成个性化的智能，增加客户满意度和忠诚度；智能收集相关商业信息（如财政、库存、采购等），以降低运营成本；实时智能处理大量复杂的数据分析问题；提高风险的智能管理能力，智能分析和预测客户的欺诈、违约行为；智能市场营销策略分析，利用智能数据仓库实现市场营销策略在模型上的仿真等。由此可见，智能客户关系管理适合电信、银行、证券、保险、航空、石化及卫生等行业。

一、金融领域

金融领域是应用信息系统最早也是最热门的领域之一。由于该领域对数据质量要求很高，因此经过长时间运作，银行和金融机构中通常都拥有大量且相对比较完整、可靠和高质量的数据。这就更加要求建立智能客户关系管理系统，对这些数据进行相应的智能数据挖掘和分析。目前，智能客户关系管理在金融领域的主要应用包括：利用分类分析方法对贷款偿还进行智能预测；利用时间序列挖掘方法对收益率进行智能预测；利用聚类和分类方法对目标市场客户进行智能分析和归类；利用关联规则分析方法对金融欺诈进行智能分析等。

1. 智能客户信用分析与预测

智能客户信用分析是相当重要的银行业务。由于银行贷款面很广，而且很大程度上都依靠贷款服务人员来判断，同时影响客户贷款偿还和信用的因素非常多，而且很复杂，这些都不利于风险控制。另外，有许多因素会对贷款偿还能力和客户信用等级造成不同程度的影响，而且很多因素都是敏感因素。而采用智能客户关系管理的方法，如特征选择和属性相关性计算，有助于识别重要因素，剔除非相关因素。例如，与贷款偿还风险相关的因素很多，包括贷款率、贷款期限、负债率、偿还与收入比率、客户收入水平、受教育水平、居住地区、信用历史等，但是通过智能分析，可以确定影响当前所在地区的用户贷款偿还的关键因素是收入水平和负债率，而其他因素的影响相对不那么显著，银行就可以将重点放在这两个因素上，特别是在新的贷款客户审批时着重考察这两个因素。

2. 智能防范金融欺骗和金融犯罪

金融欺诈是影响金融系统健康的主要风险之一。金融欺诈一般包括恶意拖欠、身份盗用、洗黑钱、非法账户转账等。从传统上来看，金融欺诈一般都是不同于一般业务模式的异常模式，但由于金融交易量太大，自动化程度高，且其隐藏在数据中，因而难以发现。因此，智能客户关系管理的方法就非常有助于进行金融欺诈的分析。

要智能防范金融欺诈和其他金融犯罪行为，重要的是要把多个数据库信息（如银行交易数据库、恐怖分子和罪犯国家档案库等）集成起来，然后采用多种智能数据分析工具，找出异常模式。现有的智能工具主要采用可视化方法、链接分析方法、分类方法、聚类分析方法、鼓励点分析方法、序列模式分析方法等，来甄别不同于一般业务模式的异常模式。这些工具可以智能识别出一些重要的活动关系和模式，有助于调查人员聚焦可能线索，作进一步处理。

由于智能客户关系管理在金融行业中的应用逐渐成熟，且计算机系统的处理效率很高，现在许多银行系统已经开发出相应的系统，对业务数据进行实时的智能分析。例如，当天就可以对交易数据进行智能分析，一旦发现异常模式，立即提示报告，从而可以更加智能地防止金融欺诈和金融犯罪。

案例 11.2

智能客户关系管理解决方案 FineBI 为银行业发展打造核心竞争力

随着社会信息化的发展，银行积累的客户数据和经营数据越来越多，竞争愈演愈烈。因此，除了业务和服务，充分利用现有数据资源，智能挖掘客户信息，也成为了各大银行竞争的关键，银行对智能客户关系管理的需求越来越旺盛。

1. 构建智能数据仓库实现智能分析

智能客户关系管理解决方案 FineBI 可以通过建立智能数据仓库，将银行的所有相关数据经过 ETL 转换，将数据清洗后放到数据仓库中，为分析者和决策者提供关于银行各方面情况的智能分析数据，业务分析人员和银行经营决策者可以基于这些智能分析数据，很轻松地进行即时智能分析，彻底摆脱数据孤岛的烦恼。

　　2. 智能分析更加集中和灵活

　　智能客户关系管理解决方案 FineBI 为查看分析者提供集成和统一的智能平台，不同的人通过权限控制可以在同一平台上查看不同主题的智能分析。另外，同一个人也可以在这个智能平台上查看多个智能分析，进行多方面判断。

　　传统的报表分析工具往往是根据需求写 sql 做报表，需求一旦改变就需要重写 sql。智能客户关系管理解决方案 FineBI 采用数据自动建模，即所有维度、所有指标和索引关联都在一开始就建立好，所以在做智能分析的时候可以方便创建维度，查看分析的时候也可以方便切换维度，还可以通过钻取、汇总、过滤和联动等操作来智能剖析数据间的联系。

　　例如，决策者在使用智能客户关系管理解决方案 FineBI 智能分析银行存款余额增减时，发现某个时间段内存款明显增加，而作为决策者，他需要知道存款增加的来源和原因。这时，他可以将维度智能切换成机构，然后通过机构维度查看在存款增加时是哪个支行贡献最大，还能通过智能切换科目维度，查看是哪个业务品种吸引了该客户的存款。

　　3. 智能辅助客户关系营销活动

　　在激烈的市场竞争背景下，客户关系营销活动是最直接的、最能够吸引客户、最能增加业务量的手段。智能客户关系管理解决方案 FineBI 能对银行原有客户资料数据贡献度和信用等级进行智能分析，并对客户进行智能分组，智能筛选出最有贡献的大客户群，然后针对这些客户的活动特点及需求智能制订金融产品。此外，该解决方案还可以通过智能分析产品的使用频率、成本收益和贡献度来智能辅助决策者调整金融产品的适用范围、条款限制和汇率设定等。

　　4. 加强内部智能管理

　　通过采用智能客户关系管理解决方案 FineBI，银行可以进行人力综合成本的智能预算分析、人员的智能绩效考核、平衡计分卡的智能管理等。管理者通过这些智能分析可以更加直观地了解员工工作情况，以此采取相应的奖惩措施。

　　启发思考：智能客户关系管理解决方案 FineBI 解决了银行业的什么问题？是如何解决的？

二、电信领域

　　电信业是继互联网后又一高速发展的新经济产业。电信业已经从单纯提供语音通话服务演变为提供综合电信服务，如语音、传真、寻呼、移动电话、图像、音频（彩铃）、电子邮件和 Web 数据传输等。而且电信业的发展，使得有线网络和无线网络逐渐融合为一体，从而释放出更大能量。此外，电信系统以其高水平的数据加工和高速数据传输的特点，成为海量数据存储和加工量最大的领域之一，也为智能客户关系管理的开展提供了良好的基础。目前来看，电信业的迅速扩张和激烈竞争，使得利用智能客户关系管理来更好理解商业行为、确定优势模式、捕捉盗用行为及更好利用客户资源，变得越来越有必要和迫切。目前，智能客户关系管理在电信领域的应用主要有如下几个方面。

1. 盗用和异常模式的智能分析和识别

盗用行为每年对电信行业造成的收入损失非常大，中国作为全球规模最大的电信市场，这个问题更值得关注。除此以外，其他造成电信行业收入损失的异常模式还包括恶意拖欠话费等。因此，对这些模式及早识别和发现，不但可以有效避免企业损失，还可以很好保护真实客户的利益。例如，全球通用户都是先使用后付费，如果某个客户每个月花费一般都在 200～400 元，但突然某个月达到 5 000 元，这时集成在业务数据库上的智能分析方法（如孤立点分析法等）就会自动提示移动公司的客户服务部门关注，需要防止恶意盗用等情况。

此外，由于电信数据量非常大，因此盗用行为相对而言只占了极小比例。在这种情况下，有可能会被已有系统视为噪声，无法有效识别。这时对于电信企业而言，就需要有针对性地设计相应的智能客户关系管理系统，进行正确分析和识别。一般来说，对于盗用和欺诈行为，除了可以采用孤立点分析的智能方法予以甄别外，还可以采用时间序列模式的智能分析进行趋势分析，以判断盗用行为的发展态势。此外，还可以采用关联的智能分析方法，提炼可能会引起盗用的显著因素。

2. 时间模式的智能分析

由于电信服务在人们生活和工作中的重要性不断提高，所以通过各种通信方式进行沟通的行为十分频繁。而且更为重要的是，由于大量号码是和用户身份绑定的，因此电信数据系统中保存着大量以客户为个体单位的通信数据序列。例如，A 客户每天上午用手机打电话，中午发短信，晚上用手机查看新闻等，这些数据都可以用来智能分析客户的通信习惯。例如，可以采用时间序列的智能分析技术来进行智能的模式挖掘。这也有助于电信企业对自己所提供的服务进一步优化。

3. 服务关联的智能分析和推荐

电信服务特别是移动通讯业务已经不仅仅局限于提供通话服务，它还可以提供传真、视频传输、音频下载、图像处理和传输、网页浏览、邮件查看和传输等业务。随着移动通信设备的功能多样化，手机逐渐变成了一个微型计算机。另外，随着移动增值服务的不断丰富，基于移动互联的商务活动越来越多。例如，基于手机的购买活动越来越多。这些都使得电信企业不断开发新的智能客户关系管理系统，相应的与服务关联的智能分析和推荐的功能也越来越强大。

~~**案例 11.3**~~

商业智能系统在电信行业客户关系管理中的应用

数据显示，移动业务方面，截至 2016 年 5 月 31 日，中国移动用户总数达 8.354 06 亿户，其中 4G 用户累计增至近 4.09 亿户；中国联通移动用户累计达 2.601 17 亿户，其中 4G 用户累计达 6 818.2 万户；中国电信移动用户累计达到 2.055 1 亿，其中 4G 用户累计达到 8 455 万。

纵观现在的电信行业格局，已成电信、移动、联通三足鼎立之势。有限的市场及客户资源导致了愈演愈烈的市场竞争，原来的价格战、行业垄断优势、促销策略等已无法适应新形势的需要，为了保住客户资源，运营商需要一套业务分析支持系统（BI），以从自身市场数据中获得能够真正反映企业运营状况的有效信息，从而以更好的服务俘获客户。

在通信业解决方案中，BusinessObjects（SAP）强调客户管理，对客户信息进行深层挖掘，了解客户的消费习惯，开发不同产品，增加利润。

1. 管理数据资料

通过 SetAnalysisXI 帮助企业根据账单、客户关怀、网络运营等多种属性，对客户细分，从而更好地了解他们的习惯。有了这些信息，就能针对各类客户设计不同产品。通过BusinessObiects（SAP）数据质量管理，可以对客户数据进行清洗，合并重复的记录。通过BusinessObjects（SAP）的数据整合解决方案，把客户数据集成为一个集中、可靠的数据库。在此基础上，进行市场分析，或把网络使用与产品关联，根据初步接受情况预测出服务项目受欢迎程度，并与行业合作伙伴通过安全外部网共享这些数据。利用 BusinessObjectsPredictive AnalysisXI，还可以挖掘使用某服务的客户是否会使用其他的服务。

2. 降低客户流失率

利用 BusinessObjects（SAP）的数据分析工具，对客户进行分类，然后找出哪些客户可能会流失，采取及时促销手段降低流失率。Business ObiectsCampaignAnalytics XI 解决方案可以找到对促销活动敏感且会做出积极反应的市场群体，便于企业调整战略，争取最大限度地获取投资回报（R01）。这个工具也可以对赢利能力进行分析，并与合作伙伴和经销商共享信息。

3. 提升客户关怀

许多网络运营商，例如 Virgin 和 Tesco 公司都把通信定义为服务行业，通过与客户接触的渠道提供快捷高效服务，实现差异化。BusinessObjects（SAP）的客户智能可以整合相关客户互动信息，使企业对客户有全面了解。

启发思考：商业智能系统解决了电信行业客户关系管理的什么问题？是如何解决的？

三、零售领域

零售业是智能客户关系管理得到快速应用和发展的领域，这是因为零售业积累了大量销售数据，如客户购买历史记录、货物进出记录、消费和服务记录等。特别是在移动商务时代，网上购物活动使得数据可以得到自动加载和更新。因此，利用这些营销数据进行智能分析，并为进一步的营销提供智能的决策支持，就成为提升企业竞争力的关键要素。同时，营销领域中的智能客户关系管理是客户关系管理的核心内容，现在一些主要应用包括：利用聚类和分类等智能分析方法识别客户购买行为；利用智能的关联规则分析和发现客户购买模式；利用智能的序列分析发现客户的购买趋势；利用分类分析方法对客户忠诚进行智能分析等。通过这些进一步提高服务质量，并进一步提升零售推荐服务价值。下面简要介绍商业智能在零售业的主要应用。

1. 交叉销售智能分析

交叉销售是指企业向客户销售新的产品或服务的过程。因此首先需要对原有客户数据进行智能分析，进一步结合新产品和服务的信息进行智能预测。相对而言，交叉销售由于可以充分了解原有客户的信息，数据也比较充分，因此成功率较高。此外，对于老客户而言，无须进行重新推销和企业品牌介绍，因此降低了产品推销成本。

所以，采用智能的方法来进行交叉销售分析，能更进一步挖掘原有客户潜力，是目前得到成熟应用的典型智能分析方法。例如，采用关联规则的智能分析方法，分析出"啤酒与尿布"在进行货架摆放或商品促销时，如果有意识地将两者摆放在一起或进行捆绑销售，将能很好扩大两者的销量，这已经是一个广为人知的典型的交叉销售智能分析案例。

2. 市场定位智能分析

在构建了智能数据仓库后，针对营销问题，一般需要分析产品所占据的市场特点是什么。这种情况下，需要对已有的产品销售数据、客户特征数据等进行智能分析。例如，通过智能的分类方法可以分析得到如"购买剃须刀的客户一般是年轻女客户"等结果，这样就可以分析是否和产品的营销定位一致，并进一步进行决策。在客户匹配过程中，可以采用智能的聚类方法对客户的关键特征（如年龄、性别、收入等）进行智能归类。

市场营销是企业开拓市场的重要手段，其中最重要的一个方面就是寻找潜在客户。对于大多数交易而言，地球上超过 60 亿的人口中，只有很小一部分会是潜在客户。例如，提供家庭抵押贷款的银行只会针对授权区域内的住户进行促销邮件投放；生产机床的企业也只会对中型机械产业进行直邮促销等。智能市场定位分析的目的是进一步改进定向市场的智能营销活动。如果不掌握市场定位信息，在广告过程中就会针对更多客户进行推广，从而使得营销成本过高。而如果通过智能的数据挖掘掌握了市场细分的定位结果，就可以有针对性地进行智能营销。一般来说，可以通过所掌握的客户信息，如收入、性别、年龄、收入、住房及是否有孩子等，采用智能的分类方法对群体进行划分，从而了解"哪些客户更可能购买哪类产品"这类知识。

对于许多企业来说，一旦形成一定的销售规模，如何进一步寻找潜在客户是挑战，边际成本也会大幅上升。而智能客户关系管理系统则有助于有效寻找潜在客户，并进一步为接近潜在客户选择沟通渠道，而且可以针对不同的潜在客户选择合适的信息。例如，已有销售数据通过智能分析方法，发现某种新型电器的购买者中有 60% 都受过大学以上教育、40% 的客户家庭收入在 50 000 元以上、80% 的客户是男性，这种信息通常称为客户特征数据。针对这样的智能分析知识，企业就可以在进一步的营销过程中，有针对性地采取措施，如更多在男性杂志上投放该产品广告；宣传该产品的电视广告的档次更高一些；如果采取直邮的方式进行促销，只给客户数据库中的相应客户邮寄，而不必对所有客户都投放邮件，这样可以智能有效地控制营销成本。

3. 客户忠诚度智能分析

大量研究表明，对"回头客"的销售量占据了企业销售的显著比例，特别是在一些特定行业，如电器、酒店、餐饮等，这些特征更为明显。因此，如何提高"回头客"的比例（即提升客户忠诚度）是企业营销的重中之重。现在企业销售时，更多地是通过会员卡等方式来记录客户基本信息并跟踪客户的购买行为和购买序列。因此，可以通过这样的购买序列对客户忠诚度进行智能分析。

在客户忠诚度智能分析中，一种常用的方法就是通过智能分类方法对已经建立关系的客户进行划分。首先将已有的每个客户标识为"忠诚"和"其他"类别，然后进行智能分类分析，进而对被智能分类为忠诚的客户群体进行进一步的数据挖掘分析。例如，通过关联规则的智能分析可以得到忠诚客户的购买关联特征；通过序列模式的智能分析可以分析出忠诚客户的购买模式；进一步，还可以通过对客户信息的智能归纳和回归分析来提炼忠诚客户的关键特征。通过上述分析，企业就可以把握忠诚客户的潜在特征。这样，在进行市场推广的时候就能够有针对性地对潜在的忠诚客户进行智能营销。

此外，也可以应用上述智能方法对"其他"客户进行分析，其他客户并不一定是不忠诚的，如果不忠诚，也可以分析出其背后的原因并进行相应调整和改变。特别是对于流失的客户，要进行仔细深入的智能分析，提炼其特征因素，并进行必要的销售和服务方式调整。总之，通过智能数据挖掘的方法可以更深刻地理解客户特征，为进一步扩大营销业务提供更加有力的决策信息。

4. 智能客户数据管理

客户数据是智能客户关系管理应用的最丰富来源，反映了客户的个性化行为，如客户的付款习惯、信用等级、最近一个月的购买行为和购买产品序列、消费的金额数、客户投诉情况、客户是否多次惠顾等。这些数据都是非常重要的商业知识来源，通过智能客户关系管理系统的分析和转化，这些数据可以直接成为企业发展和盈利的源泉。

综上来看，智能客户关系管理在零售领域已经有许多应用形式，典型的主要包括对客户需求进行智能管理和分析、对客户群体进行智能划分和分析、对客户信用和忠诚度进行智能管理和分析、对客户价值进行智能测定及提供交叉销售和销售推荐的智能建议等。

〰〰 补充阅读 〰〰〰〰〰〰〰〰〰〰〰〰〰〰〰〰〰〰〰〰〰〰〰〰〰〰〰〰〰〰

零售业智能客户关系管理的重点元素

对零售业而言，智能客户分类描述和活动管理分析、店面分类优化智能分析、厂商绩效智能分析、销售市场效果智能分析是智能客户关系管理系统的重点元素。其中，智能客户分类描述和活动管理分析能够使零售商了解它们的客户，制订适当战略，针对这些客户开展相关活动，对这些活动的成果进行监控等。店面分类优化智能分析使部门经理能够通过在公司范围内改善店面的划分和店面分类的构成，并通过监控标准化的最佳实践流程，来提高产品的销售收入和利润率。厂商绩效智能分析使供应链经理能够通过改善库存量以及服务表现进行有效监控，改善库存水平，提高客户满意度。销售市场效果智能分析使日用消费品厂家能够了解它们的分销商，跟踪它们的销售执行情况，监控销售和营销流程所取得的成果。

〰〰〰〰〰〰〰〰〰〰〰〰〰〰〰〰〰〰〰〰〰〰〰〰〰〰〰〰〰〰〰〰〰〰〰〰〰〰

〰〰 案例 11.4 〰〰〰〰〰〰〰〰〰〰〰〰〰〰〰〰〰〰〰〰〰〰〰〰〰〰〰〰〰〰〰

长益商业智能系统助力北京翠微客户关系管理

北京长益公司致力于商业流通企业信息化的研究和建设。北京翠微大厦股份有限公司（以下简称"翠微"）是以零售为主的现代化大型连锁企业。翠微选择了长益公司，作为实施商业智能的合作伙伴。北京长益信息科技公司专门为翠微研发的零售业商业智能系统，构建了翠微自己的数据仓库，并从业务实际要求出发，设置了相应的分析模型，使商业智能系统开始在企业经营中发挥作用。

1. 对会员价值分析，为客户关系营销提供依据

企业就如何留住客户，并使其购买自己的商品，进行了不断探索。翠微用商业智能系统来武装自己，发展智慧零售模式，迅速而准确地了解客户的购买历史及其变化情况，发动有针对

性和个性化的促销行动，使客户萌生立即购买的念头。

对会员价值分析是每个商家必做的功课。翠微目前持卡会员有几十万，依据二八理论，20%的高端会员会给企业带来80%的利润，所以为了留住这些会员，并吸引其他会员成为高端会员，翠微做到了最大限度让利于消费者。会员依据其上年的销售额，自动升降级，年销售额 5 万元以上的自动升级为金卡会员，年销售额 2 万~5 万元的自动升级为银卡会员，享受到更低的折扣，更贴心的服务——提供免费饮品、免费停车等服务，大大提升了客户忠诚度。会员积分返还活动由一年一次调整为一年四次，为客户提供便利的同时，也为企业带来了收益，由积分返券连带的销售也有了较大程度的增长。

从对会员价值分类的统计可以发现，最高端会员（即 A 类）对首饰类、表类的消费相比其他会员的力度要大很多，找到这些会员，并点对点针对性营销，可以起到事半功倍的作用。分析客户的喜好、购买规律，在这些品牌新品到店，促销活动期间，为这些会员发送短信提醒，可以大大提升客户关系营销效果，并降低费用。

2. 提高业务人员工作效率，发掘市场运行规律和发展趋势

价格带分析是业务部门比较关心的一种分析方法，有两种方法：一种是按销售部门分析，另一种是按商品分类分析。针对百货零售业的特点，由于季节不同消费需求也不同，同期消费对比是这类分析的主要内容。通过商业智能系统，大大提高了业务人员的工作效率。以翠微店庆 2015 年销售活动为例，在预测店庆期间的销售时，首先根据前几年店庆期间商品销售价格趋势分析，以及店庆前期的销售趋势，分析出 2015 年店庆哪类商品、哪种价格的商品将是销售重头。假如综合分析结果是 1 000~2 000 元区间段的商品销售持续增长，那么采购人员就会有针对性地提示供货商多备一些此价格段的不同商品，结果 2015 年翠微店庆第一天销售额就超过 1 亿，创下了京城百货业的奇迹。

3. 预警监督

通过研究智能技术描绘出的发展曲线，翠微可以及时发现外在环境和客户的异常情况，快速采取措施，降低业务风险，进行反欺诈监测。这里展示的会员卡异常的一个查询功能，通过设置定量指标，查询出同一张卡，在一段时间内，购买同种品牌商品或在同款台缴款的现象，重点跟踪，杜绝隐患，保证企业利益不受损失。

长益为翠微开发的商业智能（BI）系统，使翠微赢得了客户的信任，为翠微培养了大批忠诚客户群体；同时对工作效率的提升、销售业绩的增长都起了很大的作用。

启发思考：案例中的商业智能系统对翠微的客户关系管理发挥了哪些作用？

本 章 小 结

本章主要介绍了商业智能、智能客户关系管理系统及其行业应用。首先，介绍了商业智能的概念，从狭义和广义两个不同角度对商业智能概念进行了介绍，接着介绍了其价值。其次，

介绍了以商业智能为基础发展起来的客户关系管理系统即智能客户关系管理系统，并介绍了智能客户关系管理系统的架构，从功能层次角度来说，包括对话层、数据存储层和应用分析层；从管理角度来说，包括业务管理部分、商业智能管理部分和知识管理部分。最后，选择金融、电信、零售三个有代表性的行业，介绍了智能客户关系管理的行业应用。通过本章的学习，读者应该了解商业智能的概念，熟悉智能客户关系管理系统架构。通过对不同行业商业智能在其中的客户关系管理中的应用的了解，熟悉商业智能在客户关系管理中的作用。

复习与思考题

1．简述智能客户关系管理系统。
2．如何实施智能客户关系管理系统？
3．从功能层次角度简述智能客户关系管理系统架构。
4．从管理角度简述智能客户关系管理系统架构。
5．简述商业智能价值。

第十二章

客户关系管理系统与实施

【学习目标】

掌握客户关系管理系统的定义、功能和分类；熟悉客户关系管理系统模型；熟悉客户关系管理系统的实施方法；掌握呼叫中心的概念、功能和应用；熟悉呼叫中心的构建模式和步骤。

~~~ 案例 12.1 ~~~~~~

北京新阳光慈善基金会借助客户关系管理系统提升客户服务品质

北京新阳光慈善基金会以拯救生命、提升健康为愿景，致力于提供骨髓配型和患者教育、咨询互助，权益维护等服务，抗击严重血液疾病，提高白血病、淋巴瘤等血液癌症患者的生存机会，提高患者和其家庭的生活质量。相对于国外公益组织，国内大部分 NGO 组织的信息化方面还处于比较低的水平，存在工作流程有待改进、工作效率需要提高、捐款信息需要透明、NGO 的公信力需要提升等问题。

为改善这一问题，新阳光根据自身业务范围需求和各个业务流程，如资金接收流程、捐赠人维护流程、患者资金援助流程、公众投诉流程、志愿者招募流程、志愿者服务流程、CML 活动流程等购置了风语者客户关系管理系统。

随着基金会的发展，业务范围和流程还在不断变化，这就要求系统灵活、可定制、可长期维护，要求系统能够设计业务流程和优化流程，增加功能，灵活定制和持续改进。因此，根据售前提供的解决方案，咨询顾问对关键客户进行访谈，了解具体问题，提出改进建议并落实到实施方案中，突显了客户关系管理系统的可扩展性，系统可随时调整页面样式和可输入的内容，保证系统贴合实际业务。系统的集成呼叫中心，能快速响应患者、捐款人、志愿者。致电者能被系统的语音导航（IVR）分流到不同业务部门，以寻求信息。系统做到了以患者为中心，全面支持患者服务，并能围绕患者需求（如资金、情绪、医疗、信息等）建立患者档案、患者跟进日志、患者资助记录等。

新阳光在实施该客户关系管理系统后收获巨大，工作人员能将所有接待的患者信息记录下来，并明确患者需求，对患者的服务变得更加主动，响应速度也提高了 20%。借助该系统，志愿者协调人员可以充分挖掘志愿者资源，找到更适合项目的志愿者，并对志愿者进行各种评价，全面细致地评估志愿者工作。维护捐款人的知情权，让捐赠更透明，提高捐赠人对基金会的信任，为基金会筹集更多资金。借助该系统，基金会建立了志愿者信息库，与志愿者保持联系，让志愿者参与到更多活动中，发挥志愿者自身价值，提高志愿者对基金会的忠诚度，并对志愿者进行技能培训，让志愿者成为基金会的强大力量。通过该系统的权限控制，有效保护造血干细胞捐献者的隐私。使用该系统，可以随时查阅患者资助金额的申请情况、发放情况、患者的跟进情况等，让工作有条不紊地进行，加强部门间协同办公，提高资源利用率。

启发思考：新阳光慈善基金会是怎样通过实施客户关系管理系统来完善自身业务的？

第一节　客户关系管理系统

一、客户关系管理系统概述

（一）客户关系管理系统的定义

客户关系管理系统（CRM）是以实现企业以客户为中心的理念为目的，运用先进的管理思想和各种技术对客户数据信息进行管理的一种信息系统。客户关系管理系统对企业营销时与客户发生的交互行为中所产生的信息进行记录、分析和管理。客户关系管理系统的建立是为了使企业更进一步了解客户、满足客户的需求，与客户建立长期稳定的关系。客户关系管理系统本质上是一套计算机化的网络系统软件，是企业成功实施客户关系管理的技术保障。

客户管理系统具有综合性、智能化、安全性、集成性等特点。

补充阅读

客户关系管理系统基础：VPN——虚拟专用网络

VPN 属于远程访问技术，简单地说就是利用公用网络架设专用网络。例如某公司员工出差到外地，他想访问企业内网的服务器资源，这种访问就属于远程访问。

在传统的企业网络配置中，要进行远程访问，传统的方法是租用 DDN（数字数据网）专线或帧中继，这样的通信方案必然导致高昂的网络通信和维护费用。对于移动用户（移动办公人员）与远端个人用户而言，一般会通过拨号线路（Internet）进入企业的局域网，但这样必然带来安全上的隐患。

让外地员工访问到内网资源，利用 VPN 的解决方法就是在内网中架设一台 VPN 服务器。外地员工在当地连上互联网后，通过互联网连接 VPN 服务器，然后通过 VPN 服务器进入企业内网。为了保证数据安全，VPN 服务器和客户机之间的通信数据都进行了加密处理。有了数据加密，就可以认为数据是在一条专用的数据链路上进行安全传输，就如同专门架设了一个专用网络一样，但实际上 VPN 使用的是互联网上的公用链路。因此 VPN 称为虚拟专用网络，其实质上就是利用加密技术在公网上封装出一个数据通信隧道。有了 VPN 技术，客户无论是在外地出差还是在家中办公，只要能上互联网就能利用 VPN 访问内网资源，这就是 VPN 在企业中应用得如此广泛的原因。

（二）客户关系管理系统的功能

客户关系管理系统的功能包括销售、营销和客户服务三部分。因此客户关系管理系统的功能模块包括：销售管理子系统、营销管理子系统和客户服务管理子系统。

1. 销售管理子系统

销售管理子系统主要是对商业机遇、销售渠道等进行管理，并将企业所有的销售环节结合起来，形成一个整体。销售管理子系统设计的业务流程主要包括客户获取、签订合同、订单管理、账务管理、销售分析等环节，如图 12.1 所示。

客户获取是通过分析已有的或潜在的客户信息来发现客户、联系客户、保持客户和实现客户增值。签订合同是在对客户进行报价达成协议之后，与客户制订销售合同，创建订单。订单管理包括制订订单、订单信息的录入、订单跟踪。账务管理是订单完成后对订单费用进行收账，并进行财务核查。销售分析包括客户反馈、产品收入分析和销售利润分析。

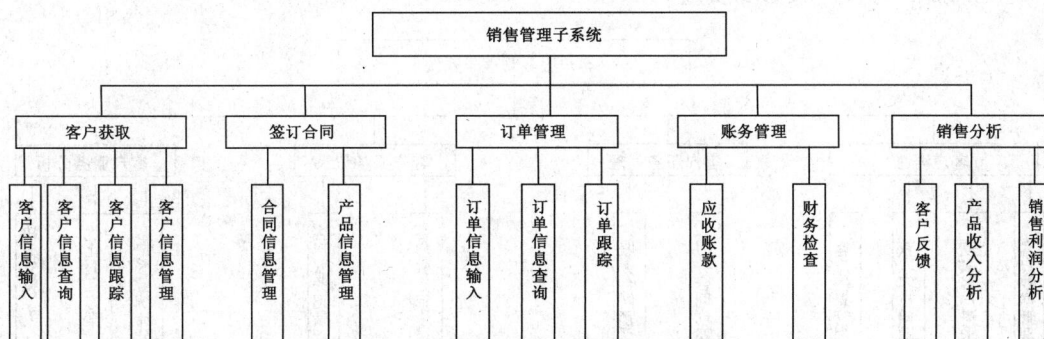

图 12.1 销售管理子系统功能结构图

2. 营销管理子系统

营销管理子系统获取大量的客户和市场信息，并对获取的信息进行全面的分析，对市场进行细分，产生高质量的市场策划活动，指导销售队伍更有效地工作，并拓展客户。营销管理子系统的业务流程主要包括市场信息分析及管理、客户信息分析及管理、营销管理等环节，如图 12.2 所示。

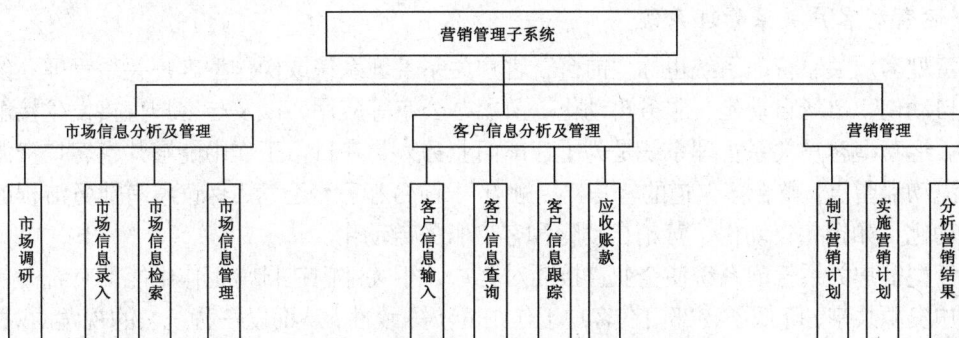

图 12.2 营销管理子系统功能结构图

市场信息分析是通过市场调研、营销活动等渠道将市场进行划分，并获取不同的市场类型、容量、偏好、趋势、竞争对手等信息。客户信息分析及管理将客户分为已有客户和潜在客户：对已有的客户进行客户跟踪；对潜在的客户进行信息挖掘和获取。营销管理是根据销售活动、市场调研、服务反馈等活动，制订营销计划、管理营销活动。

3. 客户服务管理子系统

客户服务子系统为客户服务人员提供易于使用的工具和有用的信息，为用户提供定制的"桌面"，综合客户的信息，可以提高客户服务人员的服务效率、增强服务能力，帮助企业增长每个客户的生命周期。客户服务子系统的业务流程主要包括客户沟通、客户服务处理、客户服务记录、客户服务分析等环节，如图 12.3 所示。

客户沟通获取客户的需求、客户信息、客户问题；客户服务处理是针对客户的信息、需求和问题，为客户提供服务，分析客户需求，解决客户问题；客户服务记录是将对客户需求、客户问题提出解决方案等服务的过程和结果进行记录；客户服务分析是对客户记录的信息进行分析和处理，提高对客户服务的质量。

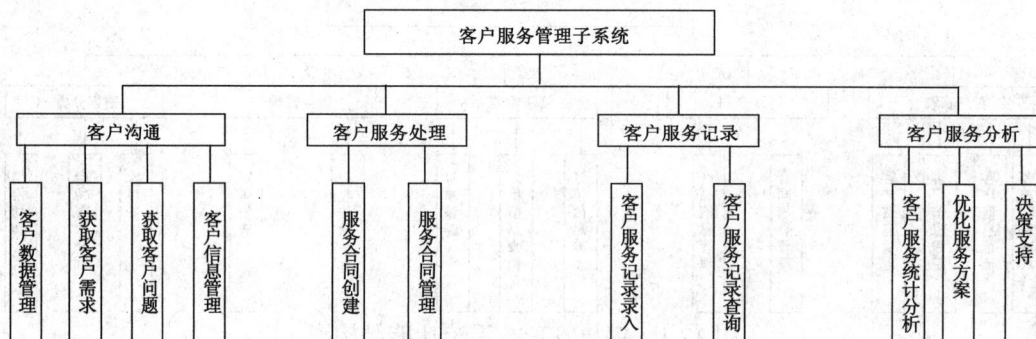

图 12.3　客户服务管理子系统功能结构图

（三）客户关系管理系统的分类

客户关系管理系统根据功能来划分可分为运营型客户关系管理系统、分析型客户关系管理系统和协作型客户关系管理系统。

1. 运营型客户关系管理系统

运营型客户关系管理系统也称"前台"客户关系管理系统或操作型客户关系管理系统，包括销售自动化、市场自动化、服务自动化、前端办公室等应用，以及与客户直接发生接触和各个方面。运营型客户关系管理系统是为了让部门业务人员在日常工作中能够共享客户资源，减少信息流动滞留点，整合多渠道的客户"接触点"、前台和后台运营，保证所有业务流程的流线化和自动化，如销售自动化、营销自动化和客户服务自动化。

运营型客户关系管理系统使企业直接面对客户，相关部门在日常工作中能拥有统一信息，实现客户资源共享，降低了各部门在客户工作中的不一致性，从而以一种统一的视角面对客户。此外，运营型客户关系管理系统为客户提供多种接触渠道，让客户能够以最便捷的方式获取企业信息、购买企业产品并支付、获得企业技术支持与服务、提出反馈信息和意见等。

补充阅读

北京移动通过建设运营型客户关系管理系统提升客户满意度和忠诚度

有数据表明，北京移动的市场现状是普及率逐渐饱和，市场竞争异常剧烈，客户在网上的时间变得越来越长。这使得北京移动前期建立起来的运营支撑体系系统相对独立，系统间的共享不充分，较难提供透明化的服务，因此对客户满意度和忠诚度提出了很大挑战。

为解决以上问题，北京移动建设了运营型客户关系管理系统，采用多层系统架构，建设在开发/标准的平台上，采用模块化设计，以满足分步实施要求，降低系统增加/修改功能的开发和维护成本。同时，北京移动支持与 BOSS 系统、B-BOSS 系统、USD 系统、DSS 系统、网站系统、呼叫中心系统、KM 系统等的集成，以及其他所有接口的支持与集成。

实践表明，北京移动的运营型客户关系管理系统具有高度的可靠性、安全性及可扩展性，能满足北京移动客户关系管理现在和今后的容量需求。

2. 分析型客户关系管理系统

分析型客户关系管理系统侧重在分析客户数据上，能够使企业更为清晰地了解客户类型。把握不同类型客户的准确需求，从而能够最大程度地挖掘客户以及更好地服务客户。

分析型客户关系管理系统以数据仓库和数据挖掘技术为基础，支持、发掘和理解客户行为，分析运营型客户关系管理系统中各种有价值的信息和数据，为企业经营决策提供依据。一般来说，分析型客户关系管理系统具有客户行为分析、客户建模、客户沟通、个性化、接触管理、数据优化等功能。

补充阅读

银河证券建立分析型客户关系管理系统应对挑战

银河证券股份有限公司目前接受的挑战是数据庞大，客户信息烦杂；交易方式多，统计规则复杂；访问方式多样，因此需要建立分析型客户关系管理系统。

面对这些挑战，基于以上分析，经过一段时间的研究和开发，银河证券股份有限公司建立了分析型客户关系管理系统，包括一整套客户评价的 KPI 体系，能帮助业务人员快速定位客户、评价客户、评估业务人员绩效。另外，该系统中还有丰富多样的报表和数据安全管理。除此之外，该系统还通过企业权限集成，使得企业中的任何一个客户都可以实现单点登录，并且使得业务人员的分析更加灵活。

3. 协作型客户关系管理系统

协作型客户关系管理系统让企业客户服务人员与客户能够协同工作，实现全方位为客户提供交互式服务和收集客户信息，实现多种客户交流渠道（如呼叫中心、面对面交流、互联网、传真）的集成，使各种渠道信息相互流通，保证企业和客户都能得到完整、准确、一致的信息。

协作型客户关系管理系统由呼叫中心、传真/信件、电子邮件、网上互动交流（如 Web 站点服务、网络会议）和现场接触（亲自访问）等几部分服务组成，实现企业与客户、客户与客户的全面交流。

补充阅读

招商地产建立协作型客户关系管理系统实现与客户完整统一

深圳招商房地产有限公司拥有大量客户资料数据、客户咨询数据、销售信息、市场营销、历史租赁买卖记录数据等，这些数据主要是成交客户的原始信息，没有统一的信息库，因此比较分散。为了充分利用这些客户信息，同时挖掘潜在客户信息（包括已到业务网点登门拜访但未成交的客户、通过电话咨询的客户、已访问过电子商务网站的客户等），招商地产决定建立客户关系管理系统。

首先，招商地产建立了统一的客户数据中心，实现销售自动化的业务功能。在此基础上，完善了运营型客户关系管理系统，为招商地产公司建立市场自动化和服务自动化。随后，建立了协作型客户关系管理系统，完善和畅通了招商地产与客户交互的渠道，将电子商务平台、电话中心、E-mail 中心、Fax 及各个售房点等销售渠道有效集成起来，实现了招商地产和客户之间获得完整、准确和一致信息的目标。

目前，招商地产的运营型客户关系管理系统中，销售自动化在各个售楼点已得到良好应用，数据分散情况已经得到充分解决，服务和市场营销模块也已开始投入运行，基本实现了运营型客户关系管理系统应用在企业的推广目标。今后，招商地产将通过协作型客户关系管理系统的实施，为招商地产全面装备客户关系管理系统实践的骨干技术资源，为实现企业的长远战略目标奠定基础。

二、客户关系管理系统模型

图 12.4 是客户关系管理系统模型，阐明了客户关系管理系统的主要过程是对营销、销售和客户服务三部分业务流程的信息化。

从图 12.4 中可以看出，客户关系管理模型说明了目标客户、主要过程以及任务功能之间的相互关系。客户关系管理系统的主要过程是对营销、销售和客户服务业务流程的信息化。首先，在市场营销过程中，通过对客户和市场细分，确定目标客户群，制订营销战略和营销计划。其次，销售的任务是执行营销计划，包括发现潜在客户、信息沟通、推销产品和服务、收集信息等，目标是建立销售订单，实现销售额。最后，在客户购买了企业提供的产品和服务后，还需对客户提供进一步的服务与支持，这主要是客户服务部门的工作。产品开发和质量管理过程分别处于客户关系管理过程的两端，由客户关系管理系统提供必要的支持。

根据客户关系管理系统模型，可将客户关系管理系统分为接触活动模块、业功能模块、数据库模块和技术功能支持模块。

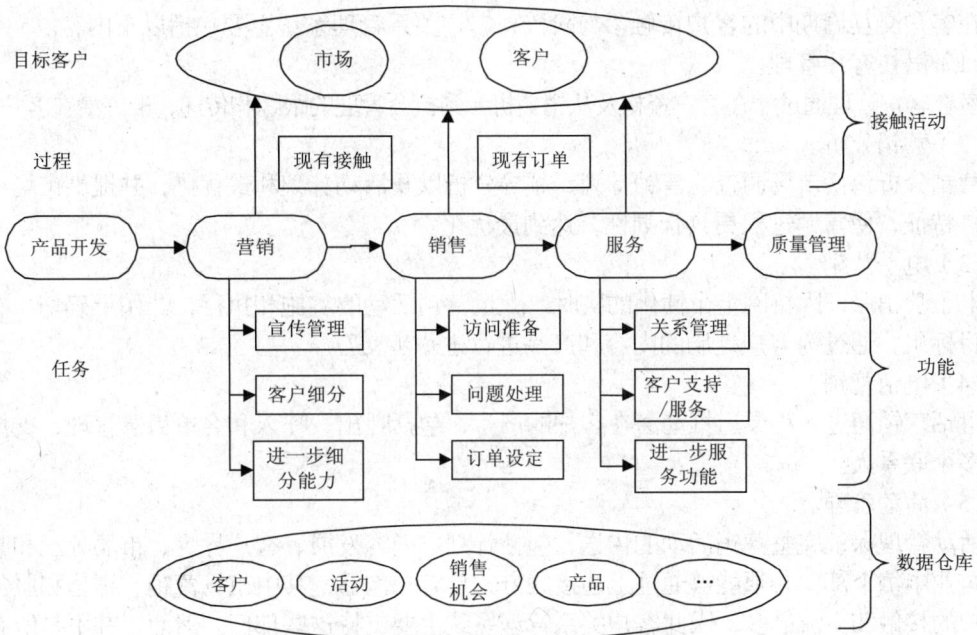

图 12.4 客户关系管理系统模型

（一）接触活动模块

客户关系管理系统支持客户以各种方式与企业沟通接触，主要包括呼叫中心、面对面沟通、传真、互联网、移动销售、电子邮件、金融中介或经纪人等，如图 12.5 所示。此外，客户关系管理系统还支持各种接触活动。企业必须协调这些沟通渠道，保证客户能够采取方便或其偏好的形式随时与企业交流，并且保证来自不同渠道的信息的完整性、准确性、一致性和可靠性。如今，互联网已成为企业与外界沟通的重要工具，特别是电子商务的迅速发展，促进了客户关系管理系统与互联网的进一步紧密结合，使其发展成为基于互联网的应用模式。

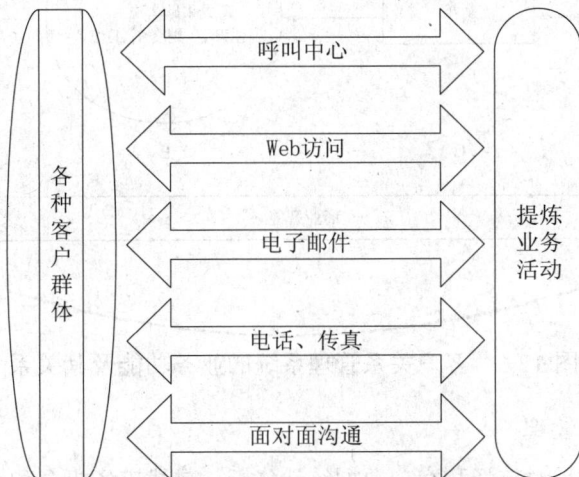

图 12.5 客户关系管理系统的沟通渠道和方式

在客户交互周期中的客户接触参与阶段，客户关系管理系统主要包括以下内容。

（1）潜在客户管理。

潜在客户管理通过潜在客户资格及从销售机会到机会管理的跟踪和传递，准许潜在客户发展。

（2）营销分析。

营销分析包括市场调查、营销计划、领导分析以及活动计划和最优化，并提供市场洞察力和客户特征，使营销过程更具计划性，达到最优化。

（3）电子营销。

电子营销保证因特网上个性化的实时、大量营销活动的实施和执行，开始于确切、有吸引力的目标组，通过为客户定制的内容和产品进行进一步交互。

（4）电话营销。

电话营销通过各种渠道推动潜在客户的产生，包括呼出、呼入和名单目录管理，支持一个企业多个联系人。

（5）活动管理。

活动管理保证完整营销活动的传送，包括计划、内容发展、客户界定、市场分工和联络。

企业中每个部门必须能够通过上述接触方式与客户沟通，其中市场营销、销售和服务部门与客户的接触和交流最多，因此客户关系管理系统主要支持这些部门。然而，并不是所有的客户关系管理系统都能覆盖这些功能范围。通常，一个系统最多能够支持 2～3 种功能。因此，在系统评价中，功能范围可以作为决定性的评判标准。

（二）业务功能模块

客户关系管理系统的业务功能包括市场营销业务管理、销售业务管理和客户服务管理三部分。这三种业务功能在应用中相互结合、相互促进，如图 12.6 所示。

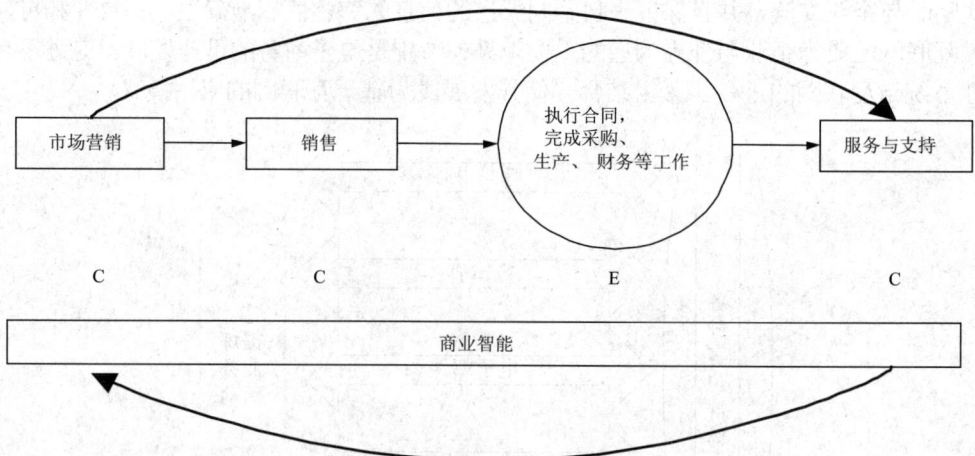

图 12.6　客户关系管理系统的业务功能及其关系

1. 市场营销业务管理

市场营销业务管理是对市场和客户数据统计分析，寻找市场机会和目标客户群，制订营销计划；科学制订出市场和产品策略，管理企业市场营销活动，并对活动进行跟踪、分析和总结；

为市场营销人员提供制订营销计划、预算、执行和控制的工具，不断完善市场计划。

2. 销售业务管理

销售业务管理是为销售人员提供各种销售工具，如电话销售、移动销售、电子商务等，使销售人员能够及时获取有关生产、库存、定价和订单处理的信息。它将所有与销售有关的信息都存储到数据库中，通过数据库共享与销售有关的信息，使得销售人员可以随时获取和补充相关信息，还能使销售部门自动跟踪多个复杂的销售路线，提高工作效率。

3. 客户服务管理

客户服务管理具有服务与支持的功能。通过计算机电话集成技术、呼叫中心为客户提供 24 小时不间断服务，将客户信息存入数据库并共享，满足客户需求。技术人员可以跟踪客户对产品的使用情况，针对客户不同需求，为客户提供个性化服务，对客户服务合同进行管理。

（三）数据库模块

数据库模块是客户关系管理系统的重要组成部分。该模块能够将客户行为数据和其他数据进行集成，并将客户进行分类，找出目标客户群，为企业市场分析提供依据；该模块将对客户行为的分析以 OLAP、报表等形式传递给市场专家，再由市场专家根据分析结果，制订准确、有效的市场策略，帮助企业在最合适的时机以最合适的产品满足客户需求，降低成本，提高效率；该模块结合企业最新信息和结果，制订出新策略，塑造客户忠诚。运用该模块，企业可以与客户进行高效的、可衡量的、双向的沟通，真正体现以客户为导向的管理思想。

（四）技术功能支持模块

客户关系管理系统需要各种技术功能的支持，主要包括以下几个方面。

（1）信息分析能力。客户关系管理的目标是提高同客户沟通的自动化程度，并改进与客户沟通的业务流程。因此，强有力的商业情报和分析能力对客户关系管理系统非常重要。客户关系管理系统里存储有大量客户信息，企业能够充分利用、分析这些信息，及时做出决策。

（2）对客户互动渠道进行集成的能力。对多渠道进行集成与对客户关系管理系统解决方案的功能部件的集成是同等重要的。无论客户通过何种渠道与企业联系，都能够使企业与客户互动无缝、统一、高效。此外，统一的渠道还能带来内部效率的提高。

（3）建设集中的客户信息仓库的能力。客户关系管理系统解决方案采用集中化的信息库，这样所有与客户接触的雇员都可获得实时客户信息，而且使各业务部门和功能模块间的信息能统一起来。

（4）支持网络应用能力。在支持企业内外互动和业务处理方面，Web 的作用越来越大，这使客户关系管理系统的网络功能越来越重要。以网络为基础的功能对一些应用，如网络自主服务、自主销售等很重要。为了使客户和企业雇员都能方便地应用客户关系管理系统，需要提供标准化的网络浏览器，使用户只需很少的训练或不需要训练就能够使用系统。业务逻辑和数据维护是集中化的，减少了系统的配置、维持和更新的工作量。

（5）对工作流集成的能力。工作流是指把相关文档和工作规则自动化地安排给负责特定业务流程中的特定步骤的人。客户关系管理系统解决方案应该具有很强的功能，为跨部门工作提供支持，使这些工作能动态、无缝地完成。

（6）与 ERP 功能的集成。客户关系管理系统要与 ERP 在财务、制造、库存、分销、物流和人力资源等方面都能连接起来，提供闭环的客户互动循环。这种集成不仅包括低水平的数据同步，而且还应包括业务流程的集成，这样才能在整个系统间维持业务规则的完整性，工作流才能在系统间流动，使企业能在系统间收集商业情报。

第二节　客户关系管理系统实施

一、客户关系管理系统实施概述

（一）实施目标及需求分析

1. 实施目标

客户关系管理系统实施目标是建立统一的信息综合平台，针对销售管理和客户服务需求建立典型的客户关系管理系统，是一套真正将销售管理电子化、网络化的系统。

2. 需求分析

企业市场分析需要有关客户的各种数据，销售和服务部门也需要在适当的时机掌握正确数据，因此，客户关系管理系统需要提供强大的数据库管理系统，并在此基础上能够完善客户销售数据库、客户市场数据库、客户支持与服务数据库、企业综合信息数据库等。

客户关系管理系统中，市场需求分析主要包括以下几方面。

（1）对客户互动渠道的集成能力：对多渠道进行集成与客户关系管理解决方案的功能部件的集成是同等重要的。不管客户是与企业联系还是与销售人员联系，与客户互动都应该是无缝的、统一的、高效的。

（2）支持网络应用的能力：客户关系管理的网络功能越来越重要，因为它可以通过网络为客户提供在线反馈并将信息传达给企业的售后部门，为企业留住客户。

（3）建设集中的数据仓库的能力。

（4）对工作流进行集成的能力。

（5）与其他信息系统的功能集成。

（二）系统选择和实施条件

1. 系统选择

客户关系管理系统可以从业务能力、服务体系、成长状况等方面对供应商进行资格能力评价。对于供应商，一般大中型企业的客户关系管理系统基本都能覆盖到每个类型的需求，通过集成各类系统，实现强大功能，拥有很强的数据分析能力。小型企业客户关系管理系统中，更多的是将注意力放在良好的用户交互及系统易用性方面，拥有较高的性价比。对客户关系管理系统中软件产品的选择，企业可以从产品技术和产品功能两个方面对备选产品进行有效评价。一般来说，不同企业在评价产品时的评价指标是不一样的，选择评价指标的个数会受客户关系管理系统目标、项目投资、系统设计等个性因素的影响。因此，企业应根据自身需求和条件谨慎选择。

2. 实施条件

企业要实施客户关系管理系统，需要投入巨大的人力、物力和财力，期望获取最大的实施效益。因此，成功实施客户关系管理，需要企业具备以下条件。

1）员工具有较高的客户关系管理素质

员工具有较高的客户关系管理素质，是企业保证客户关系管理系统成功实施的前提。在客户关系管理系统实施过程中，人是最重要的因素，所有的设备和系统都要在人的基础上操作和完成。只有企业员工具有很强的客户理念，并对客户关系管理的概念、系统应用范围以及可能的实施效果都充分了解之后，客户关系管理系统才能顺利运行。

2）企业具有较高的信息化管理程度

企业信息化是在一定深度和广度利用计算机技术、网络技术和数据库技术，控制和集成化管理企业生产经营活动中的所有信息，实现企业内外部信息共享和有效利用，以提高企业经济效益和核心竞争力。从广义上来看，客户关系管理系统属于管理信息系统的一种，建立在一定企业信息化水平基础之上。这需要企业投入大量硬件设施和软件设施，提高企业信息化水平，保证企业客户关系管理系统能够顺利实施。

3）优化的客户关系管理业务流程

要对企业业务流程进行整理和描述，按照客户关系管理要求对业务流程进行优化，这是客户关系管理系统得以成功实施的条件。客户关系管理系统要符合实施要求，建立的业务流程是以客户为中心的、高效的、标准的、可衡量的，要建立真正体现以客户为导向的流程绩效指标体系。

4）具有充足的资金

客户关系管理系统实施的费用包括软硬件购置费用、员工培训费、技术支持费、材料消耗费等，这需要大量的资金投入。

第一，客户关系管理系统的实施需要企业具有较高的信息化程度，这就要求企业必须要购买相应的系统和必要的硬件设施。第二，系统后期维护费用也是必不可少的。第三，在实施和管理客户关系管理系统的过程中，企业将进行一种全新的管理模式，这就必须要对管理人员和业务人员进行培训，增加他们的基础知识，以改变原有的工作习惯和思维。第四，客户关系管理系统的实施是一个较长的过程，在实施过程中需要软件供应商的技术支持，以保证客户关系管理系统能够顺利实施，这也需要企业的一部分开支。第五，系统在实施过程中需要消耗一定耗材，如打印机、色带、零配件等。随着工作效率提高，办公费用也会增加，但随着无纸化办公系统的发展，耗材会相应减少。

因此，实施客户关系管理系统，以上资金投入必不可少。因此，企业在实施客户关系管理系统之前，必须要充分考虑企业的资金状况和承受能力。

5）具有充实的基础数据

客户关系管理系统是以客户数据为核心的计算机应用，这需要企业具有足够的数据来源，并在系统实施前有充足的数据准备。

二、客户关系管理系统实施方法

企业想要在短时间内自主开发并实施客户关系管理系统，难度较大。因此，选择一个适合自身情况的客户关系管理系统是最佳选择。企业在选择客户关系管理系统后，可以采用九个阶段的实施方法，这种方法是结合项目管理和管理信息系统提出的。该方法具体如下。

（一）系统实施准备

在系统实施的准备阶段，首先要确定系统实施目标。每个系统实施都必须有明确目标，即需要利用系统达到什么样的目的，只有明确了系统实施的目标才能够确定实施方案。其次是确定系统实施范围。在目标明确之后需要确定系统实施范围，可以通过了解相关行业现状和目前正在使用的系统来确定。客户关系管理系统主要应用在企业的前台业务部门。最后需要中、高层经理的相关培训。想要成功实施客户关系管理系统，就必须得到高层管理人员的支持，因此，需要对高层管理人员进行培训，让他们能够真正理解客户关系管理系统的原理。

（二）系统实施启动

在取得了企业高层的支持和确定了系统实施的目标和实施范围后，系统实施进入正式启动阶段。这一阶段的主要任务是进一步确定系统实施目标、建立系统实施组织、制订阶段性系统实施目标和培训计划，每个阶段的交付成果都要有相应文档加以记录和整理。本阶段的主要任务包括以下几个方面。

（1）这一阶段的主要任务首先是要建立系统实施组织，并明确组织中人员的权责。系统实施组织人员包括企业高级管理层、企业业务部门员工和企业外部合作伙伴。

（2）制订系统实施计划。客户关系管理系统是一个复杂的系统工程，不可能一蹴而就，需要将任务进行分解。因此，为了保证系统实施的顺利完成，必须制订贯穿系统实施各个阶段的计划，在每个阶段都有自己的任务、目标和交付成果。

（3）制订培训计划。培训是系统实施中非常重要的因素，是成功的关键。针对不同的培训对象，制订不同的培训计划，进行的时间和地点就不同，因此培训需要贯穿于整个系统实施的各个阶段。不同的培训对象，培训需求和成本不同，有些培训根据不同培训对象和客户关系管理系统的特点，需要实例练习，以更快实现知识转移。另外，培训应该从高级管理层开始。

（4）确定系统实施目标和评价方法。系统实施目标的确定对于整个系统的成功实施至关重要，因此在制订系统实施目标时，应遵循以下几个原则。

第一，必须产生效益。客户关系管理系统的实施，要能够提高企业销售收入，降低企业销售成本，增加利润。同时对于企业外部，能够提高客户满意度和忠诚度。对于企业内部，能够增加企业员工的满意度和工作热情，加强部门之间的团队合作。

第二，目标必须可以衡量。使用客户关系管理系统所带来的效益需要用数字来表示。

第三，目标必须可以完成。不能制订空想的目标，目标必须要符合实际情况。

第四，在评价客户关系管理系统的实施情况时，可以将实际实施的效果与所制订目标进行对比，找出差距和不足，进行改进。

（三）系统实施诊断

系统实施诊断是对企业现有政策和业务流程进行分析和诊断。分析诊断后能够全方位地了解企业现状，并制订系统实施的完整计划。在这一阶段，通过分析诊断，了解企业在客户关系管理上所处的位置，分析行业经验和企业实际情况，制订出总体战略和实施策略。

客户关系管理系统的管理模式是以客户为中心，但各个企业对客户关系管理的理解不同，因此，企业要通过分析和诊断，确定流程需求和实现客户价值的程度，分析现有流程和政策中存在的问题，并加以改进。在诊断过程中，针对企业问题提出有效实施方案，为企业制订一套完整、有效的客户关系管理系统实施框架。

（四）业务蓝图描绘

所谓业务蓝图是改进后的企业流程模型。这一阶段的主要任务是通过对现有政策和业务流程的分析和诊断，结合业务流程再造的思想和方法，设计出符合客户关系管理思想和目标的新的业务流程。

在设计新流程时应该注意以下几个方面：首先，在挑选业务流程进行重新设计时，要先挑选业务的关键流程。挑选的原则应根据位置的重要性、绩效的低下性和落实的可能性来决策。其次，在设计新的业务流程时，必须根据企业本身实际情况和行业特点，同时结合客户关系管理系统的优势，进行设计。再次，企业流程结构在改进的同时，也要考虑人力资源和企业制度是否与新流程的运作相适应。最后，信息技术的可支持程度也必须考虑进新流程设计中，而且同时还应考虑信息技术只是客户关系管理系统的有机组成部分，客户关系管理系统还和活动、制度、人和目标信息密不可分。因此，企业的活动、制度、人也要进行相应改变，不能只考虑信息技术。综上，要设计合适的新流程，实现客户关系管理的目标，需要将以上各种因素相互协调。

（五）系统实施测试

这一阶段的主要任务是基础数据准备、原型测试准备和原型测试。通过对客户关系管理系统的测试，比较和分析系统与业务蓝图的差异，根据企业实际情况和信息技术特点，寻求解决方案。

1. 基础数据准备

在客户关系管理系统的实施过程中，需要掌握大量数据，这些基础数据主要是一些市场、销售和客户服务的有关数据。在市场营销活动中，数据主要是指出现在客户身上的各种属性。数据的获取可以帮助企业了解客户属性，制订有效的营销活动和方案，提高客户对企业的忠诚度和满意度。

客户关系管理系统实施后，管理人员在使用数据时，不能将获取的大量原始数据直接用来作决策，要对原始数据进行加工和处理，将数据变成有效信息才能用作决策依据。

2. 原型测试准备

客户关系管理系统原型测试准备工作主要包括：确定参与人员；定义将要进行测试的场景，就是把新的业务蓝图置于客户关系管理系统中进行测试。由于客户关系管理系统需要对所有功能模块进行测试，而该系统又覆盖了市场、销售和客户服务等领域，所以要确定各行业领域进行测试的不同人员。

3. 原型测试

企业通过原型测试可以深入了解客户关系管理系统，分析与业务蓝图的差异。在测试过程中还可以熟悉软件及其报表的用途，并理清数据之间的关系。原型测试可以在各功能模块中同时进行，按在原型测试准备中定义的场景进行交互式测试，由系统实施组长或者咨询公司的项目经理来主持，与业务相关的关键用户都应该参加。

原型测试的目的就是在测试过程中分析企业业务蓝图，找出客户关系管理系统的功能差异，并从企业实际情况出发，找出解决方案。

（六）系统实施确认

本阶段的主要任务就是根据上一阶段的测试结果，对不同情况进行系统更改和其他更改。

系统更改主要是对系统中的软件功能更改，目的在于通过修改软件程序和客户化报表的开发来满足企业业务蓝图需求。在业务蓝图中，某些新的流程是合理的，但是还需要通过二次开发增加软件的功能才能够支持。软件的修改由软件供应商按照特定的软件质量标准进行，开发后的软件功能还要根据特定标准进行测试，审核后确认。

其他更改主要包括对业务流程、制度和组织结构的更改。更改的原因是由于运用信息技术潜能，进一步改进了业务蓝图以及信息技术限制，无法支持合理的新业务流程。如果设计的流程从业务角度来说，确实能达到较好的绩效，那么某些信息活动就可以由业务人员的知识和经验来弥补信息技术不能够提供支持的缺陷。

业务流程是活动的有序结合，客户关系管理系统介入后，业务蓝图流程得到进一步修订，活动就会随之变化，同时活动之间关联的规则也会发生变化，这样执行活动的人的角色和技能、员工的薪酬和激励制度也都随之变化，最终导致组织结构变化。此外，业务流程变化之后，制度也要作相应调整，以保证新的流程能够真正实现。

（七）会议室导航和人员培训

会议室导航用于帮助系统实施小组建立业务流程模型，必须建立在系统实施测试和系统实施确认的基础之上。其实施的主要目的是验证或测试二次开发的可执行性，测试修订后的业务流程并确认相关制度，调整、准备相关凭证和报表，让客户关系管理系统能够真正运行起来。会议室导航仍然是客户关系管理系统的测试，涉及各个相关部门，因此需要系统实施小组人员以及职能组和前台部门的实际应用人员都要参加，测试结果要经指导委员会审批。

人员培训是根据已确认的系统及修正的业务流程、制度，编制客户使用手册，对最终客户关系管理系统的具体操作和中高层管理人员进行培训。

（八）系统实施切换

这一阶段是在完成了会议室导航阶段充分细致的测试后，从原先的前台系统转换到客户关系管理系统。

首先是选择切换方法，要根据企业和系统实际情况来选择切换方法。切换方法包括交钥匙法、新旧系统并行法和试点法等，可以是一次性切换方法，也可以是分阶段切换的方法。其次是要进行切换准备，切换准备工作必须非常认真仔细，要先核对流程、人员、数据和规则是否就绪，在将各种数据装入后，正式切换至新的系统。

（九）新系统运行

在新系统运行后，需要不断调整、检测和评估新系统的运行绩效，确定是否满足预订目标，还要根据实际情况对系统运行进行不断调整，确定更改控制流程，同时确认已取得的效益，审核和批准系统实施备忘录。系统运行时还要进行实时监控，检测评估系统运行的状态，根据预设的目标来审核相应成果，最后审核和批准业绩评估备忘录。

系统实施后，还需对整个系统进行测试，以确定系统是否完善、是否符合企业需求。对客户关系管理系统的测试是在计算机上直接运行该系统，利用黑盒测试法和白盒测试法来发现程序的错误。黑盒测试法是将软件看作黑盒子，在不考虑程序段内部结构和特性的情况下，研究软件的外部特性。白盒测试是将软件看作一个透明的白盒子，按照程序的内部结构和处理逻辑来选定测试用例，对软件的逻辑路径及过程进行测试。

第三节　呼　叫　中　心

案例 12.2

正德人寿通过 EZiPCC 一体化呼叫中心解决方案不断提升客户服务品质

正德人寿保险股份有限公司（简称"正德人寿"）成立于 2006 年 11 月 6 日，是由中国保险监督管理委员会批准设立、在国家工商行政管理总局注册的全国性、股份制人寿保险公司，业务范围包括：人寿保险、健康保险、意外伤害保险等各类人身保险业务，上述业务的再保险业务，国家法律、法规允许的保险资金运用业务，经中国保监会批准的其他业务等。

"正扬诚信，立德为民"是正德人寿的核心经营理念，它坚持"低调、内敛、务实、高效"的工作原则，以市场和客户需求为导向，争取做到服务最好、理赔最快。正德人寿通过整合企业内外部资源，加强产品创新、管理创新和服务创新，使公司得以快速发展，与此同时，客服中心已无法满足迅速增长的客户关系管理需要。

为了提高服务水平和工作效率，加强内部管理，让消费者满意，加强客户来电时的服务品质，同时希望可以掌控客户需求特性，提供个性化服务，正德人寿引进了赞云（中国）软件有限公司的 EZiPCC 一体化呼叫中心解决方案。赞云公司也根据正德人寿的具体需求，为其提供了一套物美价廉、快速实用的呼叫中心。

正德人寿的电话服务主要分为呼入和呼出两大部分，呼入部分主要包括客服热线受理来电咨询投诉、理赔报案的业务，主要以电话服务为手段，建立起畅通的沟通平台，为广大客户、准客户、内部客户提供咨询、查询、投诉登记、预约、理赔报案等服务，并且能够分析来电分布情况。呼出部分主要为 100%新契约电话回访工作，为对新承保的 1 年期以上的个险险种的所有投保人进行 100%电话回访。该呼叫中心在 20 天的时间内完成了全部安装、开通、上线，以及员工和技术人员培训，满足了其紧迫的回访需求。该呼叫中心具有以下优点。

首先，EZiPCC 一体化呼叫中心解决方案通过灵活的 IVR 和话术设计工具，将呼叫中心的核心功能和创新应用完美结合在一起。例如，拖曳式的 IVR 路由设计工具可以任意拖曳 IVR，提供路由分派功能，并可同时灵活设定流程群组，让客户可以针对自身需要进行流程设计和修改，省去了后期修改开发的麻烦。此外，灵活的话术工具完全满足保险行业复杂的来访及回访话术要求，大大降低了坐席人员的培训时间和成本，有效提高了工作效率。

其次，EZiPCC 一体化呼叫中心解决方案的通话记录和小结使座席人员接电话的同时记录下客户信息和需求，灵活的来电分析报表能帮助企业快速掌握客户来电目的和分布情况，从而给整个公司市场、工作运作流程提出建设性的反馈意见，使其不断改善。

综上来看，该呼叫中心提供的解决方案通过完整的外呼活动设置，有效地管理了所有电话的回访流程，让前台回访人员和后台工作人员的工作得到有效统一和整合，提高了工作效率，同时管理了客户回访情况，提高了回访效率，加快了整个作业流程，大大提高了正德人寿的工作效率和服务水平。

启发思考：为满足迅速增长的客户需求，正德人寿的呼叫中心提供了哪些功能？

一、呼叫中心概述

呼叫中心起源于 20 世纪 70 年代美国民航业，其目的是为了能更方便地向乘客提供咨询服务，并能有效处理乘客投诉。如今，呼叫中心已经广泛应用到电信、银行、证券、物流等行业中，极大提高了行业服务水平和运营效率。

呼叫中心是利用现代通信手段和计算机网络技术，与客户进行交互，为客户提供自动语音应答和人工接听服务的场所，包括信息查询、业务咨询、业务受理、投诉和处理等服务。从管理方面来看，呼叫中心是一个能够促进企业市场营销、开拓市场、服务客户，为客户提供友好交互的管理和服务体系。从技术方面来看，呼叫中心是基于计算机电话集成技术，围绕客户建立起来的客户关系管理中心。

呼叫中心的作用包括：提高客户满意度和忠诚度；与客户直接沟通，便于企业获取客户信息；为企业创造利润等。

案例 12.3

无锡惠山公安分局建立"民调回访系统"再造新时期公安群众工作新流程

江苏省无锡市惠山公安分局在分析制约警民关系和谐因素的基础上，在全市公安系统率先启动公安民调项目，成立了公安局民意调查中心。由东进技术与深圳龙商科技共同打造警务民调中心呼叫平台，助力公安局通过"广听民情、广纳民意、广聚民心、广惠民生"，着力再造新时期公安群众工作新流程。

惠山公安分局"民调回访系统"重点针对公众安全感、交通安全、社区民警熟悉率、警情处置满意率、案件办理满意率以及矛盾纠纷化解等内容，以问卷的形式进行电话访问。惠山公安分局民意调查中心呼叫平台建立后，当需要针对某一社区或辖区进行访问时，坐席人员根据随机回访模块按社区、辖区、户名为基础建立的数据库，通过系统自动按样本抽取原则形成随机抽查样本，再通过民意反馈系统将抽取的号码自动拨打，坐席在电话接通后即可通过既定的调查问卷进行调查访问，当调查访问样本数量达到规定的数量标准时，系统就自动停止该批次调查回访，并形成详细的调查数据报表。

启发思考：惠山公安分局的"民调回访系统"是出于什么目的建立的？该系统是怎样工作的？

二、呼叫中心相关技术与设备

1. CTI

计算机电话集成技术（CTI）是在现有通信交换设备基础上，综合计算机和电话功能，使其能提供更加完善、先进的通信方法。它充分利用了计算机信息处理功能的优势和通信系统话务处理能力强的特点，提供增值通信。

CTI 服务器是一台与程控交换机相连的计算机，通过接收来自 PBX 的事件/状态消息和向交换机发送命令，实现计算机对整个呼叫中心的管理，其主要作用是实现交换机和计算机系统信息共享。

2. ACD

自动呼叫分配（ACD）又称排队机，主要是用来处理来电呼叫。在呼叫系统中，ACD 在交换机内部成批处理来电呼叫，并将这些来电按规定路由传送给具有类似职责或技能的客服人员。ACD 的工作就是将呼叫排队并将其路由到合适的组，可以将来不及处理的电话放入等待队列中，等坐席代表空闲再将队列中的电话转接过去。ACD 可以在多方面提高客户满意度，能够将呼叫路由给最闲的话务员，减少主叫排队时间，并将呼叫路由给最有技能的话务员，从而解决客户的专业问题和特殊需要。

3. IVR

交互式语音应答（IVR）又称自动语音应答设备，由 PC、电话接口卡、语音板和传真卡组成。在 IVR 系统中，客户通过录音导航，运用音频按键电话或语音输入信息，从该系统中获得预先录制的数字或合成语音信息，自动访问呼叫中心或企业后台业务系统中的资源，完成客户请求。此外，IVR 还能利用存储在数据库中的信息筛选来选择应传送的路由器。

补充阅读

IVR 语音自助系统帮助大众点评显著改善客户服务质量

对于团购企业而言，由于不是所有商户的使用场景都具备计算机、网络条件，而且二三线城市商户的计算机、网络条件更差，因此，团购券的验证问题一直是让很多企业头疼的问题。作为大众最为认可的服务通道，电话向来是最容易被客户普遍接受和使用的途径。因此，电话 IVR 验证方式成为很多团购商户的首选。

国内领先的托管型呼叫中心和云服务提供商天润融通针对电商企业的需求，推出了 IVR 语音自助系统，为他们提供团购券的电话 IVR 验证、卡务激活、商户信息自动核实以及电子商务电话自助等服务如下单、确认、支付等）。而作为中国领先的本地生活消费平台，大众点评在全国各大城市每天海量的团购交易很难用人工确认的方式进行确认，人工呼入、人工接听、人工确认已经无法高效率的处理完每天的团购交易。

因此，为解决该难题，大众点评采用天润融通提出的 IVR 语音自助系统，致力于为网友提供餐饮、购物、休闲娱乐及生活服务等领域的商户信息、消费优惠以及发布消费评价的互动平台；同时亦为中小商户提供一站式精准营销解决方案，包括电子优惠券、关键词推广、团购等，取得了良好效果。首先，该系统能提供中继群通信资源保障，中继多层备份，企业无需承担冗余中继资源费用，只需按实际月使用通话费支付即可；其次，该系统还提供同城互备，异地容灾功能；最后，该系统针对多中继高并发的重要客户，在天润融通托管平台的私有云中提供一套异地备份节点，当主节点有异常情况无法正常开展业务时，系统能自动切到备份节点，以保证商户验证电话的正常接入。

4. AGENT

人工坐席代表（AGENT）是指坐席人员及其工作设备，包括个人计算机或计算机终端、耳机、话筒、话机等设备。运用这些设备，坐席人员可为客户提供个性化服务。

5. PBX

程控交换机（PBX）对外提供与市话局中继线的接口，对内提供与连接坐席代表和自动语音应答设备的内线接口，通过这些接口批量管理外接来电和内线呼出。

6. CMS

呼叫管理系统（CMS）为呼叫中心提供统一的呼叫应答，实现实时状态监控和呼叫统计，有助于管理人员掌握当前系统的工作状况。CMS 一般分为预览呼叫和预拨呼叫两种类型。预览呼叫首先激活坐席人员的话机，然后拨打电话号码，坐席人员负责接听呼叫，处理语音，并与被叫客户通话。若无人应答，坐席人员就将呼叫转给计算机处理。预拨呼叫是由计算机自动完成被叫方选择、拨号以及无效呼叫的处理工作，只有在呼叫被应答时，计算机才将呼叫转接给坐席人员。预拨呼叫的实现依赖复杂的数学算法，要求系统全盘考虑可用的电话线、可接通的坐席人员数量、被叫客户占线概率等因素。

案例 12.4

基于东进 Keygoe 多媒体交换机的呼叫中心全面提升湖南 12366 税务客户服务品质

随着经济的发展，纳税户增多，湖南 12366 税务热线系统因原有系统老化而不能适应经济社会发展，无法满足日益增加的税务咨询工作需求。为解决这一问题，由东进技术携手合作伙伴湖南科创，为湖南 12366 税务服务热线提供基于东进 Keygoe 多媒体交换机的呼叫中心。

该呼叫中心针对纳税服务的特点，有效整合了政策咨询、办税指引、投诉受理、涉税检举、意见建议等服务功能，极大提高了税机关税务征管工作效率，大大减少了税务工作人员的工作量。例如，在该呼叫中心的建设中，东进技术提供了 keygoe 系列多媒体交换机，将交换机、CTI 服务器、CRM 客户关系管理、ACD 电话自动分配、IVR 自动语音导航、电话录音、统计分析报表等融于一体，提供乐智能路由选择、电话外拨、预计客户等待时间、屏幕弹出、呼叫和客户数据以及操作界面同步转移、因特网服务等先进功能，形成了完整的呼叫中心平台。此外，该呼叫中心还采用了相对集中式的原则，根据呼叫量的统计进行了话务平均分配，采用的分布式架构则充分考虑到了系统的扩展需求，当需要升级扩容时，只需要添加相应模块和硬件设备即可实现完全无缝运转。

启发思考：湖南 12366 税务服务热线如何克服原有系统老化适应经济社会发展？

三、呼叫中心的构建模式与步骤

（一）构建模式

1. 自建模式

自建模式是指企业自己购买硬件设备，编写有关业务流程软件，直接为客户服务。自建模式具有较大灵活性，能够及时了解客户的各种反馈信息。

该模式下，主要有两种实现技术可供参考：基于交换机的方式和基于计算机的方式。基于交换机的方式由交换机设备完成前端语音连接，即客户电话接入；基于计算机的方式由计算机通过语音处理办卡，完成对客户接入呼叫的控制。两者的区别主要是在语音接续的前端处理上，前者处理规模较大，性能稳定，适于构建规模超过 100 个坐席以上的、比较大的呼叫中心，但是成本相对较高。后者处理规模小，性能不太稳定，适于构建规模较小的系统，其优点是成本低廉，设计灵活。

2. 外包模式

外包模式中，首先要有独立的，拥有自己较大呼叫中心规模的呼叫中心业务运营商，企业可以将有关业务需求直接建立在这种业务运营商基础之上，仅需提供有关的专用服务信息，由呼叫中心业务运营商为自己的客户提供服务。外包模式节约成本，而且能够提供较为专业的服务，其主要优点如下。

（1）一般来说，中小企业聘请高级 IT 人才较难实现。呼叫中心外包服务商可以聘用专门人才集中管理设备和应用系统，中小企业不必再专门招聘这类人才。这样，企业可以节省招募 IT 人才和建设 IT 系统时的投资。

（2）呼叫中心外包服务商可以提供经过严格专业培训的业务代表，并能为企业提供统一的技术培训教材，提供在线技术培训，因而可以大大降低企业的业务代表成本、其他人员的教育成本和企业员工的培训成本。

（3）通过呼叫中心外包服务，企业可真正将精力放在自身的核心业务上面，避免对 IT 系统软件和硬件系统的日常维护，有助于提高企业的运作效率。

（4）企业可以按照公司业务发展需要再添置新的应用服务，而不用担心被系统捆绑在某个平台上。这些问题可以全部交给外包供应商的专业人员解决，因此减轻了应用系统的后续维修与升级问题。

（5）中小企业在建设呼叫系统时，出于规模和投资考虑，可能不会采取备份等安全措施，也不会采用更先进的技术，而外包服务商有可能使企业享受最优秀的专业化信息服务，为企业提供更好的环境。

（6）外包服务的收费模式十分灵活，减轻了中小企业负担。实践表明，企业呼叫中心系统建设的各种方式中，外包模式的投资回报率最高，而风险最低。

（二）构建步骤

构建呼叫中心要考虑的因素很多，如经费问题、业务处理能力、有关人员的培训等。在国外，建立呼叫中心成本较高的部分常常是人工坐席的工资，好的人工坐席能够为企业带来更多效益和利润。呼叫中心的构建步骤具体如下。

1. 明确建立目标

建立呼叫中心的原因是为客户提供综合服务，还是直接销售产品，目标客户分布情况如何，计划投资多少等，都要事先有一个完整的方案。企业应根据发展战略确定呼叫中心的目标及呼叫中心的建设规模，使呼叫中心成为企业战略的组成部分。此外，还应成立专门小组，负责其他具体措施。

2. 确定业务需求及流程

成功的呼叫中心，应该将技术改造和业务流程的重新设计全面结合，根据目标来改造业务流程，或建立新的业务流程。因此，企业最好先建立起呼叫中心模型，包括人员、系统、供应商等相关资源。

3. 设备选型

设备选型需要平衡多种因素，如系统先进性和满足现有需要矛盾、平衡价格和系统性能、平衡系统可用性和复杂性、如何集成已有产品以保护过去的投资等。在选择呼叫中心设备时，应根据公司实际需要，做到既能满足现有传统服务需要，又能满足系统将来的升级和扩展能力。在呼叫中心建设初期，可根据实际需要先选择几个必需的功能模块，而后根据需要，添加新的功能组件和模块。

4. 建设设施

呼叫中心建设阶段主要包括综合布线、系统安装、业务系统开发、调试、试运行和验收。呼叫中心要和企业业务紧密结合，根据需要调整系统操作流程和界面，建立与其他数据库和服务器的连接。

5. 招募和培训人员

呼叫中心需要的人员一般包括维护人员、业务代表、班组管理人员、质检人员和主管人员。招聘负责人要对员工声音、接听电话的技巧、个人素质、语言能力和与他人交往的能力等多方面进行评估。为了使招聘人员能尽快胜任工作，员工还需要参加相关的专业呼叫中心的培训，通过培训和培训后的考核，掌握各种与呼叫中心相关的职业技能。

6. 运营管理

国内外大量实践表明，完善的呼叫中心培训、绩效考核、管理运作有助于充分拓展和发挥技术优势，可有效提高客户满意度和对产品的忠诚度。

案例 12.5

集时通讯为豫鑫物流量身打造呼叫中心提高客服效率和品质

河南省豫鑫物流股份有限公司是以现代物流业务为龙头，以材料和设备销售为支柱，以培训、绿化、咨询服务为辅助，多元经营、共同发展的集团企业，其业务覆盖河南、陕西、湖北、河北、上海、山东、山西、安徽、甘肃、湖南全境，辐射整个中西部地区。为了适应公司的高速发展，提高客户服务水平，豫鑫物流需要建立一套完善的呼叫中心客服系统。豫鑫物流选择集时通讯作为其呼叫中心系统建设供应商，在 2015 年 5 月为豫鑫物流前期建立 50 坐席的客服系统。后期将各管理区及网点整合至呼叫中心系统监管，实现直营机构的全方位管理。

针对物流行业分公司遍布全国，各分部业务难以统一调度、统一管理的问题，集时通信有针对性地采用集中加分布的 IP 建设架构，为豫鑫规划了呼叫中心全网建设方案，其中的系统架构为集中+分布式部署方式，支持远程坐席，最大限度节省了人力资源。主要功能包括电话交换功能、话务状态实时管理、完善的话务报表、区域 IP 组网功能、业务系统对接等。例如，该呼叫中心提供标准的应用程序开发接口，与物流企业业务系统方便对接，调取数据，实现呼叫中心的多种应用。通过该呼叫中心内部强大的报表管理功能，对内部话务人员日常的话务工作实时有效地进行监控和管理，对公司整体话务情况每天进行监督汇总，为企业改进服务和内部考核提供依据。此外，该呼叫中心还能为每个服务过的客户建立服务档案。客户一旦拨打客服热线，实时在话务员电脑上弹出客户的基本资料以及过往服务的记录，迅速高效地响应客户查询货物派送情况、投诉建议等各类服务请求。

启发思考：豫鑫物流公司的集时通讯呼叫中心都有哪些功能？

四、呼叫中心的功能与应用

（一）呼叫中心的功能

呼叫中心是一种基于 CIT 技术的综合信息服务系统，不断将通信、计算机网络和信息领域最新技术集成融合，不仅提供包括语音、电子邮件、传真、视频等的不同接入模式，而且还增加了许多技术功能，与企业连为一体的综合信息服务体系。一般来说，呼叫中心应当具有以下功能。

（1）客户信息分析。呼叫中心能够在呼叫转移的同时实现相应的屏幕弹出技术，确保该客户的账户信息能在多个客户服务代表之间分享；能够实时了解关于客户的各种信息，按照不同客户的具体需求安排不同业务代表；根据不同客户的兴趣、偏好定制不同产品和服务信息，及时抓住潜在机会。

（2）全天候服务。呼叫中心能够提供每周 7 天，每天 24 小时的不间断服务。

（3）企业利润中心。呼叫中心不仅能够为企业提供良好的社会效益，同时也具有良好的经济效益。

（4）内外衔接。呼叫中心对外面向客户，对内与整个企业相联系，与整个企业的管理、服务、调度、生产、维修结合为一体；能够将语音数据同步向外转移，可以把从客户那里获得的各种信息、数据全部储存在庞大的数据仓库中。

（5）提供开放、灵活的接口和业务生成和开发工具。首先，通过提供开放、灵活的接口，运营者可根据需求灵活修改业务生成新业务，从而达到全面服务用户、满足用户的目的。其次，通过提供灵活、方便、易于使用与开发的业务生成工具，能为技术人员提供方便的业务生成手段和业务基本模式。最后，系统提供针对不同技术水平的开发工具，对于 IT 技术实力强的客户，可以通过购买平台及开发工具，实现灵活的各种业务的二次开发。因此，呼叫中心要不断融合各种新技术，在服务上不断改进，应用覆盖面才会越来越宽。

（6）电话交互活动最大化。来话处理技术与去话处理技术合理配合使用，可以保障与客户交互活动的效果，同时可确保每个坐席人员的时间得到充分利用，因为系统能自动生成潜在客户名单和拨通电话。

（二）呼叫中心应用

1. 在电信业中的应用

我国电信行业呼叫中心发展迅速，中国电信、中国移动、中国联通和中国网通等电信运营商共投入数十亿元建立呼叫中心。在我国，呼叫中心实际上是电信企业的网上营业厅，为客户提供网上服务的电子商务平台。到现在为止，电信部门已经建立了庞大的呼叫中心服务体系，是最具代表性的呼叫中心，如 114 号码百事通、121 天气预报台、160 电信业务查询等。

2. 在银行业中的应用

银行业建立呼叫中心，能建立网上银行、电话银行、移动银行等多种银行业务系统，为客户提供更加便捷的服务。客户可以进行每周 7 天，每天 24 小时的查询、转账、交费等业务。此外，银行还可以对呼叫中心的客户信息进行分析，为银行的市场战略决策提供支持。

3. 在物流业中的应用

物流作为现代社会高速发展的产业，不仅要实现物品从供应地向接收地的实体流动过程，同时需要完成信息流和资金流的有效流动。运输、储存、配送、装卸搬运、包装、流通加工和信息处理等基本活动与过程的有机结合，形成完整的供应链，为用户提供多功能、一体化的综合性服务。随着多媒体和互联网的广泛应用，呼叫中心在物流业中的应用日益频繁。目前，呼叫中心凭借其高度的灵活性和柔韧性，通过营运管理的逐步完善，可无缝嵌入物流配送网络的各个环节，成为真正满足现代物流企业需要的综合性服务和营运中心。

案例 12.6

沧州市商业银行借力方正奥德打造一流客服呼叫中心

沧州市商业银行是由沧州市财政局等 8 家法人和 481 名自然人共同以发起方式成立的股份制商业银行，注册资本 10 027 万元人民币。为了提高客户服务效率和满意度，沧州市商业银行建立了连接公用电话网和银行内部网的电话服务平台，可实现自动或人工处理。在该平台上，客户通过电话输入交易请求或其他服务要求，然后平台将处理结果、服务意见通过电话语音的形式反馈给用户。因此，该平台建立后，客户通过任何一部双音频电话呼叫公布的客户服务中心电话号码，都能获得交易、受理投诉、业务简介、信息查询、传真等服务。

最近，为进一步提升服务品质和效率，沧州市商业银行与方正奥德合作，建立了相应的客户服务中心。针对沧州商业银行对通信系统的要求，方正奥德建议使用 AVAYA PBX+ISC2000+宇高录音，为沧州商业银行客户服务中心提供最成熟的系统解决方案。该客户服务中心的主要功能如下。

1. 咨询登记：客户可以通过自动语音、人工服务、短信、Web 等方式进行咨询。

2. 投诉管理：系统提供多方位的受理途径，客户可以通过语音、电子邮件方式提出投诉建议，使其能充分感受到沧州市商行对客户的关怀。

3. 外呼业务：银行客户服务中心的外呼业务主要有营销、调查、通知、催缴等。外呼服务是客服中心功能的重要组成部分，使银行可以主动向客户提供服务，并为银行营销、催收等业务提供支撑，对于提高客户服务质量具有重要的意义，是体现客户服务中心"主动"服务的重要部分。

4. 客户管理：在该客户服务中心的管理系统中，能够对签约的个人客户和公司客户的信息进行管理，这些信息包括客户基本信息、客户关联信息、客户项目信息、客户服务信息等。

5. 短信管理：提供短信的接入和发送功能，支持短信作为一种接入手段和服务方式无缝集成到系统中，实现短信与系统支持的其他媒体方式（如语音、E-mail、Web 呼叫等）统一接入、统一路由、统一受理。

6. 报表统计：该客户服务中心能够对各种业务情况进行统计，生成日报、月报、年报，并且能够以多种形式显示。

此外，该客户服务中心还能提供客户咨询、查询、交易、转账、代付费等电话业务，客户无须亲临银行网点柜台，无论何时、何地，只要通过电话拨号形式，通过接线员服务生的终端界面进入银行业务系统，便可以轻松方便地获得银行所提供的各项业务处理。通过建立投诉服务，客户可以反映意见、消除抱怨，同时，通过客户反馈，能提供各类综合信息，为各级领导对银行的宏观管理提供科学依据。该客户服务中心还能向单位和个人提供信息咨询、解答疑问，解释银行业务，树立银行形象。因此，该客户服务中心充分利用了银行资源，提供代理服务，成为银行的呼叫中心及电话银行，为客户提供了多方位服务，还具有以下优点。

1. 统一性：统一建设、统一管理，以确保整个系统的各种软件、硬件均符合相关的国际、国内标准，保证业务、功能、界面、内容的高度统一化和标准化，从而达到服务的规范化和管理的高效性。

2. 先进性和成熟性：采用国际最新的科技成果，从而保证整个系统在技术上处于领先地位，系统在建成后一段时间内不会因技术落后而大规模调整，并能够通过升级保持系统的先进性，延长其生命周期，同时又要保证先进的技术是稳定的、成熟的，支持现有的多种呼叫功能和网络协议。

3. 实用性：充分利用沧州商业银行公司现有的通信和网络资源，结合沧州商业银行公司的实际业务需求和现有业务系统的情况，建成具有沧州商业银行公司特色的客户服务中心。

4. 开放性和灵活性：客户服务中心与其他系统之间的通信接口，符合开放系统互联标准和协议，方便与省中心系统间的互联，以及与本地营业、计费、网管系统的可靠连接和数据共享，能向业务部门及时提供所需资源和分析结果，还可灵活定制。

5. 可扩展性：客户服务中心软件的设计采用分层的模块化结构，达到了设置和修改灵活，扩充方便，能适应业务的发展变化。软、硬件平台具有良好的可扩展能力，能够方便地进行系统升级和更新，以适应各种不同业务的不断发展。

6. 安全性和可靠性：客户服务中心的应用软件系统能连续长时间不间断工作，并能在不影响系统运转情况下做到模块在线测试、更新、加载。客户服务中心应用软件具备完整的操作权限管理，以防非法操作。客户服务中心采用了高可靠性的产品和技术，并充分考虑了整个系统运行的安全策略和机制。该中心系统还具有较强的容错能力和良好的恢复能力，保证了系统的稳定运行。

7. 易用性：系统易于使用，减少了员工的培训费用。同时，系统维护尽量集中、简单，尽量避免复杂系统和多系统组合的维护开销，减轻了维护人员的负担，提高了网管和决策效率。

启发思考：沧州市商业银行与方正奥德合作建立的客户服务中心具有什么功能和特性？

本 章 小 结

本章首先介绍了客户关系管理系统的定义、功能和分类（运营型客户关系管理系统、分析型客户关系管理系统、协作型客户关系管理系统）；其次介绍了客户关系管理系统的模型；再次从客户关系管理系统实施目标及需求分析和客户关系管理系统的选择及实施条件两个方面介绍了客户关系管理系统的实施；最后介绍了呼叫中心的相关概念及如何构建。通过本章的学习，读者应掌握客户关系管理系统的定义、功能和特点，熟悉客户关系管理系统的模型、分类和实施方法，了解呼叫中心的作用、构建模式与步骤。

复习与思考题

1．简述从四个层面上理解客户关系管理系统。
2．简述运营型 CRM 的功能。
3．简述分析型 CRM 的功能。
4．简述协作型 CRM 的功能。
5．简述客户关系管理系统的实施方法。
6．简述呼叫中心的功能。

第十三章

客户关系项目管理实施

【学习目标】

了解客户关系项目管理；熟悉客户关系项目管理的特点；掌握客户关系项目管理的实施方法；了解如何成功实施客户关系项目管理。

案例 13.1

Sierra 健康服务公司成功实施客户关系管理项目获得显著回报

美国拉斯维加斯的 Sierra 健康服务公司，是该州最大的一家医疗保险机构。长期以来，该公司一直牢固地把持着拉斯维加斯的医疗保险市场，几乎控制了这一城市 90%的市场份额。

然而，随着外部竞争者的不断入侵，特别是某些全国性的医疗保险机构，如 United Healthcare 和 Aetna 公司的进入，市场格局发生了新的变化。面对激烈的市场竞争，Sierra 公司不得不寻求新的方法，以帮助销售人员改进他们与保险代理商的合作，即 Sierra 需要创造一个针对其客户数据的统一的存取窗口，并且需要更快速、更高效地响应代理商的需求。

由于 Sierra 公司 70%的营业额是通过代理销售的形式完成的，因此，Sierra 计划从与代理商合作的销售部门着手，寻找新的、可更有效地维护市场份额的销售手段。

调查及研究结果表明：如果 Sierra 想保持现有的市场份额，实施客户关系管理是他们所必须采用的一个行之有效的销售方案。过去，Sierra 的每一主要部门——保险的销售、保单的提交，以及相应的客户服务，都在各自传统的数据库系统中存放着相互分离的信息。因此，只有通过不断的电话联系和不断把来自不同传统系统的报告充分加以综合之后，才能建立关于各代理商的客户或各独立工作部门的一个统一的信息存取窗口。在采用客户关系管理方案之前，Sierra 的销售人员与代理商的业务交往以及公司政策的传达主要依赖于书面形式。

因此，Sierra 的官员们认识到：部门之间低效率的通信手段意味着销售人员必须花费大量时间收集和录入相关信息，他们很难走出办公室，进行现场销售。而且，一旦销售人员跳槽，很多有价值的代理商及客户信息也将随之丢失。

最终，作为较早采用客户关系管理系统的健康保险公司之一，Sierra 采用了华盛顿 Onyx 软件公司的 Onyx Front Office 客户关系管理软件，它能够把 Sierra 不同部门的传统系统数据库连接在一起。Onyx Front Office 运行在微软公司 Windows NT 和 SQL Server 数据库上，允许销售以及代理商从一个单一的接口存取所有有关公司客户的数据。

然而，令 Sierra 公司管理人员感到吃惊的是，平日工作缺乏计划性和低效率的销售人员以充分的热情接纳了这个新的客户关系管理系统，因为他们认为新的客户关系管理系统可使某些传统方法难以组织的信息更具条理性；而那些销售业绩较好的销售人员对公司的这一新的、昂贵的合同追踪系统却持否定态度，因为这些人认为只有他们自己处理代理商合同的方法才是最好的，因此他们不肯采用任何新的方法。

这样的局面使这一系统从安装到具体应用共花了 4 个月时间，包括咨询服务、系统实现以及技术培训，总共投资了 100 多万美元，管理层不可能将这一昂贵的新系统闲置在一边。为此，该公司决定把每一销售代表的工资收入与他们对客户关系管理系统的使用直接联系在一起，销售代理商必须使用这一新的系统录入代理销售的信息，否则代理商们将得不到相应收入。该系统实施第二年，Sierra 公司便看到了显著的投资回报。而且销售代表们发现，使用这一系统，他们将能够更快地与代理商达成更多的生意，因为新的公司数据仅需要一次而不是多次便可同时录入多个系统。例如，过去由于各部门信息重复性录入，客户大约需要 2~4 个星期才能得到他们的保险卡。而使用该系统后，充分实现数据共享，录入到某一数据库中的数据能同时进入其他相关数据库系统。而且保险卡登记后，当天便可打印出来，并可立即寄到客户手中。

使用该系统，极大缩短了销售周期，使每一销售代表的销售额显著增长。另外，该系统的使用也进入了 Sierra 的客户服务部门。据悉，自从采用该系统以来，Sierra 公司的客户量增加了 15%。

启发思考：Sierra 公司在实施客户关系管理项目的过程中遇到了哪些问题？他们是如何解决的？

第一节 客户关系项目管理实施概述

客户关系项目管理的实施应该从两个层面着手：其一，管理层面，企业需要运用客户关系管理理念，来推行管理机制、管理模式和业务流程的变革；其二，技术层面，企业部署客户关系管理应用系统，来实现新的管理模式和管理方法。这两个层面相辅相成，互相作用。

客户关系管理是典型的 IT 项目之一，应该按照项目管理的要求对客户关系管理进行系统的项目管理。本章将着重从项目的角度来讨论客户关系项目管理本身的特性，通过有效的项目管理必将大幅增加客户关系项目管理实施的成功概率。

一、项目管理概述

所谓项目管理，就是项目的管理者在有限的资源约束下，运用系统观点以及专门的知识、技能、工具和方法，对项目活动中的工作进行有效管理，即对项目的全过程进行计划、组织、指挥、协调、控制和评价，从而使项目实现或超过项目管理者的预期目标。

一般来说，项目管理主要包括以下 9 个方面的内容。

（1）范围管理。确保项目完成规定的全部工作的管理过程，包括项目确立、项目范围的计划和定义、范围变更控制和范围确认等。有效定义并控制项目范围，无论是对新技术或新产品的研发，还是对与客户签订的服务性项目，都有非常关键的意义。

（2）进度管理。确保项目按时完成的对项目各阶段工作的安排，包括项目活动定义、顺序安排、时间估计，进度计划制订和控制等。进度管理可以在满足项目时间要求的情况下，使资源配置和费用支出达到最佳状态。

（3）成本管理。确保项目费用不超过预算范围的管理过程，包括项目费用构成、资源和成本规划、成本预算和控制等。由于项目管理的要素是相互关联的，因此项目的费用管理要与其他项目管理职能紧密结合，不能剥离费用与项目范围、进度和质量等之间的关系。

（4）人力资源管理。确保项目团队中各成员发挥最佳效能的管理过程，包括项目组织的规划设计、组织结构模式的选择、人员招聘、项目团队的组建以及项目经理的要求与选择等。一份成功的项目组织规划要包含项目团队的成员以及他们各自的角色和责任，并应该清楚地将项目工作的所有责任与相关责任人无任何遗漏地达成一致。

（5）质量管理。确保项目满足客户需要的质量要求的管理过程，主要包括质量计划、质量控制和质量保证等。项目管理除了控制产品的质量外，还强调管理的质量。近年来，越来越多的企业努力通过 ISO 9000 系列和 TS 16949 的标准认证。但是，它们获得认证的真正目的并非产品质量的直接体现，而在于提高业务程序的质量即管理质量，从而保证产品质量。

（6）沟通管理。确保项目信息能及时、有效地得到处理的管理过程，包括信息沟通规划、信息传递、进度报告和评估报告等。在所有项目管理职能中，沟通管理最容易被忽视。有效沟通对于任何项目的成功都是关键的，它提供了保证项目成功所需的人员、各种思想和信息之间的必要联系。

（7）采购管理。确保项目所需的外界资源得到满足的管理过程，包括采购计划、采购与征购、资源选择、合同管理等。

（8）风险管理。确保项目能够成功实施，而对可能遇到的各种不确定因素进行风险识别、分析、排除和控制的管理过程，包括风险识别、分析预测、对策提出与管理实施等。

（9）集成管理。确保项目各要素的协调工作所展开的综合性和全局性的项目管理过程，包括项目计划的制订、实施、项目整体变动的控制等。

二、客户关系项目管理概述

客户关系项目具备项目的整体性、一次性、独特性和约束性等基本属性，也有本身特有的高技术含量、高风险和复杂性等特点，因此，可以利用项目管理的理论和方法对客户关系项目管理进行分析。

（一）客户关系项目管理的特点

作为项目的一种，客户关系项目除了具有一般项目的共性之外，还具有以下一些特性。

（1）客户关系项目属于 IT 项目，而且客户关系管理是新兴的，其理论框架和软件系统还没有完全成熟，没有太多经验值得借鉴。因此，客户关系项目相对来说，风险和实施难度都比较大，而且各行各业之间的解决方案存在很大差异。另外，客户关系管理涉及企业管理理念变革及各种业务流程，特别是在某些业务庞杂、各部门相互交叉的大企业中，实施客户关系项目管理的过程艰难而漫长。因此，如何规划和控制项目实施范围和时间，是客户关系项目管理成功的关键所在。

（2）客户关系项目很注重与前后项目的衔接。在某一阶段实施的项目，如客户信息管理与市场管理，只是客户关系项目的部分模块。当企业再次需要实施客户关系其他项目时，这些前后实施的项目之间应该有很好的衔接和整合。因此，企业应该制订客户关系项目管理的全局战略，并确定各阶段的战略目标和战略步骤。

（3）客户关系项目实施后，所实现的系统需要与企业中的其他系统，特别是 ERP、SCM、PDM/PLM 等系统无缝整合，才能真正实现客户关系项目的核心管理理念。因此，企业应在实施前就对该问题有所规划，这样在实施过程中才能选择正确的解决方案。

（4）客户关系项目预算一般容易偏低。这是因为预算人员常常不能把握客户关系项目管理的潜在成本，而企业要控制成本、避免失败，就需要了解客户关系项目管理的隐性成本，如培训、数据维护、软件集成和项目管理等。

（二）客户关系项目管理的核心

客户关系项目管理直接决定着客户关系管理的实施，其核心在于客户关系项目管理团队在对项目范围、项目时间和项目成本三个维度进行权衡的基础上，应用项目管理工具和技术，对整个项目的实施过程进行管理和控制。

（1）项目范围。明确客户关系项目管理的任务以及通过客户关系项目管理的实施，企业能实现营销自动化、销售自动化和服务自动化的目标。

（2）项目时间。明确完成客户关系项目管理需要的时间及相应的进度计划。

（3）项目成本。规划完成客户关系项目管理需花费的成本。在预算时，尤其要注意客户关系项目管理的隐性成本。

以上因素可以看成客户关系项目管理的约束条件。在项目开始时，这三个因素都应有各自的目标。在初步估算了时间和成本后，在高、中、低三个层次分别评估项目风险和可能的回报，进一步确定客户关系项目管理的实施范围。管理这三个约束因素，就是在客户关系项目管理中要权衡范围、时间和成本因素，成功的项目管理意味着在确保项目质量的同时实现这三个目标。但是，由于项目不确定性和资源使用的竞争性，很少有项目最终能够完全按照原先预定的范围、时间和成本目标完成。

（三）客户关系项目管理的具体内容

客户关系项目管理的实施涉及管理职能的各个组成部分，原有管理模式和管理系统的正常运转必然会受到不同程度的影响。如果客户关系项目管理实施不当，不仅会造成经济上的损失，而且会严重破坏企业正常运营，甚至导致企业崩溃。作为典型的高风险项目，客户关系项目管理的实施一定要进行严格的控制。客户关系项目管理的内容非常丰富，包括以下几个重要阶段。

1. 客户关系项目需求分析

确定客户关系项目需求至关重要，如果需求不明确，那么系统的不断变动就不可避免，从而导致工期滞后、成本倍增，最终导致项目失败。客户关系项目需求要确定的内容很多，而且要根据不同解决方案，确定相应需求。例如，对企业现有管理模式和系统进行分析；初步了解对企业和最终用户需求；建立简易的交互式客户接口样本；改进客户样本直至客户满意；编制签署需求文件；将客户接口样本和需求文件归入项目档案。客户关系项目需求确认需要对具体要求有非常清晰稳定的了解之后，才算圆满完成。

2. 客户关系项目可行性研究

在确定客户关系项目需求的前提下，在客户关系项目正式启动前，还需要进行客户关系项目可行性分析，评估企业现有基础。很多公司在进行项目可行性研究时会出现很多问题，如研究深度、质量均不符合决策需要；无法在多方案论证和比较中进行优选；项目投资收益由于调查研究不够而计算失真；可行性研究报告的编制缺乏独立性、公正性和客观性等。对此，我们首先要将客户关系项目可行性研究的阶段划分正确，并采取合适的功能定位。其次，按要求进行可行性研究，并确定其依据。最后通过采取科学的方法与先进的技术，建立科学的决策体系和管理机制。分析可行性主要是确定客户关系项目实施是否已经做好充分准备，这是很重要但也是很容易被忽视的一点。客户关系项目可行性研究主要包括以下几类。

（1）确定客户关系项目资金是否已经到位。要确保企业不只是把客户关系管理停留在某种构想上，这样进行客户关系项目整体规划才有现实意义。因此，首先要确保在客户关系项目管理的不同实施阶段，所有资金都能到位。

（2）企业是否确定了客户关系战略以及相应的战略目标和战略实施计划。该步骤主要用来检验企业是否对客户关系具有一个总体的长远规划，这是客户关系实施的方向，具体的客户关系项目要与企业客户关系战略相一致。要确保不同阶段的客户关系项目的衔接性，首先要确立客户关系战略实施计划。

（3）项目经理是否已经确定客户关系项目的实施步骤。项目经理的工作主要包括定义并确认客户关系需求、执行管理项目、协助定义成功的标准等。

（4）是否已经建立评判项目成功的标准。企业往往容易忽略用来判断客户关系项目是否获得成功的标准，其实这一点很重要，它是一种评价依据，用来判断整个系统是否实现了企业客户关系战略。

（5）对"客户"的定义是否达成一致。在客户关系项目实施之前，不能出现不同部门（例如营销部门和呼叫中心）对"客户"有不同的定义，企业所有部门应该对一些关键术语如"客户"有一个统一的定义，这样统一的客户关系项目管理才可能最终实现。

（6）当前的基础设施是否支持客户关系产品的定制化。对客户关系产品定制化，需要一定的基础设施，包括工作站配置环境、网络环境二次开发需要使用的开发工具等。

（7）企业是否已经确定必须与客户关系产品进行集成的应用软件或系统。在进行选型时，企业应预先清楚其他企业系统对客户关系应用系统的影响，以及如何使数据在各个系统间有效地传递。因此，企业应当注意确保所选择的客户关系软件系统与企业其他系统间的集成性。

3. 制订客户关系项目计划

（1）使用由一组可交付使用的项目产品/设施组成的 WBS 工具。作为有效计划和控制建设工程项目的工具，WBS（Work Breakdown Structure）表现为一种层次化的树状结构，定义了整个工程项目的工作范围。为了满足对项目产品/设施进行时间、费用、质量的计划和控制管理，

WBS 工具可以根据项目管理工作需要进行不同层次的分解。越进一步深入分解层次，所定义的项目产品/设施也就越详细越具体。位于整个 WBS 分解结构最底层的产品/设施是不能再进一步细分的，也称之为工作包，由它形成造价信息库。如果还要对它作进一步分解，其分解原则就变为完成该工作包的活动顺序或者施工工序。

使用 WBS 工具将客户关系项目分解为可管理的活动。通过对项目的理解，确定该工作主要分为哪几个部分，自上而下将大的部分分解为下一个层次，将每个构成要素再分解为子构成要素，逐级完成，直到能够分派作业并监测，同时制订 WBS 词典和 WBS 的编号系统。通过 WBS 的使用，使客户关系项目成本可以估算，这不仅是客户关系项目各项计划和控制措施编制的基础和主要依据，还是客户关系项目范围变更控制的依据以及客户关系项目风险管理计划编制的依据。

（2）在项目管理中，许多人抱着消极的工作态度不重视项目计划的制订，因为它是最复杂的阶段，而且计划经常没有付诸实施。但是，周密的项目计划对每个成功的项目都是必需的，它提供了项目的全景描述，是帮助项目资助者、决策小组和项目团队全面了解项目内容的有力工具。项目计划本身具有稳定性和约束性，是实施项目控制的最有力标准和依据。计划可能会随着项目的深入而更新，但是任何计划的改动都应当遵循严格的程序。

在客户关系项目管理中，很多地方都要用到项目计划的内容，主要涉及客户关系项目管理核心内容的计划。例如，在确定客户关系项目范围时，需要编制范围计划和范围定义；在客户关系项目成本管理中，需要编制资源计划、成本估算和成本预算；在客户关系项目时间管理中，需要编制项目进度，安排计划。表 13.1 是客户关系项目推进计划的实例之一。

制订客户关系项目进度计划是对每项活动的开始和完成时间进行确定，如果开始和完成的时间不现实，该项目就不可能按进度计划完成。一般来说，制订客户关系项目进度计划要遵循以下几个步骤：① 定义 WBS 中确定的可交付成果的产生所必须完成的具体活动，并得到活动列表；② 通过前导图法、箭头图法或关键路径法来安排活动顺序，决定活动之间的逻辑关系；③ 利用类比法、专家估计法、基于 WBS 的子活动估计方法或量化估计方法来估算活动工期；④ 对前面提到的活动定义、活动排序和活动历时估算等数据反复改进，获得适合本项目的进度计划。

表 13.1　客户关系项目推进计划表

工作项目	选择咨询公司	分析需求，设定目标，评估实施范围，客户关系管理系统选型	目标细化	设计定义业务流程	系统配置用户培训数据准备	测试交付	智能优化
推进计划	××周	××周	××周	××周	××周	××周	
流程重组							
信息技术							
流程与系统集成							
组织结构调整							
培训文档							

4. 客户关系项目风险管理

企业实施客户关系项目管理，将引起各个方面的巨大变化，也存在相当大的风险。项目风险就是在项目管理活动中消极的、项目管理人员不希望的后果发生的潜在可能性。企业要想提高客户关系项目实施成功的概率，就要增强风险意识，并积极防范。典型的客户关系项目实施风险有以下几个方面。

（1）企业内部风险。企业内部风险主要表现在：在对客户关系项目的认识方面，管理层没有给予足够的重视，员工习惯原有的工作方式，导致企业上下对客户关系项目消极应付；部门间不能相互协同配合，客户关系项目的实施造成企业内部利益冲突；企业不具备 IT 基础设备，不能支持客户关系管理系统的运行。

（2）业务管理风险。业务管理风险主要表现在：现有的项目经理和内部团队不合适；缺乏业务需求层面、技术层面或整体项目的决策者；系统切换、项目培训和推广计划不合理；核心业务流程不清晰，客户关系管理运行机制不能被项目团队成员充分理解；项目实施进度与相关配合机制不匹配，系统维护和后续优化机制建立不圆满；业务需求范围不明确，项目不稳定。

（3）技术层面风险。技术层面风险主要表现在：供应商选择和系统技术均不能满足企业实际需要；企业缺乏专业的、经验丰富的技术人员；客户关系管理系统与其他信息系统的集成方案不合理，无法通过集成方案测试；相关网络、计算机硬件无法及时有效地处理系统中出现的问题。

（4）项目实施风险。项目实施风险主要表现在：完全由计算机专业技术人员组成的实施队伍由于没有制订明确可行的时间进度表，不能按时实现项目目标，将隐藏着巨大风险，甚至最终会导致项目在实施过程中半途而废；许多预算不到的开支导致成本急剧增加；缺乏安全意识，导致系统安全及安全管理存在问题，在安全设计上存在漏洞。

面对客户关系管理项目风险，项目经理应该采用适当方法进行管理。客户关系项目风险管理的基本过程如下。

（1）编制风险管理计划。风险管理计划的编制就是编制风险管理的总章程和计划的过程。

（2）识别风险因素。风险识别其实就是对一些客户关系项目管理实施过程中可能会出现的风险进行了解和判别。只有在风险出现之前，先对其出现的可能有了预见性并做出相关分析，当其真正在项目进行过程中出现时，才不会措手不及，才能把风险可能对我们造成的损坏降到最低。

（3）风险定性与定量分析。风险定性分析包括评估已识别风险的可能性和概率，确定其数量和优先级；风险定量分析就是对客户关系项目的性质和时间，资金的可用性的分析。风险定量分析其实是对风险定性分析的一种深入。

（4）编制风险应对计划。风险应对计划包括：界定扩大机会的步骤，编制处理对客户关系项目成功构成威胁或风险的计划。针对不同风险采用风险规避、风险接受、风险转移和风险缓解等基本措施。

（5）风险监督与控制。风险监督与控制就是在客户关系项目进行时，对实际出现的风险进行监督和控制，以使客户关系项目进行时和计划相符。如果实施和计划不匹配，那么就有可能会出现新的风险，或者会扩大风险的几率和影响。

5. 客户关系项目控制、质量管理和收尾

1）客户关系项目控制

控制用来衡量项目方向，监控偏离计划的偏差，并采取纠正措施，使进度与计划相匹配的过程。对于确保客户关系项目管理沿着成功的轨迹推进，其中的项目控制非常重要。它在客户关系项目管理的进度控制、成本控制和变更控制等各个阶段都发挥着重要的作用。

（1）客户关系项目进度控制。为了确保客户关系项目按时完成，应当依据项目进度计划对项目的实际进展情况进行控制。想要进行有效的进度控制，就要注意监控项目的实际进度，及时、定期地将它和计划进度相比较，若发现偏差，立即采取必要的纠正措施。其主要内容有：对造成进度变化的因素施加影响，确保得到各方认可；查明进度是否已经发生变化；在实际变更发生时进行管理；进度控制应与其他控制进程紧密结合，并贯穿于项目始终。

（2）客户关系项目成本控制。这是客户关系项目组织为保证在变化条件下实现其预算成本，按照事先拟定的计划和标准，通过各种方法，对客户关系项目实施过程中发生的各种实际成本与计划成本进行比较、检查、监督、引导和纠正，尽量使客户关系项目的实际成本控制在预算范围内的管理过程。客户关系项目成本控制是以各项客户关系工作的成本预算、成本基准计划、成本绩效报告、变更申请和项目成本管理计划为依据，用相应的成本变更控制系统、绩效测量、补充计划编制等方法进行的。

（3）客户关系项目变更控制。其目的并不是控制变更的发生，而是为确保变更的有序进行，对变更进行管理。客户关系项目的变更控制主要包括两个方面，一是企业内外部的变化对客户关系系统的变更需求；二是客户关系项目管理的实施导致企业业务流程和组织结构的变化，以及对原有利益格局的调整。这两个方面的变更都是企业对项目调整和适应的过程。

2）客户关系项目质量管理

客户关系项目质量管理的目的是要确保该项目满足它所应满足的需求，而客户关系项目质量管理往往是很多项目团队所不太重视的。目前国内在实施客户关系管理项目时，很少听说有严格的客户关系项目质量管理。现在很多公司认为，质量问题应是公司的职员而不是管理层负责，这种看法是不正确的。全面质量管理强调的是追求客户满意、注重预防而不是检查，因此，客户关系项目质量管理应强调管理层对质量负责以及全员参与进行持续改进。

客户关系项目质量主要包括以下几个过程。

（1）质量计划编制：包括确认与客户关系项目有关的质量标准及实现方式。将质量标准纳入项目设计是质量计划编制的重要组成部分。对于客户关系管理项目，质量标准可能包括允许系统升级与集成，为系统设计合理的客户响应时间或确保产生统一的客户信息等。

（2）质量保证：包括对整体客户关系项目绩效进行预先评估，以确保该项目能够满足相关的质量标准。质量保证过程不仅要对项目的最终结果负责，而且还要对整个项目过程承担责任。高级管理层、客户关系管理项目经理应当带头强调项目团队在质量保证活动中发挥的作用，而且项目团队首先应当以工作质量来保证项目质量。

（3）质量控制：包括监控特定的客户关系项目结果，确保它们遵循相关质量标准，并识别提高整体质量的途径。这个过程通常与质量管理所采用的工具和技术密切相关，如质量控制图、统计抽样。

3）客户关系项目收尾

客户关系项目收尾与日后客户关系管理系统的运行和客户关系管理的运作息息相关，重点需要关注以下几个方面。

（1）整理相关流程规范：客户关系项目管理实施过程中所建立起来的标准流程与标准作业

规范是今后客户关系管理系统运行的重要文件。客户关系管理项目的负责人要在客户关系管理项目接近尾声的时候，根据企业流程情况，将这些流程整理成册，以备日后查询。另外，还应该整理相关培训资料，以备日后特别是对新员工的培训之用。

（2）整理待解决的问题：客户关系项目管理实施想要一次性解决所有的问题是不太可能的，针对一些深层次或比较特殊的问题，企业还需要通过一段时间的考察和磨合才能逐步完善和解决。这些问题主要是该项目暂时未涉及的一些内容，包括一些尚未解决好的特殊流程及特殊业务。项目收尾阶段，需要将这些问题整理清楚，这对企业后续客户关系管理的改进具有很高的参考价值。

（3）做好日后的工作计划：客户关系管理的推进以及客户关系管理系统后续的维护工作非常重要，做不好会导致客户关系管理项目前功尽弃。因此，在客户关系管理项目收尾阶段，应该与实施顾问一起将日后的工作计划与工作重点完善好，包括客户关系管理项目应如何持续推进，日后运行可能会遇到的问题以及遇到问题时应该如何解决等。

所以，客户关系管理是典型的 IT 项目之一，只不过发展的时间还不长，企业在实施客户关系管理时还不能严格按照项目管理的要求来执行。但是客户关系项目管理是一个持续改进的过程，经过一段时间的摸索，会逐渐形成一个成熟的模式。

（四）客户关系项目管理的实施原则

客户关系项目管理是一项变革工程，它涉及企业经营战略、业务流程、绩效考核、人员组织等方面，不单单指一套系统、一套软件，因此需要讲究原则。只有遵循正确的原则才能有效推动企业的客户关系管理项目部署。

作为整体性的框架，客户关系项目管理的实施原则取决于客户需求、现在 IT 系统和基础结构，以及经营组织，它与期望目标紧密相关。企业要想取得成功，就要树立具体问题具体分析和内部问题要追根究底的方法和观念，同时以充分的勇气和信心迎接企业内外部挑战。

一般来说，客户关系项目管理的实施要把握"战略重视、长期规划、开放运作、系统集成和全程推广"五个基本原则，以获得预期收益。

1. 战略重视

客户关系项目管理实施涉及整体规划（Strategy）、创意（Creative）、技术集成（Solution Integrated）、内容管理（Contents Management）等多方面，是一项极为复杂的系统工程。因此，实施客户关系项目管理要充分获得企业高层管理者的支持。项目管理者应当有充分的决策权，从总体上把握建设进度，提供企业所需的财力、物力、人力资源，并推动该项目实施。

企业级的解决方案必须首先专注于业务流程，要去研究企业现有的营销、销售和服务的策略和模式，发现不足，并找出改进方法。企业审视业务流程不仅可以找出阻碍企业业务能力提高的环节，而且可以发现问题并加以解决，并且将客户关系项目实施后的情况与此前状况相比较，看是否有所改观，这样可以对客户关系管理的效果做出真实评价。对企业而言，在客户关系项目管理开展之初就把大部分注意力放在技术上的做法是错误的，因为技术本身不可能提供解决方案，它始终只是促进因素。要根据业务流程中存在的问题来灵活选择合适的技术，而不是调整流程来适应技术要求。

2. 长期规划

要在自身发展战略框架内进行客户关系项目管理规划，制订出较为长远并能分阶段实施的远景规划。成功的客户关系项目管理通常将企业远景划分成几个可操作阶段，并通过流程分析，从需求迫切的领域着手，稳步推进。在推进过程中，不要过分期望毕其功于一役，否则可能给企业带来难以承受的巨大冲击。企业可以先开发实施局部的客户关系管理系统，在特定部门或区域内进行小规模试验和推广，通过阶段性的质量测试和效果评估，加以改进，再逐步增加功能，向更多部门部署。

3. 开放运作

企业实施客户关系项目管理应当遵循专业化、开放式的运作思路。即使一些拥有比较强大的研发能力和智囊机构的大企业，也难以独自进行客户关系项目管理实施的分析、研究、规划和开发。成功实施客户关系管理的案例表明，企业应该以开放运作的心态，与有较成熟产品和实施经验的专业解决方案提供商进行深入合作，或聘请专业咨询公司，从整体上提出客户关系管理的解决方案，并协助实施。这将大大提高客户关系项目管理的实施进度和成功概率。或者，有的企业建立开放的客户服务平台，尝试将客户关系管理项目"外包"，即把客户关系管理交给社会力量，由专业的组织机构而不是企业本身对客户关系管理项目进行专业化的运作，这样企业、客户能够达到"双赢"。

以上这些做法，一方面是因为客户关系项目管理的解决方案具有标准特征，使其显得十分灵活。但现存技术的典型难点是传统系统间数据不兼容，许多企业无法独自克服地理区域和组织上的障碍。另一方面，完整的客户关系项目管理解决方案的成功执行，要求企业具有相当宽度和深度的技术和智力资源。然而，大多数企业不仅缺乏技术资源，在进行计划设计和执行客户关系项目管理方案或创建广域客户关系项目管理环境时，还都缺乏对商业流程和组织专家的了解。

4. 系统集成

企业不仅要投入资源，推进客户关系项目管理的实施和改进，还要特别注重实现与现有业务信息系统的集成。对于信息化整体水平较高的企业而言，一是要实现对客户接触点的集成，不管客户是通过 Web 与企业联系，还是与携带有 SFA 功能的便携电脑的销售人员联系，还是与呼叫中心代理联系，都要确保与客户的互动是无缝、统一和高效的；二是要实现对工作流的集成，工作流是指把相关工作规则自动化地安排给负责特定业务流程中的特定步骤的人员，为跨部门的工作提供支持；三是要实现与 ERP、SCM、财务、人事、统计等应用系统的集成，从而提供闭环的客户互动循环；四是要注重客户关系项目管理的自身功能集成，加强支持网络应用的能力。

由于加速发展的电子商务要求不断对数据进行实时访问，因此应用系统越来越多地建立在Web 浏览器上。在支持企业内外互动和业务处理方面，Web 的作用越来越大，这使得客户关系项目管理的网络功能越来越重要，因此给现在的客户关系管理系统施加了压力。一方面，网络作为电子商务渠道的便利性不言而喻，而为了使客户和企业雇员只需很少训练或不需要训练，就能方便应用客户关系管理系统，企业需要提供标准化的网络浏览器；另一方面，从基础结构的角度来讲，在网络应用体系下，业务逻辑和数据维护的集中化减少了系统配置、维持和更新的工作量。

5. 全程推广

在实施全过程中，推广客户关系管理的理念和方法是确保客户关系项目管理实施成功的重要措施。要保证客户关系项目管理实施的最终效果，就要保证企业管理层对项目有统一的看法，各业务职能部门对实施不存在心理抵触情绪，保证最终用户拥有必要的应用知识。

客户关系项目管理的实施可能会使企业进行战略调整、流程优化和技术革新。在客户关系项目管理的实施过程中，特别是在流程优化方面，必须把握与企业经营管理相适应的总体原则。有两种比较常见的情况，需要进行符合客户关系项目管理的战略目标的流程优化和再设计：一是企业内部流程没有形成明确和规范的步骤及文档，企业运作主要通过惯例和领导直接指示的方式进行；二是企业内部已经具备规范流程，但整个流程是围绕产品和内部管理设计，忽略了如何对客户更亲切、让客户更方便以及给客户更好的感受等。而且，流程优化能否成功，将直接关系到客户关系项目管理的实施成败。

三、客户关系项目管理实施方法

客户关系项目管理的实施方法不仅与实施规模有关，而且还与企业所认可的开发生命周期、员工技能等有关。目前来看，不同行业、不同企业、不同解决方案提供商的实施方法都不同，主要有三阶段实施方法、五阶段实施方法和六阶段实施方法。

（一）三阶段实施方法

美国吉尔·戴奇（Jill Dyche）在《CRM HANDBOOK》中提出，企业成功的客户关系项目管理实施包括规划、构建、部署三个主要的项目开发阶段，这三个阶段又可进一步分为业务规划、结构设计、技术选择、开发、交付和评估 6 个步骤，每个步骤都对应相应任务。据此，可归纳出客户关系项目管理的三阶段实施方法，如图 13.1 所示。

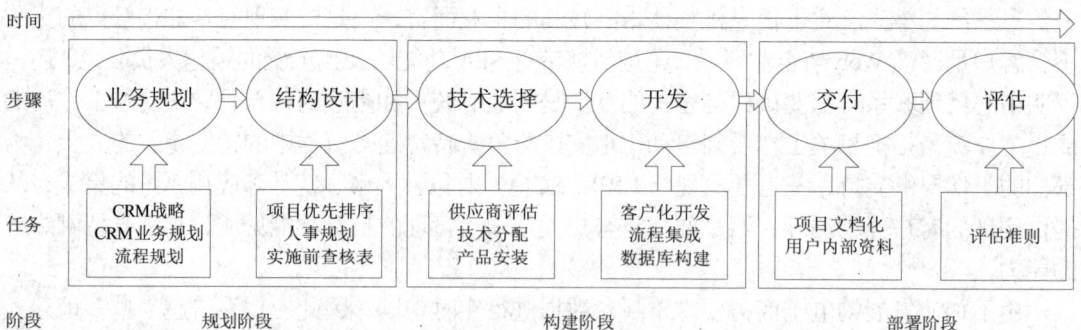

图 13.1　客户关系项目管理实施三阶段法

1. 业务规划

客户关系项目管理业务规划是实施的核心步骤。在这个步骤中，最关键的活动是定义客户关系项目管理的整体目标，并规划出每一种目标的具体需求。对于企业级的客户关系项目管理，业务规划可能会将企业的客户关系项目管理战略具体化、文档化，以确定战略框架下每一部分的项目与活动。对于部门级的客户关系项目管理，业务规划只是简单地建立一个新的客户关系项目管理应用软件的界面。

但无论项目大小如何，业务规划环节的阶段性成果都应包括以战略文件或业务规划的形式细化的高层次客户关系项目管理的文档材料，这份文件对于在开发初期能否获取企业高层对该项目的认可和支持有重要影响。同时，这对于需求导向的开发非常有价值，并能在客户关系项目管理部署之后用于衡量该项目的实施效果。

2. 结构设计

规划客户关系项目管理的结构和设计是满足客户关系项目管理需求的过程，而且结构与设计的难度和价值是成正比的。通过这个步骤，企业能确定客户关系项目管理将支持的流程，包括特定的"需要执行"和"怎样执行"的功能，最终为企业提供有关客户关系项目管理在组织和不同技术层面上发挥作用的新思路。这一步骤中，主要解决企业的技术和流程在哪里受客户关系项目管理的影响和需要补充哪些功能这两个问题，因此需要熟悉企业目前信息系统的使用状况，尤其类似呼叫中心这种与客户关系项目管理紧密相关的部门。只有细致了解呼叫中心系统现状，才能将呼叫中心与未来的客户关系项目管理系统无缝集成，从而确保企业实现完整的业务流程。

在这个步骤中，客户关系项目管理的结构图作为企业应用系统集成（EAI）的重要组成部分，能帮助企业准确描述与现有各系统的集成方式与过程。EAI 能在不同系统中自动转换数据格式，顺畅地共享和传输数据，因此，EAI 对客户关系项目管理来说很重要。因为不管营销活动多么成功，大规模促销信件的内容多么具有诱惑性，如果这些活动的背后没有信息共享，就可能导致一些无法挽回的低级错误发生。例如，当企业库存信息不能及时反馈给营销和销售部门时，会使已经下单后的客户被告知缺货，使得客户的购物欲望在激起之后被无情扑灭，这样必然导致客户满意度和忠诚度下降，最终导致客户流失。另外，在这个步骤中，还要对每个业务产生的数据定义好来源与格式，同时还需保持不同部门之间数据的一致性。

3. 技术选择

客户关系项目管理的技术选择工作有时简单，有时复杂，需要对不同系统集成商的 ASP 服务进行综合评价，因此这一步骤的复杂程度与前面各步骤的完成效果相关。如果在结构与设计期间已经取得统一意见，明确了客户关系项目管理对现有系统的影响以及对新功能的需求，那么就可以在良好的状态下，根据企业现有的 IT 环境，对各种备选的客户关系管理系统进行优先级排序。

4. 开发

开发包括根据特定的产品特征构建和定制客户关系管理系统。但是，客户关系项目管理的开发工作不仅是指程序员负责中心任务，还包括运用所选择的客户关系项目管理产品来集成业务流程。

业务集成是指将选择好的客户关系项目管理技术集成到这些业务流程中。要想实现流程集成，就要确保认可的业务流程通过用户测试。相反，如果让业务流程来适应产品特性，使流程发生改变，就会削弱流程原有的功能，使其偏离最优。因此，企业不仅要实现业务流程的运作，还要通过技术特征来进一步"精炼"业务流程，即充分利用技术能力来改善"以客户为中心"的企业业务流程。

在开发期间，通常使用反复原型法来"精炼"业务流程。程序员不断与企业客户沟通，向他们说明过渡功能，使得客户能够监管客户关系管理系统的开发与部署，并在客户关系管理系统实施期间测试其功能，最终使客户能够明确地提出对系统功能的反馈和期望的变化并贯彻到最终的客户关系项目交付中，以确保最终的功能与需求保持一致，最大程度满足客户期望。

此外，这个步骤还包括一些技术工作，如数据库设计、数据清理与集成，以及同公司其他应用系统的集成。集成这一步很容易被低估，因为客户关系管理系统可能需要从其他系统如电话路由系统、销售自动化（SFA）系统、呼叫中心系统等流进和流出数据。

5. 交付

交付这个环节经常被忽视。一般情况下，交付会对企业的 IT 基础设施产生影响，它是把所需求的客户关系管理系统交付给企业最终客户的过程。在客户关系管理系统交付时，企业首先要对客户进行深入培训，通过在线或基于 Web 的帮助手段，或使用客户向导、工作助手和其他文档，激励用户最大限度地使用新的客户关系管理功能。更进一步的，企业应该对与客户接触的销售人员和尝试了解新功能的客服人员进行系统培训，使他们清楚如何使用新功能并接受新的工作方式，从而创造他们与客户之间更多的互动。只有经过培训，企业才能最大限度地利用系统带来的好处。

6. 评价

评价是客户关系项目管理实施的最后步骤，是根据客户关系项目管理所要实现的功能来评价客户关系项目管理的实施效果。许多公司忽视了对客户关系项目的持续评价，这样会使企业无法准确地知道该项目实施是否成功。评价是评估客户关系项目解决现有企业问题的程度，如果在创建客户关系项目管理业务规划时设立了成功的标准，企业在评价时，就可以将这些标准与实际结果相对比，确定项目的成功度，并根据实际情况逐步补充和完善标准。

客户关系项目管理实施前，应准备好优化的流程，这样可以提前计划好项目各阶段的具体任务、资源占用情况以及完成时间，以消除项目部署中的盲目性、无序性和无标准性。

（二）五阶段实施方法

此实施方法适用于本身没有储备开发信息系统人才的企业，因此，在进行客户关系项目管理时，应选择适合自身情况而且功能强大的系统，并挑选一个合适的供应商或咨询公司帮助实施，或委托企业外部软件公司承包开发。客户关系项目管理的五阶段实施方法具体如下。

第一阶段：咨询公司提供咨询服务，与客户进行规划、探索、定义目标等。

第二阶段：设计解决方案，实现客户业务流程重组。

第三阶段：客户化和交互开发的过程，包括软件配置与开发。

第四阶段：测试与培训。

第五阶段：运行。

（三）六阶段实施方法

此实施方法适合于有一定信息系统开发能力，能够选择适合自身情况而且功能强大的系统并自己实施的企业。为了达到实施目标，保障实施效果，在此实施方法的每一个阶段中，可通过咨询顾问的经验传递，辅以标准的规范文档，为企业上下合理组织人员与资源和成功完成客户关系项目管理提供切实保障。客户关系项目管理的六阶段实施方法具体如下。

1. 确定客户关系项目的战略目标与分阶段实施目标

企业在实施客户关系项目管理之前，首先必须明确企业营销、销售和服务的战略目标，其次是如何实现这个目标。企业战略目标由企业制订，详细的实现步骤则可以在咨询服务机构和解决方案提供商的帮助下制订。

客户关系项目管理是一项复杂的系统工程，它的实施需要分阶段进行。分阶段实施可以根据企业需求的迫切程度进行划分。例如，企业最关心的是什么，是产品的质量、出货时间、响应速度，还是解决问题的能力。据此拟定出客户关系项目管理实施进程中的阶段目标，而且应该是一些能够量化的目标。而提高客户满意度、忠诚度，提高企业运营效率等非量化的目标难以被用来评估该项目实施的效果。

2. 成立客户关系项目实施小组

成功实施客户关系项目管理需要建立有效的项目实施小组，就客户关系项目管理的实施做出各种决策、给出建议，就客户关系项目管理的细节和带来的好处与整个企业的员工进行沟通。一般来讲，项目实施小组应该包括高层领导、销售和营销部门人员、IT 人员、财务人员、咨询机构的项目专家等。

3. 选择供应商与咨询机构

在对供应商的解决方案进行评价时，有三个重要因素：软件功能齐全、技术先进开放、供应商的经验与实力。这三个要素紧密结合在一起，才能使客户关系项目管理成功，单个要素的优势并不能弥补其他要素的弱势。另外，有必要选择合格的客户关系项目管理实施咨询机构，协助项目实施，有些咨询服务工作由软件提供商承担，但是选择独立的第三方咨询服务机构对客户关系项目管理的成功实施有很大帮助。

4. 分析流程与组织结构

企业实施客户关系项目管理，是为了从以前"以产品为中心"的商业模式转到"以客户为中心"的商业运作模式。实现这个转变，需要在客户关系项目管理思想的指导下，优化重组企业流程、变革企业组织结构。因此，项目实施小组的第一项工作就是花费时间去研究现有的营销、销售和服务流程等相关的业务流程，发现目前存在的问题，寻找改进方法。

这个阶段的主要工作就是根据行业特性和企业特点，分析企业现有的流程和组织结构，确定哪些流程可以增减和优化，哪些机构可以增减与合并，然后再与咨询机构和软件提供商共同分析，确定每个组织机构的业务流程，最终达成对理想中的客户关系管理系统的一致看法，形成客户关系项目管理解决方案的基本框架。

5. 客户关系管理系统开发、实施与部署

客户关系项目管理方案的设计需要企业、系统提供商、咨询机构等各方共同努力。一般来说，客户关系管理功能可归纳为三个方面：① 对销售、营销和客户服务三部分业务流程的信息化；② 与客户进行沟通所需手段（如电话、传真、网络、E-mail 等）的集成和自动化处理；③

对前两部分功能产生的信息进行加工处理，为企业战略决策提供支持的商业智能。实现这三方面功能需要结合企业业务流程，将客户关系管理系统细化为不同的功能模块，再设计相应的技术结构，包括软硬件产品的选择等。

6. 项目实施后的评价

客户关系项目管理实施完成后，企业需要对客户关系项目管理的实施效果进行评估，通过评估，让企业内部人员尤其是决策层切实看到客户关系管理的成效，可以赢得他们对客户关系管理的支持，从而使企业内部人员能够自觉利用客户关系管理系统，使企业获得最大化的投入回报比。

案例 13.2

Microsoft Dynamics 客户关系项目管理在搜狐的成功实施

搜狐公司是中文世界最大的网络资产，搜狐门户矩阵包括中国最领先的门户网站搜狐网、华人最大的青年社区 ChinaRen.com、中国最大的网络游戏信息和社区网站 17173.com、北京最具影响力的房地产网站 focus.cn、国内领先的手机 WAP 门户 goodfeel.com.cn、具有最领先技术的搜索搜狗 sogou.com 及国内领先的地图服务网站图行天下 go2map.com 七大网站，日浏览量达 7 亿。目前，搜狐新闻和内容频道已成为主流人群获取资讯的最大平台；搜狐庞大的社区体系，包括搜狐社区和 ChinaRen 社区，是年轻人休闲娱乐的主要平台；搜狗也已成为新近崛起的拥有最新技术的搜索引擎。目前，搜狐已经初步实现了从创立伊始确立的"让网络成为中国人民生活中不可缺少的一部分"的理想。

现在搜狐在业务管理中主要面临以下一些问题。

（1）随着业务增加，销售团队协作基本上依靠人工和 Excel 支持，不能快速、灵活、系统地支持团队协作和销售数据的即时掌握，急需互动的管理系统支持协同销售过程。

（2）随着业务模式的变化，无法满足销售资源全面的快速灵活管理，目前仅依靠 Excel 和无法扩展的用友系统支持，急需灵活的业务系统支持业务快速发展。

（3）公司内部对于销售管理流程只能依靠人工控制，客户资源管理风险高，急需安全有效的管理系统保证公司整体利益最大化。

（4）对于公司销售的完整管理，包括销售团队管理、CS 合同执行管理及财务收入确认管理，目前完全依靠 Excel 进行数据连接，容易造成数据不完整、准确性降低和及时性下降，急需一体化的管理系统支持数据及流程整合。

（5）随着公司不断发展，客户资源不断壮大，外部市场竞争的不断加剧，销售团队不断膨胀，客户管理内容和形式的不断发展及变化，搜狐现有的管理手段和工具已不再满足现有的业务管理的需要。

为了满足企业业务发展的需求，更好地扩大市场份额、保留客户、吸引客户，建立以客户为中心的商业组织，提升企业管理水平，搜狐引进新的管理手段和工具，支持高效团队销售，缩短销售周期，提高营销、销售和服务的效能，促进客户忠诚度，改善渠道效力，增加收入并保持合理管理费用，帮助企业实现真正的客户关系管理。

搜狐对于客户关系管理系统的引进和应用，采取"总体规划、分步实施、层层递进、全面展开"的策略。所谓"总体规划、分步实施"是指：对项目的最终目标和范围有非常明确的定义，对如何实现最终目标有明确的计划；在具体的实施过程中逐步进入、逐步推广。所谓"层层递进、全面展开"是指：以客户关系管理、销售管理为中心和基础围绕客户、销售进行逐步推广、全面展开，最终覆盖和客户、销售、合同、执行相关的所有管理业务，对企业客户关系营销流程进行有效的管理控制，达到企业内外部管理目标的统一。

客户关系管理最重要的是客户信息，也是企业最机密的信息，尤其在远程访问过程中。系统的安全保密性不但包括远程操作过程中的数据安全和隐私保护，还包括内部使用过程中的权限管理。权限管理包括对数据的操作有严格的权限控制，只有获得授权的操作人员才能对数据进行相应的操作，并且可以对"读"、"写"操作分别进行控制。

通过以上分析和定位，微软金牌认证合作伙伴怡海公司为搜狐公司成功实施了 Microsoft Dynamicss 客户关系项目管理。他们在搜狐销售部门和 IT 部门的协助下，对搜狐的销售现状和目标进行了专业分析，提出了一套灵活易用的解决方案。该方案既适用于遍布全国的销售人员，又能解决企业各层管理人员的管理需求，并且依托微软技术具备了非常强大的扩展性、兼容性和稳定性，以满足搜狐不断快速发展的要求。

Micrisoft Dynamicss 客户关系项目管理操作简单，outlook 界面友好，销售人员易于使用；支持多种销售方式；自动化的销售管理，集中式信息管理；多币种多税制快速实施，整个实施周期非常快速；节约客户长期投资，实现快速的投资回报；基于.net 平台客户化定制满足不同商务需求；支持大规模客户使用，适应企业不断发展；同时支持 Web 接入与基于 Outlook 的离线操作，采用同步技术与主数据库保持数据一致；采用 Web Client 方式，终端客户可用浏览器随时随地接入该客户关系管理系统；提供移动商务应用。

启发思考：Micrisoft Dynamicss 客户关系项目管理为什么能够成功实施？

第二节　成功实施客户关系项目管理

一、成功实施客户关系项目管理的条件

企业要成功实施客户关系项目管理，就必须创造条件。经过归纳和总结，可以得出国内外成功的客户关系项目管理实施案例的共同特点，具体如下。

1. 高层领导支持

如果没有高层领导支持，前期研究、规划或许会完成，一些小流程的重新设计或许会完成，购买技术和设备或许会完成，但客户关系项目管理的实施却很难完成。客户关系项目管理不仅仅是关于营销、销售和服务的自动化，更多的是关于营销、销售和服务的优化。当客户关系项目管理涉及跨业务部门业务时，高层领导支持是必需的。一般来说，成功的客户关系项目管理都有行政上的项目支持者。

2. 专注于流程

企业要实施客户关系项目管理，注意力应该放在流程上，而不是放在技术上，技术只是促

进因素，本身不是解决方案。因此，实施客户关系项目管理的第一件事是研究企业现有流程，并寻找改进方法。因此，好的项目实施小组开展工作后的第一件事，就是花时间去研究现有的营销、销售和服务策略，并找出改进方法。

3. 组织良好团队

客户关系项目管理的实施队伍必须在项目的客户化和集成化、对 IT 部门的要求以及改变工作方式三个方面具有较强能力。不论企业选择了哪种解决方案，一定程度的客户化工作是必需的；对打算支持移动用户的企业，项目的集成化因素也很重要。对 IT 部门的要求如合理设计网络大小、对用户桌面工具提供支持数据同步化的策略等。除此之外，项目实施小组应具有改变管理方式的技能，并提供桌面帮助。这两点对于帮助客户适应和接受新的业务流程很重要。

4. 分步实施

在客户关系项目管理规划时，具有 3～5 年的远景很重要，但那些成功的客户关系项目管理通常把这个远景划分成几个可操作的阶段。通过流程分析，可以识别业务流程重组的一些可以着手的领域，但要确定实施的优先等级，每次只能解决几个领域的问题。

5. 系统整合

系统各部分的集成对客户关系项目管理的成功很重要。客户关系项目管理的效率和有效性获得包括以下过程：终端客户效率的提高、终端客户有效性的提高、团队有效性的提高、企业有效性的提高、企业与客户之间有效性的提高。

6. 要重视咨询企业的作用

客户关系项目管理作为大型企业管理项目，实施难度大，国内企业缺乏相应经验及业务人才，导致该类项目实施具备相当的风险性。因此，成功的客户关系项目管理实施离不开专业咨询企业的参与。专业咨询企业拥有一支具备多方面综合能力素质及经验丰富的咨询顾问队伍，有实力的咨询企业一般还拥有较为完善的项目实施方法论及经过常年建设的项目实施案例库与知识库，这些都是一般企业不具备的，是客户关系项目管理成功实施的有力保证。

～ 补充阅读 ～

咨询公司帮助企业挖掘客户关系项目管理潜在需求

在需求调研过程中，有些需求是明显的，有些需求是不明显的，甚至有些需求客户可能自己都不知道，这就是潜在需求。但是，客户关系项目管理的项目咨询顾问会征询客户意见，在他们的启发下，客户会发现，自己确实需要这个功能。例如，对于销售漏斗管理，企业以前在客户关系项目管理中从来都没有用到这个工具，甚至还不知道有这个管理工具。但是，在咨询过程中，项目咨询顾问会探索性地询问销售经理是否需要销售漏斗管理，若有必要的话，项目咨询顾问还会给销售经理演示销售漏斗是如何工作的，对企业来说它有哪些方面的用途等。可能听过咨询顾问比较专业的介绍后，销售经理就会觉得非常有必要使用销售漏斗来管理，此时，这个潜在需求就在咨询顾问的引导下被挖掘出来了。

又如，公司以前在客户关系管理中，没有采用信用额度的管理，认为其管理麻烦。但是，客户关系项目管理的项目咨询顾问在业务调研的过程中，会建议客户使用信用额度管理，然后给客户展示利用相应的客户关系管理软件系统进行信用额度管理的便利性，利用信用额度管理的好处等。客户以前在手工管理信用额度中遇到的麻烦事，在项目咨询顾问的一番讲解下可能就不存在了，如此，客户新的需求又被挖掘出来。

二、客户关系项目管理实施失败的因素

客户关系项目管理虽然能给企业带来许多好处，但从目前来看，项目实施的失败率也较高，影响客户关系项目管理实施成功的因素具体如下。

1. 客户关系项目管理战略与企业战略不吻合

不要认为客户关系项目管理是一个孤立的项目或者解决方案，不要将其与企业整体战略脱轨。要认识到，如何发展和提升客户关系是企业的生命线，客户必须成为整个企业战略经营的核心。

2. 客户关系项目管理工具要基于他人的成功经验

目前市场上有很多客户关系项目管理工具可以选择。这些工具是特定的程序，一开始或许会产生很多好的效果，但随着系统发展和需求不断增多，客户关系项目管理工具也应不断发展，为客户提供更多功能。企业在实施客户关系项目管理前，应当对客户关系项目管理工具和企业需求进行评估，从而得到更贴近自己需求的产品。因为并非所有的人都采用同样的方法、同样的业务流程来服务客户，而且管理客户的优先级也是不同的。

3. 客户关系项目管理没有考虑客户体验和参与

企业要确认在与客户接触的所有过程中，都要为客户提供富有知识性的高质量服务。在快速实施客户关系项目管理解决方案时，企业应该和客户进行广泛交流，发现他们真正需要哪些服务，如何才能更好满足他们的需求，如何与客户合作才能获得真正成功。

4. 客户关系项目管理没有设定目标

客户关系项目管理最重要的就是设定并实现目标，如果企业不期望执行力得到提高，不去衡量，不去管理，不寻找持续改善的方法，客户关系项目管理就难以成功实施，管理水平就不会得到提升。

5. 把客户关系项目管理当作一时行为

不要认为客户关系项目管理启动就万事大吉，这仅仅是项目的开始。应该把客户关系项目管理看作企业组织的革命性变革，需要很多重复工作才能实现。企业中可能会有很多反对变化的员工，整个过程会受到很多抵触，因此，要做好中长期打算，从处理过程中获得新数据，细化战略，建立新目标，不断制订能达到目标的新计划。

6. 认为拥有客户便拥有了以客户为中心的文化

全球经济已转化成以客户为主导的经济，因此，对企业而言，竞争对手之间的产品和价格已相差无几，也没有地理区域的限制。结果导致质量和服务成了品牌、忠诚度和购买底线之后

的驱动力。企业应多从外部看看再作决定，测量、跟踪、分析客户服务行为，从客户处寻求输入和反馈。以"客户为中心"的文化应该贯穿到整个组织中。

7. 客户关系项目管理的实施者不是企业中层和员工

在客户关系项目管理实施中，每个员工都会感受到根本变化，因此，最好在项目实施时任命一名执行者，在整个组织中广泛交流，让所有员工参与进来。一定要调动员工的积极性，使大家更好地服务客户，才能使企业更成功。因此，要创造关注客户的良好氛围，提供更多的培训机会，让员工知道自己的角色和自己应该适应的变化。

8. 不能调整客户关系项目管理解决方案来适合现有业务流程和行为

目前来看，很多企业不能应用新的客户关系项目管理工具对已有客户关系项目管理解决方案进行调整，这使得企业难以对现在的信息、速度、集成进行协调整合，无法降低运营成本，也无法提升服务质量。

案例 13.3

中欧国际工商学院客户关系项目管理的成功实施

中欧国际工商学院（China Europe International Business School, CEIBS），以下简称"中欧"，是一所由中国政府和欧洲联盟共同创办，专门培养国际化高级管理人才的非营利性中外合作的高等学府，学院最早在中国大陆开设全英语教学的全日制工商管理硕士课程（MBA）、高层管理人员工商管理硕士（EMBA）和高层经理培训课程（EDP），学院恪守"认真、创新、追求卓越"的校训，以国际化为特色，坚持高质量办学。在实施客户关系项目管理之前，学院基本情况如下。

1. 中欧国际工商学院有两种类型的客户

（1）个人型客户：主要包括各类课程的申请人、学员、校友、教授以及企事业单位的联系人和赞助人等。

（2）组织型客户：主要是指委托学院培养人才、招聘人才和提供资助的各类企业和组织以及赞助商等。

2. 中欧国际工商学院面临的商业问题

学院内存在多个独立的客户关系部门，在客户关系项目管理实施前，中欧各部门运行着一些信息管理应用系统，但它们各自为政。实际上，在对内和对外两个方面，中欧还没有一套统一的信息系统，因此也导致中欧出现以下困境：① 客户历史资料不能被跟踪和管理，导致中欧不能满足客户需求；② 没有集中的信息管理机制，以至于数据不能在部门间传输和共享；③ 以往使用的文件型数据库不仅使用效率低下，而且数据安全也得不到保证；④ 管理层缺乏有效的信息系统和机制来掌握和管理全院及各业务部门的业务情况。

总之，中欧没有一套系统能够精确地保存各类有价值的信息，从而帮助他们制订出促进学院发展的决策。因此，中欧非常有必要实施客户关系项目管理。

3. 客户关系项目管理实施过程

（1）项目计划。整个客户关系项目管理分成两个阶段实施，第一阶段主要是分析全院业务、统一各个部门的数据结构、制订标准的业务流程，并首先在高层经理培训部（EDP）实施从市场营销到订单处理的客户关系项目管理流程；第二阶段的主要工作是将在高层经理培训部实施的标准业务流程推广到全院各业务部门。

（2）实际执行。在客户关系项目管理项目实际执行过程中，发生三次比较大的延误：① 因为实际数据量大大增加，以及对数据和精确度要求大大提高，导致高层经理培训部（EDP）上线日期推迟了一个月；② 因为上面的延误造成第二阶段顺延，半年后才统一了全校关键客户数据的维护和保存；③ 最后一个步骤由于年底各主要业务部门都比较繁忙并且由于学校高层领导在年底发生重大人事调整，所以原定于次年初完成，延误至次年中。

（3）软件提供商与咨询服务方在实施中的作用。在本次实施过程中，涉及两家外部合作伙伴，一家是 Oracle 软件系统有限公司，一家是汉得信息技术有限公司。其中 Oracle 公司主要提供应用软件，并解决和产品本身相关的一些问题，如提供相应的补丁以解决产品中存在的一些 BUG，或者对某些新功能的应用提供一些必要的帮助。汉得公司主要是提供业务解决方案，并承担项目实施工作，包括对业务状况的调研分析、总体方案的论证设计、系统的安装调试、用户培训、客户化开发及系统集成等。

（4）实施过程中出现的问题。实施过程中，遇到的最大挑战是历史数据的处理。由于多年来的积累，这部分数据的数据量非常大，而且从全院范围来看，这些数据分散在不同部门的不同系统，有的是 FoxPro，有的是 Access，有的是以前自行开发的系统，等等。基于这种情况，产生了以下问题：① 由于这些历史客户数据对于统计分析以及业务的开展有很高的价值，因此在迁移过程中不能发生信息丢失，无法像财务数据那样进行一些汇总和简化处理；② 在迁移过程中，如何将原来平面化的数据转换为新的立体模型中的数据才最符合未来业务发展需要；③ 在大量记录中，存在一部分高价值客户信息，需要将这部分信息识别出来；④ 不同部门之间的数据安全性的问题，包括读与写的权限；⑤ 如何解决处理庞大的历史数据这段时间内新建记录与原有历史记录冲突方面存在问题。

为了解决这些问题，中欧和汉得相互配合，最终通过以下方式予以解决：① 首先与业务部门一起，对不同数据来源之间的逻辑联系进行深入分析，将数据分成若干个大的类别；② 针对不同类别数据，确定了相应的去除重复数据的规则；③ 通过客户化开发方式，开发了若干个小程序，由计算机对数据进行处理，将明显重复、明显不重复以及难以判断的数据区分开；④ 明显重复的数据通过计算机直接进行除重处理，难以判断的通过人工判断的方式进行处理。通过以上方式，最终将完全清理过并通过测试导入的数据一次性导入正式系统。

4. 客户关系项目管理实施绩效评估

（1）收益：通过客户关系项目管理的实施，中欧在主要业务部门实现了从市场营销到销售线索，再从销售机会到订单，直至应收账款流程的完整链接，并形成了一个完全的无缝整合和统一的主业务流程，确保了核心业务系统的信息畅通、准确和实时，形成负反馈的大闭环系统。整个客户关系项目管理的回报包括两个部分：有形收益，包括工作效率的提升、错误的减少、业务处理速度的加快、市场营销费用额的减少和销售收入的增加等；无形收益，包括客户满意度和忠诚度的提升、人员流动带来损失的降低、管理能力的提升等。

（2）有待改进的过程：如果再次实施这个系统，还是会采取基本相同的实施策略。这是因为中欧国际工商学院是一个中外合作型的非营利性机构，院内各部门之间的关系更类似于一种合作关系，而不像很多企业内所表现出的那种严格的上下级隶属关系。必须重重突破、步步为营，在实施中获得应用的成功经验和示范效应，从而推广到全校各个业务部门。然而，如果再次实施，具体实施方法还应完善以下几个方面：必须对系统测试有足够的重视；加强在项目实施初期的培训；需要更加完美的客户数据维护；尽早在各业务部门之间建立协同机制。

由于教育产业的特殊性，大多数教育机构都无法把它们的市场、销售/招生以及服务机能集中起来，而且，即使想整合整个机构，也不仅仅是整合几个市场和销售部门就行了，必须建立一个每个关键部门之间协同工作的协作机制。客户关系管理正好能够充当这一角色，因为它能够打破不同职能部门间的无形障碍。此外，学生是学校的产品，学校的成功依赖于毕业生的质量以及他们在未来成功的程度。学校应该把主要工作集中在所服务的学生和校友身上，通过加强彼此之间的关系来提高客户满意度和忠诚度。

由此可见，对于如何在教育机构全面实施客户关系项目管理，中欧工商学院为我们提供了一个非常有价值的范例。

启发思考：中欧商学院为了实施良好的客户关系项目管理，做出了哪些努力？

本 章 小 结

本章从项目管理的角度对客户关系管理的实施进行了介绍。首先对项目管理进行概述；其次对客户关系项目管理进行概述，介绍了相应的实施方法；最后从成功实施客户关系项目管理的条件和导致客户关系项目管理实施失败的因素两方面论述了如何成功实施客户关系项目管理。通过本章的学习，读者应该掌握客户关系项目管理的实施方法，以及如何成功实施相应的客户关系项目管理。

复习与思考题

1．项目管理主要包括哪些内容？
2．简述客户关系项目管理的具体内容。
3．简述三阶段实施方法的步骤。
4．阐述企业成功实施客户关系项目管理的条件。
5．导致客户关系项目管理失败的因素有哪些？

参 考 文 献

[1] 陈进，张莉. 商务智能应用教程[M]. 北京：高等教育出版社，2010.

[2] 陈明亮，钱峰，汤易斌. 客户关系管理理论与软件[M]. 杭州：浙江大学出版社，2009.

[3] 谷再秋，潘福林. 客户关系管理[M]. 第 2 版. 北京：北京科学出版社，2013.

[4] 黄建鹏，徐晓冬，魏宝军等. 商业智能在电子商务中的实践与应用[M]. 南京：东南大学出版社，2012.

[5] 杰姆·G·巴斯诺. 客户关系管理成功奥秘：感知客户[M]. 刘亚祥，郭奔宇，王耿译. 北京：机械工业出版社，2002.

[6] 吕惠聪，强南囡，王微微等. 客户关系管理[M]. 第 2 版. 成都：西南财经大学出版社，2015.

[7] 李海芹. 客户关系管理[M]. 北京：北京大学出版社，2013.

[8] 李志刚，马刚，刘金风. 客户关系管理理论与应用[M]. 第 2 版. 北京：机械工业出版社，2012.

[9] 李怀斌，刘丽英. 客户关系管理[M]. 大连：东北财经大学出版社，2013.

[10] 李仉辉. 客户关系管理[M]. 上海：复旦大学出版社，2013.

[11] 林建宗. 客户关系管理[M]. 北京：清华大学出版社，2011.

[12] 马刚，李洪心，杨兴凯. 客户关系管理[M]. 大连：东北财经大学出版社，2008.

[13] 潘光强. 基于数据挖掘的 CRM 设计与应用研究[D]. 安徽工业大学，2011.

[14] 苏朝辉. 客户关系管理：客户的建立与维护[M]. 第 3 版. 北京：北京清华大学出版社，2014.

[15] 邵兵家，钱丽萍等. 客户关系管理[M]. 第 2 版. 北京：北京清华大学出版社，2010.

[16] 汤兵勇，梁晓蓓. 客户关系管理[M]. 北京：电子工业出版社，2010.

[17] 王广宇. 客户关系管理[M]. 北京：清华大学出版社，2010.

[18] 王一鸿. 体检中心 CRM 构建及数据挖掘的应用研究[D]. 华东理工大学，2011.

[19] 徐伟，杨林，赵建喆等. 客户关系管理理论与实务[M]. 北京：北京大学出版社，2014.

[20] 袁胜军. 客户忠诚管理信息资源视角[M]. 北京：电子工业出版社，2011.

[21] 杨路明，杨竹青，徐玲等. 客户关系管理理论与实务[M]. 北京：电子工业出版社，2010.

[22] 周贺来. 客户关系管理[M]. 北京：北京大学出版社，2011.

[23] 张莉，班晓娟等. 商务智能基础及应用[M]. 北京：化学工业出版社，2013.

[24] 周万发，饶欣等. 客户关系管理理论与实务[M]. 北京：清华大学出版社，2015.

[25] 张晓明. 论客户关系管理中的客户满意与客户忠诚[J]. 三门职业技术学院学报，2009，8（2）：111-112.

[26] 周洁如. 现代客户关系管理[M]. 第 2 版. 上海：上海交通大学出版社，2014.

配套资料索取示意图

说明：学生和普通读者注册后可下载**学习资源**；**教学用资源**仅供教师下载，**教师身份、用书教师身份**需网站后台审批，审批后可下载相应资源；教师加"关注"后新增资源有邮件提醒。

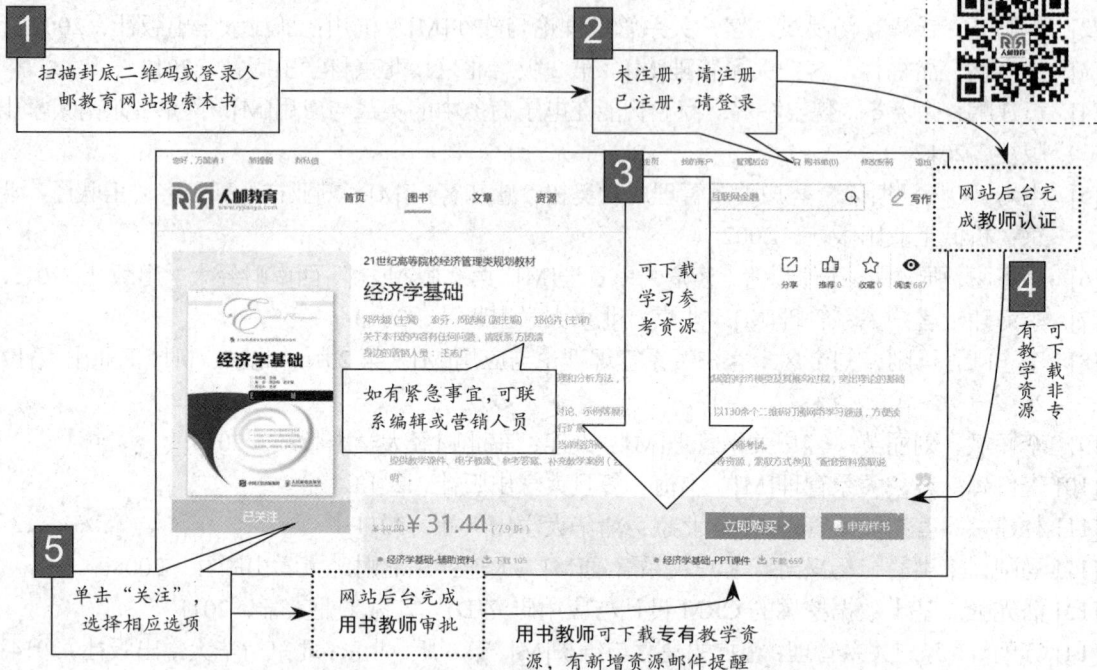

部分 21 世纪高等院校经济管理类规划教材推荐

书 名	主编	书 号	编 辑 推 荐
管理学——原理与实务（第2版）	李海峰	978-7-115-35395-5	2013年陕西普通高校优秀教材二等奖；提供课件、教案、实训说明、教学体会、文字与视频案例、习题集及参考答案等
管理学	方振邦	978-7-115-44334-2	提供PPT、习题库及习题答案、模拟试卷、视频案例、案例库。
企业文化	裴永浩	978-7-115-44012-9	提供课件、习题答案、教学计划和电子教案、视频案例等
企业战略管理（第2版）	舒 辉	978-7-115-43139-4	二维码打造立体化阅读环境；案例、习题等营造多方位学习环境；提供课件、补充案例、模拟试卷等素材
客户关系管理理论与应用	栾 港	978-7-115-39343-2	60组案例助力理论联系实际，33个二维码打通网络学习通道，在线Xtools软件方便实践训练；提供课件、教案、教学日历、免费教学账号、习题库、试卷等
客户关系管理	伍京华	978-7-115-44624-4	提供PPT、视频案例、案例库、习题库（及答案）、模拟试卷等材料
社会心理学	陈志霞	978-7-115-40977-5	40余二维码拓展读者视野；兼顾基础与应用社会心理学；数百实例助力理论与实践相结合；提供课件、案例、答案、试卷等
经济学基础	邓先娥	978-7-115-39039-4	近300个实例连接理论与生活，130余个二维码打通网络学习通道，70余项扩展阅读指南指引学习方向；提供课件、教案、答案、文字和视频案例、试卷等
微观经济学（第2版）	胡金荣	978-7-115-39400-2	简明易懂，关注热点；二维码扩展网络视野；提供课件、答案、案例、试卷等
政治经济学（第2版）	张 莹 李海峰	978-7-115-42571-3	着重于分析社会经济问题；利用二维码拓展读者阅读空间；提供课件、大纲、视频案例、习题集、试卷等

续表

书　名	主编	书　号	编辑推荐
财务管理	王积田	978-7-115-28482-2	吸收相关学科的最新成果，与企业财务管理实践接轨；提供课件、习题答案、试卷等
应用统计学（第2版）	潘鸿	978-7-115-38994-7	以 Excel 为实验软件，适应职场需求；提供全套实验资料，提升读者应用能力；提供课件、教案、上机操作数据、函数实现常用统计表等
国际市场营销	李爽	978-7-115-39077-6	80 余个实例追求学以致用，80 余个二维码拓展读者学习空间；提供课件、教案、文字与视频案例、实训资料、答案、试卷等
国际贸易理论与政策	毛在丽	978-7-115-37138-6	包括新新贸易理论等新内容，将非关税措施分为技术性和非技术性两类，提供课件、教案、答案、试卷和视频案例等
国际贸易实务	吕杜	978-7-115-37235-2	提供课件、答案、单证样本、习题集、试卷、模拟操作训练材料和常用规则文本等
报关实务（第2版）	朱占峰	978-7-115-42629-1	五十余个二维码链接网络学习资源；理论与实务并重，操作与案例同行；提供课件、视频案例、答案、试卷等
电子商务概论（第3版）	白东蕊	978-7-115-42630-7	新增跨境电商、互联网+等新内容；百余二维码拓展读者学习空间；提供课件、教案、大纲、答案、实验指导、文字与视频案例等
电子商务概论	仝新顺	978-7-115-38748-6	七十余个二维码拓展学习空间，近百组案例，实训促进学练结合；提供大纲、课件、视频案例、自测试题、模拟试卷等
网络营销—基础、策划与工具	何晓兵	978-7-43745-7	二维码链接网络资源；提供案例、课件、习题助力学习
金融法	李良雄 王琳雯	978-7-115-30980-8	吸收截至 2012 年 12 月的最新法律法规，高度融合职业资格考试要求，提供课件、教案、视频案例、习题答案、补充练习题
商法学	王子正	978-7-115-43248-3	通过二维码营造网络阅读环境；提供课件、习题和习题答案
国际商法（双语版）	韩永红	978-7-115-43994-9	提供 PPT 教学课件、教学大纲、相关法律条约及法规文本
保险学（第2版）	刘永刚	978-7-115-43687-0	以大量案例解读相关内容；保险理论与保险业务并重；二维码链接网络学习资源；提供课件、答案、案例、试卷等
证券投资学（第2版）	杨兆廷 刘颖	978-7-115-34302-4	省级精品课程配套教材；根据 2013 年证券业变化调整相应内容，集合证券业从业资格考试重点，提供课件、教案、视频案例、答案等
证券投资学	陈文汉	978-7-115-28271-2	针对非金融类读者，内容紧跟时代；提供课件、教案、视频案例、答案、试卷等
外汇交易原理与实务（第2版）	刘金波	978-7-115-38372-3	着重突出外汇实际业务，二维码打造立体化阅读环境，有外汇交易模拟操作指导手册；提供课件、教案、答案、试卷、习题册、实训指导
期货交易实务	曾啸波	978-7-115-39021-9	80 余二维码拓展网络学习空间，百张图表、40 个案例/讨论突出实务操作；提供课件、教案、视频案例、答案、习题库、试卷等
国际金融理论与实务（第2版）	孟昊	978-7-115-34697-1	新增国际资本流动管理等内容；提供课件、大纲、教案、习题库、试卷库、视频案例库等
财政学	唐祥来	978-7-115-31521-2	以丰富的案例提升学习兴趣；提供课件、教案、答案、文字与视频案例、试卷等
财政与金融	袁晓梅 陈宁	978-7-115-40465-7	集中阐述基础知识、理论和实务；数百案例理论联系实际，百余二维码链接网络资源；提供课件、教案、视频和文字案例、答案、试卷等
物流工程导论	朱占峰	978-7-115-42535-5	课件嵌入大量教学视频案例；物流新闻拉近理论与现实距离；提供课件、答案、视频案例、试卷等
商务礼仪	王玉苓	978-7-115-36091-5	图文并茂，追求学以致用；提供教案、课件、答案、文字与视频案例、课外阅读资料等
现代社交礼仪（第2版）	闫秀荣	798-7-115-25681-2	图文并茂，二维码链接网络资源；提供课件、教案、文字与视频案例、实训手册、练习题及参考答案等
商务谈判理论与实务	林晓华	978-7-115-41308-6	以即学即练、模拟商务谈判实践、模拟商务谈判大赛等形式增强互动；二维码链接网络学习资源；提供课件、答案、视频案例、试卷等资料
商务沟通与谈判（第2版）	张守刚	978-7-115-43065-6	二维码打造立体化阅读环境；强调实践教学，提供模拟商务谈判素材；提供教案、课件、案例、视频库等资料